# 윤리학 원리

## Principia Ethica, 2e

by G. E. Moore, edited by Thomas Baldwin

한국연구재단총서 학술명저번역 612
Academic Library of NRF

# 윤리학 원리

## Principia Ethica

G. E. 무어 지음 | 김상득 옮김

아카넷

# 서문

    철학의 다른 모든 분야에서와 마찬가지로 윤리학에 있어서도, 윤리학사를 가득 메우고 있는 어려움과 불일치는 주로 아주 단순한 원인에 기인한다고 나는 생각한다. 즉, 그 원인은 당신이 대답하고 싶어 하는 물음이 어떠한 것인지를 먼저 정확하게 규명하지 않은 채로 그 물음에 답하고자 시도하기 때문이다. 철학자들이 답을 내놓기 전에 자신들의 물음이 어떠한 물음인지를 규명하고자 애를 쓴다고 해서, 이러한 잘못의 근원이 어느 정도 해소될 것인지에 대해서는 물론 나는 장담하지 못한다. 왜냐하면 이러한 분석과 구분의 작업은 매우 어렵기 때문이다. 즉, 그렇게 하려는 뚜렷한 목적을 갖고 몰두한다 해도, 우리는 종종 필수적인 발견을 하는 데 실패하고 만다. 그러나 이러한 확고한 시도는 성공을 보장하기에 충분한 경우가 많다고 나는 생각하고 싶다. 달리 말해 이러한 시도가 먼저 이뤄지면, 철학에서 가장 두드러지게 나타나는 어려움과 불일치가 상당 부분 사라지게 될 것이다. 어쨌든 철학자들은 일반적으로 이러한 시도를 아예 하고 있지 않아 보인다. 이러한 작업을 빠뜨린 결과이든 그렇지 않든 상관없이, 철학자들은 '예'나 '아니요', 그 어떤 대답도 정확하지 않은 물음에 대해 이러한 대답이 참임을 입증하려고 여전히 무진장 애를 쓰고 있다. 어떤 대답도 참 아닌 이유는, 철학자들이 자신들의 마음속에 가지고 있는 바는 하나의 질문이 아니라 실제로는 여러 물음이기 때문이다. 그래서 이들 물음 중 어떤 물음에 대한 답은 '예'인 반면에, 다른 물음에 대한 답은 '아니요'이다.

나는 이 책에서 도덕 철학자들이 이제까지 대답하려고 항상 노력해온 두 종류의 질문을 명확히 구분하고자 시도할 것이다. 내가 앞으로 보여주겠지만, 이들은 이 두 물음을 어느 하나와 거의 항상 혼동해왔다. 이 두 물음은 다음과 같이 표현될 수 있다. 첫 번째 형태의 물음은 "어떤 종류의 대상이 그 자체를 위해 존재해야만 하는가?"이고, 두 번째 형태의 물음은 "우리는 어떤 종류의 행동을 수행해야만 하는가?"이다. 우리가 어떤 대상에 대해 "그것이 그 자체를 위해 존재해야만 하는가, 그 자체로 선인가, 혹은 본래적 가치를 지니는가?"라고 물을 때, 그 대상에 대해 우리가 묻고 있는 바가 정확히 무엇인지를 보여주고자 나는 노력할 것이다. 그리고 어떤 행위에 대해 "우리가 그 행위를 해야만 하는가, 그 행위가 옳은 행위인가 혹은 의무인가?"라고 물을 때 우리가 묻고 있는 바가 무엇인지를 나는 정확하게 해명하고자 노력할 것이다.

그러나 이 두 질문의 본성을 명확히 이해하게 되면, 두 번째의 중요한 결론이 얻어진다고 나는 생각한다. 즉, 오직 그것에 의해서만 모든 윤리학적 명제가 증명되거나 반박되는, 혹은 확증되거나 의심스럽게 되는 증거의 본성이 무엇인지를 우리는 알게 된다. 일단 우리가 이 두 물음의 의미를 정확히 인정하면, 이러한 물음에 대한 특정의 모든 대답에 대해, 이를 옹호하는 논증이나 반박하는 논증에 정확히 어떠한 종류의 이유들이 관련되어 있는지가 명백하게 밝혀진다고 나는 생각한다. **첫 번째** 물음의 대답에 대해서는, 아무튼 그 어떤 관련된 증거도 제시될 수 없다는 점은 명백하다. 왜냐하면 이러한 대답 자체 외의 그 어떤 다른 진리로부터도 이러한 대답이 참인지 거짓인지가 추론될 수 없기 때문이다. 따라서 이러한 종류의 물음에 대답하고자 할 때 실수를 범하지 않고자 한다면, 오직 우리는 그 어떤 다른 물음이나 물음들이 아니라 그 물음 자체만을 마음속에 두도록 모든 주의를 집중해야 한다. 그러나 아무리 주의를 기울여도 내가 지적한 혼동의 잘못을 범할 위험은 아주 농후하기에, 이러한 잘못을 범하지 않도록 하기 위해 우리가 사용하는 주요한 주의 사항이 무엇인지에 대해서도 우리는 주목해야 한다. **두 번째** 물음에 대해서는, 이에 대한 모든 대답이 증명 내지 반박이 가능하다는 점은 똑같이 명백하다. 참으로 이러한 대답이 참인지 거짓인지와 관련해서는 서로 다른 고려 사항들이 아주 많이 존재하기 때문에, 이러한 대답의 개연성 확보가 어려울 뿐만 아니라 확실성 확보는 아예 불가능하다. 그럼에도 불구하고, 이러한 증명과 반박에 꼭 필요할 뿐만 아니라 관련되어 있는 증거의 **종류**는 정확하게 규정될 수 있다. 이러한 증거는 두 종류의 명제를, 그리고 오직 두 종류의 명제만을 포함하고 있음에 틀림없다. 즉, 이러한 증거는 우선 첫째로 해당 행위의 결과와 관련된 진리, 즉 **인과적** 진리로 구성된다. 그러나 이러한 증거는 또한 제일의 혹은 자명한 종류의 윤리학적 진리도 포함한다. 어떤 한 행위가 행해져야만 한다는 명제를 증명하는 데는, 이러한 두 종류의 많은 진리들이 필수적이다. 하지만 다른 종류의 그 어떠한 진리도 이와 관련되어 있지 않다. 이로부터 다음과 같은 결론이 얻어진다. 즉, 어떤 윤리 철학자가 첫 번째 종류의 명제에 대해 어떤 증거를 제시하고자 한다면, 혹은 두 번째 종류의 명제에 대해 인과적 진리나 윤리학적 진리 둘 중 어느 하나를 제시하지 못하거나 아니면 두 진리 모두를 제시하지 못한다면, 그의 추론은 자신의 결론을 전혀 확증해주지 못할 것이다. 이렇게 되면 우리는 그의 결론이 단순히 전혀 무의미한 것이 아니라, 한 걸음 더 나아가 그가 혼동의 오류를 범하고 있다고 의심할 수 있다. 왜냐하면 무관한 증거 제시는 일반적으로, 그러한 증거를 제시하는 철학자가 자신이 대답하고자 의도한 물음이 아니라 전혀 다른 엉뚱한 물음을 그 마음에 두고 있다는 것을 간접적으로 말해주는 바와 다름없기 때문이다. 지금까지 윤리학적 논의는 아마도 주로 이처럼 전적으로 무관한 종류의 추론을 하는 데 매달려왔다고 하겠다.

따라서 이 책의 주 목적 중 하나는 칸트(Kant)의 유명한 책 제목을 약간 변경한 형태로 표현될 수 있다. 즉, 나는 '과학적임을 자임할 수 있는 미래 윤리학을 위한 서론(Prolegomena to any future ethics that can possibly pretend to be scientific)'에 대해 글을 쓰고자 노력해왔다. 달리 말해 윤리학적 추론의 근본 원칙이 무엇인지를 발견하고자 노력해왔다. 이러한 원칙을 활용하여 얻을 수 있는 어떤 결론에 대해서가 아니라 이러한 원칙 자체를 확립하는 일이 이 책의 주된 목적이라고 나는 생각한다. 하지만 나는 6장에서, "무엇이 그 자체로 선한가?"라는 물음의 적절한 답에 관하여, 이제까지 철학자들이 옹호해온 입장들과는 전혀 다른 몇 가지 결론을 제시하고자 시도했다. 나는 중대한 선과 악을 모두 포괄할 수 있게끔 이들을 몇 가지 부류로 구분하여 규정하고자 노력했다. 전혀 다른 많은 대상이 그 자체로 선하면서 동시에 악하다고, 그리고 이러한 부류의 대상 중 그 어떤 것도 이 부류의 모든 대상에 공통적으로 속한, 그러면서 동시에 그 대상에 고유한 그 어떤 다른 속성을 지니지 않는다고 주장했다.

나의 **첫 번째** 부류의 윤리학적 명제들은 증명이나 반박이 불가능하다는 사실을 드러내 보여주기 위해, 가끔 나는 이를 '직관'이라고 부르는 시지윅 (Sidgwick) 교수의 용례를 원용하곤 했다. 그러나 나는 일상적인 의미의 직관주의자가 아님을 알아주기를 간청하는 바이다. 시지윅 교수 자신은 자기의 직관주의와 일반적으로 직관주의라 불리는 상식적인 입론을 구별시켜주는 차이가 얼마나 중요한지, 그 중요성을 결코 명쾌하게 깨닫지 못한 것 같다. 엄밀한 의미의 직관주의자는 **두 번째** 부류의 명제, 즉 어떤 행위에 대해 그 행위가 **옳다고 혹은 의무**라고 주장하는 명제는 그러한 행위의 결과에 대한 탐구를 통해서 증명 내지 반증할 수 없다고 역설하는 것에 의해 차별화되는 자를 말한다. 이와 반대로 나는 **첫 번째** 부류의 명제가 직관이라고 주장하는 것 못지않게 이러한 두 번째 종류의 명제는 '직관'이 아니라고 감히 주장하는 바이다.

나는 다시 한 번 다음 사실에 주목해주기를 바란다. 즉, 이러한 명제를 '직관'이라고 부를 때, 나는 단지 이러한 명제는 증명될 수 없다는 것을 의미할 따름이다. 나는 이러한 명제에 대한 인식 방식이나 기원에 관해서는 그 어떤 것도 함의하지 않는다. 더군다나 대부분의 직관주의자들의 주장과 달리, 나는 그 어떤 명제에 대해 우리가 특정한 방식으로 혹은 특정한 능력의 발휘를 통해 인식하고 있기 때문에 그 명제가 참이라는 것을 내포한다고도 전혀 주장하지 않는다. 이와 반대로 나는 참인 어떤 명제를 인식할 수 있게끔 해주는 모든 방법은 또한 거짓인 명제를 인식할 수 있도록 해준다고 주장한다.

이 책이 이미 완성되었을 때, 내가 알고 있는 그 어떤 다른 윤리학자의 입장에서보다 나 자신의 입장과 훨씬 더 흡사한 입장을 브렌타노(Brentano)의 「옳고 그름에 관한 지식의 기원」[1]이라는 논문에서 나는 발견했다. 브렌타노는 다음 네 가지 점에서 나의 입장과 완전히 일치하는 것 같다. 즉, (1) 모든 윤리학적 명제를, 그것들이 단일의 고유한 객관적 개념을 진술하고 있다는 사실에 의해 정의된다고 간주하고 있다는 점, (2) 이러한 명제들을 나와 똑같이 두 종류로 날카롭게 구분하고 있다는 점, (3) 첫 번째 종류의 명제는 증명이 불가능하다고 주장하는 점, 그리고 (4) 두 번째 종류의 명제를 증명하는 데 관련된 꼭 필요한 증거의 종류에 관한 그의 주장 등에 있어서 그의 입장은 나의 입장과 완전히 일치하는 것처럼 보인다. 그러나 그는 윤리학의 근본 개념을, 내가 '선'에 대해 의미하는 그런 단순한 개념이 아니라 '아름다운'이라는 개념을 정의하는 것과 관련하여 내가 취하고 있는 복합 개념으로 간주하고 있다. 그리고 그는 내가 **유기체적 통일체의 원리**(the principle of organic unities)라고 부른 원칙을 인정하지 않을 뿐만 아니라 암묵적으로 부인하고 있다. 이러한 두 차이의 결과로 "어떠한 대상이 그 자체로 선한가?"라는 물음에 관한 그의 결론 역시 나의 입장과 실질적으로 큰 차이를 보여주고 있다. 하지만 그는 다른 선들이 많이 존재하고,

---

1) Franz Brentano, "The Origin of the Knowledge of Right and Wrong," Cecil Hague 영역, Constable, 1902. 나는 이 책에 관한 서평을 썼는데, 나는 이 서평이 *The International Journal of Ethics*(Oct., 1903)에 게재되기를 희망한다. 나의 입장이 브렌타노의 입장과 일치하지 않는 이유를 좀 더 충분히 설명하기 위해 나는 이 서평을 언급할지도 모른다.

선하고 아름다운 대상에 대한 사랑은 선들 중 중요한 부류에 속한다는 점에 대해서는 동의하고 있다.

교정하기에는 이미 너무 늦어버린 때 비로소 알게 된, 빠뜨린 한 가지 사실로 인해 일부 독자들이 불필요한 오해를 하지 않을까 염려되어, 나는 여기서 이 점을 지적해두고 싶다. 즉, 나는 '목적(end)'이라는 단어로 표현되는 몇몇 서로 다른 개념들이 서로 어떤 관계에 있는지의 물음에 대한 논의를 빠뜨렸다. 이러한 논의를 생략함으로써 발생하는 결과는 볼드윈(J. M. Baldwin)이 편집한 『철학과 심리학 사전(Dictionary of Philosophy and Psychology)』에 수록된 「목적론(Teleology)」이라는 나의 논문을 참조함으로써 아마 어느 정도 해소될 수 있으리라 나는 기대한다.

지금 내 책을 다시 쓸 수 있다면, 나는 지금과는 전혀 다른 책을 썼을 것이며, 그랬다면 훨씬 더 나은 책이 되었으리라고 나는 믿고 싶다. 그러나 새롭게 쓴다 해도 나 자신을 만족시키려는 욕심으로 인해 그에 상응하는 정확성과 완결성은 얻지 못한 채, 오히려 내가 전달하고자 그렇게 애쓴 생각들을 내가 지금보다 더 모호하게 만들어버리지 않았을까 의심스럽다. 사정이 어찌 되었든 간에, 현재의 내용대로 이 책을 출간하는 것이 아마도 내가 할 수 있는 최선이라고 나는 확신한다. 비록 인정하는 것이 고통스럽기는 하지만, 이러한 확신에도 불구하고 이 책은 여전히 결점으로 가득 차 있음을 나는 겸허하게 받아들이고자 한다.

트리니티 대학, 케임브리지(Trinity College, Cambridge)
1903년 8월

[이 책은 몇몇 오자와 문법적 잘못을 교정한 것을 제외하고는 아무런 수정 없이 초판 그대로 지금 재출간되고 있다. 왜냐하면 나는 이 책의 주된 논의와 결론들에 대해 지금도 여전히 동의하고 있기 때문이다. 또 내가 수정이 필요하다고 생각하는 부분을 교정하기 시작하면, 이 책 전체를 다시 쓰지 않을 수 없다는 것을 너무나 잘 알고 있기 때문에, 아무런 수정 없이 나는 이 책을 재출간하게 되었다. G. E. M.]

케임브리지, 1922

# 차례

**B.**

## 제2장 자연주의 윤리설

## 제3장 쾌락주의

37. 쾌락주의란 "쾌락만이 유일한 선이다."라는 입장으로 정의될 수 있다. 이 입장은 쾌락주의자들이 항상 주장해오고 있는 바이다. 그리고 일상적으로 다른 입장과 혼동되고 있음에도 불구하고, 쾌락주의자들은 이 입장을 근본적인 윤리 원칙으로 사용하고 있다. ··· **139**

38. 이 장에서 사용되는 방법은 쾌락주의가 참임을 옹호하는 데 일상적으로 제시되고 있는 이유들을 밝힌 다음, 존 스튜어트 밀과 헨리 시지윅에 대한 비판을 통해 이러한 이유들을 검토하는 일이다. 이러한 검토만으로도 쾌락주의가 참이 아님을 보여주기에 충분하다. ··· **142**

## A.

39. 밀은 "행복은 목적으로 바람직한 유일한 것이다."라고 단언할 뿐만 아니라, "궁극적 목적의 문제는 직접적 증명의 대상이 아니다."라고 주장한다.
··· **143**

40. 그러나 그는 첫 번째 명제를 증명하려고 시도했는데, 이러한 시도는 (1) '바람직함'과 '욕구됨'을 혼동하는 오류를 범하고 있다. ··· **146**

41. 그리고 그는 (2) 쾌락 외의 다른 그 어떤 것도 욕구되지 않는다는 것을 보여주려고도 시도했다. ··· **149**

42. 쾌락 외의 다른 그 어떤 것도 욕구되지 않는다는 이론은 크게 보아 욕구의 원인과 욕구의 **대상**을 구분하지 못하는 혼동 탓인 것 같다. 확실히 쾌락은 욕구의 유일한 대상은 아니다. 그리고 쾌락이 항상 욕구의 원인에 포함된다 할지라도, 이러한 사실이 사람들로 하여금 "쾌락은 선이다."라고 생각하게끔 만들지는 않는다. ··· **151**

43. 행복의 수단인 것은 행복의 한 부분이라는 터무니없는 주장을 통해, 밀은 "쾌락은 욕구의 유일한 대상이다."라는 자신의 입장을 다른 대상들도 욕구

53. 그리고 (2) 쾌락에 대한 의식을 이와 일상적으로 수반하여 일어나는 것들을 똑같이 주의 깊게 구분하게 되면, **쾌락에 대한 의식**도 유일한 선이 아니라는 점 역시 똑같이 명백하다. … 185

54. 반대되는 입장을 옹호하는 시지윅 교수의 두 논변 중, 두 번째 논증은 "쾌락이란 단지 무엇이 **옳은가**에 관한 **기준**에 불과하다."는 전제와 똑같이 양립 가능하다. … 187

55. 그리고 반성적 직관에 호소하는 그의 첫 번째 논증을 전개하는 데 있어서, 그는 이 물음을 명쾌하게 진술하는 데 실패하고 말았는데, 그 이유는 다음 두 가지이다. (1) **유기체적 통일체**의 원리를 그는 이해하지 못했다. … 188

56. 그리고 (2) 그가 보여주고자 꽤 많은 노력을 기울인, 쾌락주의적 판단들과 상식적인 판단들의 일치는 단지 **수단에 관한 판단**에만 적용된다는 사실을 강조하는 데 있어서도 그는 실패했다. **목적**에 관한 쾌락주의적 판단은 심히 역설적이다. … 191

57. 따라서 적절한 주의를 기울여 사용한다면, 반성적 직관은, 단지 쾌락에 대한 의식을 유일한 선이라고 간주하는 것은 터무니없다는 상식과 일치한다는 결론을 나는 내리고자 한다. … 193

### C.

58. 이기주의와 공리주의에 대한 고찰은 여전히 남아 있다. "나 자신의 쾌락이 유일한 선이다."라고 주장하는 전자의 이기주의를 이타주의에 대한 반대 입장, 즉 "나 자신의 쾌락을 배타적으로 추구하는 것은 **수단으로서** 옳다."는 입장과 구분하는 것이 중요하다. … 194

59. 엄밀한 의미의 이기주의는 자기모순적이기 때문에 결코 유지될 수 없다. 어떤 대상이 나 자신의 선이라고 내가 말할 때, 나는 그 대상이 **절대적 선**

# 제4장 형이상학적 윤리설

## A.

66. '형이상학적'이라는 용어는 자연의 일부가 아닌, 즉 지각의 대상으로 시간 상에 존재하지 않는, 지식의 어떤 대상을 주로 언급하는 것으로 정의된다. 그러나 형이상학자들은 이러한 실재가 참이라는 주장에 만족하지 않고, 자연에 존재하지 않는 것이 적어도 참으로 존재함에 틀림없다고까지 항상 전제해왔기 때문에, 이 용어 역시 소위 '초감각적인 실재'와 깊은 연관성을 갖게 되었다.

67. 그리고 나는 '형이상학적 윤리설'을 "무엇이 선인가?"라는 물음에 대한 대답은 "무엇이 초감각적인 실재의 본성인가?"라는 물음에 대한 대답에 **논리적으로 의존하고** 있다고 주장하거나 함의하는 윤리 체계를 의미하는 것으로 사용하고자 한다. 이런 모든 체계는 분명, 자연주의를 정의하는 데 사용된 동일한 오류, 즉 '자연주의 오류'를 범하고 있다.

68. (1) 그 초감각적 실재가 우리의 행동이 영향을 끼칠 수 있는 미래의 어떤 것으로 인식된다면, 그리고 (2) 영원한 실재가 존재하는 유일한 대상이거나 유일한 선한 대상이라면, **실천** 윤리학의 **모든** 명제는 거짓임을 형이상학이 입증하기 때문에, '초감각적 실재'를 다루는 학문으로서 형이상학은 실천 윤리학과 모종의 연관성을 가질 수 있다. 그런데 대부분의 형이상학자들은 후자 종류의 영원한 실재를 믿고 있기에, 이들은 모든 실천적 명제는 완전히 거짓이라는 명제를 참으로 함의하고 있다. 하지만 이들은 자신들의 형이상학이 자신들의 윤리학과 이렇게 모순된다는 사실을 알아차리지 못하고 있다.

야 한다는 논리적 편견 때문인 것처럼 보인다.     ··· **240**

74. 그러나 윤리학적 명제는 이러한 유형의 명제로 환원될 수 없다. 특히 윤리
    학적 명제는 다음 두 가지와 분명 구분되어야 한다.     ··· **243**

75. (1) 자연법칙과 구분되어야 한다. 칸트의 아주 유명한 입론 중 하나는 윤
    리학적 명제를 자연법칙과 혼동하고 있다.     ··· **245**

76. (2) 명령과도 구분되어야 한다. 칸트 및 다른 윤리학자들은 윤리학적 명제
    를 명령과 혼동하고 있다.     ··· **247**


**D.**

77. 이 후자의 혼동은 현재 널리 받아들여지고 있는, '선임(being good)'은 '의
    욕되고 있음'과 동일하다는 입론의 원인 중 하나로 작용하고 있다. 그러나
    이러한 입론이 유행하게 된 주된 원인은 다른 데 있다고 나는 생각한다.
    이와 관련하여 나는 (1) 이러한 입론을 채택하게끔 하는 주된 잘못이 무
    엇인지를, 그리고 (2) 이러한 원인의 물음과는 별도로, 의지의 형이상학은
    윤리학에 대해 최소한의 논리적 연관성도 거의 지닐 수 없다는 점을 밝히
    고자 노력할 것이다.     ··· **248**

78. (1) 칸트 이래로, '진리' 내지 '실재'가 인식과 맺는 똑같은 관계를, '선'은 의
    지 내지 감정과 맺고 있다고 일상적으로 주장되어왔다. 그래서 칸트에 따
    를 경우, 형이상학 고유의 방법이 인식에 **합의된** 바가 무엇인지를 발견하
    고자 하듯이, 윤리학 고유의 방법은 의지 내지 감정에 **합의된** 바가 무엇인
    지를 발견하고자 애써야 한다.     ··· **250**

79. '선과 의지 내지 감정 사이의 실제적 관계로부터 이러한 잘못된 입론이 도
    출되는데, 이러한 실제적 관계는 주로 (a) 윤리학적 차별성을 깨닫게 하는
    것은 오직 의지와 감정의 경험에 대한 반성에 의해서만 가능하다는 사실

에 놓여 있는 **인과적 관계**이거나 혹은 (b) 선에 대한 인식은 어떤 종류의 의지와 감정에 아마도 **항상** 포함되어 있으며, 또 **일반적으로** 이러한 의지 및 감정이 함께 일어난다는 사실적 관계인 것 같다. … **251**

80. 그러나 이런 그 어떤 **심리적** 사실로부터도 '선(to be good)'이란 어떤 방식으로 의욕되거나 느껴지고 있다는 것과 동일하다는 결론이 얻어지지 않는다. 이렇게 추론된다고 가정하는 일은 근대 인식론의 근본적인 모순의 전형적인 예에 해당한다. 여기서 말하는 모순이란 사유 **'대상'**과 사유 **'행위'**를 구분하면서 동시에 동일시하는, 그리고 '진리' 자체와 진리의 '기준'을 구분하면서 동시에 동일시하는 데 내포된 모순을 말한다. … **252**

81. 그리고 일단 의욕과 인식 사이의 이러한 유비가 받아들여지면, 윤리학적 명제는 의지 내지 감정과 본질적 연관성을 갖는다는 입장은 인식의 본성에 관한 또 다른 오류, 즉 '지각'은 어떤 대상을 **단지** 어떤 방식으로 인식하는 것을 내포할 따름이라고 가정하는 오류에 의해 더욱더 강화된다. 하지만 실제로는 지각은 그 대상 역시 **참이라는** 주장마저 포함한다. … **256**

82. 79~81절 논의의 요점을 우리는 다음과 같이 지적할 수 있다. (1) 의욕과 감정은 인식과 유사하지 않다. (2) 서로 유사하다 해도, '선이라는 것'은 '어떤 방식으로 의욕되고 있다거나 느껴지고 있음'을 **의미할** 수가 없다. … **258**

83. '선임'과 '의욕되고 있음'이 **동일하지** 않다면, 후자의 '의욕되고 있음'은 단지 전자의 **기준**에 불과할 수가 있다. 그리고 이러하다는 것을 보여주기 위해, 우리는 많은 대상들이 선하다는 것을 **독립적으로** 확증해주어야 한다. 달리 말해 아마도 의욕의 형이상학이 우리에게 제공하는 최소한의 도움도 받지 않고, 우리는 우리의 윤리학적 결론들 대부분을 확증해주어야만 한다. … **261**

84. 그린처럼 윤리학을 의욕에 근거 지우려고 시도하는 형이상학자들이 이러한 독립적인 탐구를 시도조차 하지 않았다는 사실은, 형이상학자들이 선은

## 제5장 행위에 관한 윤리학

그러한 규칙의 일반적 준수는, 생명을 유지하고 신장시키는, 그리고 재산을 소유하고자 하는 본능이 언제나 변함없이 항상 강렬한 모든 사회 상태에서 유용할 것이다. 그리고 이러한 유용성은 무엇이 그 자체로 선한가에 관한 올바른 입장이 무엇이든지 상관없이, 독립적으로 밝혀질 수 있다. 왜냐하면 이러한 규칙의 준수는 모든 중대한 선을 양적으로 상당하게 획득하는 데 필요조건이 되는 대상들에 대한 수단이 되기 때문이다. ··· **292**

96. (2) 다른 규칙들에 대해서도, 다소 임의적인 조건하에서이긴 하지만 그 일반적 준수는 적어도 사회 유지의 수단으로서 유용하다는 것을 우리는 보여줄 수 있다. 이러한 규칙들 가운데 어느 것이 **모든** 사회에서 유용하다는 것을 입증하고자 하면, 일반적으로 그 자체는 선으로 인정받지 못하지만, 단지 그 자체로 선하거나 혹은 악한 것에 대한 그 인과적 관계를 보여줌으로써 우리는 이러한 입증을 할 수 있다. ··· **295**

97. (1)과 같은 유형의 규칙들은 (1)과 같은 유형의 규칙들을 정당화해주는 그러한 임시적인 조건들이 존재한다는 것을 통해서도 또한 정당화될 수 있다는 점은 분명하다. 그리고 이런 임시적 조건들 가운데는 소위 **제재**도 포함되어 있음이 틀림없다. ··· **296**

98. 현재 우리 사회에서 의무로서 일반적으로 인정될 뿐만 아니라 일반적으로 실행되고 있는 행위들의 **일반적** 유용성을 이러한 방식으로 입증하는 것이 가능할 수 있다. 그러나 그 자체로 어떤 대상이 선한지 악한지에 관한 독립적인 별도의 탐구 없이, 사회 관습의 모든 변화에 대해서도 의무가 일반적 유용성을 지닌다고 결정적으로 옹호할 수 있는 논거가 확립될 수 있는지는 매우 의심스러워 보인다. ··· **297**

99. (d) 어떤 한 개인이 (α) 해당 행위의 **일반적** 유용성이 확실한 경우 어떻게 행위해야 하는가의 구체적인 물음을 우리가 고찰하게 되면, 그리고 (β)

그 외의 다른 경우에 있어서도 똑같이 고찰하게 되면, 다음과 같이 생각할 이유가 있어 보인다. 즉, 일반적으로 유용한 규칙들이 일반적으로 준수되는 (α)와 같은 경우에, 개인은 그 규칙을 **항상** 준수해야만 한다. 하지만 그 일반적 준수나 일반적 유용성이 보장되지 않는다면, 이러한 이유들은 결정적이지 않게 된다. ··· 301

100. 그리고 (β) 그 외의 다른 모든 경우에는, **행위 규칙들은** 결코 준수되어서는 아니 된다. 대신에 개인은 자신이 처한 특수한 상황에서 어떤 적극적 선을 결과할 수 있는지, 그리고 어떤 악을 피할 수 있는지를 심사숙고해야 한다. ··· 305

101. (4) 이로부터 '의무'라는 용어 및 '편리함'이라는 용어가 내포하는 의미상의 차이는 원래 윤리학적인 것이 아니라는 결론이 얻어진다. "이것이 참으로 편리한가?"라고 물을 때 그 의미하는 바는 "이것이 나의 의무인가?", 즉 "이것이 가능한 한 최선에 이르는 수단인가?"라고 물을 때 의미하는 바와 정확히 똑같다. '의무'는 주로 윤리와 무관한 다음과 같은 세 가지 특징에 의해 구분될 따름이다. 즉 (1) 종종 많은 사람들이 이러한 행위를 하지 않고 싶은 유혹을 받는다. (2) 이런 의무들은 주로 행위자 자신이 아니라 다른 사람에게 큰 영향을 미친다. (3) 이런 의무들은 도덕적 감정을 불러일으킨다. 의무가 윤리학적 특징에 의해 구분된다면, 이는 이러한 것들을 실행하는 것이 유용하다는 이유에서가 아니라 제재하는 것이 유용하다는 이유에서 의무가 된다고 해야 한다. ··· 309

102. '의무'와 '이해관계'의 차이 역시 대체로 윤리와 무관한 구분이다. 그러나 '이해관계'라는 용어는 또한 윤리학 고유의 술어를 지칭하기도 한다. 즉, 어떤 행위가 '나에게 이익이 된다.'는 말은, 그 행위의 총 결과가 가능한 한 최선일 것이라는 주장을 뜻하지 않고, 단지 가능한 한 특정한 종류의

최선의 결과가 일어날 것이라는 주장을 뜻할 따름이다.　　　　… 313

103. (5) 한 걸음 더 나아가서, '덕' 역시 그 자체로 선한 성향에 의해 정의되지 않는다는 점을 우리는 알 수 있다. 덕은 수단으로서 일반적으로 선한 행위를 수행하고자 하는 성향 그 이상을 필연적으로 뜻하지 않는다. 그리고 대개의 경우, 이러한 행위 가운데 덕은 단지 (4) 항목과 일치하는 '의무'로 분류되는 행위를 수행하고자 하는 성향을 의미한다. 따라서 어떤 성향이 유덕한지 아닌지를 결정하는 일은 (3) 항목에서 논의되는 어려운 인과적 탐구를 포함한다. 그리고 어떤 한 사회적 여건에서 미덕인 것이 다른 사회적 여건에서는 그렇지 않을 수도 있다.　　　　… 315

104. 일상적으로 행해지고 있는 바와는 달리, 의무를 실천하는 데 있어서 덕을 발휘하는 일은 그 자체로 선이라고 가정할 하등의 이유가 없다는 결론을 우리는 또한 얻게 된다. 물론 이러한 덕의 발휘가 유일한 선인 것은 더더욱 아니다.　　　　… 318

105. 덕의 실행이 본래적 가치를 지니는가의 물음을 고찰하면, 다음과 같은 사실이 드러날 것이다. (1) 대부분의 경우, 덕은 가치를 지니지 않는다. 그리고 (2) 어떤 가치를 지니는 사례들에서조차 덕은 결코 유일한 선을 구성하지는 않는다. 후자 (2) 명제의 진실성은 일관성 없게도 이를 부정하는 사람들에 의해서조차도 일반적으로 함의되고 있을 따름이다. … 319

106. 그러나 덕의 본래적 가치를 공평하게 결정하기 위해서, 세 종류의 서로 다른 성향을 우리는 구분해야 한다. 이들 성향 각각은 덕이라는 이름을 붙일 수 있는 유일한 종류의 성향이라고 일상적으로 생각될 뿐만 아니라 또 그렇게 주장되고 있다. 따라서 (a) 가장 상식적인 형태의 성향은 의무를 수행하고자 하는 단순히 무의식적인 습관을 말하는데, 이러한 성향은 본래적 가치를 전혀 지니지 않는다. 기독교 도덕학자들이 이러한 성향은

참인 신념은 여전히 중대한 가치에 본질적으로 필수적인 하나의 조건이
되는 것 같다.

120. 따라서 우리는 많은 중대한 선의 세 번째의 본질적인 구성 요소를 얻게
되었다. 그리고 이러한 방식으로 이제 우리는 (1) **지식**에 수단으로서의
가치 이상의 가치를 귀속시키는 일 및 (2) 실재 대상에 대한 적절한 감상
은 이와 동등하게 가치는 있지만 단순한 상상의 산물에 불과한 대상에
대한 감상에 비해 본래적으로 우월하다는 입장을 우리는 정당화할 수 있
게 되었다. 즉, 실재 대상을 향한 감정은, 비록 그 대상이 열등하다 할지
라도, 최고의 상상적인 쾌락과 동등한 가치를 지닌다고 주장할 수 있다.

121. 마지막으로 (4) 이러한 선한 전체에 본질적 구성 요소가 되는 인식의 **대상
들**에 관해, 그 본성을 분석하는 일은 미학의 과제이다. 단지 여기서는 다
음 사항을 언급할 필요가 있다. (1) 이들 대상이 아름답다고 부를 때, 우
리는 이들 대상이 **선한** 전체와 이러한 관계를 맺고 있음을 의미한다. 그
리고 (2) 이들 대상은 대부분 그 자체로 복합적인 전체이어서, 이 전체에
대한 찬미의 감상이 지니는 가치는 각 부분에 대한 찬미의 감상이 지닌
가치 총합을 크게 능가한다.

122. II. **인간적 애정에** 관해, 여기서 그 대상은 단순히 아름다울 뿐만 아니라
그 자체로 선하다. 하지만 그 자체로 선한 것, 즉 한 사람의 정신적 속성
에 대한 감상은 확실히 그 자체만으로는 유형적인 미에 대한 감상과 결합
하여 형성된 전체에 비해 그 가치가 그렇게 크지는 않다. 심지어 이런 정
신적 속성에 대한 감상이 유형적인 미에 대한 단순한 감상만큼 그렇게
큰 선이 되는지도 의심스럽다. 그러나 이 둘의 결합이 이들 각각에 비해
서는 그 가치가 훨씬 더 크다는 점은 확실하다.

구분을 받아들이는 입장에 따르면, 다음 사실이 드러나는 것 같다.

130. (1) 둘 이상 악의 단순한 결합은, 비록 **전체로서** 큰 본래적 가치를 지님이
확실하다 할지라도, **전체적으로는** 결코 적극적 선이 아니다.

131. 그러나 (2) 악하거나 추한 어떤 대상에 대한 인식을 포함하는 전체는 **전체
적으로** 큰 적극적 선이 될 수 있다. 본래적 가치를 지니고 있는 대부분의
덕들―예를 들어 (a) 용기나 동정, (b) 도덕적 선 등―은 이러한 종류에
속하는 것 같다. 이러한 덕들은 악하거나 추한 대상에 대한 미움이나 경
멸의 사례이다.

132. 그러나 이런 악한 대상이 존재하는 경우, 그러한 악의 존재가 **전체로서**
가치에 보탬을 준다 할지라도, 그 총 상태가 **전체적으로** 적극적 선이라
고 생각할 이유는 전혀 없어 보인다.

133. 그러므로 (1) 실제로 존재하는 그 어떤 악도 이상향에 필수적이지는 않다.
(2) 상상의 악에 대한 명상은 이상향에 필수적이다. 그리고 (3) 악이 이미
존재하는 경우, 혼합된 덕의 존재는, 그러한 악의 결과 및 그러한 악이
상상의 악에 대한 적절한 감상과 결합하여 지니는 가치와 별개로 독자적
인 가치를 지닌다.

134. 결론적인 언급.

135. 이 장의 요약.

# 제1장

## 윤리학의 주제와 대상

**1.**

우리의 일상적인 판단 가운데, 그 진위 여부에 윤리학이 확실하게 관련되어 있는, 몇몇 판단을 지적하기란 아주 쉬운 일이다. 예를 들어 우리는 "아무개는 선한 사람이다." 혹은 "저 친구는 악한이다."라고 말하고, 또 "나는 무엇을 해야만 하는가?" 내지 "내가 이처럼 행동하는 것이 그른가?"라고 묻기도 하며, 그리고 "절제는 미덕인 반면에, 술 취함은 악덕이다."와 같은 과감한 발언을 하기도 한다. 이러한 물음이나 진술에 대해 논의하는 것은 의심의 여지없이 윤리학의 과제이다. 즉, "무엇을 하는 것이 옳은가?"라고 묻고 그에 관한 참된 대답을 찾으며, 나아가 한 인간의 성품이나 행위의 도덕성에 관한 우리의 진술이 참 혹은 거짓이라고 간주할 이유를 논하는 일은 윤리학이 다루어야 할 과제임에 틀림이 없다. '미덕', '악덕', '의무', '옳음', '당위', '좋음', '나쁨' 등의 용어를 사용하여 우리가 어떤 진술을 말할 때, 대부분의 경우 우리는 윤리적 판단을 내리고 있다. 그리고 이러한 판단이 참인지 혹은 거짓인지를 논의하고자 할 때, 우리는 언제나 윤리학의 어떤 논점을 다루게 될 것이다.

이러한 것들이 윤리학의 영역에 속한다는 사실은 논쟁의 여지가 없지만, 정작 윤리학의 영역을 규정하려는 논의는 전혀 이루어지지 않고 있다. 참으로 윤리학의 영역은 이 모든 판단에 공통적이면서 동시에 이러한 판단에만 고유한 그 무엇과 관련된 모든 사항을 포함하도록 규정될지 모른다. 그러나 우리는 여전히 다음과 같이 묻지 않을 수 없다. 그러면 이 모든 판단에 공통적이면서 동시에 고유한 그것은 도대체 무엇인가? 그런데 이미 명성을 얻고 있는 윤리 철학자들은 이 물음에 대해 전혀 다른 대답을 제시하고 있으며, 나아가 이들 대답 중 그 어느 것도 아마 완벽히 만족할 만한 답변은 되지 못할 것이다.

## 2.

우리가 앞에서 언급한 예들에 국한하여 논의하는 한, 이러한 예들은 모두 '행위(conduct)'[1]의 물음과 관련되어 있다고 우리가 말한다고 해도 큰 잘못이 없을 것이다. 즉, 이러한 예들은 우리 인간 행위에서 무엇이 선하고 무엇이 나쁜가, 그리고 무엇이 옳고 무엇이 그른가의 물음과 관련되어 있다. 왜냐하면 어떤 사람을 두고 그 사람이 선하다고 말하는데, 이 말은 언제나 그 사람이 올바르게 행동한다는 것을 대개 의미하기 때문이다.

..

1) [역자 주] 'conduct'는 명사적 성격이 강한 '행위'로, 'action'은 동사적 성격이 강한 '행동'으로 구분하여 번역하고자 한다. 하지만 이 두 개념이 의미상 차이가 없을 때에는 혼용하여 사용하고자 한다.

반면에 술 취함은 악덕이라는 말은 대개 술에 취하는 일은 그른 혹은 사악한 행동이라는 것을 의미하기 때문이다. 실제로 인간 행위에 관한 이러한 논의는 '윤리학'이라는 용어가 가장 밀접하게 연관되어 있는 논의이다. 사실 윤리학이라는 용어도 어원적으로 인간 행위와 밀접하게 연관되어 있다. 즉, 지금까지 윤리적 판단의 가장 일상적인, 그리고 가장 일반적으로 관심 있는 대상이 인간 행위라는 점은 의심의 여지가 없는 사실이다.

따라서 많은 윤리 철학자들이 "인간 행위에서 무엇이 선하고 무엇이 악한가?"라는 물음을 다루는 학문이라는 정의를 '윤리학'에 대한 정확한 정의로 받아들이는 경향이 있음을 우리는 알고 있다. 이들은 윤리학의 탐구는 오직 '행위'나 '실천'에 국한해야 하며, 나아가 '실천 철학(practical philosophy)'이라는 명칭은 윤리학이 다루어야만 하는 모든 문제를 포괄해야 한다고 주장했다. 그런데 일단 여기서는 용어의 정확한 의미에 관한 논의는 제쳐두고(왜냐하면 용어상의 문제는 사전 집필자와 문학에 관심 있는 사람들에게 맡겨두는 것이 적절하고, 앞으로 알게 되겠지만, 철학은 이러한 문제에 전혀 관심이 없기 때문이다.), 나는 '윤리학'을 이러한 용례 이상을 포괄하는 명칭으로 사용하고자 하는데, 내 생각에는 이러한 사용에는 아주 충분한 논거가 제공될 수 있다. 즉, 나는 윤리학을 무엇이 선인가에 관한 일반적 탐구를 포괄하는 학문이라는 의미로 사용하고자 한다. 왜냐하면 어쨌든 윤리학 이외에는 아직까지 이를 다루는 적절한 다른 학문 명칭이 없기 때문이다.

물론 윤리학이, 선한 행위가 무엇인가의 물음과 관련되어 있음은 부인할 수 없는 사실이다. 그러나 선한 행위와 관련되어 있기 때문에, 무엇이 행위인가의 물음뿐만 아니라 무엇이 선인가의 물음에 대해 대답할 준비가 되어 있지 않은 한, 아예 우리는 첫 출발조차 내딛을 수 없다는 점이 분명하다. 왜냐하면 '선한 행위'는 일종의 복합 개념이기 때문이다. 즉, 모든 행위가 선한 것이 아니며, 일부 행위는 악하고 또 일부 행위는 아예 선과 무관하기도 하다. 다른 한편으로, 행위 외의 다른 것들도 선할 수가 있다. 만약 행위 외의 다른 것도 선하다면, '선'은 행위 및 다른 것들에 공통적인 어떤 속성을 내포한다고 말할 수 있다. 그렇기 때문에 다른 선한 것들을 도외시하고 오직 선한 행위만을 검토한다면, 행위 외의 다른 선한 것들은 공유하고 있지 않은 어떤 속성을, 마치 공통적인 속성으로 우리가 잘못 생각하는 오류를 범할 위험이 있다. 이렇게 되면 행위에 국한된 의미로만 사용해도 우리는 윤리학에 대해 잘못을 범하게 될 것이다. 왜냐하면 우리는 선한 행위가 참으로 무엇인지를 알지 못할 것이기 때문이다. 이는 실제로 많은 학자들이 자신들의 탐구를 행위에만 국한시킴으로써 범하는 실수이기도 하다. 그러므로 나는 무엇이 선인가를 먼저 일반적으로 고찰함으로써 이러한 잘못을 피하고자 한다. 선 일반에 관해 어떤 확실한 결론을 얻은 다음, 선한 행위의 물음을 해결하고자 시도하는 것이 훨씬 더 쉬우리라 나는 기대한다. 왜냐하면 '행위'가 무엇인지에 대해서는 우리 모두가 이미 꽤 잘 알고 있기 때문이다. 따라서 우리의 제일 물음은 "무엇이 선이고 무엇이 악인가?"이다. 그리고 이 물음(혹은 이러한 물음들)에 대한 논의에 대해 나는 윤리학이라는 이름을 붙이고자 한다. 왜냐하면 어쨌든 윤리학은 이러한 논의를 포함함에 틀림없기 때문이다.

## 3.

그러나 이는 여러 가지 의미를 지니는 문제이다. 예를 들어 우리 각자가 "나는 지금 선한(good) 일을 하고 있다."고 혹은 "나는 어제 좋은(good) 저녁 식사를 했다."라고 말한다면, 이러한 진술들은, 비록 아마도 틀린 대답일 수도 있지만, 그 당사자에게는 지금 다루고 있는 우리의 물음에 대한 일종의 대답이 될 것이다.[2] 마찬가지로 A가 B에게 "어떤 학교에 내 아들을 보내어야 하는가?"라고 물었을 때, B의 대답 역시 확실히 윤리적인 판단이 될 것이다. 이와 유사하게 지금까지 존재해왔거나 현재 존재하는, 혹은 앞으로 존재하게 될 사람이나 사물에 대한 칭찬이나 비난의 모든 말도 "무엇이 선인가?"라는 물음에 대한 모종의 대답을 주고 있음이 분명하다. 이 모든 경우 특정의 어떤 대상이 좋다는 혹은 나쁘다는 판단을 받고 있다. 즉, '무엇?'의 물음이 '이것'에 의해 대답되고 있다. 그러나 이는 하나의 학문으로서 윤리학이 던지는 물음의 의미는 아니다. 이러한 종류의 수백만 가지 대답 중 그 어떤 대답도 설사 그것이 아무리 참이라 할지라도 윤리학의 한 부분이 될 수 없다. 오히려 윤리학은 이러한 모든 대답이 참인지 거짓인지를 결정할 수 있는 이유와 충분한 원리를 포함하고 있어야 한다. 과거나 현재 혹은 다가올 미래 세상에는 언제나 헤아릴 수 없을 만큼 너무 많은

..

2) [역자 주] 영어 'good'은 우리말로 '선한', '좋은' 혹은 '착한' 등으로 다양하게 번역될 수 있다. 물론 『윤리학 원리』에서 무어는 선의 정의 물음을 주로 다루기에 대부분의 경우 'good'을 선으로 번역하는 것이 타당하다. 하지만 무어는 도덕과 무관한 사물에 대해서도 'good'이라는 형용사를 사용한다. 이런 예외적인 경우, 역자는 '선한'이나 '선'으로 번역하지 않고, 일상 어법에 맞게 '좋은'으로 번역하고자 한다. '좋은 의자'라는 표현은 적절하지만, '선한 의자'라는 표현은 적절하지 않기 때문이다. 그리고 "What is good?"의 문장처럼 정의와 연관될 때 이는 그냥 '선'을 뜻하기도 한다. 또 'the good'의 경우도 사물을 포함하는 경우에는 '좋음'으로, 도덕적 의미로만 사용될 경우에는 '선'으로 번역하고자 한다.

사람, 사물, 사건이 존재하기에, 이것들의 개별적 특성에 관한 논의는 특정의 한 학문 분야에 포용될 수는 없다. 그러므로 윤리학은 이러한 본성을 가진 사실, 즉 독특하고 완전히 특수한 개별 사실을 결코 다루지는 않는다. 이러한 사실들은 적어도 부분적으로는 역사학, 지리학, 천문학 등과 같은 학문이 다루어야만 하는 대상이다. 이러한 이유로 개인적으로 충고하거나 훈계하는 일은 윤리 철학자의 일이 아니다.

### 4.

그러나 "무엇이 선인가?"라는 물음에는 또 다른 의미가 있다. "책은 좋은 것이다."라는 대답은, 어떤 책은 참으로 아주 나쁘기 때문에 명백한 거짓이지만, 이 물음에 대한 하나의 답변이 될 수도 있다. 그 대부분에 대해 나는 다룰 생각이 없지만, 이러한 종류의 윤리 판단은 참으로 윤리학에 속한다. "쾌락은 선이다."라는 판단도 마찬가지이다. 즉, 우리가 지금 아주 깊게 다루고자 하는 또 다른 판단, 즉 "쾌락**만이** 선이다."라는 판단만큼 그렇게 중요하지는 않지만, 이러한 명제 역시 윤리학이 그 참 거짓을 마땅히 다루어야만 하는 판단이다. 아리스토텔레스(Aristoteles)의 '윤리학'과 같이 덕의 목록을 포함하는 윤리학 저술들에서 내려지는 판단들은 바로 이러한 종류에 속한다. 그러나 이는 대개 윤리학과는 전혀 다른 탐구로 간주되고 있는 학문, 즉 훨씬 평이 좋지 않은 결의론(Casuistry)의 실질적 내용을 구성하는 판단과 정확히 동일한 종류의 판단이다. 혹자는 결의론이 윤리학과 다르다고 말할지도 모른다. 왜냐하면 결의론은 훨씬 더 세부적이고 구체적인 개별 사항들을 다루는 반면에, 윤리학은 이보다 훨씬 일반적인 사항들을 다루기 때문이다. 그러나 결의론은, 일반적인 사항과 100% 정확하게 그 경계선이 그어질 수 있다는 의미의, 완전히 개별적인 특정 사항을 다루는 것이 아니라는 사실을 깨닫는 것이 매우 중요하다. "이 책은 개별적인 특정의 책이다." 그리고 "A 친구의 충고는 특정의 충고이다."라고 말할 때 '특정의'라는 형용사가 의미하는 바는 방금 언급한, 정확한 경계선이 그어지는 의미이지만 결의론의 주제는 아니다. 아무튼 결의론은 **보다 더** 특정의 문제를 다루는 반면에, 윤리학은 **보다 더** 일반적인 문제를 다룬다. 그러나 이는 이 두 학문이 정도에 있어서 다르다는 의미이지 결코 그 유에 있어서 다르다는 의미는 아니다. 그리고 이는 비록 부정확하기는 하지만 일상적인 의미로 사용될 때의 '특정의(particular)'와 '일반적인(general)'이라는 개념에도 보편적으로 타당하게 적용된다. 윤리학이 덕의 목록을 제시하고자 하거나 도덕적 이상을 구성하는 구체적인 요소를 나열하고자 한다면, 윤리학은 결의론과 구분되지 않는다. 물리학이나 화학이 다루는 사항을 일반적이라고 부른다면, 이러한 의미로는 윤리학과 결의론 모두 일반적인 사항을 다룬다고 말할 수 있다. 이러저러한 특정의 표본에서 발생하는 산소뿐만 아니라 산소가 발생하는 모든 경우의 산소가 갖는 특성이 무엇인지를 발견하는 것을 화학이 목표로 하듯이, 결의론 역시 **그 행위가 일어난 모든 경우에** 선하다고 말할 수 있는, 그런 선한 행위가 무엇인지를 발견하는 것을 목표로 추구한다. 이러한 측면에서 윤리학과 결의론은 둘 다 역사학이나 지리학 등과 같은 학문군과 완전히 구분되는 반면에, 물리학, 화학, 생리학 등과 같은 학문군으로 분류될 수 있다. 그리고 일반적으로 행해지는 윤리학적 탐구가 물리학 및 화학과 근접한 그 이상으로, 그 세부적 특성으로 인해 결의론적 탐구는 물리학 및 화학과 더 근접한 학문이라는 사실을 우리는 주목해야 한다. 왜냐하면 물리학은 빛이 에테르(ether)의 파장에 의해 전파된다는 발견에 만족하지 않고, 빛의 몇몇 색에 상응하는 에테르 파장의 개별적인 특성이 무엇인지를 계속 발견하고자 하듯이, 결의론도 자선이 미덕이라는 일반 법칙의 발견에 만족하지 않고, 모든 형태의 구체적인 자선이 갖는 상대적인 특성을 발견하고자 탐구함에 틀림없기 때문이다. 그러므로 결의론은 윤리학이 추구하는 이상(ideal)의 한 부분을 형성한다. 즉, 결의론 없이 윤리학은 완전해질 수 없다. 결의론의 결점은 원칙의 결점이 아니다. 결의론의 목적이나 대상에 대해서는 그 어떤 반대도 있을 수 없다. 결의론은 오직 현 상태의 지식수준에서는 정확하게 다루기에 너무 어려운 주제라는 이유 때문에 실패하고 말았다. 결의론자는 자신이 다루는 사례에서 그 사례의 가치가 의존하고 있는 요소들이 무엇인지를 구분해내지 못했다. 그래서 결의론자는, 두 사례가 실제로는 가치 이외의 다른 몇몇 측면에서만 아주 흡사한 경우에도, 가치의 측면에서도 두 사례가 똑같다고 종종 생각하곤 한다. 결의론적 탐구가 악영향을 미친 것은 바로 이러한 종류의 잘못 때문이다. 왜냐하면 결의론은 윤리학적 탐구의 목적이기 때문이다. 이러한 목표는 우리의 연구에서는 그 출발점에서 확실하게 얻을 수 있는 바가 아니라 연구의 마지막에 가서야 비로소 얻을 수 있는 바이다.

**5.**

그러나 "무엇이 선인가?"라는 우리의 물음에는 아직도 또 다른 의미가 남아 있다. 즉, 우리는 세 번째로 "어떤 것 혹은 어떤 것들이 선한가?"가 아니라, "선은 어떻게 정의되어야만 하는가?"를 묻는 물음으로 이 물음을 이해할 수 있다. 이 후자가 바로 결의론에서는 다루어지지 않고 오직 윤리학에서만 고유하게 다루어지는 탐구 영역이다. 이 책에서 우리의 일차적 관심 역시 이 물음에 대한 탐구이다.

"'선'이 어떻게 정의되어야 하는가?"의 물음은 윤리학 전체에서 가장 근본적인 물음이기 때문에, 우리는 이 물음의 탐구에 가장 특별한 관심을 기울여야 한다. 실제로 '선(good)'의 의미 물음이, 그 역인 '악'은 예외로 하고, 윤리학에 고유한, **유일하게** 단순한 사유 대상이다. 그러므로 윤리학을 정의하는 데 가장 본질적인 요소는 바로 선의 정의이다. 다른 그 어떤 것에 대해서보다 선의 정의에 관한 실수가 잘못된 윤리 판단의 가장 많은 부분을 차지하고 있다. 이러한 제일의 물음이 충분히 이해되지 않는 한, 그리고 이 물음에 대한 참된 대답이 명확하게 인식되지 않고서는, 체계적인 지식이라는 관점에서 보면 윤리학의 그 나머지는 사실상 아무 소용이 없다고 말할 수 있다. 앞서 다룬 두 종류의 윤리 판단은 실제로 이 물음에 대한 답을 알고 있는 자뿐만 아니라 아예 이 물음에 대한 답을 알고 있지 않은 자들에 의해서도 올바르게 내려질 수 있다. 물론 이 두 부류의 사람들이 똑같이 선한 삶을 영위할 수 있다는 것은 두말할 나위 없다. 하지만 이 물음에 대한 참된 대답이 없다면, **가장 일반적인**(the most general) 윤리 판단들조차, 대답이 있는 경우와 똑같이 타당하게 될 개연성은 거의 없다. 가장 중대한 실수는 대개 이 물음에 대한 잘못된 대답 때문이라는 사실을 나는 곧 분명하게 보여주고자 한다. 그리고 그 어떤 경우에도 이 물음에 대한 대답이 주어지지 않는 한, 모든 종류의 윤리 판단에 대해 **무엇이 그 증거인지를** 우리는 도무지 알지 못한다. 그러나 체계적인 학문으로서 윤리학의 주된 목적은 이러저러한 것이 선이라고 생각하는 데 대한 정확한 **이유를** 제공하는 일이다. 그런데 선의 정의 물음에 대한 답이 주어지지 않는 한, 우리는 그 이유를 제시할 수 없다. 그러므로 잘못된 대답이 잘못된 결론에 이른다는 사실은 별개로 하고서도, 선의 정의 물음이 하나의 학으로서 윤리학의 가장 필수적인, 그리고 가장 중요한 탐구 영역임이 분명하다.

**6.**

그러면 무엇이 선인가? 선은 어떻게 정의되어야 하는가? 그런데 이는 언어상의 물음으로 여겨질 수 있다. 실제로 정의는 한 단어의 의미를 다른 단어로 표현하는 것을 의미하기 때문이다. 그러나 내가 탐구하고자 하는 바는 이러한 종류의 정의 물음이 아니다. 이러한 정의는 사전 편찬의 경우를 제외하고는 그 어떤 학문에서도 결코 궁극적인 중요성을 지니지 않기 때문이다. 이러한 종류의 정의를 바랐더라면, 나는 먼저 사람들이 실제로 '선'이라는 단어를 어떻게 사용하고 있는지를 조사했을 것이다. 그러나 관습에 의해 정립된, 한 단어의 올바른 용법에 내가 관심을 갖고 있는 것은 아니다. '선'이라는 단어를 그것이 일상적으로는 결코 내포하지 않는 것을 지칭하기 위해 사용하고자 한다면, 예를 들어 '선'이란 단어를 사용할 때마다, 내가 '탁자'라는 단어가 일상적으로 함의하는 대상을 지칭하는 것으로 '선'을 이해해야 한다고 말한다면, 나는 참으로 어리석은 사람임에 틀림없다. 그러므로 나는 일상적으로 사용되고 있다고 여겨지는 것과 똑같은 의미로 '선'이라는 단어를 사용하고자 한다. 그렇다고 해서 '선'이라는 단어를 이러한 의미로 사용하고자 하는 나의 생각이 맞는지 틀리는지에 대해 나는 논의하고 싶지는 않다. 나는 여기서 단지, '선'이라는 단어가 일상적인 용법에서 의미한다고 여겨진다고 내가 주장하는 대상이나 관념—그것이 맞든지 틀리든지 상관없이—에 관심을 갖고 있다. 즉, 내가 여기서 발견하고 싶은 바는 그러한 대상이나 관념의 본성이 무엇인가이며, 그리고 그 본성에 관해 나는 어떤 합의점에 도달하기를 간절히 바라고 있다.

그러나 "선이란 무엇인가?"의 물음을 이러한 의미로 이해하게 되면, 이에 대한 나의 대답이 아주 실망스럽게 여겨질지 모른다. 왜냐하면 "무엇이 선인가?"라는 질문을 받는다면, 나는 "선은 선이다."라고 대답할 뿐만 아니라 이 이상의 대답은 주어질 수 없다고 생각하기 때문이다. 즉, "선은 어떻게 정의되어야 하는가?"라고 누군가가 나에게 묻는다면, 나는 "선이란 정의될 수 없다."라고 말할 수밖에 없고, 이것이 바로 내가 선의 정의에 대해 말하고자 하는 바의 전부이다. 그러나 비록 실망스럽게 느껴진다 할지라도, 이러한 대답이야말로 궁극적으로 가장 중요하다. 철학 용어에 익숙한 독자들에게 나는 다음과 같이 말함으로써 이러한 대답의 중요성을 피력하고자 한다. 즉, 선한 것들(the good)에 관한 명제들은 결코 분석적이지 않고 모두 종합적이며, 이는 결코 하찮은 문제가 아니다. 이를 좀 더 통속적으로 표현한다면 우리는 다음과 같이 말할 수 있다. 즉, 나의 주장이 맞다면 어느 누구도 "쾌락은 유일한 선이다.", "선이란 욕구된 것이다." 등과 같은 공리를 마치 그 공리가 바로 선이라는 단어가 의미하는 바라고 둘러대면서 우리를 속일 수는 없을 것이다.

## 7.

그러면 이 입장을 깊이 고찰해보자. 내가 지적하고자 하는 바는, '노랑'이 단순 개념이듯이, '선' 역시 단순 개념이라는 점이다. 즉, 노란색을 이미 알고 있지 않은 어느 누구에게든 우리가 그 어떤 수단을 통해서도 '노랑'이 무엇인지를 설명할 수 없듯이, 우리는 선이 무엇인지도 설명할 수 없다. 내가 여기서 추구하고자 하는 유의 정의는, 한 단어가 어떤 의미로 사용되고 있는지를 단순히 말해주는 것이 아니라, 그 단어가 지칭하는 대상이나 내포하는 개념의 진정한 본성을 묘사해주는 정의이기 때문에 오직 문제의 대상이나 개념이 복합적인 그 무엇인 경우에만 가능하다. 예를 들어 우리는 말(馬)에 대해서는 정의를 내릴 수 있다. 왜냐하면 말은 우리가 그 모든 것을 열거할 수 있는 서로 다른 많은 속성과 성질을 지니고 있기 때문이다. 그러나 이러한 속성이나 성질을 모두 열거할 때, 만약 우리가 말을 가장 단순한 용어들로 환원하고자 한다면, 우리는 이제 더 이상 그 단순한 용어들에 대해서는 정의를 내릴 수 없다. 단순 용어들은 우리가 생각하거나 지각할 수 있는 단순한 그 무엇으로, 이를 생각하거나 지각해본 적이 없는 어느 누구에게도 우리는 그 어떤 정의에 의해서도 그 본성을 알게 할 수 없다. 아마 이러한 주장에 대해, 다른 사람이 결코 생각하지 못한 혹은 보지 못한 것을 우리는 지적해줄 수 있다는 반론이 제기될지 모른다. 예를 들어 키메라에 대해 이제까지 한 번도 들어보거나 본 적이 없는 자에게 우리는 키메라가 어떤 동물인지를 이해시킬 수 있지 않은가? 예를 들어 우리는 키메라란 암사자의 머리와 몸을 가졌는데, 등 중앙 부위에는 염소 머리가 자라나고, 그 꼬리는 영락없이 뱀과 같은 동물이라고 말할 수 있다. 그러나 이렇게 되면 우리가 지금 설명하는 대상은 복합 대상이 되고 만다. 즉, 이러한 대상은 우리 모두에게 아주 친숙한 뱀, 염소, 암사자 등의 부분들로 완전히 구성되어 있다. 또한 우리는 이러한 부분들이 결합되는 방식도 알고 있다. 왜냐하면 암사자 등의 중앙이 무엇을 의미하는지를, 그리고 암사자 꼬리가 어디에서 자라는 경향이 있는지를 우리는 알고 있기 때문이다. 우리가 정의할 수 있는, 이제까지 알려지지 않은 모든 대상에 대해서도 우리는 똑같이 말할 수 있다. 즉, 이러한 대상은 복합체이다. 그리고 부분으로 구성된 모든 것은 일단 그 자체로 이와 유사한 정의가 가능하지만, 결국에는 더 이상 정의 내릴 수 없는 가장 단순한 부분으로 환원됨에 틀림없다. 그러나 우리가 지금 말하는 노랑과 선은 복합체가 아니다. 즉, 이 둘은 더 이상 정의가 불가능한, 그러한 종류의 단순 개념이어서, 다른 정의를 구성하는 부분이 될 따름이다.

## 8.

『웹스터 사전(*Webster*)』처럼 우리가 "말이란 마속(馬屬)에 속하는, 발굽을 지닌 네발짐승이다."라고 정의할 때, 이 정의는 실제로 서로 다른 세 가지 의미를 지닐 수 있다. (1) 내가 '말'이라고 말할 때, 마속에 속하는, 발굽을 지닌 네발짐승에 대해 내가 말하고 있음을 네가 이해하기를 바란다는 단순한 의미로 우리는 이 정의를 사용할 수 있다. 이는 자의적인 언어상의 정의(the arbitrary verbal definition)라고 말할 수 있다. 그리고 선이란 정의 불가능하다고 말할 때 내가 뜻하는 바는 이러한 의미의 정의가 아니다. (2) 우리는 『웹스터 사전』이 실제로 의도한 대로, 대부분의 영국 사람들이 '말'이라고 말할 때, 그들은 마속에 속하는, 발굽을 지닌 네발짐승을 뜻한다는 의미로 이 정의를 받아들일 수 있다. 이를 우리는 본래적인 언어상의 정의(the verbal definition proper)라고 말할 수 있다. 그러나 선은 정의가 불가능하다는 나의 주장은 결코 이러한 의미인 것도 아니다. 왜냐하면 사람들이 '선'이라는 단어를 어떻게 사용하고 있는지의 정의를 발견하는 것은 분명 가능한 일이기 때문이다. 만약 단어의 용법을 알지 못한다면, '선'이란 단어가 독일어로 'gut', 그리고 불어로 'bon'으로 번역될 수 있다는 사실조차 우리는 결코 알 수 없을 것이기 때문이다. 하지만 (3) 말을 정의할 때, 이보다 훨씬 더 중요한 의미가 하나 더 남아 있다. 우리 모두가 알고 있는 어떤 대상이 어떤 방식으로 구성되어 있다는 의미로 우리는 말에 대한 정의를 받아들일 수 있다. 즉, 말은 네 개의 다리, 하나의 머리, 하나의 심장, 하나의 간 등을 지니며, 이들 신체 기관은 서로서로 특정한 관계를 맺으며 구성되어 있다는 의미로 우리는 이 정의를 이해할 수 있다. 내가 선이란 정의가 불가능하다고 말할 때 뜻하는 바는 바로 이러한 의미이다. 선이란 단어를 생각할 때, 마음속으로도 그것을 대체할 그 어떤 부분을 우리는 상상할 수조차 없다고 지금 나는 말하고 있다. 하지만 말에 대해서는, 말 전체에 대한 우리의 관념을 대신할 수 있는 모든 부분과 나아가 그 부분들의 전체 구성을 분명하게, 그리고 정확하게 우리는 마음속으로 생각할 수 있다. 내가 감히 말하건대, 우리는 말이 당나귀와 어떻게 다른지를 아주 잘 구분할 수 있다. 즉, 물론 그렇게 쉽지는 않지만 우리가 지금 하고 있는 방식에 따라 이 둘이 어떻게 다른지를 아주 참되게 우리는 구분할 수 있다. 그러나 선에 대해서는 말의 경우처럼 대체할 수 있는 그 어떤 것도 존재하지 않는다. 이것이 바로 선이란 정의가 불가능하다고 말할 때 내가 의미하는 바이다.

## 9.

선이란 정의가 불가능하다는 명제를 받아들이지 못하도록 가로막는 중요 장애물을 과연 내가 완전히 제거했는지에 대해서는 여전히 의문이 남는다. 나는 지금 선한 것들(the good)이 정의될 수 없다는 의미의 주장을 하는 것은 아니다. 만약 이렇게 생각하고 있다면, 나는 윤리학에 관해 글을 쓰고 있다고 말할 수조차 없을 것이다. 왜냐하면 나의 주된 목적은 이러한 정의를 발견하는 것을 돕고자 하는 데 있기 때문이다. 내가 **선이란 정의 불가능하다.**"라고 주장하는 이유는, '선한 것들'을 정의하고자 하는 우리의 탐구에서 발생할 수 있는 실수의 위험을 조금이라도 더 덜 수 있다고 내가 생각하기 때문이다. 나는 지금 이 둘 사이의 차이를 설명해야 할 처지에 놓여 있다. 내가 생각하기에 '선한'이라는 단어는 형용사로 여겨지고 있다. 반면에 '선한 것들', 즉 선을 가진 것들은 '선한'이라는 형용사가 적용되는 실질적인 명사를 가리킨다. 즉, 선한 것들이란 '선한'이라는 형용사가 술어로 적용될 수 있는 대상 전체를 지칭함에 틀림없고, 이 형용사는 '선한 것'에 **항상** 참되게 적용되어야 한다. 하지만 선한 것들이 '선한'이라는 형용사가 적용되는 대상이라면, 선한 것들은 '선한'이라는 형용사 자체와 다름에 틀림없다. 다른 그 무엇의 전체—이 전체가 무엇이든지 상관없이—가 바로 '선한 것들'에 대한 우리의 정의가 될 것이다. 그런데 이 다른 그 무엇은 '선한'이라는 단어 외의 다른 형용사를 술어로 취할 수 있다. 예를 들어 그 선한 것은 '즐거움을 주는'이라는 형용사를, 혹은 '지성적인'이라는 형용사를 술어로 취할 수 있다. 이 두 형용사가 참으로 그 선한 것의 한 부분을 이룬다면, "쾌락과 지성도 선한 것이다."라는 명제도 확실히 참이 되게 된다. 실제로 많은 사람들은 우리가 "쾌락과 지성은 선한 것이다."라고, 혹은 "쾌락과 지성만이 선한 것이다."라고 말한다면, 우리는 지금 선을 정의 내리고 있다고 생각하는 경향이 있다. 물론 나는 이러한 특성을 지닌 명제가 가끔 단어에 대한 정의로 불릴 수 있다는 사실을 부정하지 않는다. 하지만 나는 선이라는 단어가 이러한 점을 확정짓는 데 어떻게 사용되고 있는지에 대해서는 충분히 아는 바가 없다. 다만 나는 "선의 정의는 가능하지 않다."라고 말할 때 내가 의도하는 뜻은 이러한 의미가 아님을 이해해주기를 바랄 뿐이다. 또 앞으로 다시 사용할 경우에도 나는 이러한 의미로 선이라는 단어를 사용하지는 않을 것이다. 물론 "지성은 선이고, 그리고 지성만이 선이다."라는 명제와 그 형태가 동일한 몇몇 참인 명제들이 존재할 수 있음을 나는 확실히 믿고 있다. 왜냐하면 만약 이러한 명제가 아예 존재하지 않는다면, '선한 것들'에 대한 우리의 정의는 아예 불가능할 것이기 때문이다. 사실이 이러하기 때문에 나는 '선한 것들'은 정의가 가능하다고 믿지만, 선 자체는 정의될 수 없다고 여전히 주장하는 바이다.

## 10.

우리가 어떤 대상에 대해 "그 대상이 선하다."라고 말할 때, 선이란 그 대상에 속한다고 여겨지는 속성을 의미한다면, '선'이란 이 단어의 가장 중요한 의미에서는, 그 어떤 정의도 불가능하다. 여기서 '정의'의 가장 중요한 의미란 다음과 같다. 즉, 정의란 그 대상 전체를 언제나 항상 구성한다고 여겨지는 부분들이 무엇인지를 진술하는 바를 뜻한다. 이러한 의미에서 선은 정의를 가질 수 없다. 왜냐하면 선은 단순 개념으로 그 어떤 부분을 지니지 않기 때문이다. 선이란 그 자체로 정의가 불가능한 수없이 많은 사유 대상 중 하나이다. 이러한 사유 대상들은, 정의가 가능한 모든 대상에 대해 정의를 내릴 때 준거점이 되는 궁극적 용어이기 때문이다. 이러한 용어가 헤아릴 수 없을 만큼 무수히 많아야 한다는 점은 조금만 생각해보면 명백하다는 사실을 우리는 알 수 있다. 왜냐하면 분석에 의하지 아니하고 우리는 그 어떤 것도 정의할 수 없는데, 어떤 대상을 정의하고자 할 때 계속 분석해 나가면, 우리는 결국 그 밖의 다른 것과 구별되는 그 어떤 것과 만나게 되며, 바로 이러한 궁극적 차이가 정의하고자 하는 대상 전체의 고유성을 설명해주기 때문이다. 모든 전체는 다른 전체에도 속한 공통의 그 어떤 부분을 지닌다. 그러므로 '선'이란 정의가 불가능한 단순 속성이라는 주장에는, 다른 주장에는 해당되지 않은 그 어떤 특별한 어려움이 있는 것은 아니다. 이러한 단순 속성을 지닌 예들은 그 외에도 많기 때문이다.

노란색을 예로 들어보자. 우리는 이와 물리적으로 동치관계에 있는 그 무엇을 서술하여 이를 정의하거나, 혹은 우리 인간이 인지할 수 있도록 노란색이 어떤 종류의 빛의 파장을 정상적인 우리들의 눈을 자극하는지를 설명할 수도 있다. 그러나 조금만 생각해보면, 그러한 **빛의 파장**은 우리가 정의하고자 하는 바의 노란색 자체는 아니라는 것을 우리는 충분히 알 수 있다. 즉, 빛의 파장은 우리가 인지하는 바로 그것은 아니다. 각각의 서로 다른 색깔들 사이에 존재하는 명백한 질적 차이를 즉각적으로 알아차리지 않는 한, 참으로 우리는 그 색깔의 존재조차 결코 발견할 수 없었을 것이다. 색깔이 발산하는 빛의 파장에 대해 우리가 확실하게 말할 수 있는 바는, 단지 그러한 파장은 우리가 실제로 지각하는 노란 것들에 상응하는 공간상의 그 무엇이라는 사실에 지나지 않는다.

그러나 아주 단순한 이러한 종류의 실수가 '선'에 대해서도 일상적으로 이루어지고 있다. 모든 노란 것이 노란 것이면서 일정한 종류의 빛의 파장을 발산하듯이, 모든 선한 것 역시 선 이외의 다른 그 어떤 무엇이라고 우리는 말할 수 있다. 그리고 윤리학의 목적은 선한 모든 것에 공통적으로 속하는, 선 외의 다른 속성이 무엇인지를 해명하고자 하는 데 있음은 분명 사실이다. 그러나 선 외의 다른 속성들을 열거할 때, 너무나 많은 철학자들은 자신들이 실제로 선을 정의하고 있다고 생각했다. 즉, 이들은 이런 다른 속성들이 실제로 선 외의 다른 그 무엇이 아니라 절대적으로, 그리고 완전히 선과 동일한 것이라고 생각했다. 이러한 입장을 나는 '자연주의 오류(naturalistic fallacy)'라고 부르고자 하며, 지금부터 이러한 자연주의 오류가 무엇인지를 확정적으로 밝히고자 한다.

## 11.

이러한 철학자들이 주장하는 바가 무엇인지를 고찰해보자. 먼저 주목할 사실은 이들 철학자 사이에서도 의견 일치가 이루어지고 있지 않다는 점이다. 즉, 이들은 선에 대한 자신들의 입장이 옳다고 주장할 뿐만 아니라,

자신들과 다른 입장을 취하는 자들이 틀렸음을 입증하고자 부단한 노력을 기울이고 있다. 예를 들어 어떤 철학자는 선은 쾌락이라고 주장하는 반면에, 또 다른 철학자는 선이란 욕구되는 것이라고 주장한다. 그리고 이들은 서로 상대방 주장이 틀렸다는 점을 보여주기 위해 열렬한 반대 논변을 전개한다. 하지만 이러한 논변이 어떻게 가능한가? 다시 말해 이들 철학자 중 어떤 이는 선이란 욕구의 대상 외의 다른 무엇이 아니라고 말하면서 동시에 선이란 쾌락이 아니라는 점을 밝히고자 온갖 노력을 기울인다. 그러나 선이란 단지 욕구의 대상을 의미한다는 첫 번째 주장으로부터, 둘째 명제를 증명하려고 할 때 다음 두 가지 중 하나가 도출될 수밖에 없다.

(1) 그는 욕구의 대상은 쾌락이 아니라는 명제가 참임을 입증하려고 노력할지 모른다. 그러나 이것이 전부라면, 도대체 그의 윤리학은 어디에 있는가? 즉, 그가 주장하고자 하는 입장은 단지 심리학적인 견해일 따름이다. 욕구는 인간 마음에서 일어나는 그 무엇인 반면에, 쾌락 역시 인간 마음에서 일어나지만 욕구가 아닌 다른 무엇일 따름이다. 하지만 이렇게 되면 자칭 윤리 철학자이고자 하는 이러한 자는 단지 쾌락은 욕구의 대상이 아니라는 주장만 할 따름이다. 그러면 이러한 주장은 현재 논쟁 중인 문제와 어떤 연관이 있는가? 그러니까 이에 반대하는 자는 지금 "쾌락은 선이다."라는 윤리적 입장을 주장하고 있다. 따라서 비록 쾌락은 욕구의 대상이 아니라는 심리학적 명제를 수백만 번 입증했다 해도, 그가 자신에 대한 반대자의 주장이 틀렸다는 것을 입증한 것은 결코 아니기 때문이다. 이러한 논변은 다음과 같은 논증과 흡사하다. 누군가가 삼각형은 원이라고 주장한다고 하자. 그런데 이에 대해 다른 사람이 "삼각형은 직선이다. 내 말이 옳다는 것을 너에게 입증해 보여주마."라고 반대하면서, "직선은 원이

아니니까."라고 그 이유를 제시했다고 하자.(그는 오직 이 이유만 제시했다.) 이 반론에 대해 삼각형은 원이라고 주장하는 자는 다음과 같이 재반박할 것이다. "참으로 맞는 말이다. 하지만 그럼에도 여전히 삼각형은 원이다. 나와 반대되는 주장을 입증하기 위해 당신은 지금 아무것도 말하지 않고 있다. 당신이 입증한 바는 단지 우리 둘 중 한 사람은 틀렸다는 것뿐이다. 왜냐하면 우리는 다만 삼각형은 직선이면서 동시에 원일 수 없다는 데 대해 합의점을 보고 있을 따름이기 때문이다. 그러면 누구 말이 참이냐? 둘중 누구 말이 참인지를 입증할 방법은 이 지구상에 결코 존재하지 않는다. 그 이유는 당신은 삼각형을 직선으로 정의하고, 나는 삼각형을 원으로 정의하기 때문이다." 이러한 논변이 자연주의 윤리설이 마주할 수밖에 없는 한 가지 대안이다. 하지만 이러한 접근법에 따라 선을 그 밖의 다른 무엇으로 **정의한다면**, 다른 정의가 잘못되었다거나 그러한 정의 자체를 부인하는 것이 아예 불가능하게 된다.

(2) 자연주의 윤리설이 취할 수 있는 또 다른 대안은 이러한 논의는 결국 언어상의 문제에 지나지 않는다는 입장인데, 이는 앞의 대안에 비해 더더욱 달갑지 않다. 예를 들어 A가 "선이란 쾌락이다."라고 말하고, B는 "선이란 욕구된 것이다."라고 말할 때, 이들은 단지 대부분의 사람들이 선이란 용어를 쾌락적인 것을, 그리고 욕구된 것을 각각 지칭하는 것으로 사용하고 있다는 입장을 주장하고 싶어 한다. 이는 아주 재미있는 논의 주제이다. 하지만 이러한 논의는 앞의 (1)의 접근법이 윤리학적이지 않듯이, 윤리학적이라고 전혀 말할 수 없다. 나는 자연주의 윤리설 옹호자들이 이러한 대안이 자신들이 의미하는 바라는 점을 받아들일 것이라고 결코 생각하지 않는다. 왜냐하면 이들은 자신들이 선이라고 부르는 것들을 우리가 참으

로 행해야 한다는 점을 설득시키고자 온갖 노력을 다 기울일 것이기 때문이다. "이러한 선한 것들을 행하라. 제발 그렇게 하라. 왜냐하면 선이라는 단어는 일반적으로 이러한 본성을 지닌 행동을 지칭하는 데 사용되기 때문이다." 실제로 이들의 입장을 살펴보면, 이것이 바로 이들 가르침의 실체임을 우리는 알 수 있다. 그리고 이들이 우리가 어떻게 행동해야 하는가에 대해 주장하고 있기에, 그들이 의도하고 있듯이, 이들 가르침은 정말 윤리적이다. 하지만 이들이 자신들의 주장을 옹호하기 위해 제안하는 이유는 정말로 터무니없다. "당신은 이것을 해야만 한다. 왜냐하면 대부분의 사람들이 그와 같은 행위를 지칭하는 데 어떤 특정의 용어를 사용하고 있기 때문이다." "당신은 지금 사실과 맞지 않는 말을 하고 있음에 틀림없다. 왜냐하면 대부분의 사람들이 그 말을 거짓이라고 부르기 때문이다." 앞의 주장이 맞다면 둘째 것도 그만큼 훌륭한 논증일 것이다. 하지만 존경해 마지않는 윤리 교사로서 당신으로부터 우리가 알고자 하는 바는, 사람들이 그 용어를 어떻게 사용하고 있는가의 문제가 아니다. 또 사람들이 어떤 종류의 행위를 시인하고 있는가의 문제도—설사 선이라는 용어가 이러한 시인을 함의하고 있음이 확실하다고 해도—우리가 알고자 하는 바가 아니다. 우리가 알고자 하는 바는 단지 "선이란 무엇인가?"이다. 대부분의 사람들이 선이라고 생각하고 있는 것들이 실제로 그러하다는 데 대해 우리는 정말로 동의하고 있는지도 모른다. 아무튼 우리는 이들의 입장을 알고서 기뻐할 것이다. 그러나 "선이란 무엇인가?"에 대한 이들의 입장을 우리가 말할 때, 이들이 '말', '탁자', '의자' 등이 의미하는 대상을 'gut', 'bon', 'ἀγαθός' 등의 단어로 부른다고 해도, 우리는 이러한 언어 사용에 대해 전혀 신경 쓰지 않을 것이다.[3] 왜냐하면 우리가 알고자 하는 바는 그들이 그렇게 사용하고 있는 바가 무엇인가의 물음이기 때문이다. 즉, "쾌락은 선이다."라고 말할 때, 이 말을 "쾌락은 쾌락이다."를 뜻하고 그 외의 그 어떤 것도 결코 뜻하지 않는다는 의미로 이들이 사용하고 있다고 우리는 도저히 믿을 수 없다.

## 12.

예를 들어 어떤 사람이 "나는 즐거워한다."라고 말했다고 하자. 그리고 이 말은 거짓말이 아니라 참말이라고 하자. 그러면 이 말이 참이라면, 이 말이 의미하는 바는 무엇인가? 이는 그의 마음—즉, 어떤 뚜렷한 표식에 의해 다른 모든 것과 구별되는 특정의 마음—이 바로 그 순간에 쾌락이라고 불리는 독특한 느낌을 지니고 있음을 의미한다. 하지만 '쾌락'은 쾌락을 가짐 이외의 그 어떤 다른 것을 **의미하지는** 않는다. 그리고 비록 우리가 더 많이 혹은 더 적게 즐거워한다 할지라도, 심지어 지금 당장은 이러저러한 종류의 쾌락을 느끼고 있음을 인정한다 할지라도, 그것이 쾌락인 한, 쾌락의 양이 많든 적든 혹은 그 쾌락이 어떠한 종류이든지 상관없이, 우리는 어떤 하나의 특정 마음 상태를 지니고 있음이 분명하다. 즉, 우리는 정도의 차이나 그 종류의 다양성과 관계없이 동일한 한 마음을 지니는데, 이는 정의가 아예 불가능하다. 다만 우리는 그러한 쾌락이 다른 것들과 어떻게 관계하고 있는지에 대해서만 말할 수 있을 따름이다. 즉, 한 예로서 쾌락은 우리 마음속에 있다, 쾌락은 욕구를 불러일으킨다, 우리는 쾌락을 의식하고 있다 등을 우리는 말할 수 있을 따름이다. 다시 말해 내가 지금 강조하고자 하는 바는, 우리는 쾌락과 다른 것과의 관계에 대해서는 말할 수 있지만 쾌락 자체를 정의할 수는 없다는 점이다. 누군가가 우리에게 다른 어떤 자연적인 대상으로 쾌락을 정의하고자 시도한다면, 예를

∴
3) 영어의 'good'에 해당하는 독일어는 'gut', 프랑스어는 'bon', 그리고 헬라어는 'ἀγαθός'이다.

들어 쾌락은 붉은색 감각을 **뜻한다고** 정의를 내린 다음 이로부터 쾌락이란 색깔이라고 누군가가 추론해 나간다면, 그는 웃음거리밖에 되지 않고, 후에 그가 말하는 쾌락에 관한 다른 진술은 전혀 신뢰할 수 없게 될 것이다. 그리고 이는 내가 자연주의 오류라고 부르는 것과 동일한 종류의 오류를 범하게 된다. '즐거워함(pleased)'은 '붉은색 감각을 지님'이나 다른 그 어떤 것도 의미하지 않는다. 그리고 이 사실은 쾌락이 의미하는 바가 무엇인지에 대한 우리들의 이해에 걸림돌이 되지도 않는다. '즐거워함'은 '쾌락 감각을 지님(having the sensation of pleasure)'을 의미한다는 사실을 아는 것만으로 우리는 충분하다. 즉, 쾌락은 쾌락일 뿐 다른 그 어떤 것일 수 없기에 쾌락에 대한 정의가 전혀 불가능하다 할지라도, 우리는 지금 즐거워하고 있다고 말하는 데는 아무런 어려움을 느끼지 않는다. 물론 그 이유는, "내가 즐거워하고 있다.(I am pleased.)"고 말할 때 '나(I)'는 '쾌락을 가짐'과 동일하다는 것을 내가 의미하지는 **않기** 때문이다. 그리고 이와 유사하게 "쾌락은 선이다."라고 말하면서 동시에 '쾌락'은 선과 동일한 것을 뜻하지 않는다고, 즉 쾌락은 선을 **의미하고**, 선은 쾌락을 **의미하는** 것이 아니라고 내가 말하는 데는 아무런 어려움이 발견되지 않는다. "내가 즐거워하고 있다."라고 말할 때 나(I)는 '즐거워하고 있음'과 정확히 동일한 것을 뜻하는 세계를 우리가 상상할 수 있다면, 비록 이것이 내가 윤리설과 관련하여 자연주의적이라고 부르는 것과 아무리 동일한 종류의 오류라 할지라도, 참으로 나는 이를 자연주의 오류라고 부르지 말아야 할 것이다. 그 이유는 아주 명백하다. 어떤 사람이 자연적인 두 대상을 서로 혼동하여 어느 하나를 다른 것으로 정의 내리고 있다면, 즉 한 예로서 어떤 사람이 자연적 대상으로서의 자기 자신을 다른 자연적 대상인 '즐거워하고 있음' 혹은 '쾌락'과 혼동한다면, 이러한 오류를 우리는 자연주의적이라고 부를 이유가 없기 때문이다. 하지만 동일한 의미로는 결코 자연적인 대상이 아닌 '선'과 그 어떤 다른 자연적 대상을 어떤 사람이 서로 혼동하고 있다면, 그는 자연주의 오류를 범하고 있다고 말할 만한 이유가 있다. 왜냐하면 '선'에 관해 범하는 이러한 혼동은 아주 특이한 특징을 지니고, 그리고 이러한 오류는 아주 공통적으로 나타나기 때문에 우리는 이러한 잘못에 대해 자연주의 오류라는 이름을 붙일 수 있다. 왜 선은 하나의 자연적 대상으로 간주될 수 없는지, 그 이유에 관해서는 다른 곳에서 논의할 예정이기에 여기서는 일단 유보하고자 한다. 다만 현재로서는 다음과 같은 점을 확인하는 것만으로 충분하다. 선이 자연적 대상이라 할지라도, 이 사실은 이러한 오류의 본성을 변경하거나 이러한 오류의 중요성을 전혀 손상시키지 않을 것이다. 즉, 내가 이러한 오류에 관해 지금까지 말한 모든 것은 여전히 똑같이 참이다. 다만 이렇게 되면 내가 이러한 오류에 붙인 이름의 적절성은 이전만큼 그렇게 타당하지 않을지는 모른다. 내가 염려하는 바는 오류 그 자체이지, 그 오류가 어떤 이름으로 불리는가에 대해서는 크게 개의치 않는다. 즉, 이러한 혼동에 직면하여 우리가 그것을 하나의 오류로 인정하기만 한다면, 그것이 어떤 이름으로 불리는가의 물음은 중요하지 않다. 윤리학에 관한 거의 모든 책에는 이러한 잘못이 발견되곤 한다. 하지만 이러한 잘못이 인정되고 있지는 않다. 바로 이러한 이유로 인해 우리는 이러한 혼동의 사례를 다양하게 예시할 필요가 있고, 또 이러한 혼동에 대해 자연주의적이라는 이름을 붙이는 것이 아주 편리할 것이다. 참으로 이는 아주 간단한 오류이다. 한 예로 오렌지가 노랗다고 말할 때 우리는 그 진술이 '오렌지'는 '노랑' 외의 그 어떤 다른 것을 의미하지 않는다거나 오렌지 외의 그 어떤 것도 노랄 수 없다는 뜻으로 이 주장이 사용되어야 한다고 생각하지는 않는다. 실제로 오렌지는 단맛도 내지 않는가? '단맛'은 '노랑'과 정확히 동일하다는 주장으로 이 말을 사용하도록 강요하고자 하면, '단맛'이라는 단어는 '노랑'으로 정의되어야만 한다. '노랑'은 단지 '노랑'을 의미할 따름이지 다른 그 어떤 것을 뜻하는 게 아니라는 점을 인정할 경우, "오렌지는 노랗다."라고 주장하는 데 더 큰 어려움이 있는가? 결코 그렇지 않다. 아니, 오히려 그 반대로 노랑이 궁극적으로 다른 그 어떤 것도 의미하지 않고 다만 '노랑'을 의미할 따름이라는 주장—즉, 노랑은 아예 정의가 불가능하다는 주장—을 받아들이지 않으면, 오렌지가 노랗다고 말하는 것은 정말로 아무런 의미가 없는 말장난이 되고 만다. 노란색을 가진 모든 것은 노랑과 똑같은 것을 정확히 **의미한다는** 입장을 견지하게 되면, 노란 대상들을 우리는 명확하게 이해하지 못할 뿐만 아니라 오늘과 같은 과학의 발전도 이루지 못했을 것이다. 즉, 이렇게 되면 우리는 오렌지를 의자나 종이 혹은 레몬이나 기타 당신이 만나는 노란색의 그 어떤 것 등과 정확히 똑같다고 주장해야만 할 것이다. 이런 터무니없는 사례들은 수없이 많이 열거될 수 있을 것이다. 하지만 많은 예시를 든다고 해서 진리에 더 접근하는 것은 아니다. 그러면 왜 노랑은 '선'의 경우와 달라야 하는가? 선은 선이고 정의가 불가능하다면, 왜 나는 쾌락은 선이라는 입장을 부인하는 주장을 해야만 하는가? 이 둘이 동시에 참이라고 주장하는 데는 어떤 어려움이 있는가? 반대로 선이 쾌락 외의 다른 무엇이 아니라면, 쾌락은 선이라는 말은 아예 의미조차 없어지게 된다. 선이 생명이나 쾌락 외의 다른 그 어떤 것을 **의미하지** 않는다면, 윤리학에 관한 한 허버트 스펜서(Herbert Spencer)가 시도한 것처럼, 쾌락의 증가는 생명의 증진과 일치한다는 점을 입증하려는 시도는 전혀 쓸모없게 된다. 그는 단지 오렌지가 항상 종이에 싸여 있다는 것을 보여줌으로써, 오렌지가 노랗다는 것을 증명하고자 시도하는 것과 같은 일을 하고 있는 꼴이다.

## 13.

실제로 '선'이 단순하여 정의 불가능한 어떤 것이 아니라면, 앞서 언급한 두 대안만이 가능할 따름이다. 즉, 선은 복합체로 부분으로 구성된 전체이어서, 그 본성의 정확한 분석에 관해서 의견의 불일치가 있을 수밖에 없거나, 아니면 선은 전혀 아무것도 의미하지 않는 것으로 아예 윤리학과 같은 학문은 애초에 성립조차 될 수 없을 것이다. 하지만 일반적으로 윤리 철학자들은 지금까지 선을 정의하려고 시도해왔으나, 정작 그러한 시도가 어떤 의미를 지니는지에 대해서는 인식하지 못하고 있다. 윤리 철학자들은 실제로 11절에서 논의한 불합리하기 짝이 없는 두 대안에 해당하는 논증을 사용하고 있다. 따라서 선을 정의하려는 시도는 주로 정의의 본성에 관해 명확한 지식을 갖추지 못한 소치라는 우리의 결론이 정당하다고 하겠다. '선'은 단순 개념으로 정의가 불가능하다는 결론을 얻기 위하여 우리가 진지하게 고려해야 할 대안은 실제로 두 대안밖에 없다. 즉, 선은 말(馬)처럼 복합체를 함의하거나 아니면 전혀 아무런 의미를 지니지 않아야 한다. 그러나 지금까지 선을 정의했다고 여겨지고 있는 윤리 철학자들은 이 두 가능성마저 명확하게 깨닫지 못했을 뿐만 아니라 진지하게 논의조차 하지 않았다. 이 두 가능성은 사실에 조금만 주의를 기울여도 즉시 없어지고 말 것이다.

(1) 선의 의미에 관한 불일치는 주어진 전체의 정확한 분석에 관한 불일치라는 가설은 다음과 같은 사실을 고찰해보면 잘못이라는 점이 아주 명백하게 밝혀진다. 즉, 그 어떤 정의가 제시되어도, 그렇게 정의된 복합체에 대해서 "그것이 선 자체인가?"라는 의문을 우리는 언제나 의미 있게 제기할 수 있다. 이렇게 제안된 선에 관한 정의 가운데 지금의 정의가 더 복잡

하기 때문에 좀 더 그럴듯한 예를 하나 든다면, 가장 먼저 쉽게 생각나는 것이 선하다는 것은 욕구하기를 바라는(desire to desire) 그 무엇이라는 정의이다. 따라서 이 정의를 특정의 사례에 적용하여 "A는 선하다고 생각할 때, A는 우리가 욕구하기를 바라는 것 중의 하나라고 우리는 생각하고 있다."라고 말한다면, 우리의 진술은 아주 그럴듯해 보인다. 그러나 좀 더 깊이 있게 탐구를 계속하여 "A를 욕구하기를 바라는 것이 선인가?"라는 질문을 우리 자신에게 던진 다음 조금만 반성적으로 성찰하게 되면, "A는 선한가?"라는 원래의 질문처럼 이 질문도 매우 유의미한 질문임이 분명하다는 것을 우리는 알게 된다. 사실 이전에 A 자체에 관해 물었던 바와 정확히 동일한 정보를 우리는 지금 A를 바라는 욕구에 대해 요구하고 있다. 그러나 이 둘째 질문의 의미는 "A를 욕구하기를 욕구하는 것은 우리가 욕구하기를 욕구하는 대상들 중 하나인가?"라는 질문으로 정확하게 분석될 수 없다는 점은 명백하다. "우리는 A를 욕구하기를 욕구하는 것에 대해 또다시 욕구하기를 욕구하고 있는가?(Do we desire to desire to desire to desire A?)"라는 질문처럼 그렇게 복잡한 것을 이전에 우리는 마음속으로 생각한 바가 없다. 더군다나 이 명제의 술어, 즉 '선한'이라는 형용사는 그 주어 속에 들어온 '욕구하기를 욕구함(desiring to desire)'이라는 개념과 단연코 다르다는 사실을 조금만 숙고해보면 누구든지 쉽게 확신할 것이다. "A를 욕구하기를 우리가 바라는 것이 선이다."라는 명제는 "A가 선하다는 것이 선이다."라는 명제와 결코 동치라고 말할 수 **없다**. 참으로 우리가 욕구하기를 욕구하는 바가 또한 언제나 선일 수는 있다. 하지만 심지어 그 역도 참일 수 있다. 그러나 전자, 즉 욕구하기를 욕구하는 것과 선한 것이 같다는 주장은 매우 의심스럽다. 그리고 이에 대한 의심이 무엇을 의미하는지를 명확하게 이해하게 되면, 우리가 서로 다른 두 개념을 마음속에 지니고 있다는 사실이 아주 분명하게 드러날 것이다.

(2) '선'은 전혀 아무런 의미를 지니지 않는다는 가설이 잘못되었음을 보여주는데도 앞서 논의한 동일한 고려 사항을 고찰하는 것으로 충분하다. 보편적으로 참인 것은 그 부정이 자기모순에 빠진다는 본성을 지닌다고 가정하는 실수를 범하는 것은 아주 자연스러운 일이다. 즉, 철학의 역사에서 분석 명제에 상당히 중요한 의미가 부여되었다는 사실은 이러한 실수가 얼마나 쉽게 일어나고 있는지를 잘 보여준다. 보편적인 윤리 원칙처럼 보이는 것들은 실제로 동일성 명제(identical proposition)라고 우리는 아주 쉽게 결론을 내린다. 예를 들어 '선'이라고 불리는 모든 것이 쾌락을 가져다준다 해도, "쾌락은 선이다."라는 명제는 서로 다른 이 두 개념 사이의 어떤 관계를 주장하지 않고, 오직 두 개념 중 하나, 즉 구별되는 독립된 실재로 쉽게 인지되고 있는 쾌락이라는 개념하고만 선이 관계되어 있음을 말해줄 따름이다. 하지만 "쾌락은 (그것이 어떤 것이든지 상관없이) 정말 선인가?"라고 물을 때 자기 마음속에 실제로 무엇을 생각하고 있는지를 조심스럽게 깊이 성찰하는 자는 누구든지 "쾌락은 쾌락인가?"라는 동어반복적인 무의미한 질문을 던지고 있지 않다는 사실을 스스로 납득할 수 있을 것이다. 그리고 제안된 각각의 정의에 대해서도 차례대로 이러한 성찰을 계속하게 되면, 우리는 이 모든 경우에 어떤 독특한 대상을 마음속에 간직하고 있음을 인지할 만큼 노련한 전문가가 되기에 충분할 것이다. 그리고 마음속의 그 대상이 다른 어떤 대상과 무슨 관계에 놓여 있는가에 관해 우리는 하나의 뚜렷한 질문을 제기할 수 있다. 사실 모든 사람은 "이것이 선인가?"라는 질문이 무엇을 의미하는지를 잘 이해하고 있다. 즉, 이 질문의 의미를 이해하게 되면, "이것이 쾌락적인가, 욕구의 대상인가, 혹은 시인되고

있는가?"라는 질문을 받았을 때의 마음 상태와 "이것은 선인가?"라는 질문을 받았을 때의 마음 상태는 서로 다르다는 사실을 우리는 알게 될 것이다. 이 질문이 구체적으로 어떤 면에서 그 의미가 다른지를 인식하지 못하는 사람들도 이 질문이 다른 질문과 구분되는 특이한 의미를 지닌다는 점을 알아차릴 것이다. '본래적 가치(intrinsic value)'나 '본래적 값어치(intrinsic worth)'에 대해 생각할 때, 혹은 어떤 대상은 '반드시 존재해야만' 한다고 말할 때, 우리는 마음속에 어떤 독특한 대상, 즉 그 말이 적용되는 것들의 그 어떤 독특한 속성을 떠올리는데 이것이 바로 '선'이 의미하는 바이다. 모든 사람은, 자신들이 알고 있는 다른 개념과 선이라는 개념이 다르다는 사실을 전혀 인식하지 못하는 경우에도, 선이라는 개념 자체에 대해서는 항상 주목하고 있다. 그러나 정확한 윤리적 추론을 위해서는, 이 사실을 인지하는 것이 매우 중요하다. 그리고 문제의 성격이 명확하게 이해되면 그 즉시 윤리학적 분석을 지금 수준으로까지 진행해 나가는 데 아무런 어려움도 발생하지 않을 것이다.

**14.**

  그러므로 '선'은 정의 불가능하다. 하지만 내가 아는 한, 이 사실을 명확하게 이해하고 정확하게 진술한 윤리학자가 한 명 있는데, 헨리 시지윅(Henry Sidgwick) 교수가 바로 그 주인공이다. 실제로 최고의 평판을 받고 있는 많은 윤리 체계들도 이러한 인식으로부터 얻어지는 결론을 이끌어내는 데 크게 실패했음을 우리는 앞으로 알게 될 것이다. 여기서는 다만 '선'은 '정의가 불가능하다.'거나, 혹은 시지윅 교수가 말한 대로 '분석이 불가능하다.'는 원칙의 의미와 그 중요성을 예시해주는 데 도움이 되는 한 가지 예만을 인용해 보이고자 한다. 이는 '당위(ought)'는 분석이 불가능하다는 입장을 옹호하는 논변을 전개하고 있는 구절의 각주에서 시지윅 교수 자신이 언급하고 있는 예이다.

　시지윅 교수는 자신의 근본 원칙을 벤담(Jeremy Bentham)이 다음과 같이 진술했다고 말한다. 즉, "이해관계를 갖고 있는 모든 당사자의 최대 행복이 인간 행위의 올바른 유일한 목적이다." 하지만 같은 장의 다른 곳에서 벤담이 사용한 언어가 함의하는 바에 따르면, '옳은(right)'이라는 용어는 '일반 행복(general happiness)을 산출하는'을 **의미한다**. 이 두 진술을 함께 고찰하게 되면 우리는 "최대 행복이 인간 행위의 목적이며, 이것이 일반 행복을 산출하는 데 도움이 된다."라는 결론에 이르게 되는데 이는 터무니없는 주장이라는 것이 시지윅 교수의 주장이다. 이러한 결론을, 벤담이 부르듯이, 도덕 체계의 근본 원칙이라고 부르는 것은 너무나 터무니없어 보이기에 시지윅은 이러한 원칙을 벤담이 결코 주장할 수 없다고 제안한다. 하지만 시지윅 교수 자신은 다른 곳에서, 심리적 쾌락주의는 이기주의적 쾌락주의와 종종 혼동되고 있으며, 이러한 혼동은, 앞으로 곧 알게 되겠지만, 벤담의 진술에 내재되어 있는 잘못과 동일한 오류, 즉 자연주의 오류에 주로 근거하고 있다고 지적한다. 그러므로 시지윅 교수는 너무나 터무니없음에도 불구하고 이러한 오류가 가끔 범해지고 있음을 인정하는 셈이다. 내가 생각하기에 벤담은 참으로 이러한 오류를 범한 철학자들 중 한 사람임이 분명하다. 앞으로 논의하겠지만, 존 스튜어트 밀(John Stuart Mill) 역시 이러한 오류를 범하고 있음에 확실하다. 아무튼 벤담이 이러한 오류를 범했든 범하지 않았든 상관없이, 앞의 인용 구절에 나타난 그의 입장은 자연주의 오류가 무엇인지를, 그리고 선은 정의가 불가능하다는 반대 명제의 의미가 얼마나 중요한지를 보여주는 좋은 예의 구실을 할 것이다.

이제부터 벤담의 이론을 고찰해보자. 시지윅 교수의 말에 따르면, 벤담은 '옳은'이라는 단어를 '일반 행복을 산출하는 데 도움이 되는'을 **의미하는** 것으로 사용하고 있다. 물론 이러한 정의 자체는 자연주의 오류를 필연적으로 함의하지 않는다. 왜냐하면 선한 것을 산출하는 데 도움이 되는, 즉 목적 자체로서가 아니라 이상을 성취하는 수단으로서 간주되는 행위를 지칭하는 데도 '옳은'이라는 단어가 일반적으로 전용되기 때문이다. 목적으로서 선이든 아니든 상관없이, 수단으로서 선인 것을 지칭하는 것으로 '옳은'이라는 용어를 사용하는 것이 실제로 내가 이 단어를 이하에서 사용하고자 하는 용법이다. 벤담이 '옳은'이라는 용어를 이러한 의미로 사용했다면, 벤담이 '옳음'을 '일반 행복을 산출하는 것'으로 **정의한** 것은 오직 **다음과 같은 조건하에서만** 아주 일관적이라고 하겠다. 즉, "일반 행복이 선한 것이다." 혹은 (이와 똑같은 의미인) "일반 행복만이 선이다."라는 근본 원칙을 입증한 경우에만, 혹은 하나의 공리(axiom)로 제시한 경우에만(**그리고 이 조건을 반드시 기억하라.**) 그의 이러한 정의는 타당하다. 왜냐하면 그는 선한 것을 일반 행복으로 이미 정의한 것이 되고(이는, 앞서의 논의에서 밝혔듯이, '선'은 정의가 불가능하다는 주장과 완전히 일치하는 입장이다.), '옳은'이라는 용어는 '선한 것을 산출하는'으로 정의되기 때문에, 실제로 '옳은'은 '일반 행복을 산출하는'을 **의미하게** 된다. 하지만 자연주의 오류를 범했다는 비난으로부터 이러한 방식으로 벗어나고자 하는 시도는 벤담 자신에게 있어서는 가능하지 않다. 왜냐하면 잘 알다시피 그는 근본 원칙을 관련된 모든 당사자의 최대 행복이 인간 행위의 **올바른(right) 유일한 목적**이라는 주장으로 규정하고 있기 때문이다. 즉, 그는 여기서 '옳은'이라는 용어를 행복을 산출하는 수단에 대해서뿐만 아니라 목적 자체에 적용하여 사용하고 있기 때문이다. 이렇게 되면 '옳은'은 이제 더 이상 문제의 자연주의 오류를 범하지 않고서는 '일반 행복을 산출하는'으로 정의될 수 없다. 그런데 벤담은 일반 행복을 산출하는 것이라는 옳음에 대한 정의가 일반 행복이 올바른 목적이라는 근본 원칙으로부터 도출된다고 주장하는 대신에, 반대로 그 정의를 이러한 원칙을 지지하는 근거로 사용하고 있음이 분명하다. 정의상 옳음이 일반 행복의 산출함을 뜻한다면, 일반 행복이 올바른 목적임이 분명하다. 물론 논의의 절차상 타당한 수순이지만, 옳음을 일반 행복을 산출하는 것으로 정의하기에 앞서, 일반 행복이 올바른 목적이라는 주장을 먼저 입증할 필요는 없다. 하지만 그 반대로 일반 행복의 산출함이라는 옳음의 정의를 일반 행복이 올바른 목적이라는 주장을 입증하기 위한 근거로 사용하는 것은 그 절차가 전혀 타당하지 않다. 왜냐하면 이렇게 되면 "일반 행복이 인간 행위의 올바른 목적이다."라는 주장은 결코 윤리 원칙이 될 수 없고, 앞에서 보았듯이 단지 단어의 의미에 관한 진술에 불과하거나, 아니면 일반 행복의 옳음이나 좋음에 관한 주장이 아니라 일반 행복의 **본성**에 관한 진술에 지나지 않게 되기 때문이다.

그런데 나는 자연주의 오류가 갖는 중요한 의의를 사람들이 오해하기를 바라지 않는다. 즉, 이러한 오류의 발견은 최대 행복이 인간 행위의 올바른 목적이라는 벤담의 주장을 결코 논박하지는 않는다. 다시 말해 그가 분명하게 의도했듯이, 하나의 윤리 원칙으로 이해하는 한, 벤담의 주장은 자연주의 오류에도 불구하고 여전히 참일 수 있다. 다음 장에서 벤담의 주장이 윤리 원칙인지 여부를 검토하고자 한다. 시지윅 교수가 밝혔듯이, 자연주의 오류를 범했다고 비판한다 해도, 벤담은 자신의 진술이 윤리 원칙이라고 여전히 주장했을 것이다. 내가 주장하고자 하는 바는 벤담이 자신의 윤리 원칙을 옹호하기 위해 제시한 **이유가** 옳음의 정의에 근거하는 한 잘못되었다는 점이다. 벤담이 자신이 제시하는 이유가 오류라는 점을 인식하지 못하고 있다는 사실을 나는 지적하고자 한다. 만약에 그가 이러한 오류를 인식했다면, 공리주의를 지지하는 다른 이유 내지 근거를 찾고자 노력했을 것이다. 그리고 다른 이유를 찾고자 노력했다면, 공리주의 옹호에 자신이 충분하다고 생각하는 그러한 이유나 근거를 벤담은 **결코 하나도** 얻지 못했을 것이다. 만약 이렇게 되었다면 벤담은 자신의 전 윤리 체계를 변경했을 것이고, 이는 매우 중대한 결과를 낳았을 것이다. 벤담이 다른 이유들을 충분하다고 생각했을 것이라고 우리는 물론 생각할 수 있다. 이렇게 되었다면, 벤담의 윤리 체계는 그 핵심적인 주장에 아무런 변화 없이 유지되었을 것이다. 그러나 이렇게 되었다 해도, 그가 범한 자연주의 오류는 윤리 철학자로서 그에게 치명적인 반대 논거가 되었을 것이다. 왜냐하면 내가 단언적으로 주장하건대, 참된 결론을 얻는 것 못지않게 그 결론을 지지하는 타당한 이유를 찾는 일 역시 윤리학의 주된 과제이기 때문이다. 윤리학의 일차적인 목적은 실천이 아니라 지식이다. 그런데 자연주의 오류를 범하는 사람은, 자신의 실천 원칙이 아무리 참이라 할지라도, 윤리학의 이러한 일차적 목적을 수행하는 데 분명 실패한 자이다.

자연주의에 대한 나의 반대는 첫째, 그 윤리 원칙의 내용이 무엇이든 간에, 자연주의는 그 원칙을 옹호하는 이유를 전혀 제공하지 못하거나, 아니면 적어도 타당한 이유를 결코 제공하지 못한다는 점이다. 이 점에서 자연주의는 이미 과학적 탐구로서의 윤리학의 요구 조건을 만족시키지 못하고 있다. 둘째로, 자연주의는 그 어떤 윤리 원칙에 대해서도 지지 이유를 제공하지 못함에도 불구하고, 여전히 잘못된 윤리 원칙을 사람들로 하여금 받아들이도록 하는 **원인** 구실을 한다는 점을 나는 주장하고 싶다. 즉, 자연주의는 사람들의 마음을 현혹하여 잘못된 윤리 원칙을 받아들이도록 하고 있다. 이 점에서 자연주의는 윤리학의 전반적인 목적에 반하는 이론이다. 만약 옳은 행위를 일반 행복을 산출하는 행위로 규정하는 정의에서 출발하게 되면, 옳은 행위가 보편적으로 선한 것을 산출하는 행위임을 알기에, 우리는 "선한 것은 일반 행복이다."라는 결론에 아주 손쉽게 도달하게 된다. 다른 한편으로, 아무런 정의도 없이 윤리학을 시작해야 한다는 것을 인식하게 되면, 그 어떤 윤리 원칙이든지 받아들이기에 앞서 우리는 더 깊이 심사숙고하게 된다. 그리고 더 깊이 심사숙고하면 할수록, 잘못된 윤리 원칙을 받아들일 개연성은 그만큼 줄어든다. 이에 대해 다음과 같은 반박이 가능하다. 정의의 문제를 해결하기에 앞서 동일한 정도로 심사숙고하게 되면, 올바른 정의에 도달할 개연성은 그만큼 높지 않을까? 그러나 나는 실제는 그렇지 않다는 점을 보여주고자 한다. 선에 대한 정의가 발견될 수 있다는 확신에서 출발하게 되면, 우리는 선은 사물의 어떤 하나의 속성 외의 다른 것을 **결코 의미할 수 없다**는 확신에서 논의를 출발하는 셈이 된다. 이렇게 되면 그 속성이 무엇인지를 발견하는 일이 곧 우리의 과제가 되어버린다. 하지만 선의 의미가 적용되는 한 무엇이든 간에 선이 될 수 있다는 생각에서 출발하게 되면, 우리는 훨씬 더 열린 마음에서 논의를 시작하는 셈이 된다. 게다가 이미 정의를 가지고 있다고 생각할 때 우리는 윤리 원칙을 그 어떤 방식으로든 논리적으로 옹호하기가 불가능하다는 사실은 별도로 제쳐두고서도, 정의에서 출발하게 되면 윤리 원칙을 비논리적으로라도 아주 잘 옹호하는 일이 훨씬 더 어려워질 것이다. 왜냐하면 우리는 선은 이러저러한 것을 의미해야 한다는 확신에서 출발하기에 반대자들의 논변을 오해하거나, 아니면 "이것은 열린 물음(open question)이 아니야. 즉, 그 단어의 의미가 이미 이 물음에 대해서는 결론을 내리고 있어. 의미

혼동의 잘못을 범하지 않고서는 어느 누구도 달리 생각할 수 없어."라고 응수하면서 상대방의 논박을 아예 원천 봉쇄하는 경향이 아주 강하기 때문이다.

## 15.

윤리학의 주제에 관한 우리의 첫 결론은 다음과 같다. 단순하고, 정의 불가능하고, 그리고 분석 불가능한 사유 대상이 존재하며, 이 사유 대상에 근거하여 윤리학의 주제가 결정되어야 한다. 이 독특한 대상이 무엇인지, 그리고 이 대상이 다른 대상과 어떻게 다른지를 명확하게 인식하는 한, 이 대상을 어떤 이름으로 부르느냐의 물음은 그렇게 중요하지 않고, 우리의 관심 밖 문제이다. 우리가 일상적으로 윤리 판단의 표식(sign)으로 여기는 여러 단어들은 모두 이 대상을 지시하고 있다. 즉, 이러한 단어들은 오직 이 대상을 언급하고 있다는 한 가지 이유로 윤리 판단의 표현으로 간주되고 있다. 그러나 이러한 단어들은 이 대상을 서로 다른 두 가지 방식으로 언급할 수 있다. 우리가 윤리 판단의 범위를 완전하게 확정짓고자 한다면 이 두 방식을 구별하는 것이 아주 중요하다. 윤리적 개념들 가운데는 이처럼 정의가 불가능한 개념이 포함되어 있다는 것을 논증하기 전에, 나는 이미 4절에서, 이러저러한 대상이 선하다고 말하면서, 이렇게 단언하는 참인 모든 보편 판단을 윤리학이 열거하는 것은 필수적이었다는 점을 말한 바 있다. 하지만 이러한 모든 판단이 내가 '선'이라고 부르는 독특한 개념을 지시하고 있다고 해서, 이러한 판단들이 '선'이라는 개념을 동일한 방식으로 지시하는 것은 아니다. 즉, 이러한 판단들은 이 독특한 속성이 해당 대상에 항상 함께 붙어 있다고 주장하거나, 아니면 단지 해당 대상이 이 독특한 속성이 귀속되고 있는 다른 대상을 존재하게 하는 **원인 내지 필요조건**

(a cause or necessary condition)이라고 주장할 수도 있다. 이러한 두 종류의 보편적인 윤리 판단은 그 본성이 전혀 다르다. 일상적인 윤리적 사유에서 직면하게 되는 대부분의 어려움들은 바로 이 둘을 분명하게 구분하지 못하기 때문이다. 참으로 이 둘의 차이는 일상 언어에서 '수단으로서의 선'과 '그 자체로서의 선' 혹은 '수단으로서의 가치'와 '본래적 가치' 등으로 이미 표현되고 있다. 그러나 이러한 구분 용어들은 단지 훨씬 더 분명한 경우에만 정확하게 적용될 수 있는데, 이는 이 용어들이 지칭하는 관념들 사이의 차이가 독립된 탐구 주제로 다루어진 바가 없기 때문이다. 이 구분은 아래와 같이 요약 정리할 수 있다.

## 16.

어떤 대상이 '수단으로 선'하다고 판단을 내릴 때, 우리는 그 인과적 관계에 관한 판단을 하고 있는 셈이다. 즉, 이 경우 우리는 두 판단을 내리는데, 하나는 그 대상이 어떤 특정 종류의 결과를 야기한다는 판단이요, 다른 하나는 그 결과가 그 자체로 선하다는 판단이다. 그러나 보편타당한 인과 관계를 밝히는 일은 악명 높으리만큼 지극히 어려운 일이다. 물리 과학이 매우 정교한 형태로 발달한 것은 아주 최근의 일이며, 또 오늘날에도 물리 과학이 그 인과 관계를 명백하게 밝혔다고 입증하는 법칙은 비교적 소수에 불과하다는 사실만으로도 인과 관계를 밝히는 일이 극히 어렵다는 것이 충분히 입증되고 있다고 하겠다. 따라서 윤리 판단의 가장 일반적인 대상은 행위의 경우, 만족할 만한 보편타당한 인과 판단을 얻을 수 없다는 것은 너무나 분명하며, 과학적인 법칙이 보편타당한 그러한 의미로는 더더욱 우리는 행위의 인과 관계를 밝히기 어렵다. 더군다나 "이러저러한 조건하에서 이러한 행위가 항상 정확히 저러한 결과를 발생한다."라는 형태의 가설적인 법칙마저도 우리는 발견할 수 없다. 그러나 한 행위의 결과에 관한 정확한 윤리 판단을 위해서는 다음과 같은 두 가지 이유로 이 이상이 요구된다. (1) **어느 특정의 행위가 일어나는 모든 상황에서** 어떤 특정 결과가 일어난다는 사실을 우리는 알 필요가 있다. 하지만 이는 확실히 불가능하다. 왜냐하면 동일한 행위가 다른 상황에서는, 그 결과의 가치 평가에 영향을 주는 모든 측면이 전적으로 다른 결과를 야기할 수 있기 때문이다. 그러므로 우리는 단순한 **일반화**(generalisation) 이상을, 즉 "이러한 행위는 **일반적으로**(generally) 저러한 결과를 발생한다."라는 형식의 명제 이상을 말할 자격이 없다. 한 걸음 더 나아가 이러한 일반화조차도 그 행위가 일어나는 상황이 대체로 동일한 경우에만 타당하다. 실제로 특정 시대, 특정 사회 내에서는 대체로 그러한 경우가 존재한다. 하지만 다른 시대마저 포함시켜 고찰하게 되면, 매우 중요한 대다수 경우에, 특정 종류의 행위가 발생하는 일상적인 상황이 너무 달라서 한 시대에 적용되는 일반화도 다른 시대에는 적용되지 않는다. 따라서 어떤 종류의 행위가 특정 종류의 결과를 야기하는 수단으로서 선하다고 주장하는 윤리 판단들은 그 어떤 것도 보편적으로(universally) 타당하다고 말할 수 없다. 즉, 어느 시기에 일반적으로 타당한 많은 윤리 판단들이 다른 시대에는 대개 거짓으로 판명 나기도 한다. (2) 그러나 우리는 한 가지 선한 결과가 발생되었다는 것을 알 필요가 있을 뿐만 아니라, 해당 행위의 영향을 받는 모든 후속 결과 중에서, 선의 가치 무게는 다른 행위가 수행되었을 경우보다 더 크다는 사실을 알 필요가 있다. 달리 말해 어떤 행위가 일반적으로 선의 수단이라고 판단하는 일은 그 행위가 일반적으로 어떤 선을 창출한다고 판단할 뿐만 아니라, 주어진 상황하에서는 그 행위가 가장 큰 선을 창출한다고 판단한다는 것을 뜻한다. 이러한 측면에서 행위의 결과에 관한 윤리 판단은 과학적 법칙을 세우는 데 있어서의 어려움보다 훨씬 크고 또 그만큼 더 복잡하다. 과학적 법칙의 경우 우리는 단지 한 가지 결과만을 고려하면 되지만, 윤리 판단의 경우 직접적인 결과뿐 아니라, 그 결과가 우리가 생각할 수 있는 먼 미래에 미치는 결과들까지 함께 고려하는 것이 본질적으로 요구된다. 따라서 어느 행위가 가능한 한 최선의 결과를 야기하리라고 확신할 만큼 충분히 먼 미래에 미치는 결과까지 고려하는 일은 참으로 불가능하다. 그러므로 우리는 단지 제한된 시기에 대해서만 가능한 한 선의 최고치가 산출되었다고 말할 수밖에 없다. 우리는 여기에 만족해야 한다. 하지만 어떤 한 행위가 수단으로 선하다는 일상적인 판단의 경우, 우리는 상당히 긴 기간 동안에 발생하는 일련의 결과 전체를 실제로 고려하고 있음을 자각하는 것이 중요하다. 이러한 부가적인 복잡한 고려 사항으로 인해, 과학적 법칙의 정립보다 윤리적 일반화를 내리기가 훨씬 더 어렵게 되는데, 실제적인 윤리학적 논의에서 나타나는, 그리고 실천적으로 아주 중요하게 작용하는 요소도 바로 이러한 복잡성이다. 가장 일상적인 행위 규칙은 미래의 잠재적인 해악과 현재의 직접적인 이득의 계산과 같은 사항들을 고려하도록 한다. 즉, 가능한 한 최고 수치의 선을 어떻게 확보할 수 있는가의 물음을 결코 해결할 수 없다 할지라도, 적어도 우리는 발생되리라 예상되는 미래의 해악이 현재의 직접적인 이득보다 더 크지 않을 것이라는 것을 확신하도록 해야만 하지 않겠는가?

## 17.

그러므로 어떤 종류의 대상들은 선한 결과를 낳는다는 판단들이 있는데, 이러한 판단들은 방금 언급한 바로 그러한 이유로 인해 다음과 같은 중요한 몇몇 특징을 지닌다. (1) 논의 중인 종류의 대상이 **항상** 선한 결과를 낳는다고 할지라도, 이러한 판단들은 참이 아닐 수 있다. 그리고 (2) 단지 해당 대상이 **일반적으로** 선한 결과를 낳는다고만 진술한다 할지라도, 이러한 판단들 중 다수의 판단들은 세계 역사에서 오직 주어진 특정 시기에만 타당할 것이다. 다른 한편으로 어떤 종류의 대상은 그 자체로 선하다고 진술하는 판단도 있다. 이러한 판단들은, 만약 참이라면 그 모든 판단이 보편적으로 참이라는 점에서, 앞서의 판단들과 구분된다. 그러므로 이 두 종류의 판단을 구분하는 일이 아주 중요하다. 이 두 판단은 동일 언어로 표현될 수 있다. 즉, 이 두 경우 모두에서 우리는 "이러저러한 대상이 선하다."라고 흔히 말한다. 그러나 전자의 경우 '선'은 '수단으로서의 선'을, 그러니까 그 대상은 단지 선의 수단이라는 것을 뜻하는 반면에, 후자의 경우 '선'은 '목적으로서의 선'을 의미한다. 다시 말해 목적으로서의 선인 경우 우리는 그 대상 자체가 선의 속성을 지니고 있다는 판단을 한다. 하지만 수단으로서의 선인 경우, 우리는 그 대상 자체가 아니라 그 대상이 산출하는 결과에 이러한 선의 속성이 귀속된다고 주장한다. 이러한 두 판단은 한 대상에 대한 전혀 다른 두 주장이라는 사실은 명백하다. 판단되는 해당 대상들의 모든 양상을 드러내는 데 있어 이 두 판단 가운데 어느 하나가 참이고 다른 하나는 거짓일 수 있고, 아니면 둘 다 참이거나 둘 다 거짓일 수 있다는 점 역시 명백하다. 두 판단 가운데 어느 하나를 염두에 두고 주장하고 있음이 분명하지 않으면, 우리의 주장이 참인지 아니면 거짓인지를 올바르게 결정할 수 있는 개연성은 그만큼 떨어지게 된다는 점 역시 확실하다. 지금 묻고 있는 물음의 의미가 명료하게 드러나야 함에도 불구하고 이제까지 윤리학에서는 이러한 의미 물음이 거의 논의되지 않았다는 지적은 정확한 지적이다. 지금까지 윤리학은 항상 제한된 종류의 행위에만 주로 관심을 가져왔다. 이러한 종류의 행위에 대해서도 우리는 그 자체로 선한지를 물을 수 있을 뿐만 아니라, 선한 결과를 산출할 일반적 경향성이 얼마나 강한지를 물을 수도 있다. 윤리학적 토론에서 전면에 부각되어온 논변들은 항상 이 두 종류에 관한 논의이다. 즉, 해당 행위가 그 자체로 선하다는 것을 입증하고자 하는 논변과, 그 행위가 수단으로서 선하다는 것을 입증하고자 하는 논변이 윤리학적 토론에서 주목을 받아왔다. 그러나 이 두 종류의 논변은 모든 윤리학적 논의가 해결할 수 있어야만 하는 물음임이 분명하지만, 전자의 물음을 해결하는 것은 후자의 물음을 해결하는 것과 동일하지는 않다. 그럼에도 불구하고 이 두 가지 근본적인 사실은 지금까지 윤리 철학자들의 주목을 거의 받지 못하고 있다. 윤리학적 물음들은 대개 모호한 형태로 제기되곤 했다. 예를 들어 "이러한 상황에서 사람의 의무는 무엇인가?", "이러한 방식으로 행하는 것이 옳은가?", "인간은 무엇의 확보를 목표로 해야만 하는가?" 등의 물음이었다. 그러나 이러한 물음들은 더 깊은 분석이 가능하다. 즉, 이러한 물음 가운데 어느 하나에 대해 정확한 대답을 하고자 하면, 우리는 무엇이 그 자체로 선한가에 관한 판단 및 그 인과적 관계에 관한 판단 둘 다를 묻게 된다. 심지어 인간은 절대적인 권리와 의무에 관한 직접적인 판단을 지닌다고 주장하는 사람들조차 이러한 더 깊은 분석을 암묵적으로 받아들이고 있다. 이러한 판단은 단지 해당 행위가 할 수 있는 최선의 행위라는 사실만을 의미할 따름이다. 즉, 이러한 판단은 그렇게 행함으로써 우리가 얻을 수 있는 모든 선이 확보되리라고 말할 따름이다. 지금 우리는 그러한 판단이 참인지 아닌지의 물음에 대해서는 별로 관심이 없다. 우리가 묻고자 하는 물음은 다음과 같다. 그 판단이 참이라 할 경우 그 판단이 의미하는 바는 무엇인가? 이 물음에 대한 대답이 되고자 하면, 그 판단이 참이든 거짓이든 상관없이, 해당 행위가 다른 행위와 비교하여 어느 정도의 선(goodness)을 지녔는지에 관한 명제와 그와 관련된 수많은 인과적 명제 둘 다를 우리는 전제할 수밖에 없다. 왜냐하면 그 행위가 어떤 결과를 낳는다는 점은 부인할 수 없는 사실이며, 그리고 결과의 중요성을 부인하는 것은 곧 그 행위 자체와 비교하여 결과의 본래적 가치에 관해 어떤 판단을 내리는 셈이나 다름없기 때문이다. 어떤 행위에 대해 그 행위가 할 수 있는 최선의 행위라고 주장할 때, 우리는 그 행위와 결과가 가능한 다른 대안들에 비해 더 큰 본래적 가치를 지닌다고 주장하고 있는 셈이다. 그리고 이 조건은 다음과 같은 세 가지 경우에 현실화될 수 있다. (a) 그 행위의 결과와 다른 대안적 행위들의 결과는 본래적인 가치나 본래적인 비가치를 전혀 지니지 않는 데 반해, 그 행위 자체가 다른 대안적 행위에 비해 더 큰 본래적 가치를 지닌 경우, (b) 그 결과는 본래적으로 악하지만, 그 행위의 본래적 가치의 총합이 다른 대안적 행위가 산출하는 본래적 가치 총합보다 더 큰 경우, 혹은 (c) 그 결과가 본래적으로 선하면서 동시에 그 행위의 가치와 결과의 가치 총합이 다른 대안적 행위의 그것보다 더 큰 경우. 간단히 말해 어떤 일련의 행위가 주어진 시점에서 절대적으로 옳다고 혹은 의무적이라는 주장은, 그 행위를 할 경우 그 밖의 다른 대안적 행위를 했을 때보다 더 많은 선이, 혹은 더 적은 악이 이 세상에 발생하게 된다고 주장하는 것이나 다름없다. 그러나 이는 그 행위의 결과뿐만 아니라 대안으로 가능한 다른 행위의 결과에 대한 가치 판단을 내포하고 있다. 그리고 어떤 행위가 이러저러한 결과를 지닌다는 사실은 수많은 인과적 판단을 함의하고 있다.

"인간은 무엇의 확보를 목표로 해야만 하는가?"라는 물음에 답하는 데 있어서도 이와 유사한 인과적 판단이 역시 함의되어 있다. 하지만 그 방식은 다소 다른 형태로 나타난다. 획득될 수 있는 그 무엇에 대해 이름을 붙이지 않고서는 이 물음에 대해 정확한 대답을 내릴 수 없다는 점이 너무나 명백하기 때문에, 우리는 쉽게 이러한 사실을 망각하곤 한다. 모든 것이 얻어질 수는 없다. 획득될 수 없는 것은 그 어떤 것도 획득될 수 있는 것과 동등한 가치를 지니지 않는다는 판단을 내린다 할지라도, 획득될 수 있는 것의 가치뿐만 아니라 그 가능성도 그것이 올바른 목적이 되는 데 본질적으로 중요하다. 따라서 어떤 행위를 해야만 하는가에 관한 판단, 심지어 이러한 행위가 산출해야만 하는 목적에 관한 판단도 본래적 가치에 관한 순수한 판단이라고 말할 수 없다. 전자에 관해, 절대적으로 의무적인 행위도 본래적 가치를 전혀 지니지 **않을 수 있다.** 즉, 어떤 행위가 완벽하리만큼 유덕하다(virtuous)는 주장은 단지 가능한 최선의 결과를 낳는다는 것을 의미할 따름이다. 그리고 후자에 관해, 즉 우리의 행위를 정당화시켜주는 가능한 최선의 결과조차 어떤 경우에는 자연의 법칙이 산출하는 그 정도의 본래적 가치만을 지니기도 한다. 그리고 어떤 경우에는 이러한 결과들은 그 자체만으로는 본래적 가치를 전혀 지니지 않고, 다만 본래적 가치를 지닌 그 무엇을 먼 미래에 획득하는 데 있어서 하나의 수단에 불과하기도 하다. 그러므로 "우리가 무엇을 해야만 하는가?" 혹은 "우리는 무엇을 얻기 위해 노력해야 하는가?"라고 물을 때마다, 그 종류에 있어서 전혀 서로 다른 두 물음에 대한 정확한 대답을 내포하고 있는 물음을 묻고 있다고 하겠다. 즉, 우리는 서로 다른 대상들이 어느 정도의 본래적 가치를 지니고 있는가에 대해서뿐만 아니라 이렇게 서로 다른 두 대상들을 어떻게 얻을 수 있는가에 대해서도 알아야 한다. 그러나 윤리학에서 실제로 논의되고 있는 대다수의 물음—참으로 모든 실천적 물음—은 이러한 이중적인 앎을 내포하고 있다. 하지만 이제까지 밝힌 서로 구분되는 두 물음을 확실하게 구분하지 않은 채 이러한 물음들이 논의되어왔다. 윤리학에 흔히 나타나는 절대다수의 불일치는 이러한 분석의 실패에 기인한다. 즉, 본래적 가치에 관한 판단과 인과적 관계에 관한 판단 둘 다를 내포하고 있는 입장을 마치 본래적 가치만을 내포하는 입장인 것처럼 사용함으로써 서로 다른 두 종류의 실수가 거의 보편적으로 발생하고 있다. 가능하지 않은 것은 그 어떤 것도 본래적 가치를 지니지 않는다는 가정과 인과적으로 필수적인 것은 모두 본래적 가치를 지님에 틀림없다는 가정이 바로 보편적으로 발생하는 두 가지 실수이다. 이러한 잘못 때문에, 어떤 것이 본래적 가치를 지니며, 나아가 어느 정도 지니는지를 결정해야 하는, 윤리학의 일차적이고도 고유한 임무는 이제까지 온전한 취급을 받지 못했다. 다른 한편으로 수단은 본래적 가치 물음에 관한 논의와 전혀 무관하다는 모호한 인식으로 인해, 수단에 관한 **철저한** 논의 역시 대개의 경우 소홀하게 다루어져 왔다. 그러나 상황이 이러하다 할지라도, 그리고 윤리학 분야를 장악하고 있는 상호 모순적인 이론 체계 중 어느 하나가, 무엇이 본래적 가치를 지니는가의 물음과 우리는 무엇을 해야만 하는가의 물음, 둘 중 어느 하나 내지는 둘 다에 대해 정확한 답변을 주고 있다고 어떤 특정의 독자가 아무리 강하게 확신한다 할지라도, 그 자체 최선인 것이 무엇이냐의 물음과 가능한 최선의 결과를 야기하는 것이 무엇인가의 물음은 서로 구분되는, 전혀 다른 두 물음이라는 사실은 적어도 인정되어야 한다. 이 두 물음은 윤리학의 실제적인 주제 물음에 속한다. 이 두 물음이 분명하게 구분될수록, 이 두 물음에 대해서 정확한 대답을 얻을 수 있는 기회는 그만큼 더 좋아진다.

**18.**

윤리학이 해명해야 할 물음이 어떤 종류의 물음인지를 완전하게 서술하자면, 결코 생략되어서는 안 될 한 가지 사항이 더 남아 있다. 이미 내가 말했듯이, 윤리학이 다루는 물음들은 두 영역으로 구분된다. 하나는 어떤 것이 그 자체로 선한가의 물음이요, 다른 하나는 이러한 것이 다른 것과 어떤 인과적 관계를 가지는가의 물음이다. 이 두 물음 중, 윤리학의 기본적인 탐구 대상이며 후자의 물음의 선결 요건에 해당하는 전자의 물음은, 본래적 가치를 지닌 대상들이 다수라고 가정할 경우, 그러한 대상 각각이 지닌 가치가 어느 정도인지를 정확하게 비교 평가하는 문제를 포함하고 있다. 그리고 이러한 비교 평가에는 원칙상의 어려움이 도사리고 있는데, 이러한 어려움으로 인해 본래적 가치와 단순한 '수단으로서의 가치' 사이의 혼동이 더 심해지고 있다. 어떤 대상이 그 자체로 선하다고 주장하는 판단과 어떤 대상이 선에 대한 수단이라고 주장하는 판단을 구분 짓게 하는 한 가지 차이는, 전자의 판단이 해당 대상이 일어나는 어느 한 경우에 참이라면, 필연적으로 모든 경우에 대해서도 참이라는 사실에 놓여 있다. 반면에, 어떤 상황하에서 선한 결과를 낳는 대상은 다른 상황하에서는 나쁜 결과를 낳을 수도 있다. 본래적 가치에 관한 모든 판단은 이러한 의미로 보편적이라는 점은 확실히 참이다. 그러나 내가 지금 밝히고자 하는 원칙은 본래적 가치에 관한 판단들은 단지 일반적(general)이라는 점에서 수단에 관한 판단을 닮아 보일 따름이지 이러한 판단이 아니라는 점을 아주 쉽게 드러내줄 수 있다. 현재의 논의에서 주장되듯이, 본래적 가치를 지닌 대상들은 수없이 많다. 또한 명백하게 나쁜 대상들도 많다. 그리고 훨씬 더 많은 부류의 대상들은 선이나 악과 아예 무관해 보인다. 그러나 이 세 부류 중 어느 하나에 속하는 대상도 전체의 한 부분으로 존재할 수 있다. 그런데 이러한 대상을 부분으로 지니는 전체는 다른 부분도 지니는데, 다른 부분들은 동일한 부류에 속하면서 동시에 다른 두 부류에 속할 수도 있다. 이러한 전체도 그 자체로 본래적 가치를 지닐 수 있다. 반드시 주목해야 할 하나의 역설은 **이러한 전체의 가치는 부분의 가치 총합과 정비례하지는 않는다**는 점이다. 예를 들어 어떤 경우에는 하나의 선한 대상이 또 다른 선한 대상과 결합하여 존재하게 되면, 확실히 전체의 가치가 두 선한 대상의 단순 합보다 훨씬 더 커지기도 한다. 심지어 하나의 선한 대상과 선하지도 악하지도 않은 무관한 대상이 결합하여 형성된 전체도 선한 대상 그 자체가 지닌 가치보다 훨씬 더 커질 수 있다는 점도 확실하다. 악한 두 대상의 결합이나 악한 대상과 무관한 대상의 결합도 부분들의 악 전체 합보다 훨씬 더 나쁜 전체를 만들어내는 일도 확실히 발생한다. 따라서 무관한 대상들만을 유일한 구성 요소로 해서도, 긍정적 가치이든 부정적 가치이든, 큰 가치를 지닌 전체를 형성할 수 있는 것처럼 보인다. 선한 대상에 나쁜 대상을 결합시키는 것이 긍정적 가치를 증가시킬 수 있느냐, 혹은 나쁜 대상에 나쁜 대상을 결합시키는 것이 긍정적 가치를 낳을 수 있느냐의 물음은 더 의문스러워 보인다. 그러나 적어도 이는 가능하기 때문에, 우리는 이러한 가능성을 염두에 두고 윤리학적 탐구를 해야 한다. 이러한 특정의 물음에 대해 우리가 그 어떤 결정을 내린다 해도 원칙은 분명하다. 즉, **전체의 가치는 부분들의 가치 총합과 동일하다고 가정되어서는 안 된다**.

지금 문제가 되는 부분과 전체의 관계를 해명하는 데는 한 가지 사례만으로도 충분할 것이다. 아름다운 대상을 감상하는 일은 큰 본래적 가치를 지닌 일인 것처럼 보인다. 하지만 아무도 그 대상을 의식하고 있지 않다면, 동일한 바로 그 대상도 상대적으로 적은 가치를 지닌다고 여겨지며, 심지어 대개의 경우에는 전혀 아무런 가치도 지니지 않는다고 주장되곤 한다. 아름다운 대상에 대한 의식은 일종의 전체임이 분명하다. 즉 우리는 이 전체에서 대상이라는 부분과 의식이라는 부분을 구분해낼 수 있다. 그런데 의식이라는 후자의 요소는, 우리가 어떤 대상을 의식할 때마다, 항상 전혀 다른 전체의 한 부분으로 작용하고 있다. 물론 이러한 전체 중 어떤 전체는 아무튼 단지 아주 적은 가치만 지니기도 하고, 또 선이나 악과 무관하기도 하고, 심지어 부정적 가치만 지니기도 한다. 물론 그 대상이 지닌 어떤 적극적인 결점이 전체를 미에 대한 의식과 구별시켜주는 것은 사실이지만, 그렇다고 해서 우리는 전체 가치의 사소함을 대상의 이러한 적극적인 결점 탓으로 항상 돌릴 수는 없다. 왜냐하면 대상 자체는 가능한 한 절대적 중립성에 가깝기 때문이다. 따라서 의식의 대상이 큰 결점을 전혀 지니지 않는다 할지라도, 단순한 의식이, 자신이 한 부분으로 기능하고 있는 전체에 항상 큰 가치를 부여하는 것은 아니기 때문에, 아름다운 대상에 대한 의식이 아름다운 대상 자체보다 상대적으로 우월한 이유를 그 아름다운 대상에 의식의 가치가 단순히 첨가되었기 때문이라고 주장해서는 안 된다. 의식의 본래적 가치가 무엇이든 간에, 의식은 자신이 부분을 이루는 전체에, 의식의 가치와 대상의 가치 총합에 비례하는 가치를 부여하지는 않는다. 사실이 이러하다면, 우리는 부분 가치의 단순 총합과는 다른 본래적 가치를 지닌 전체의 사례가 실제로 존재한다고 말할 수 있다. 사실이 이러하든 그렇지 않든 상관없이, 지금 우리가 논의한 사례는 이러한 차이가 의미하는 바가 무엇인지를 잘 예시해준다.

## 19.

따라서 그 가치가 부분의 가치 총합과 다른 속성을 지닌 전체가 존재한다. 그러나 이러한 하위 부분들과 전체가 어떤 관계를 맺고 있는지의 물음은 지금까지 뚜렷한 주목을 받지 못하거나 독립된 별도의 주제하에 다루어지지도 않았다. 두 가지 사항을 우리는 특히 주목해야 한다. (1) 이러한 부분의 존재는 전체가 구성하고 있는 선이 존재하기 위한 필요조건임이 분명하다. 그리고 수단과 그 결과인 선한 대상 사이의 관계에 대해서도 역시 우리는 정확히 동일한 말을 할 수 있다. 하지만 이 두 경우에는 중요한 차이가 있다. 즉, 부분들로 구성된 전체의 경우 부분의 존재는 선한 대상의 한 부분으로 그 대상 존재의 필요조건이지만, 수단과 선한 결과의 경우, 수단은 선한 대상 존재의 한 부분도 필요조건도 아니다. 지금 문제가 되고 있는 선이 존재하려면 그것을 낳는 수단이 존재해야 한다는 필연성은 단지 자연적인 혹은 인과적 필연성에 불과하다. 자연의 법칙이 달라지면, 지금은 그러한 선의 존재에 필요조건인 수단이 존재하지 않는 경우에도, 바로 그 동일한 선을 우리는 얻을 수 있다. 이러한 수단의 존재는 본래적 가치를 지니지 않는다. 즉, 지금은 이러한 수단이 필요조건이 되어 얻어지는 선한 대상의 가치는 그 수단이 완전히 제거되어도 전혀 변하지 않고 남아 있을 수 있다. 그러나 우리가 지금 고찰하는 전체의 부분은 그렇지 않다. 부분과 전체의 경우 해당 선은 그 부분이 존재하지 않으면 분명 존재할 수 없다. 이러한 부분과 전체를 연결하는 필연성은 자연법칙과 완전히 별개이다. 본래적 가치를 지닌다고 주장되는 바는 그 전체의 존재이며, 전체의 존재는 부분의 존재를 내포하고 있다. 따라서 부분을 제거하게 되면, 남아 있는 것은 본래적 가치를 지닌다고 주장되는 것이 아니게 된다. 그러나 수단을 제거할 경우, 남아 있는 바는 여전히 본래적 가치를 지닌다고 주장되었던 바로 그것이다. 그리고 (2) 부분의 존재는, 마치 수단의 존재가 아무런 본래적 가치를 지니지 않듯이, **그 자체로는** 아무런 본래적 가치를 지니지 않을 수 있다. 바로 이러한 사실로 인해 우리가 논의 중인 관계의 역설이 발생한다. 지금까지 나는 본래적 가치를 지닌 것은 전체의 존재이며, 이는 부분의 존재를 포함하고 있다고 말해왔다. 그리고 이로부터 부분의 존재도 본래적 가치를 지닌다는 결론이 자연적으로 추론되는 것처럼 보인다. 그러나 이러한 추론은 두 돌의 수가 둘이라는 이유로 그 돌 각각이 둘이라는 속성을 지닌다고 결론 내릴 때 범하는 바와 동일한 종류의 잘못을 범하는 것 같다. 가치 있는 전체의 부분은 전체의 한 부분이 아닐 때의 가치와 정확히 동일한 가치를 지닐 따름이다. 전체의 부분이 되었다고 해서 그 부분이 다른 가치를 더 갖는 것은 아니다. 즉, 다른 상황에서 가치를 지닌다고 해도, 부분의 가치는 훨씬 더 가치 있는 전체의 한 부분이 되었다고 해서 더 커지는 것은 아니다. 부분이 그 자체로는 아무런 가치를 지니지 않는다면, 그것이 아무리 큰 가치를 지닌 전체의 한 부분이 되었다 해도 여전히 아무런 가치를 지니지 않는다. 따라서 수단이 어떤 경우에는 선한 결과를 낳지만 또 다른 경우에는 그렇지 않다는 우리의 주장이 정당화되듯이, 하나의 동일한 대상이 어떤 상황에서는 본래적으로 선한 반면에 다른 상황에서는 본래적으로 선하지 않다는 주장은 정당화되지 않는다. 하지만 어떤 대상이 어떤 상황에 놓일 때가 다른 상황에 놓일 때보다 훨씬 더 가치 있을 수 있다는 주장은 정당화된다. 달리 말해 하나의 대상은 다른 대상과 어떤 관계를 맺느냐에 따라 훨씬 더 가치 있는 전체가 형성되기도 하고 그 반대의 경우가 발생하기도 한다. 그렇다고 해서 그러한 상황에서의 그 대상이 다른 상황에서의 경우보다 더 큰 본래적 가치를 지니는 것은 아니다. 즉, 그 대상은 더 많은 본래적 가치를 지닌 대상의 존재를 가능하게 하는 데 꼭 필요한 수단인 것은 아니다. 그러나 그 대상은 그 자체로 이러한 더 가치 있는 전체 존재의 한 부분을 이룬다는 점에서 수단과 다르지만, 더 큰 본래적 가치를 지닌 대상이 존재하기 위한 필요조건이 된다는 점에서는 수단과 같다고 할 수 있다.

## 20.

내가 지금까지 규명하려고 시도하는 부분과 전체의 고유한 관계는 아직까지 별도의 고유한 이름을 부여받지 못하고 있음을 이미 나는 지적했다. 하지만 별도의 이름을 갖는 것이 유용할 것이다. 그리고 이름이 하나 있기는 하다. 그런데 불행하게도 이 이름은 현재 다른 의미로 사용되고 있어, 이러한 의미를 해소시킬 수만 있다면 적합한 명칭이 될 수도 있다. 철학자들, 특히 헤겔(Hegel) 저서에서 큰 도움을 얻고 있다고 고백하는 철학자들은 최근 들어 '유기체적 전체(organic whole)', '유기체적 통일체(organic unity)', '유기체적 관계(organic relation)' 등의 용어를 부쩍 많이 사용하는 중이다. 한편으로 이러한 용어들이 내가 제안한 용법에 아주 적합한 이유는, 지금까지 규명된 부분과 전체의 특수한 관계는, 이러한 용어들이 실제로 아주 빈번하게 적용되는 전체들을 구별해주는 여러 특징 중 하나이기 때문이다. 다른 한편으로 이러한 용어들이 현재의 쓰임과 다른 의미로 사용되는 것이 좋은 이유는, 현재처럼 사용되면 이 용어들은 독특한 의미를 지닐 수 없게 되고, 그 반대로 혼동의 잘못을 함의할 뿐만 아니라 심지어 혼동을 조장할 우려까지 있기 때문이다.

어떤 대상을 두고 '유기체적 전체'라고 말한다면, 그것은 일반적으로 그 부분들이 서로에 대해, 그리고 자기 자신에 대해 목적에 대한 수단으로서의 관계를 맺고 있다는 뜻으로 이해된다. 또한 이 말은 "부분들은 전체와 분리되어서는 아무런 의미나 의의를 지니지 않는다."와 같은 몇몇 구절에서 묘사되는 그러한 특성을 지니는 것으로 이해되곤 한다. 그리고 마지막으로 이러한 전체는 또한 마치 특정의 속성―즉, 내가 이러한 명칭을 붙일 수 있다고 제안하는 고유한 속성―을 지니는 것처럼 취급되고 있다. 그러나 이러한 용어를 사용하는 자들은 일반적으로, 이러한 세 가지 속성이 서로 어떤 관계를 맺는지를 암시해주는 그 어떤 단서도 우리에게 제공해주지 않고 있다. 대개 이 세 가지 속성은 동일한 것으로 간주되고 있는 것으로 보인다. 그리고 적어도 이 세 가지 속성은 항상 서로 필연적으로 연결되어 있다. 하지만 나는 이 세 가지 속성은 서로 동일한 것이 아니라는 점을 이미 밝혔다. 따라서 서로 동일하다고 가정하는 것은 마지막 단락에서 내가 지적한 바로 그 구별성을 무시하는 처사이다. 그리고 이러한 용어가 내가 지적한 구별성에 대한 무시를 조장한다는 그 한 가지 이유만으로도 이러한 용법은 폐기하는 것이 더 나아 보인다. 하지만 이러한 용법을 더 이상 사용하지 말아야 할 훨씬 더 설득력 있는 또 다른 이유가 있다. 즉, 두 번째 속성은 필연적으로 연관되어 있지 않기 때문에 그 어떤 것에도 귀속될 수 없는 속성이다. 따라서 이 두 번째 속성이 귀속되면 우리는 자기모순적인 입장에 이르게 된다. 첫 번째 속성은, 우리가 이 용어의 가장 중요한 의미로 주장한다면, 세 번째 의미가 적용되기 어려운 많은 경우에도 적용된다. 그리고 반대로 세 번째 속성은 첫 번째 의미가 적용되지 않은 많은 경우에 적용될 수 있다는 점 역시 확실하다.

**21.**

'유기체적'이라는 용어가 파생되어 나온 특정 종류의 전체—과학적 의미로 유기체인 전체—, 즉 인간 신체를 참조해보면, 방금 구분한 이 세 가지 속성 사이의 이러한 관계는 아주 분명하게 드러날 것이다.

(1) 비록 신체의 모든 부분 사이는 아니지만 그래도 많은 신체 부분들 사이에는 배와 그 기관들에 관한 관계, 즉 메네니우스 아그리파(Menenius

Agrippa)가 만들어낸 우화로 인해 우리에게 아주 익숙한 하나의 관계가 존재한다.[4] 우리는 이 이야기에서 어느 한 신체 기관의 지속적인 존재가 다른 신체 기관이 지속적으로 존재하기 위한 필요조건이 되고, 또 이번에는 그 반대로 후자 기관의 지속적인 존재가 전자 기관이 지속적으로 존재하기 위한 필요조건이 되는 그러한 부분들이 있음을 알 수 있다. 하지만 이는 단지 신체에서 두 기관이 상호 인과적 의존 관계—즉 '호혜성(reciprocity)'의 관계—를 맺으면서 얼마 기간 동안 함께 공존하고 있음을 말해줄 따름이다. 신체의 부분이 '유기체적 통일체'를 형성한다는 말이나 신체 부분들은 상호 목적이면서 동시에 수단이라는 말은 대개 이 이상의 의미를 지니지 않는다. 그리고 우리는 여기서 살아 있는 생명체의 두드러진 특징을 하나 발견하게 된다. 하지만 이러한 상호 인과적 의존 관계는 오직 살아 있는 생명체에서만 발견된다고 해서, 이러한 관계가 바로 생명체의 고유한 특성이라고 주장하는 것은 너무 성급한 결론이다. 그리고 분명하게 말하지만, 이러한 상호 의존 관계를 맺고 있는 두 대상 중 그 어느 것도 본래적 가치를 지니지 않을 수 있으며, 또 어느 하나만 본래적 가치를 지니고 다른 하나는 그렇지 않을 수 있다. '목적'이 '결과'를 뜻하는 경우를 제외하고는 그 어떤 의미로도 이들은 서로서로에 대해 필연적으로 '목적'인 것은

: .

4) [역자 주] B.C. 494년 귀족계급에 대항하여 일어난 평민계급의 군대 반란은 종군을 거부하는 파업으로 이어지게 되었는데, 당시의 집정관이었던 아그리파(Menenius Agrippa)가 평민을 설득하기 위해 만들어낸 우화를 말한다. 그 내용은 다음과 같다. "언젠가 몸의 구성원들이 모여 자기들은 뼈 빠지게 일하는데 위는 하는 일 없이 게으르게 자빠져서 자기들의 노동의 결과를 즐기고 있다고 불평하기 시작했다. 그래서 손과 입과 이빨은 위를 굶겨 굴복시키기로 뜻을 모았다. 그러나 위를 굶길수록 자신들도 점점 허약해져 갔다. 이로써 위도 자기의 역할이 있음이 명백해졌다. 위가 하는 일은 받아들인 음식을 소화시키고 재분배해서 다른 구성원들을 살게 하는 것이었다." 유동운, 『경제분능론』(서울: 북코리아, 2002), p. 283.

아니다. 게다가 이러한 의미로도 전체는 그 부분 중 어느 것에 대해서도 목적일 수 없다는 점 역시 분명하다. 실제로는 단지 부분들의 **나머지**(the rest)를 의미하는 경우에도 우리는 부분들의 이야기와 대조적인 의미로 '전체'에 대해 이야기하는 버릇이 있다. 그러나 엄밀히 말해, 전체는 모든 부분을 포함해야 하며, 어떤 부분도 전체의 원인이 될 수 없다. 왜냐하면 그 어떤 것도 그 자체의 원인이 될 수가 없기 때문이다. 그러므로 이러한 상호 인과적 의존 관계는 이러한 특성을 지닌 대상들의 전체나 부분의 가치에 관해서는 아무런 함의도 말해주지 않는다. 부분과 전체가 우연히 가치를 지닌다 할지라도, 이들 사이의 이러한 관계는 부분과 전체 사이에 보편적으로 적용될 수 있는 관계가 아니라는 점은 아주 명백하다.

그러나 (2) 전체로서의 인간의 신체는 그 부분들 가치의 단순 총합 이상의 가치를 지닌다고 말할 수 있다. 이는 부분들은 전체의 수단이라고 말할 때 의미하는 바일 수 있다. "왜 부분들은 그렇게 존재해야만 하는가?"라고 묻는다면 다음과 같은 대답이 정답임이 분명하다. 즉, "왜냐하면 부분들이 합하여 형성하는 전체가 그렇게 많은 가치를 지니고 있기 때문에." 하지만 부분과 전체 사이에 존재한다고 우리가 주장하는 관계가 "이 부분이 없으면 저 부분이 존재할 수 없기 때문에 이 부분이 존재한다."라고 말할 때 성립한다고 주장되는 관계와 전혀 다르다는 점 역시 아주 분명하다. 후자의 경우, 두 부분이 인과적으로 상호 연관되어 있다고 우리는 말한다. 그러나 전자의 경우, 부분과 전체는 인과적으로 연결되어 있을 수 없으며, 이들 사이에 존재한다고 우리가 주장하는 관계는 부분들이 인과적으로 연관되어 있지 않을 때에도 여전히 존재할 수 있다. 한 그림의 모든 부분은, 신체의 부분들과 달리 이러한 상호 인과적인 의존 관계를 지니지 않는다.

하지만 이러한 상호 인과적인 의존 관계를 지니지 않는 부분들의 존재가 전체의 가치에는 절대적으로 본질적일 수 있다. 이 두 관계는 그 종에 있어서 전혀 다르다. 그리고 우리는 한 종류의 관계가 성립한다고 다른 한 종류의 관계가 성립한다는 결론을 추론해낼 수 없다. 그러므로 이 둘을 동일한 이름 아래 포함시키는 것은 우리가 추구하는 목적을 얻는 데 유용하지 않다. 따라서 (이런 의미에서) 그 부분들이 전체에 대한 수단이기 때문에 전체가 유기체적이라고 말한다면, 우리는 그 부분들이 서로서로 인과적으로 의존되어 있기 때문에 유기체적이라는 말은 하지 않는 편이 좋다.

## 22.

마지막으로 (3) 유기체적 전체라는 용어가 최근에 와서 사용되는 가장 두드러진 의미는 이러한 전체의 부분들은 다른 전체의 부분들이 결코 지니지 않는 그 어떤 특성을 지닌다는 의미이다. 부분이 존재하지 않았다면 전체는 현재의 모습대로 존재하지 않았듯이, 전체가 존재하지 않았다면 그 부분도 현재의 모습대로 존재하지 않았으리라 여겨진다. 이는 다른 부분들이 존재하지 않는다면 그와 연관된 특정의 어느 부분은 존재할 수 없었다는 것을 의미할 뿐만 아니라(이는 앞서 언급한 관계 (1)이 부분들 사이에 존재하는 경우이다.), 실제로는 그러한 부분은 뚜렷한 사유 대상조차 되지 못한다는 것을 의미한다. 왜냐하면 이러한 경우에는 그러한 부분이 모여서 전체를 형성할 뿐만 아니라, 역으로 전체가 그러한 부분의 한 부분이 되기 때문이다. 이러한 가정이 자기모순적이라는 사실을 보여주는 데는 조금만 깊게 생각하는 것만으로도 충분하다. 참으로 특정의 대상이 어느 전체의 한 부분인 경우, 그 대상은 그렇지 않았다면 소유하지 않았을 어떤 특성을 지니고 있음을 우리는 인정해야 한다. 즉, 그 대상은 전체의 한 부분임이 분명하다. 그러나 이러한 속성이 그러한 특성을 지닌 대상의 본성을 변경시킨다거나 그 대상의 정의를 규정하는 데 관련된다는 점은 도저히 인정할 수 없다. 우리가 부분 **자체**를 생각할 때, 우리가 의미하는 바는 바로 이것이다. 즉, 그 부분이 전체의 부분이라는 속성을 지니고 있다고 주장할 때, 우리는 이러한 의미로 사용하고 있다. 다시 말해 이 대상은 전체의 한 부분이라는 단순한 주장은 우리가 그 대상에 대해 주장하는 자체의 속성과는 구분되는 다른 속성이라는 뜻이다. 그렇지 않다면 그 대상이 아니라 그 밖의 다른 어떤 대상―즉, 우리가 그 대상에 대해 주장하는 바를 함께 지닌 그 어떤 대상―이 우리가 그것에 대해 주장하는 속성을 가졌다고 말하는 셈이기 때문에 자기모순에 빠질 수밖에 없다. 간단히 말하면, 어떠한 부분도 그 부분이 속하는 전체 내지 그 전체의 다른 어떤 부분도 분석적으로 포함하지 않는다는 점은 아주 분명하다. 전체에 대한 부분의 관계는 부분에 대한 전체의 관계와 동일하지 않다. 부분에 대한 전체의 관계를 정의하는 일은 전체의 부분으로 여겨지고 있는 바를 분석적으로 포함하고 있음이 분명하다. 이러한 자기모순적인 입장은 헤겔이 현대 철학에 미친 영향―즉, 정통 철학의 거의 모든 영역에 편재해 있는 영향―을 보여주는 주요한 표식이다. 이는 추상에 의한 오류에 대한 외침, 즉 "전체는 항상 그 부분의 부분이다!"라는 외침이 일반적으로 의미하는 바이다. 우리는 종종 다음과 같은 외침을 듣는다. "어떤 부분에 관한 진실을 알기를 원한다면, 당신은 그 부분을 고찰하지 말고 그 밖의 다른 어떤 것, 즉 전체를 고찰하라. 왜냐하면 부분에 관해서는 그 어떤 것도 진실하지 않으면, 오직 전체에 관한 것만 진실하기 때문이다." 그러나 적어도 부분이 전체의 한 부분이라는 사실은 부분에 관한 명백한 참이다. 그리고 부분은 전체의 한 부분이라고 말할 때, 우리는 전체가 전체 자신의 한 부분임을 의미하지 않는다는 점 역시 분명한 사실이다. 그러므로 부분은 '전체와 분리되어서는 아무런 의미나 의의를 지니지 않는다.'는 주장은 전적으로 부정되어야만 한다. 이는 "이것은 전체의 부분이다."라는 명제가 그 자체로 어떤 의미를 지니고 있음을 뜻한다. 이 명제가 의미를 지니기 위해서는 주어와 술어 모두가 서로 다른 고유한 의미를 지녀야 한다. 전체의 진정한 속성이라고 할 수 있는 두 관계, 즉 (1)의 관계와 (2)의 관계를 혼동함으로써 어떻게 이런 잘못된 입장이 발생하게 되었는지를 보여주는 것은 아주 쉬운 일이다.

(a) 한 부분의 **존재**는 그 전체의 다른 부분과 자연적인 혹은 인과적인 필연성의 관계를 맺을 수 있다. 게다가 전체의 부분인 것과 전체의 부분이기를 이제 더 이상 그만둔 것은, 서로서로가 본래적으로 다르다 할지라도, 하나의 동일한 이름으로 불릴 수 있다. 따라서 전형적인 하나의 예를 든다면, 하나의 팔이 인간 신체에서 잘려 나가게 되어도 우리는 여전히 그것을 팔이라고 부른다. 하지만 신체의 한 부분일 때의 팔은 죽은 팔과 다르다는 점은 의심의 여지가 없다. 그러므로 우리는 "신체의 한 부분인 팔은, 신체의 한 부분이 아니었다면 현재와 같은 상태의 팔이 아니었을 것이다."라고 말하고 싶은, 그리고 이런 식으로 표현된 모순은 실제로 대상의 한 특징이라고 생각하고 싶은 유혹에 쉽게 빠져든다. 그러나 실은 죽은 팔은 결코 신체의 한 부분이 아니다. 죽은 팔은 단지 살아 있는 팔과 **부분적으로** 동일할 뿐이다. 살아 있는 팔과 동일한 이러한 신체의 부분들은, 그 신체에 속해 있든 그렇지 않든 상관없이, 정확히 동일한 것이다. 이러한 신체 부분들에서 우리는 한때는 소위 '유기체적 전체'의 한 부분을 형성했던 바로 그 동일한 하나의 대상이 다른 때는 한 부분을 형성하지 못하는, 부인할 수 없는 사례를 만나게 된다. 다른 한편으로 살아 있는 팔은 소유하지

만 죽은 팔은 소유하지 않는 이러한 속성들은 후자의 변화된 형태에서는 존재하지 않는다. 즉, 후자의 경우에는 이런 속성들은 **전혀** 존재하지 않는다. 인과적 필연성의 관점에서 보면, 이러한 속성들의 존재는 그 부분들이 신체의 다른 부분과 그러한 관계, 즉 전체의 부분을 형성한다는 관계를 지니는지 여부에 달려 있다. 그러나 이제 더 이상 신체의 부분을 형성하지 않는다 할지라도, 그러한 부분들은 신체의 부분을 형성하고 있을 때의 그것과 정확히 동일하다는 점은 아주 확실하다. 살아 있는 팔의 속성은 죽은 팔의 속성과 본래적으로 다르다는 주장 및 그것이 신체의 부분을 형성한다는 주장은 서로서로 분석적으로 연관되어 있는 명제는 아니다. 즉, 신체 부분들이 이런 본래적인 차이를 지니면서 신체의 부분을 형성하지 않을 수 있다고 말한다고 해서 모순이 발생하는 것은 아니다.

그러나 (b) 살아 있는 팔도 자신이 속해 있는 신체와 떨어져서는 아무런 **의미**나 **의의**를 지니지 않는다는 주장 역시 또 다른 오류를 범하게 된다. '의미(meaning)나 의의(significance)를 지닌다는 것'은 일반적으로 '중요성(importance)을 지닌다.'는 의미로 사용되곤 한다. 그리고 중요성을 지닌다는 말은 다시 '수단 내지 목적으로서의 가치를 지닌다.'는 것을 의미한다. 따라서 살아 있는 팔은, 비록 그 팔이 한 부분을 이루고 있는 전체가 그 팔의 존재로 인해 아무리 큰 본래적 가치를 지닌다 할지라도, 그 신체와 분리되어서는 아무런 본래적 가치를 지니지 않을 가능성은 얼마든지 많다. 따라서 우리는 신체의 부분으로서 팔은 큰 가치를 지니지만, 팔은 **그 자체만으로는** 아무런 가치를 지니지 않는다고 쉽게 말하게 된다. 또한 팔의 전체 '의미'는 신체와의 관계에 놓여 있다고도 우리는 쉽게 말하곤 한다. 그러나 문제가 되고 있는 가치는 실제로는 팔에 전혀 속하지 않는다는 사실은 분명하다. 단지 부분으로서 가치를 지닌다는 것은, 전체의 한 부분인 경우를 제외하고는, 아무런 가치를 지니지 않는다는 말이나 다름없기 때문이다. 하지만 이러한 구분을 간과하게 되면, 우리는 부분은 그렇지 않았으면 가지지 않았을, 부분으로서의 가치를 지닌다는 주장에서, 부분은 어떤 전체의 부분인 경우와 전체의 부분이 아니었을 경우에는 서로 다르다는 전제에로 쉽게 도약하게 된다. 왜냐하면 서로 다른 가치를 지닌 두 대상은 다른 측면에서도 역시 달라야 한다는 명제가 실제로 참이기 때문이다. 그러므로 하나의 동일한 대상이 더 가치 있는 전체의 한 부분이었던 경우에는 그렇지 않았을 경우에 보다 더 많은 본래적 가치를 지닌다는 전제는 자기모순적인 신념—즉, 하나의 동일한 대상이 서로 다른 두 대상일 수 있고 또 서로 다른 형태 중 단지 한 가지 형태에서만 그 대상이 참으로 실제의 모습이게 된다는 모순—에 빠지게 된다.

이러한 이유로 나는 편의상 '유기체적'이라는 용어를 특별한 의미로 자유롭게 사용하고자 한다. 즉, 나는 전체는 그 양에 있어서 부분들의 가치 총합 이상의 본래적 가치를 지닌다는 사실을 지칭할 때, '유기체적'이라는 용어를 사용하고자 한다. 나는 이러한 의미로, 그리고 오직 이러한 의미로만 이 용어를 사용할 것이다. 이 용어는 문제가 되고 있는 전체의 부분들 사이에 존재하는 그 어떤 인과적 관계를 함의하지 않는다. 또한 이 용어는 그 부분들이 그 전체의 부분인 경우를 제외하고는 인식될 수 없다는 의미를 지니지 않을 뿐만 아니라, 또 그러한 전체의 부분을 형성할 때 부분들이 그렇지 않았을 경우와는 다른 가치를 지닌다는 의미도 함의하지 않는다. 이런 특별한, 그리고 완전히 한정적인 의미로 이해할 경우, 부분에 대한 유기체적 전체의 관계는 윤리학이 인정해야만 하는 가장 중요한 관계 중 하나이다. 여러 선들의 상대적 가치를 비교 평가하는 일이 윤리학이라는 학문의 주요 업무이다. 하지만 이렇게 비교 평가를 할 때, 서로 다른 두 대상이 전체를 형성하는 경우에는 언제나 그 전체의 가치는 단지 이 두 대상 각각 가치의 단순 총합에 불과하다고 가정한다면, 가장 큰 실수를 우리는 범하게 될 것이다. '유기체적 전체'에 대해 이러한 의문을 제기함으로써, 윤리학이 주요 과제로 다루어야 할 문제들을 해명하는 일을 우리는 완전히 끝낼 수 있게 되었다.

## 23.

이 장에서 나는 다음과 같은 결론을 주장하고자 노력했다. (1) 윤리학의 고유성은 인간 행위에 관한 주장들을 탐구하는 데 있지 않고, '선'이라는 용어가 지칭하는 대상들의 속성 및 '악'이라는 용어가 지칭하는 그 반대의 속성에 관한 주장들을 탐구하는 데 있다. 이 결론을 확립하기 위해 윤리학은, 이러한 속성이 단지 개별적인 단일 존재에 대해서 가지는 관계에 관한 주장을 **제외하고**, 그러한 주장 **모두**의 진위를 탐구해야 한다.(1-4) (2) 이 속성을 준거점으로 하여 윤리학의 주제 문제가 규정되기 때문에, 이러한 속성은 그 자체로 단순하고 정의가 불가능하다.(5-14) 그리고 (3) 이러한 속성과 다른 대상과의 모든 관계는 두 종류, 그리고 오직 두 종류뿐이다. 즉, 우리는 대상 자체가 이러한 속성을 얼마만큼 지닌다고 주장하거나, 아니면 이러한 속성을 지닌 것과 다른 대상들 사이의 인과적 관계를 주장해야 한다.(15-17) 마지막으로 (4) 대상들 자체가 이러한 속성을 얼마나 다르게 지니고 있는지를 고찰하는 데 있어서, 우리는 전체가 지닌 이러한 속성들은 그 전체를 구성하고 있는 부분들이 지닌 이러한 속성들의 단순 총합과는 그 정도가 다르다는 사실을 항상 염두에 두어야만 한다.(18-22)

# 제2장

## 자연주의 윤리설

**24.**

1장의 결론으로부터 우리는 모든 윤리적 물음은 세 종류 중 어느 하나에 속한다는 주장을 얻을 수 있다. 첫째 부류는 단지 한 가지 물음, 즉 "윤리학이 다루어야 하는 고유한 속성의 본성이 무엇인가?"의 물음을 말한다. 다른 모든 윤리학적 탐구 주제는 바로 이 속성이 다른 대상과 맺는 관계에 의해 생성된다. 달리 말하면 이는 "선이 **의미하는** 바가 무엇인가?"의 물음이라고 말할 수 있다. 나는 지금까지 바로 이 첫 번째 물음에 답하려고 노력해왔다. 윤리학의 영역을 규정하는 준거점이 되는 이 특이한 속성은 단순하고, 분석 불가능하고, 그리고 정의될 수 없다. 이러한 속성과 다른 대상과의 관계에 대해서는 두 종류의 질문이 남아 있다. 그러니까 우리는 (1) "이러한 속성은 어떤 대상에, 그리고 어느 정도 귀속될 수 있는가?", 즉 "어떤 대상이 그 자체로 선한가?"를 묻거나, 아니면 (2) "어떤 수단을 통하여 우리는 이 세계에 존재하는 것을 가능한 한 선하게 만들 수 있는가?", 즉 "그 자체로 최선인 것과 다른 대상들 사이에는 어떤 인과적 관계가 존재하는가?"를 물을 수 있다.

이 장 및 이어지는 3장과 4장에서 나는 "무엇이 그 자체로 선한가?"라는 물음에 대해 한 가지 대답을 주고 있는 몇몇 이론을 논의하고자 한다. 내가 굳이 **한 가지** 대답이라고 말하는 이유는, 이러한 이론들은 모두 다음과 같은 특징을 지니기 때문이다. 즉, 참이라면 이러한 이론들은 윤리학의 탐구를 아주 단순하게 만들어버릴 것이다. 이러한 이론들은 모두 단지 **한 가지** 종류의 사실만이 그 어떤 가치를 지닌다고 주장한다. 그러나 이러한 이론들은 또 다른 특징도 지니는데, 내가 이 모든 이론을 하나의 부류로 분류하여 먼저 고찰하는 이유도 바로 이러한 특징 때문이다. 즉, 이들 이론이 말하는 단 한 종류의 사실이 유일한 선(the sole good)을 정의한다고 주장하는 이유는 이러한 사실이 '선' 자체가 의미하는 바를 규정한다고 이들 이론이 주장하기 때문이다. 달리 말해 이들은 모두 목적 내지 이상에 관한 이론인데, 이러한 목적 내지 이상을 채택한 까닭은 주로 내가 말하는 자연주의 오류라는 잘못 때문이다. 자연주의 오류란 윤리학이 탐구하는 세 가지 물음 가운데 첫 번째와 두 번째 물음을 혼동하는 오류를 말한다. 이들 이론은 단 한 가지 종류의 대상만이 선하다고 주장하는데, 이들이 왜 이러한 주장을 하는지를 이 오류가 참으로 잘 설명해준다. 어떤 대상이 선하다는 말은 대체로 그 대상이 이러한 단일 속성을 지니고 있음을 **의미한다고** 여겨지고 있다. 다시 말해 이러한 속성을 지닌 대상만이 선하다고 일반적으로 생각한다. 이러한 추론은 아주 자연스러워 보이지만, 선을 이러한 방식으로 추론하는 것은 자기모순적이다. 왜냐하면 이렇게 추론하는 사람들은 다음과 같은 사실을 인지하지 못하고 있기 때문이다. 즉, "이러한 속성을 지닌 것은 선하다."라는 자신들의 결론은 의미 있는 명제인데, 이 명제는 "이러한 속성을 지닌 것은 이러한 속성을 지닌다."를 뜻하지도 않고 또 "'선'이라는 용어는 어떤 대상이 이러한 속성을 지니고 있음을 지칭한다."는 것을 의미하지도 않는다. 하지만 이 명제가 이 둘 중 어느 하나도 의미하지 않는다면, 이러한 추론은 전제와 모순된다.

그러므로 나는 "무엇이 그 자체로 선한가?"의 물음에 관한 몇몇 이론을 고찰하고자 한다. 이러한 이론들이 널리 받아들여지는 주된 이유가 바로 자연주의 오류라는 점에서, 이들 이론은 이 오류에 그 **토대를 두고** 있다고 하겠다. 여기서 논의는 다음과 같은 순서로 진행될 것이다. 먼저 (1) 자연주의 오류가 오류라는 사실을, 달리 말해 우리 모두는 그 어떤 단순 속성을 분명하게 자각하고 있는데, '선'이라는 용어가 의미하는 바는 (그 밖의 다른 무엇이 아니라) 바로 이 단순 속성이라는 사실을 예를 통해 논증한 다음, (2) 단 한 가지가 아니라 서로 다른 많은 대상이 이러한 속성을 지니고 있음을 보여주고자 한다. 왜냐하면 나의 입장과 반대되는 몇몇 주요 이론을 비판하여 반박하지 않고서는, 선을 지닌 대상들은 그 어떤 다른 속성을 공통적으로 소유하고 있기 때문에 선하게 된 것은 아니라는 나의 입장을 다른 사람이 받아들이리라고 나는 기대할 수 없기 때문이다. 사실 지금도 이러한 이론들은 사라지지 않고 여전히 위세를 발휘하여 세인들에게 널리 받아들여지고 있다.

**25.**
고찰하고자 하는 이론들을 나는 편의상 두 부류로 나누고자 한다. 자연주의 오류가 항상 함의하는 바는 다음과 같다. 즉, "이것이 선하다."라고 생각할 때, 우리가 머릿속으로 생각하는 바는 해당 대상이 그 어떤 다른 한 대상과 특정의 관계를 맺고 있다는 것이다. 그러나 선이 정의되는 준거점 역할을 하는 이 한 가지 속성은 내가 말하는 자연적 대상—즉, 그 존재가 소위 경험의 대상이 되는 그 어떤 것—일 수도 있고, 아니면 이와 달리 초감각적인 실재 세계에 존재하는 것으로 단지 추정되는 대상일 수도 있다. 나는 이 두 형태의 윤리 이론을 각각 분리하여 다루고자 한다. 두 번째 형태의 이론들을 편리하게 '형이상학적 이론'이라고 부르고, 나는 이에 관한 논의를 4장으로 미루고자 한다. 다른 한편으로 이 장과 다음 장에서 나는, **자연적 대상**(natural object)에 근거하여 선을 정의할 수 있다는 가정 탓으로 널리 받아들여지는 이론들을 논의하고자 한다. 이러한 이론들에 대해 나는 '자연주의 윤리설'이라는 이름을 붙이고자 한다. 이 이름이 이 장의 제목이 되었다. 먼저 내가 '형이상학적 윤리설'을 정의하는 데 참조한 오류 역시 자연주의 윤리설에서 발생하는 오류와 그 종류가 동일하기 때문에 나는 단 하나의 이름, 즉 자연주의 오류라는 용어를 사용하고 있음을 유념하기를 바란다. 그러나 이러한 오류가 빚어낸 윤리 이론들을 고찰하는 데 있어서는, 선이란 지금 여기 존재하는 자연적 대상과의 그 어떤 관계에 놓여 있다고 간주하는 이론과 그렇지 않은 이론을 구분하는 것이 편리하다. 전자에 따르면 윤리학은 경험 과학 내지 실증 과학이 되며, 그 결론은 경험적 관찰과 귀납 추론에 의해 모두 얻어질 수 있다. 그러나 이러한 사실은 형이상학적 윤리설의 경우에는 성립하지 않는다. 그러므로 동일한 오류에 근거하고 있지만 이 두 종류의 윤리 이론들 사이에는 뚜렷한 차이가 존재한다고 하겠다. 그리고 자연주의 윤리설 내에서도 편의를 위해 또다시 구분이 이루어질 수 있다. 예를 들어 하나의 자연적 대상, 즉 쾌락이 있는데, 이 쾌락이 아마 나머지 모두를 합한 것만큼이나 자주 유일한 선이라고 주장되곤 해왔다. 게다가 쾌락주의(hedonism)를 별도의 장으로 다루어야 할 또 다른 이유도 있다. 내가 생각하기에, 쾌락주의가 널리 통용되는 이유 역시 다른 이론만큼이나 아주 명백히 자연주의 오류에 기인한다. 그러나 쾌락이 유일한 선이었음을 **입증**하고자 시도한 자연주의 논증이 오류를 범했음을 처음으로 명쾌하게 밝혀준 철학자가 나중에 가서 그럼에도 불구하고 "쾌락은 유일한 선이다."라고 주장함으로써 쾌락주의는 독자적인 길을 걷게 되었다. 그러므로 나는 쾌락주의를 다른 자연주의 이론들과 구분하여 논의하고자 한다. 즉, 이 장에서는 자연주의 윤리설 일반을 다루고, 다음 장에서 그 특수 형태로 쾌락주의를 다루고자 한다.

## 26.

따라서 쾌락과는 다른 그 어떤 **자연적 속성**의 소유 외에는 그 어떤 본래적 가치도 존재하지 않는다고 주장하는 윤리 이론들을 우리는 이 장에서 주제적으로 다루고자 한다. 이런 주장이 가능한 이유는, 선하다는 것은 이러한 해당 속성의 소유함을 **의미한다는** 전제를 받아들이기 때문이다. 이러한 이론들을 나는 '자연주의적'이라고 부른다. 따라서 나는 윤리학에 접근하는 한 특정 방법의 명칭으로 자연주의라는 용어를 전용했지만, 이러한 접근법은 엄밀한 의미로 말하면 그 어떤 윤리학과도 일치될 수 없다. 왜냐하면 이러한 접근법은 '선'의 자리에 자연적 대상의 한 속성 내지 자연적 대상의 한 가지 집합을 대체시키고 있는데, 이렇게 되면 윤리학은 자연 과학의 한 분야로 전락하고 말기 때문이다. 일반적으로 이렇게 대체된 과학은, 윤리학의 주제를 인간 행위에 국한시키는 일반적 잘못―나는 이러한 접근법은 이런 잘못을 범하고 있다고 생각한다―탓에, 특히 인간에 관한 과학이라고 말할 수 있다. 일반적으로 존 스튜어트 밀의 경우 심리학이 윤리학을 대체했으며, 클리퍼드(Clifford) 교수의 경우 사회학이 윤리학을 대체했으며, 다른 근자의 학자들도 마찬가지이다. 그러나 이렇게 되면 다른 모든 과학도 윤리학을 대체할 수 있는 학문이 되고 만다. 이는 틴들(Tyndall) 교수가 "물질의 법칙(laws of matter)에 따르라!"고 우리에게 권고할 때 범하는 오류와 동일한 오류를 범하고 있다. 틴들 교수의 경우 윤리학을 대체한다고 여겨지는 과학은 바로 물리학이다. 따라서 자연주의라는 명칭은 아주 일반적이다. 왜냐하면 선이 의미한다고 여겨지는 대상이 무엇이든 간에, 이 이론은 여전히 자연주의이기 때문이다. 즉, 선이 노랑이나 초록 혹은 파랑으로, 큰소리나 부드러운 소리로, 둥글거나 네모난 것으로, 단맛이나 쓴맛으로, 생명을 산출하는 것이나 쾌락을 산출하는 것으로, 의욕되는 것이나 욕구되는 것 혹은 느껴지는 것으로 정의되든 간에, 다시 말해 이러한 것들 중 어느 하나 혹은 이 세계에 존재하는 이와 다른 어느 한 대상을 선이 의미하는 바라고 주장하는 이론이 있다면, 그러한 이론은 모두 자연주의 이론이라고 말할 수 있다. 이러한 모든 용어는 어떤 단순하거나 복잡한 자연적 대상의 단순하거나 복잡한 속성을 지시하고 있다는 이유로 나는 이러한 이론들을 자연주의적이라고 불러오고 있다. 이러한 이론들을 고찰하기에 앞서 '자연', 그리고 '자연적 대상'이 의미하는 바가 무엇인지를 명확하게 규정하는 편이 좋겠다.

'자연'이란 자연 과학 및 심리학의 주제가 되는 것을 의미하는 것으로 나는 사용하고 있고 또 그렇게 사용해왔다. 이런 의미의 자연은 시간 속에 존재했고, 지금 존재하고 있는, 그리고 앞으로 존재하게 될, 그 모든 것을 포함한다고 말할 수 있다. 어떤 대상이 그 본성상 지금 존재하고 있다고 말할 수 있는 자연인지, 이제까지 존재해왔다고 말할 수 있는 자연인지, 아니면 앞으로 존재하게 된다고 말할 수 있는 자연인지를 고찰하게 되면, 우리는 그 대상이 자연적 대상인지 아닌지를 알 수 있게 된다. 만약 이세 가지 중 어느 하나에도 맞지 않으면, 그것은 결코 자연적 대상이 될 수 없다. 예를 들어 우리의 마음에 대해, 우리가 그 마음이 어제 존재했다, 오늘 지금 존재한다, 혹은 1~2초 후에 아마도 존재하게 될 것이라고 말한다면, 이 역시 자연적 대상이 된다. 또한 우리는 지금은 단지 그 결과만 남아 있고 이제 더 이상 존재하지 않지만, 어제 어떤 생각을 가졌다고 말하기도 하는데, 이러한 생각이 과거에 존재했다면 이 역시 자연적 대상이 된다.

참으로 내가 방금 사용한 그러한 의미로 이해하게 되면 '대상' 자체에는 아무런 어려움이 없다. 즉, 우리는 대상들 중 어떤 것에 대해서는 자연적이라고, 그리고 다른 것에 대해서는 (그러한 대상이 있다면) 자연적이지 않다고 쉽게 말할 수 있다. 그러나 대상의 속성을 고려하기 시작하면, 문제가 아주 어려워진다는 생각을 나는 떨쳐버릴 수 없다. 자연적 대상들의 속성 가운데 어느 속성은 자연적이고, 어느 속성은 자연적이지 않은가? 왜냐하면 나는 선 역시 그 어떤 자연적 대상들의 한 속성임을 부인하지 않기 때문이다. 즉, 자연적 대상 중 어떤 것들은 선하다. 하지만 '선' 자체는 자연적 속성이 아니라고 나는 지금까지 말해왔다. 그런데 자연적인지 아닌지를 검증하는 나의 기준은 시간상의 존재와 관련되어 있다. 그렇다면 우리는 '선'이란 단순히 어떤 자연적 대상의 한 속성일 뿐만 아니라 **그 자체로** 시간상에 존재한다고 상상할 수 있는가? 나로서는 대상의 수많은 다른 속성— 내가 자연적 속성이라고 부르는 속성들—에 대해서는 이렇게 생각할 수 있지만, 선에 대해서는 이렇게 생각할 수 없다. 왜냐하면 자연적 속성들은 그 대상의 존재와 독립하여 존재할 수 있다고 나는 생각하기 때문이다. 실제로 이러한 속성들은 대상에 귀속되는 단순한 속성이 아니라 대상을 구성하고 있는, 대상의 부분들이다. 이러한 속성들을 모두 제거해버리면, 그 대상은 더 이상 존재하지 않게 되고, 심지어 벌거벗은 실체조차 찾아보기 어렵다. 왜냐하면 이러한 속성들은 그 자체로 실질적인 내용을 이루며, 대상이 지닌 모든 실질적 내용을 제공하고 있기 때문이다. 그러나 선에 대해서는 이러한 주장을 우리는 할 수 없다. 만약 선이, 어떤 이들이 우리로 하여금 믿도록 하는 것처럼, 그 어떤 느낌이라면, 선은 시간상 존재할 것이다. 하지만 그러한 이유로 그것을 선이라고 부른다면, 이는 자연주의 오류를 범하는 셈이다. 그 느낌 자체가 선한지를 묻는 것은 언제나 적절하다. 그렇다면 선 자체는 그 어떤 느낌과 동일할 수 없게 된다.

## 27.

따라서 이러한 윤리학 이론들은 '자연주의적'이다. 자연주의 윤리설은 유일한 선은 대상의 어떤 한 속성에 놓여 있으며, 그러한 속성이 시간상에 존재한다고 주장한다. 또한 자연주의 윤리설은 이러한 속성에 의거해서 '선' 자체가 정의될 수 있다고 가정하기 때문에 이러한 주장을 하게 된다. 지금 우리는 이러한 이론들을 고찰하고자 한다.

무엇보다도 우선, 가장 유서 깊은 준칙들 가운데 하나는 '자연에 따른 삶'을 권장하는 준칙이다. 이는 스토아 철학자의 윤리 원칙이다. 그러나 스토아 윤리학은 형이상학적이라고 일컬어지기 때문에, 여기서 나는 이 이론은 논외로 하고자 한다. 그러나 동일한 경구가 루소(Rousseau)에서도 다시 나타나고 있을 뿐만 아니라, 심지어 오늘날에도 "우리가 해야만 하는 것은 자연적으로 살아가는 것이다."라는 가르침이 심심찮게 제시되고 있다. 그러면 이제부터 일반적인 형태의 이러한 주장을 검토해보자. 우선, 우리가 나중에 논의하게 될 일부 형이상학 이론에 의거하지 않고는, 자연적인 모든 것이 선하다고는 말할 수 없음이 분명하다. 자연적인 모든 것이 똑같이 선하다면, 일상적으로 이해되는 윤리학은 확실히 사라지고 말 것이다. 왜냐하면 윤리학적 관점에서 보면, 어떤 것은 선하고 어떤 것은 악하다는 주장보다 더 명확한 주장은 없기 때문이다. 참으로 윤리학의 주요 목적은 일차적으로 악한 것을 피하고 선한 것을 얻도록 하는 일반적 규칙을 제공하는데 있다. 그러면 윤리학은 자연적인 모든 것에 적용될 수 없음이 명백하기 때문에, 자연적으로 살라는 가르침에서 '자연적'이 의미하는 바는 무엇인가?

이 구절은 자연적이면서 선한 그 어떤 것이 존재한다는 아주 모호한 주장으로 읽힐 수 있다. 즉, 이 구절은 무엇이 존재할 것인지를 자연이 결정하듯이, 선한 것이 무엇인지를 결정하는 주체 역시 자연이라는 신념을 가리키는 것으로 간주될 수 있다. 예를 들어 '건강'은 자연적 정의가 가능하다고 우리는 생각한다. 즉, 건강이 무엇인지를 자연이 결정하기에, 건강은 분명 선하다고 여겨질 수 있다. 이 경우에서 문제를 결정하는 주체는 자연이기에, 우리는 다만 자연을 찾아가 건강이 무엇인지를 자연에게 묻기만 하면 된다. 그러면 우리는 무엇이 선인지를 알 수 있다. 이런 식으로 우리는 과학을 윤리학의 기초로 삼을 수 있다. 그러나 여전히 물음은 발생한다. 즉, 그러면 건강에 대한 자연적 정의는 무엇인가? 다만 건강은 자연적 용어를 사용하여 유기체의 **정상적인**(normal) 상태라고 정의 내릴 수 있음을 나는 인정한다. 하지만 질병 역시 자연의 산물임은 의심의 여지가 없는 사실이기 때문이다. 건강은 진화를 통해 보존되는 것이라는 말과 적자

생존 투쟁에서 자기 자신을 보존하는 경향을 지닌 것은 바로 건강을 지닌 유기체라고 말하는 것은 동어반복에 지나지 않는다. 왜냐하면 어떤 생명체는 왜 정상이고 다른 생명체는 왜 비정상인지에 관해 인과적 설명을 제공하려는 것이 진화론의 관점이기 때문이다. 즉, 진화는 종의 기원을 설명할 따름이다. 그러므로 건강은 자연적이라는 말을 들을 때, 우리는 이 말을 "건강이란 정상적인 상태이다."를 의미하는 주장으로 받아들여도 무방하다. 그리고 건강을 하나의 자연적인 목적으로 추구해야 한다는 말을 들을 때, 이 말 속에는, 정상적인 것이 선함에 틀림없다는 명제가 함의되어 있다고 봐도 괜찮다. 그러면 정상적인 것은 선함이 틀림없다는 주장은 명백한 참인가? 예를 들어 건강이 선하다는 주장은 참으로 명백한가? 소크라테스나 셰익스피어의 탁월함은 정상적인가? 이는 오히려 비정상적인, 아주 예외적인 일이 아닌가? 내가 생각하기에, 우선 선한 모든 것이 정상적인 것은 아니라는 점은 분명하다. 오히려 그 반대로 비정상적인 것이 정상적인 것보다 더 선한 경우도 종종 있다. 특별한 사악함뿐만 아니라 특별한 탁월함도 정상적이라기보다는 비정상적임이 틀림없다. 하지만 그럼에도 불구하고 정상적인 것이 선하다고 말해질 수 있는데, 나 자신도 건강이 선이라는 주장을 논박할 생각이 전혀 없다. 내가 주장하고자 하는 바는 이것을 우리는 당연하게 받아들여서는 안 된다는 점이다. 즉, 이는 하나의 열린 물음으로 취급되어야 한다. 이를 당연한 것으로 받아들이게 되면, 천재는 칭찬받아서는 안 된다는 점을 부각시키기 위해 최근의 몇몇 저술에서 천재는 질병이요 비정상이라는 논변이 종종 사용되는 것과 똑같이, 자연주의 오류가 발생함이 분명하다. 이러한 추론은 잘못되었으며, 그것도 위험한 오류이다. 일상적으로는 '건강'이라는 개념은 선을, 그리고 '질병'이라는 개념은 악을 내포하는 것으로 우리가 사용하는 것은 사실이다. 하지만 이러한 개념들을 소위 과학적으로, 즉 자연적인 용어로 정의하고자 하는 물음에 봉착하게 되면, '정상'과 '비정상'이라는 용어를 사용하여 정의를 시도하는 것이 유일하게 가능할 따름이다. 그렇다면 일상적으로 탁월하다고 여겨지는 어떤 것은 비정상적이며, 따라서 병적이라는 것을 입증하는 일은 쉬운 일이다. 그러나 자연주의 오류에 의거하지 않고는, 일상적으로 선하다고 여겨지는 이러한 것들이 악하다는 결론은 얻어지지 않는다. 참으로 이제까지 논의를 통해 밝혀진 바는 단지, 어떤 경우에는 천재는 선하다는 일상적인 판단과 건강은 선하다는 일상적인 판단이 상충하기도 한다는 사실이다. 후자의 판단이 전자의 판단보다 그 진리성을 옹호하는 이유를 조금도 더 많이 가지고 있는 것은 아니라는 점이 충분히 인정되지 않고 있다. 이 둘 모두 완전히 열린 물음으로 남아 있다. 참으로 우리는 일상적으로 '건강'이라는 개념을 선을 내포하는 것으로 사용하고 있다. 그러나 이는 단지, 우리가 건강이라는 개념을 이렇게 사용할 때, 우리는 의학에서 의미하는 바와 똑같은 의미로 건강이라는 개념을 사용하고 있는 것이 아니라는 점을 보여줄 따름이다. 선한 그 무엇을 내포하는 것으로 사용할 때, '건강'은 선하다. 하지만 이러한 개념 사용은 정상적인 그 무엇을 내포하는 것으로 사용할 때도 건강이 선하다는 것을 보여주는 것은 결코 아니다. 즉, 이는, '황소'라는 개념이 아일랜드 농담을 내포하면서 동시에 어떤 동물을 내포하고 있다는 이유로, 이러한 농담과 그 동물이 하나의 동일한 것임에 틀림없다고 말하는 것이나 다름없다. 그러므로 우리는 어떤 대상이 자연적이라는 주장으로부터 그 대상이 선하다고 인정하는 데로 나아가려는 압력에 굴복해서는 안 된다. 선은 정의상 자연적인 어떤 것을 의미하지 않기 때문이다. 그러므로 자연적인 어떤 것이 선한가의 물음은 항상 열린 물음으로 남아 있다.

**28.**

그러나 '자연적'이라는 용어는 지금까지 논의한 의미와는 다소 다른 또 다른 의미를 지니는데, 이러한 의미로 사용될 때 '자연적'이라는 용어는 선한 그 어떤 것을 내포하고 있다는 함의를 지닌다. 자연스러운 애정이나 자연스럽지 못한 범죄나 악덕을 말할 때 우리는 이러한 의미로 '자연적'이라는 용어를 사용한다. 이 경우 '자연적'이라는 용어는 해당 행동이나 느낌이 정상적이거나, 아니면 비정상적이라는 의미로 사용되기보다는 그러한 행위나 느낌이 필수적(necessary)이라는 의미로 사용되는 것처럼 보인다. 우리가 야만인과 짐승을 본받으라는 충고를 받는 상황이 바로 이러한 경우이다. 이는 확실히 해괴망측한 충고이지만, 여기에도 물론 수긍할 만한 무엇인가가 있어 보인다. 여기서 나는 우리 중 누군가가 소로부터 교훈을 얻는 것이 어떤 상황에서 유익이 되는지의 물음을 탐구할 생각은 없다. 참으로 나는 소로부터 교훈을 받는 것이 유익하게 되는 상황이 있음을 의심하지 않는다. 여기서 나는 다만 이러한 입론을 옹호해주는 데 종종 사용되는 것으로 생각되는 이유, 즉 자연주의적 이유에 관심을 갖고 있다. 이러한 복음을 선포하는 설교자의 마음 밑바탕에 종종 자리 잡고 있는 생각은 우리 인간은 자연을 개선시킬 수 없다는 신념이다. 우리 인간이 할 수 있는 바가 현재 상태보다 더 좋게 만드는 것이라 할지라도 여전히 자연의 소산물이라는 점에서 이러한 생각은 확실히 참이다. 그러나 이는 이 구절이 의미하는 바가 아니다. 왜냐하면 자연은 자연의 단순한 한 부분을 의미하는 것으로 또다시 사용되고 있기 때문이다. 다만 이 경우에 의미되는 부분이란 정상적이라는 것이 아니라, 생존에 필요한 임의적인 최소한의 것을 말할 따름이다. 이 최소한이 '자연적'으로, 즉 자연이 자신의 손가락으로 지시해주는 삶의 방식으로 권장될 때에도 자연주의 오류는 여전히 범해지고 있다. 이러한 입장에 반대하여 나는 어떤 행위의 수행은 그 자체로는 바람직하지는 않지만, 생명의 보존에 필수적인 수단으로서 **변명**(excused)될 수 있다는 점을 지적하고 싶다. 그렇다고 이것이 그러한 행위를 **칭찬**(praising)할 만한 이유가 되지는 못한다. 게다가 이는 이러한 의미에서 불필요한 것을 행하는 희생을 무릅쓰고서라도 우리의 상황을 개선하는 일이 가능하다면, 생존에 필수적인 그러한 단순 행위들만을 하도록 적극 권장(advising)할 만한 이유도 되지 않는다. 자연은 참으로 가능한 것의 범위를 제한한다. 자연은 선한 것을 얻기 위해 우리 마음대로 행하는 수단에 대해서도 통제를 가한다. 우리가 나중에 살펴보겠지만, 실천 윤리학은 확실히 이러한 사실을 충분히 고려해야 한다. 그러나 무엇이 필수적인가에 대해 자연이 어떤 선호를 지닌다고 말할 때, 필수적인 것이란 아마도 최고선으로 가정되는 어떤 목적을 얻는 데 필수적이라는 것을 의미할 따름이다. 하지만 최고선이 무엇인가의 물음에 대해서는 자연은 아무 말도 하지 않는다. 아무 쓸모도 없어 보이는데도 단지 삶에 필수적이라는 바로 그 이유로, 삶에 필수적인 것이 형이상학의 연구에 필수적인 것보다 더 낫다고 가정해야만 하는가? 아마 그 대답은, 삶은 형이상학 연구를 가능케 하기 때문에 살 만한 가치가 있고, 그리고 그 때문에 삶은 형이상학 연구에 꼭 필요한 수단일지도 모른다는 것이다. 이러한 자연으로부터의 논증이 범하는 오류는 이미 오래전 루시안(Lucian) 때 발견되었다. 즉, 루시안의 작품으로 여겨지는 어느 한 대화편[1])에서, 카리클레스(Charicles)가 비이성적인 짐승의 본능과 스키티안(Scythian) 사람들의 야만성을 칭찬하는 바로 그 순간에, 칼리크라티다스(Callicratidas)는 "거의 웃을 뻔했다."고 말한다. 이러한 논변을

∴

1) Εἰρωτες, 436-437.

펴면서, 루시안은 자신이 그리스인으로 태어난 것에 대해 후회한다고 말했다. "사자, 곰, 돼지가 내가 제안하는 방식대로 행하지 않는다고 해서 뭐가 이상하단 말인가? 이성을 지님으로 말미암아 인간이 꽤 훌륭하게 선택할 수 있는 것을 이성적으로 사유하지 못하는 짐승들은 아예 생각조차 못한다. 왜냐하면 짐승들은 원래부터 어리석기 그지없기 때문이다. 만약 프로메테우스(Prometheus)나 다른 신이 짐승들에게 인간의 지성을 선물로 주었다면, 짐승들은 사막과 산에서 살지 않았을 것이며, 또 서로서로를 잡아먹지도 않았을 것이다. 짐승 역시 우리들이 그랬던 것처럼 성전을 짓고, 또 가족 중심의 삶을 영위하면서 국가를 만들고, 나아가 서로서로가 준수해야 하는 법률에 따라 살았을 것이다. 이성을 지님으로써 우리 인간이 갖게 되는 선한 것들을, 사유 능력의 결여로 짐승은 불행하게도 갖지 못하고 있다. 이러한 짐승이 사랑마저 잃어버렸다고 해서 뭐가 그리 놀랄 만한 일인가? 사자는 사랑하지 않으며, 또 철학을 하지도 않는다. 곰도 사랑을 하지 않는다. 그 이유는 우정의 달콤함을 그들이 알지 못하기 때문이다. 자신의 지혜와 지식으로, 그리고 수많은 시행착오를 통해 최선의 것을 선택하는 자는 단지 인간밖에 없다."

**29.**

그러므로 이 용어의 이러한 상식적 의미로, 어떤 대상이 '자연적'이기 **때문에** 선하다는 것을 혹은 '비자연적'이기 **때문에** 악하다는 논증을 전개하는 것은 확실히 오류에 해당한다. 그럼에도 불구하고 이러한 논변은 너무나 자주 사용되고 있다. 그러나 이러한 논변들은 일상적으로 윤리학에 대해 체계적인 이론을 제공해주지는 못하고 있다. 자연에 대한 호소를 **체계화하고자** 하는 시도들 가운데, 오늘날 가장 일반적으로 통용되는 시도는 '진화'라는 용어를 윤리적 물음에 적용하는 데서, 즉 '진화론적(Evolutionistic)'이라고 불리는 윤리적 입장에서 발견되고 있다. 이러한 이론들은 '진화'의 과정은 우리가 **발전해가는** 방향을 보여줄 뿐만 아니라, 이를 통해, 그리고 바로 이러한 이유로 우리가 **발전해가야만** 하는 방향도 제시해준다고 주장한다. 이러한 이론을 주장하는 학자들은 현재 수없이 많으며, 또 굉장한 대중적 인기마저 얻고 있다. 이러한 학자들 중 가장 유명한 스펜서(Spencer)를 예로 들어 진화론적 윤리 이론이 어떠한 입장인지를 나는 해명하고자 한다. 스펜서의 학설은 진화론적 윤리학을 옹호하는 데 자연주의 오류가 사용된 **가장 전형적인** 예를 보여주지 않는다는 점을 우리는 인정하지 않을 수 없다. 이보다 좀 더 명확한 사례는 귀요(Guyau)의 학설에서 발견된다.[2] 귀요는 최근에 프랑스에서 대단한 인기를 얻고 있는 철학자이지만 스펜서만큼 그렇게 유명하지는 않다. 스펜서의 제자라고 볼 수 있는 귀요는 순박하리만큼 진화론적이고 또 순박하리만큼 자연주의적이다. 내가 보기에 그는 자신의 자연주의 때문에 스펜서와 다르다는 생각조차 아예 하지 않는 것 같다. 그가 스펜서를 비판하는 요점은 '쾌락'과 '늘어난 수명(increased life)'이라는 목적이 이상을 성취하는 동기와 수단으로서 얼마만큼 일치하고 있는지의 물음과 관련되어 있다. 인간의 이상이란 길이와 폭으로 측정되는 '생명의 양(Quantity of life)' 내지는, 그가 말한 대로, '생명의 연장과 강도(Expansion and intensity of life)'라는 근본 원칙을 주장했다는 점에 있어서, 그는 스펜서와 다르다고 아예 생각조차 하지 않은 것 같다. 더군다나 그는 이 근본 원칙을 옹호하기 위해 자연주의적 이유

••

2) Enquisse d'une Morale sans Obligation ni Sanction, par M. Guyan, 4판, Paris: F. Alkan, 1896 참조.

를 제시한다는 점에서 스펜서와 다르다고 생각하지 않는다. 내가 앞으로 보여주겠지만, 스펜서는 세부적인 점에서 자연주의 오류를 범하고 있다. 그러나 그 자신의 근본 원칙에 대해 우리는 다음과 같은 의문을 던질 수 있다. 그는 근본적으로 쾌락주의자인가? 그렇다면 그는 자연주의적 쾌락주의자인가? 후자의 경우라면, 스펜서는 다음 장에서 다루는 편이 나을 것이다. 그는 생명의 양을 증가시키는 경향이 선한 행위의 단순한 한 **기준**이라고 주장하는가? 혹은 그는 그러한 생명의 양 증가는 우리가 추구해야만 하는 목적으로서 자연이 표시해놓은 것이라고 주장하는가?

비록 이러한 물음들 중 어떤 것들은 서로 상반되어 보이지만, 여러 글에서 나타나는 그의 말은 이 모든 가설에 대해 긍정적인 대답을 준다고 나는 생각한다. 그래서 나는 여기서 몇 가지 주요한 사항을 다루고자 한다.

## 30.

현재 유행하는 '진화'라는 개념은 주로 종의 기원에 관한 다윈(Darwin)의 탐구에 그 뿌리를 두고 있다. 다윈은 어떤 형태의 동물 생명체는 생존하는 반면에 다른 형태의 생명체는 죽어 멸종하게 된 이유에 관해 아주 엄밀한 생물학적 가설을 만들어내었다. 그의 이론에 따르면 그 이유는 적어도 부분적으로는 다음과 같은 방식으로 설명될 수 있다. 즉, 어떤 변종이 발생할 때(그러한 변종이 발생하는 주요 원인은 아직도 알려지지 않고 있다.) 그 부모 종(parent species)이나 그 당시 존재하는 다른 종과 구분되는 몇 가지 특징으로 인해 이러한 변종들은 자신들이 처해 있는 환경에 더 잘 적응할 수 있게 되어—달리 말해, 멸종될 개연성이 더 적어—살아남게 되었다. 예를 들어 이러한 변종들은 추위나 더위 등의 기후 변화에 더 잘 적응할 수 있었고, 또 자신을 둘러싸고 있는 주위 환경으로부터 음식물을 얻는 데에도 적응력이 뛰어났다. 그리고 이러한 변종들은 자신을 먹이로 잡아먹고자 하는 다른 종으로부터 도망가거나 저항하는 데에도 더 나은 능력을 지녔고, 암컷이나 수컷의 매력을 얻거나 정복하는 데에서도 더 탁월한 능력을 가졌다. 죽을 확률이 낮아짐으로써 이들 종의 수는 다른 종에 비해 상대적으로 증가했다. 이러한 수적 증가는 다른 종을 멸절시키는 경향을 낳았다. 다윈이 '자연선택(Natural Selection)'이라는 이름으로 부른 이러한 이론은 또한 적자생존 이론으로 불리기도 한다. 이러한 이론이 서술하는 자연적 과정이 바로 진화이다. 진화란 하등 생명체에서 고등 생명체에로의 진화를 뜻한다고 가정하는 일은 지극히 자연스러운 일이다. 일반적으로 고등 생명체로 불리는 한 종, 즉 인간 종은 적어도 이러한 방식으로 생존해왔다는 점은 실제로 관찰되고 있다. 인간 종 내에서 다시, 예를 들어 우리 자신과 같은 고등 인종은 북미 인디언들과 같은 하등 인종에 비해 그 생존 능력이 더 강하다고 생각된다. 즉, 북미 인디언들이 우리를 죽이는 것보다 우리가 더 쉽게 그들을 죽일 수 있다. 따라서 진화론은 고등 종이 어떻게 하등 종을 물리치고 생존하게 되었는지에 관한 하나의 설명이라고 할 수 있다. 예를 들어 스펜서는 '더 많이 진화된(more evolved)'을 '고등의(higher)'라는 용어와 같은 의미로 일관되게 사용한다. 그러나 이는 다윈의 과학적 이론의 한 부분이 아니라는 사실에 우리는 주목해야 한다. 다윈 이론은, 환경이 변화할 경우(예를 들어 지구가 계속 차가워지는 경우) 인간과 전혀 다른 종, 즉 우리가 생각하기에 아주 열등한 하등 생명체로 여겨지는 종이 인간을 제치고 어떻게 생존하게 되는지도 똑같이 잘 설명할 것이다. 적자생존은, 우리의 생각과 달리, 선한 목적을 성취하기에 최적인—즉, 선한 목적에 적응력이 가장 뛰어난—생명체의 생존을 의미하지 않는다. 결국 이 이론은 단지 살아남기에 최적인 종의 생존을 의미할 따름이다. 물론 진화론은 굉장한 가치를 지닌 이론이지만, 일반적으로 과학적 이론의 가치는 어떤 생물학적 결과를 낳는 원인이 무엇인지를 보여주는 데 있다. 이러한 결과가 선한지, 아니면 악한지에 대해서는 과학적 이론은 아무런 판단도 내릴 수 없다.

**31.**

그러나 지금부터 진화를 윤리학에 적용시키는 것에 관해 스펜서가 말한 바에 귀를 기울이자.

그는 다음과 같이 말한다.[3] "나는 이 두 장에서 개진된 주요 명제—충분히 정당화된다고 내가 생각하는 명제—를 회상해본다. 윤리학이 다루는 행위는 행위 일반의 한 부분이기에, 부분에 해당하는 행위를 이해하기에 앞서, 행위 일반이 먼저 해명되어야 한다는 사실에 따라, 그리고 행위 일반을 이해하기 위해서는 먼저 행위의 진화를 이해해야 한다는 사실에 따라, 우리는 다음과 같은 점을 알게 되었다. 즉, 윤리학은 보편적인 행위가 그 마지막 두 단계의 진화 과정에서 취하고 있는 바로 그 형태를 주제적 물음으로 삼아야 한다. 또한 우리는 다음과 같은 결론도 얻게 되었다. 즉, 행위의 진화 과정에서 이 마지막 단계들이란 **최고**[4] 형태의 존재가 그 수의 증가로 인해 자신의 동료들과 점점 더 많은 삶을 함께 살아갈 수밖에 없을 때 보여주는 단계이다. 따라서 이로부터 다음과 같은 결론이 필연적으로

••

3) *Data of Ethics*, Chap. II, 7절 ad fn.
4) 저자 무어의 강조이다.

귀결된다. 즉, 인간 활동은 더욱더 덜 호전적이게 되고 나아가 더욱더 산업적이게 됨에 따라 서로에 대해 해악을 입히거나 방해가 될 필연성이 없게 되고, 반면에 서로 공존하면서 협동과 상호 협조를 통해 발전하게 됨에 비례해서, **행위는 윤리적 제재를 필요로 한다는 결론이 도출되었다.**[5]

"우리가 곧 살펴보게 될 진화론적 가설의 이러한 함의는 그렇지 않았다면 인류가 도달했을 주도적인 도덕적 이념과 잘 조화를 이루고 있다."

그런데 마지막 문장을 엄밀하게 검토하게 되면—즉, 이 문장 앞의 명제들이 바로 진화론적 가설이 **함의하는** 의미라고 스펜서가 정말 생각했다면 — 의심의 여지없이 스펜서는 자연주의 오류를 범하고 있다고 하겠다. 진화론적 가설이 우리에게 말하는 바는 단지 어떤 종류의 행위는 다른 종류의 행위에 비해 더 진화했다는 사실뿐이다. 그리고 실제로 스펜서가 관련된 두 장에서 입증하고자 시도한 바는 단지 이것뿐이다. 그러나 그는 진화론이 입증한 것 중 한 가지를 우리에게 말해주는데, 그것은 행위가 어떤 특징을 지니느냐에 비례하여 **윤리적 제재를 얻게 된다**는 점이다. 즉, 그가 입증하고자 노력한 것은 단지 행위가 이러한 특징을 지니는 것에 비례하여 그만큼 **더 진화한다**는 것이다. 따라서 스펜서는 윤리적 제재를 얻는 것과 진화하는 것을 **동일하게 여기고** 있음이 분명하다. 엄밀히 말해 이는 그의 말에서 얻어지는 결론이다. 그러나 스펜서는 언어를 아주 느슨하게 사용하고 있다. 왜냐하면 우리가 지금 곧 알게 되겠지만, 그는 여기서 암묵적으로 받아들이고 있는 입장이 잘못되었다고 주장하는 것처럼 보이기 때문

⋮

5) 저자 무어의 강조이다.

이다. 그러므로 우리는 '더 선한'이라는 개념은 단지 '더 진화된'을 의미하며, **그렇기 때문에** '더 진화된' 것이 곧 '더 선한' 것이라는 입장을 스펜서의 확고한 입장으로 간주해서는 안 된다. 그러나 스펜서가 이러한 입장의 영향을 받았기에, 자연주의 오류의 영향도 받았다고 말하는 것은 정당하다. 이러한 영향을 받았다고 가정할 경우에만, 그가 정말 입증해놓은 것과 실제로는 증명하고자 아무런 시도를 하지 않았으면서 단지 입증해놓았다고 말한 것—즉, 더 진화된 행위가 더 선한 것이다—을 혼동하고 있음을 우리는 온전하게 설명할 수 있다. '윤리적 제재'가 '진화'에 비례한다거나 오직 '최고' 형태의 존재만이 최고의 진화된 행위를 지닌다는 것을 입증하기 위한 시도를 찾으려고 해봐야, 그것은 아무 소용이 없는 헛된 일이다. 그럼에도 불구하고 스펜서는 사실이 이러하다는 결론을 내리고 있다. 그는 이러한 명제들은 그냥 받아들일 수 없고 굉장히 많은 증명이 필요하다는 것을 충분히 인식하지 못하고 있었다고 보는 것은 별 무리가 없는 공평한 처사이다. '더 진화된' 것과 '더 고차원적인' 혹은 '더 선한' 것은 전혀 별개의 것이다. 물론 더 진화된 것이 또한 더 고차원적이고 더 선할 수 있는 것은 얼마든지 가능하다. 하지만 스펜서는 그 어떤 의미로도 전자를 주장하는 것은 후자를 주장하는 것과 동일하지 않다는 것을 제대로 인식하지 못했다. 그는 어떤 종류의 행위가 더 진화했다는 것을 보여주기 위한 논변을 아주 길게 설명한 다음, 이에 비례하여 그러한 종류의 행위가 윤리적 제재를 얻게 되었다고 우리에게 말한다. 하지만 그는 자신이 이러한 증명에서 가장 본질적인 중간 단계를 생략하고 논리적 비약을 하고 있다는 것에 대해서는 아무런 경고도 하지 않았다. 확실히 이것은, 그가 이러한 단계가 얼마나 본질적인지를 알아채지 못하고 있음을 말해주는 충분한 증거가 된다.

**32.**

스펜서 자신의 잘못이 어느 정도인지의 물음과 상관없이, 지금까지 논의해온 것만으로도 '진화'를 토대로 윤리를 확립하고자 노력하는 사람들이 일관적으로 범하는 오류가 어떤 종류인지를 우리는 충분히 알게 되었으리라 짐작한다. 그러나 이와 더불어 성급하게 말하지 않을 수 없는 또 한 가지 사실은, 스펜서가 다른 곳에서 아주 강력히 옹호하는 입장은 이와 전혀 다르다는 점이다. 스펜서를 불공평하게 다루었다는 오해를 피하기 위해서는 이 입장을 간략하게 다루는 것이 큰 도움이 될 것이다. 이러한 입장과 앞서 서술된 '진화론적' 입장이 어떤 관계에 있는지에 관해 스펜서는 명확한 태도를 보이지 않기 때문에, 그리고 또 이 입장에서도 그는 자연주의 오류의 영향을 받고 있다고 의심할 만한 이유가 있기 때문에, 이러한 간단한 논의는 시사하는 바가 클 것이다.

자신의 책 2장 마지막에서 스펜서는 행위의 어떤 특징이 윤리적 가치를 평가하는 척도가 된다는 점을 이미 입증했다고 공언하는 것처럼 보인다는 점을 우리는 이미 살펴보았다. 그는 단지 행위의 진화를 고찰하는 것만으로 이를 입증했다고 생각하는 듯이 보인다. 하지만 '더 진화된'이라는 개념은 '윤리적으로 더 선한'과 단순 동의어임을 우리가 받아들이지 않는 한, 확실히 그는 그 어떤 증명도 제시한 바 없다. 그는 자신의 결론이, "사람들이 다른 방법을 통해 갖게 된 주도적인 도덕관념과 아주 잘 부합한다."는 것을 보여줌으로써 이러한 자신의 결론을 **확증하고 있다**고 지금 약속하고 있다. 그러나 그의 책 3장으로 넘어가게 되면, 우리는 그가 실제로 논의하는 바가 전혀 다르다는 것을 발견하게 된다. 그는 3장에서, "행위는 그 진화 정도에 비례하여 더 선하게 된다."는 결론을 확립하기 위해서는 전혀 새로운 증명이 필요하다고 주장한다. 이렇게 되면, 우리가 지금까지 들어보지 못한 전혀 새로운 명제가 참임이 입증되지 않으면—즉, 생명은 전체적으로 **쾌락적**이라는 명제가 참이 아니라면— 앞서의 결론은 **거짓**이 되고 만다. '주도적인 도덕관념'을 지지한다고 그가 주장하는 윤리적 명제는 "여분의 유쾌한 감정을 낳느냐 낳지 않느냐에 따라 생명은 선하게 혹은 악하게 된다."(10절)라는 주장임이 판명 나고 말았다. 이렇게 되면 이제 더 이상 스펜서는 윤리학에서 진화론자가 아니라 쾌락주의자가 되고 만다. 진화가 이루어졌다는 이유로 어떤 행위가 더 선하게 되었다고 말할 수 없기 때문이다. 진화의 정도는 기껏해야 윤리적 가치를 평가하는 하나의 기준일 따름이다. 그것도 진화되면 될수록, 전체적으로 더 쾌락적이 된다는, 입증하기가 극도로 어려운 일반화를 증명하는 오직 그 경우에만 진화의 정도가 하나의 기준이 될 따름이다. 여기서 스펜서는 '더 선한'과 '더 진화된'은 동의어라는 자연주의적 동일화를 부정하고 있음이 분명하다. 그러나 여전히 그는 또 다른 종류의 자연주의적 동일화의 영향을 받고 있다. 즉, 그는 '선'을 '쾌락적'이라는 것과 동일시한다. 따라서 스펜서는 자연주의적 쾌락주의자라고 말할 수 있다.

**33.**

스펜서 자신의 언급을 검토해보자. "자신 혹은 다른 사람들의 생명에 도움이 되는 행위를 선이라고, 그리고 개별적이든 일반적이든, 직간접적으로 죽음을 낳는 경향이 있는 행위를 악이라고 **우리가 부른다.**"(9절)는 점을 보여주기 위한 시도로 그는 제3장을 시작한다. 그런 다음 그는 이렇게 우리가 부르는 데는 "어떤 가정이 전제되어 있는가?"라고 묻는다. 이 물음에 대해 그는 '그렇다'고 하면서 이렇게 주장한다. "모든 도덕적 평가의 밑바탕에는 아주 중요한 하나의 가정이 전제되어 있다. 윤리학적 논의를 시작하기 전에 분명하게 묻고 대답해야 할 물음은 최근에 아주 큰 물의를 일으키는 문제로 다음과 같다. 즉, 생명은 살 만한 가치가 있는가? 우리는 염세주의적 입장을 취할 것인가? 아니면 낙관주의적 입장을 취할 것인가? … 행위의 선과 악에 관한 모든 결정은 이 물음에 대한 대답에 달려 있다." 그러나 스펜서는 즉각적으로 이 물음에 대한 답을 내리고자 시도하지는 않았다. 그 대신 그는 또 다른 질문을 다음과 같이 던진다. "그러면 화해할 수 없는 이러한 입장들[염세주의와 낙관주의]은 공통적인 그 무엇을 지니고 있는가?" 이 물음에 대해서 그는 다음과 같이 즉각적으로 대답한다. "그렇다. 염세주의자와 낙관주의자 모두가 동의하는 하나의 전제가 있다. 생명은 여분의 유쾌한 감정을 산출하느냐 그렇지 않느냐에 따라 선하게 되거나 악하게 된다는 명제는 자명하다고 이들의 논변은 전제하고 있다."(10절) 3장의 나머지는 모두 이 명제를 옹호하는 데 바치고 있다. 그리고 3장 마지막에서 스펜서는 자신의 결론을 다음과 같은 말로 정식화한다. "감사, 즐거움, 행복 등 그 이름이 무엇이든 간에, 바람직한 감정 상태를 궁극적인 도덕적 목적으로 당연하게 받아들이지 않는 학파는 없다. 어떤 장소, 어떤 때, 어떤 사람(한 사람이든 둘 이상의 사람이든)의 경우이든 막론하고, 쾌락은 이러한 입장에서 떼어놓을 수 없는 본질적 요소이다."(16절 마지막)

그런데 이 모든 것에 관해 나는 두 가지 점에 주의를 기울여야 한다는 점을 꼭 지적하고 싶다. 첫째, 결국 스펜서는 윤리 이론에서 쾌락과 진화 관계에 대해 어떤 입장을 취하고 있는지를 우리에게 명확하게 말해준 바가 없다. 그는 분명 쾌락이 본래적으로 바람직한 **유일한** 것이라고 주장한다. 선한 다른 것들은 쾌락을 산출하는 수단이라는 의미에서만 '선'하다고 말할 수 있다. 쾌락이 '도덕의 유일한 궁극적인 목적'—나중에(62절 마지막) 그는 '궁극적인 유일한 최고 목적'이라고 말하기도 했다—이라고 주장할 때 그가 의미하는 바는 이것 말고 다른 뜻일 수 없다. 만약 이것이 사실이라면, 오직 더 진화된 행위가 더 많은 쾌락을 가져다주기 때문에, 그리고 그에 비례하여 덜 진화된 행위보다 더 선하게 된다는 결론이 얻어진다. 그러나 스펜서는 더 진화된 행위가 더 선하다는 것을 입증하기 위해서는 두 조건을 함께 고려하는 것만으로도 **충분하다**고 말한다. (1) 더 진화된 행위가 더 많은 생명을 산출하는 경향을 지니고 있다. (2) 생명은 살 만한 가치가 있거나 아니면 고통을 뺀 순 쾌락을 생명이 지니고 있다. 여기서 내가 강조하고자 하는 바는 다음과 같다. 즉, 이 두 조건으로 충분하다면, 쾌락은 유일한 선이 될 수 없다. 왜냐하면 스펜서의 두 번째 명제가 참이라면, 더 많은 생명을 산출함은 더 많은 쾌락을 산출하는 **한 가지 방식**임이 분명하지만, 그렇다고 해서 이것이 더 많은 쾌락을 산출하는 유일한 길은 아니기 때문이다. 조그만 양의 생명도, 더 높은 강도를 지닐 뿐 아니라 그러한 강도를 지금까지 일관되게 유지하고 있다면, 단지 '살 만한 가치가 있는' 가능한 최고 양의 생명보다 더 많은 양의 쾌락을 산출할 수 있는 일은 얼마든지 가능하다. 쾌락만이 살 만한 가치를 지닌 유일한 것이라는 쾌락주의 전제를 기준으로 한다면, 이러한 경우 우리는 더 적은 양의 생명을 선호해야 한다. 따라서 스펜서가 진정한 쾌락주의자라면, 생명이 고통을 뺀 순 쾌락을 낳는다는 사실은, 그가 생각했던 것처럼, 더 진화된 행위가 더 선하다는 주장을 증명하는 데 있어서 충분하지 않게 된다. 스펜서가 이 사실은 충분하다고 우리를 이해시키려고 한다면, 쾌락에 관한 그의 입장은 다음과 같이 바뀌게 된다. 즉, 쾌락은 유일한 선 내지 '궁극적인 최고 목적'인 것이 아니라, 고통을 뺀 순 쾌락이 최고 목적을 구성하는 필수적인 요소이다. 간단히 말해 스펜서는 **오직** 더 많은 생명이 고통을 뺀 순 쾌락을 산출하기만 하면, 더 많은 생명이 더 적은 생명보다 결정적으로 더 선하다고 주장하는 것처럼 보인다. 하지만 이러한 주장은 쾌락이 '궁극적 인 유일한 도덕적 목적'이라는 입장과는 모순된다. 스펜서는 두 생명이 동 일한 양의 쾌락을 산출한다 해도, 더 큰 생명이 더 적은 생명보다 선호된 다는 생각을 떨쳐버리지 못하고 있다. 만약 이것이 사실이라면, 그는 생명 의 양이나 진화의 정도가 그 자체로 가치의 궁극적 조건이라는 주장을 하 고 있음에 틀림없다. 그러므로 그가 쾌락주의 명제―더 쾌락적인 것은 단 지 더 쾌락적이라는 그 한 가지 이유로 더 선하다는 입장―와 더불어 진 화론적 입장―더 진화된 것은 단지 더 진화되었다는 그 한 가지 이유로 더 선하다는 입장―을 여전히 견지하고 있지 않나 하는 의심을 우리는 지 울 수 없다.

그러나 우리가 해야 하는 두 번째 물음은 다음과 같다. 스펜서는 어떤 이유에서 쾌락에 대해 그가 실제로 취하는 그러한 태도를 취하고 있는가? 우리가 이미 본 바와 같이, 그는 염세주의자와 낙관주의자의 '논변' 모두가 "생명은 여분의 유쾌한 감정을 산출하느냐 그렇지 않느냐에 따라 선이 되 기도 하고 악이 되기도 한다."는 전제를 자명한 것으로 받아들이고 있다고 말한다. 나중에 가서 이를 좀 더 개선시켜 그는 이렇게 말한다. "이러저러 한 형태의 염세주의자와 낙관주의자―명시적으로 자인했거나 아니면 암 묵적으로 인정했든지―를 모두 합하면 곧 모든 사람이 되기 때문에, 이러 한 전제는 보편적으로 받아들여지고 있다는 결론이 얻어진다."(16절) 이러 한 진술들이 완전히 거짓임은 아주 명백하다. 그러면 스펜서는 이러한 주 장이 참이라고 생각했는가? 더 중요한 물음(스펜서는 이 물음을 위의 물음과 명확하게 구분하지 못했다.)은 다음과 같다. 왜 그는 그 전제 자체가 참이라고 생각했는가? 스펜서 자신이 우리에게 말한 '증명'은 다음과 같다. 즉, 선과 악이라는 두 단어를 뒤바꾸어 적용하는 것―풀어서 말해, 그 '총 결과'가 고통스러운 행위에 대해 '선'의 개념을, 그리고 그 '총 결과'가 쾌락적인 행위에 대해 '악'의 개념을 적용하는 것―은 '터무니없는 결과를 낳는다.' (16절) 하지만 그는 '선'이라는 **용어가 의미하는** 속성이 고통스러운 결과에 진짜로 적용된다고 생각하는 것이 터무니없기 때문에 그렇다고 보는지 그 여부에 대해서는 아무런 말도 하지 않고 있다. 하지만 그가 이러한 말을 했다고 가정해도, 그리고 정말로 터무니없는 불합리가 일어난다고 가정해도, 그는 단지 고통스러운 것은 **지금까지** 악하다고 여겨져 왔으며, 또 쾌락적인 것은 **지금까지** 선하다고 여겨져 왔다는 사실만을 입증할 따름이다. 이는 쾌락이 최고 목적이라는 명제를 전혀 입증하지 않는다. 하지만 스펜서가 말하고자 하는 바의 일부는 자연주의 오류에 해당한다고 생각할 이유는 충분히 있다. 즉, 그는 '쾌락적인' 혹은 '쾌락을 산출하는' 등을 '선'이라는 용어의 바로 그 의미로 생각했다. 이러한 생각으로 인해 '터무니없는 불합리함'이 발생한다. 아무튼 그는, '선'은 정의할 수 없는 독특한 속성을 지시한다는 것을 받아들이는 의미와 이러한 의미를 구분하지 못했다는 것은 확실하다. 엄격하게 말해, 자연주의적 쾌락주의 입론이 그의 다음과 같은 진술 속에 참으로 함의되어 있다. 즉, 그는 '덕'은 '행복이라는 용어 외의 다른 용어로는 **정의될** 수 없다.'고 말한다.(13절) 내가 위에서 언급했듯이, 우리는 스펜서의 말을 어떤 특정의 의미를 밝혀주는 중요한 단서로 주장할 수는 없다. 왜냐하면 그는 대체로 모순적인 몇 가지 대안을 말로 표현하고 있기 때문이다. 이 경우 자연주의 오류가 그런 모순적인 대안이라고 하겠다. 쾌락은 최고 목적일 뿐만 아니라, 또 그렇게 보편적으로 인정되고 있다는 자신의 주장을 옹호하기 위해 스펜서가 제시한 이 이상의 이유를 찾는 일이 분명 불가능하다. 그는 선한 행위는 쾌락을 산출하는 것을, 그리고 악한 행위는 고통을 산출하는 것을 의미함에 틀림없다는 입장을 시종일관 가정한다. 따라서 그가 쾌락주의자인 한, 그는 자연주의적 쾌락주의자로 볼 수 있다.

스펜서에 관한 논의는 이 정도로 하자. 물론 윤리학에 관한 그의 논의는 흥미롭고도 교훈적인 많은 주장을 포함하고 있다. 하지만 스펜서가 아주 분명하게, 그리고 아주 자주 의식하고 있었던 주된 입장은 다음과 같다. 쾌락만이 유일한 선이고, 진화의 방향을 고려하는 것은 선을 가장 많이 얻을 수 있는 방법이 무엇인지를 판가름해주는 지금까지의 기준 가운데 최선의 **기준**이다. 쾌락의 양은 진화의 양과 항상 정비례하고, 또 어떤 행위가 더 진화했는지는 아주 명백하다는 입장을 그가 확립해주었다면, 그의 이론은 사회학의 발전에 아주 가치 있는 큰 도움이 될 것이다. 심지어 쾌락이 유일한 선이라면, 그의 이론은 윤리학에도 아주 가치 있는 기여를 할 것이다. 그러나 앞서의 논의는 다음과 같은 점을 아주 명백하게 드러내 보여준다. 즉, 윤리 철학자에게 우리가 바라는 바가 단순히 소위 '과학에 토대를 둔' 윤리학이 아니라 과학적이고도 체계적인 윤리학이라면, 그리고 우리가 바라는 바가 윤리학의 근본 원칙에 관한 명쾌한 논의와 어떤 하나의 행위가 다른 행위에 비해 더 선하다고 간주되는 궁극적 이유에 관한 진술이라면, 스펜서의 『윤리학 데이터(*Data of Ethics*)』는 이러한 요구를 만족시키는 데 턱없이 부족하다.

## 34.

아직 한 가지 과제가 더 남았는데, 그것은 진화와 윤리학의 관계에 관해 현재 통설로 받아들여지는 입장이 명백하게 범하는 오류가 무엇인지를 명쾌하게 밝히는 일이다. 스펜서가 이러한 입장을 널리 퍼뜨리는 데 얼마나 많은 기여를 했는지의 물음에 대해서 우리는 확실하게 대답할 수는 없다. 나는 여기서 '진화론적 윤리학'이라는 용어를, 우리가 마땅히 가야만 하는 방향이 어느 쪽인지 알고자 하면 반드시 진화의 경향성을 고찰할 필요가 있다는 입장에 한정하여 사용하고자 한다. 이러한 입장은 이와 일반적으로 혼동되고 있는 몇몇 다른 입장과 세심하게 구분할 필요가 있다. (1) 예를 들어 생명체가 지금까지 발전해온 방향은 사실 진보의 방향이기도 하다는 주장이 있다. 더 진화된 것이 역시 실제로 더 선한 것이라고 주장하기도 한다. 이러한 입장에는 아무런 오류도 포함되어 있지 않다. 그러나 이러한 입장이 미래에 우리가 어떻게 행동해야 하는가에 관한 어떤 안내 지침을 제시하고자 한다면, 더 진화된 것의 우월성이 나타나기 시작한 정확한 지점이 어디인가에 관한 길고도 험난한 탐구가 필요하게 된다. **전체적으로** 진화가 진보이기 때문에, 더 진화된 것이 덜 진화된 것과 구별되어 나온 모든 지점이 곧 더 진화된 것이 그렇지 않은 것에 비해 더 나은 지점이 된다고 우리는 추정할 수는 없다. 그러므로 이러한 입장에 따를 경우, 우리가 추구해야 하는 과정이 무엇인지에 관한 온전한 정보를 얻고자 한다면, 진화의 과정에 대한 이런 단순한 고찰만으로는 충분하지 않다. 진화가 낳은 서로 다른 여러 결과를 정확하게 평가하고자 한다면—즉, 더 가치 있는 것과 덜 가치 있는 것을 구분하고, 또 이 둘과 단지 이의 원인에 불과한 것이나 이보다 훨씬 더 못한 것을 구분하고자 한다면— 우리는 엄격한 윤리학적 논의라고 할 수 있는 모든 자료를 활용해야 할 것이다.

이러한 입장—진화는 **전체적으로** 진보를 낳는다는 것이 이러한 입장이 주장하는 바의 전부라면—에 따를 경우, 진화론이 윤리학에 어떤 도움을 줄 수 있는지를 보여주는 것은 사실 어려운 일이다. 진화는 진보를 낳았다는 판단 자체는 독립적인 윤리 판단이다. 그리고 이 판단이 논리적으로 의존하고 있는 다른 모든 세부 판단보다 이러한 근본 판단을 더 확실하고 더 명백한 것으로 받아들인다 해도, 우리는 세부 사항을 추론해낼 수 있는 자료로 이러한 판단을 활용할 수는 없을 것이다. 아무튼 이것이 진화와 윤리학 사이에 존재한다고 주장되는 관계의 전부라면, 윤리학에 대해 진화가 지니는 의의가 무엇인가에 관해, 우리가 실제로 요구해온 그러한 중요성을 우리는 진화에 부여할 수 없을 것이다. (2) 내가 말했듯이, 스펜서의 주된 입장이라고 여겨져 온 견해 역시 오류 없이 얼마든지 주장될 수 있다. 더 진화된 것은, 그 자체로 더 선한 것은 아니지만, 항상 동시에 이 둘이 일어나고 있기 때문에, 더 선한 것을 가늠하는 한 가지 **기준**이라고 우리는 주장할 수 있다. 그러나 이러한 입장 역시 "무엇이 더 선한가?"라는 근본적인 윤리적 물음에 관한 예비적 고찰—이는 진액을 모두 쏟아부어야 하는 엄청난 작업이다—을 필요로 한다. 내가 이미 지적했듯이, 스펜서는 쾌락은 유일한 선이라는 자기 주장을 옹호하는 데 있어서 이러한 논의를 전혀 다루지 않았다. 우리가 이러한 논의를 시도한다면, 우리는 결코 그런 단순한 결론에 도달하지 못할 것이라는 점을 나는 지금 보여주고자 한다. 선이 아무리 단순하지 않다 하더라도, 진화가 선의 한 가지 기준이라는 점을 우리는 결코 찾아낼 수 없을 것이다. 우리는 꽤 복잡하게 얽혀 있는 두 종류의 데이터 집합이 어떤 관계를 맺고 있는지를 알아내어야 한다. 게다가 선한 것들이 무엇인지, 그리고 그러한 것들의 비교 가치가 무엇인지의 물음을 해결했다고 해도, 어떻게 최대의 선을 얻을 것인가를 가늠하는 하나의 기준으로 진화를 받아들일 필요가 있다고는 전혀 생각하지 않을 것 같다. 또다시, 이것이 만일 진화와 윤리학 사이에 존재한다고 생각되는 관계의 전부라면, 윤리학에서 중요하게 여겨지고 있는 것을 진화론에 부여하는 것은 생각하기조차 힘들 정도로 그 정당화가 어려울 것이라는 점은 아주 분명하다. 마지막으로 (3) 진화가 우리 노력의 어떤 결과가 최선인지를 밝혀주는 데 아무런 도움이 되지 않는다 할지라도, 진화는 어떤 것을 얻는 것이 **가능한지**를, 그리고 그러한 것을 얻는 데 무엇이 수단으로 도움이 되는지를 찾아내는 데 어떤 도움을 준다는 주장이 가능하다. 진화론이 이러한 방식으로 윤리학에 도움을 줄 수 있다는 점은 부인하기 어렵다. 그러나 이처럼 명확하게, 그리고 배타적으로 진화론에 부여되고 있는 아주 사소한, 보조적인 의의를 찾아내는 일조차 확실히 보통의 일이 아니다. 진화와 윤리학의 관계에 관해 오류가 전혀 없는 이런 입장들은 이 양자의 관계에 대해 아주 적은 중요성만을 부여하고 있다는 단순한 사실 속에서, 우리는 진화와 윤리학을 묶어주는 전형적인 입장들이 오류를 범하고 있는 입장—이런 입장에 한정해서만 나는 '진화론적 윤리학'이라는 이름을 붙이고자 한다—이라는 증거를 발견하게 된다. 이는, 진화의 방향이라는 단순한 **이유로** 우리는 그러한 진화의 방향으로 달려가야만 한다고 주장하는 입장이다. 자연의 힘이 그러한 방향으로 작용하고 있다는 주장이 곧 그러한 방향이 옳은 방향이라는 전제로 간주되고 있다. 내가 곧 다루게 될 형이상학적 입장과 별도로, 이러한 입장 역시 명백히 오류를 범하고 있다. 나는 지금까지 이를 보여주고자 노력했다. 왜냐하면 이러한 입장은, 어쨌든 선은 단지 자연이 작용하고 있는 편을 의미할 따름이라는 혼동된 신념에 그 토대를 두고 있기 때문이다. 그리고 이는, 진화에 관한 스펜서의 전체 논의에 아주 두드러지게 나타나는 또 다른 혼동된 신념과도 관련되어 있다.

왜냐하면 과연 진화는 자연의 힘이 작용하고 있는 편인가라는 의심이 들기 때문이다. 스펜서가 진화라는 개념에 부여한 의미에 따르면, 그리고 더 진화된 것이 더 고차원적이라는 것이 하나의 사실로 당연하게 여겨지고 있는 그런 의미에 따르면, 진화는 단지 **일시적인** 역사적 과정만을 지시할 따름이다. 사물이 미래에도 영구히 진화를 계속할 것이라고, 혹은 사물이 과거에 항상 진화를 했다고 믿을 아주 사소한 이유도 존재하지 않는다. 왜냐하면 이러한 의미에서 진화는 중력의 법칙과 같은 자연법칙을 뜻하지 않기 때문이다. 다윈의 자연선택 이론은 참으로 자연법칙을 진술한다. 즉, 다윈 이론은 어떤 조건이 주어지면 어떤 결과가 항상 발생할 것이라고 말한다. 그러나 스펜서가 이해하는, 그리고 일상적으로 우리가 이해하는 진화는 이와는 전혀 다른 의미를 지닌다. 즉, 진화는 단지 주어진 특정 시간에 실제로 일어난 과정만을 말해줄 따름이다. 이러한 과정이 일어나는 이유는 그 시간의 초기 조건이 우연히 그러한 본성을 지녔기 때문이다. 그러한 조건이 항상 주어질 것이라고, 혹은 그러한 조건이 항상 주어졌다고 가정할 수는 없다. 이는 단지 자연법칙에 따라 다른 조건이 아니라 바로 이러한 조건들로부터 귀결될 수밖에 없는 과정이다. 이 과정이 전체적으로 진보인 것처럼 보인다. 정확히 동일한 자연법칙—예를 들어 다윈의 법칙—도 다른 조건하에서는 진화—하등 생명체에서 고등 생명체에로의 발달—가 아니라, 퇴화라고 불리는 그 반대 과정을 불가피하게 만들어내었을 것이다. 그러나 스펜서는 인류의 진화에 예시된 그러한 과정이 자연의 보편타당한 법칙처럼 절대적 필연성을 지니는 것처럼 일관되게 말하고 있다. 이에 반하여, 우리에게는 이를 믿을 하등의 이유가 없으며, 이는 단지 보편타당한 어떤 자연법칙이 존재하고, 뿐만 아니라 그 시간에 특정의 자연 상황이라는 요구 조건이 성립하는 경우에만 발생하는 일시적인 우연에 불과하다.

단지 물질과 관련된 법칙들은 확실히 다른 상황하에서는 인류의 발전이 아니라 인류의 멸절을 가져오게 만드는 그러한 법칙이다. 그리고 상황은 앞으로의 발전에 항상 우호적이라고, 혹은 자연은 항상 진화 편으로 작용한다고 믿을 그 어떤 이유도 존재하지 않는다. 따라서 진화가 윤리학에 중요한 빛을 비추어주리라는 생각은 이중적인 혼동에 기인한다. 과정 역시 자연법칙을 대표하고 있다는 이유로 우리는 자연법칙과 마찬가지로 과정에 대해서도 존중을 표하고 있다. 그러나 거꾸로 바람직한 이러한 과정이 자연법칙의 하나라는 생각을 버리게 되면, 자연법칙에 대한 우리의 존중도 현격하게 줄어들게 될 것이다. 그러므로 하나의 자연법칙은 존중할 만하다고 가정하는 일은 자연주의 오류를 범하는 꼴이 된다. 하지만 존중할 만한 그 어떤 것이 하나의 자연법칙으로 서술되지 않는다면, 아마 어느 누구도 자연주의 오류를 범하는 유혹에 빠져들지 않을 것이다. 자연이 선의 편에 서 있다고 가정할 아무런 증거가 없음이 명백하게 인정된다면, 그러한 증거가 필요하지 않다는 입장(이 입장은 다른 이유에 근거해서도 거짓임을 얼마든지 입증할 수 있다.)을 주장할 경향성은 아마도 그만큼 더 약해질 것이다. 따라서 잘못된 두 입장이 거짓이라는 사실이 명백하게 밝혀지면, 진화가 윤리학에 대해 거의 아무런 의의도 지니지 않는다는 것이 분명해질 것이다.

**35.**

　몇몇 윤리 이론에 대한 비판으로 나는 이 장을 시작했다. 이러한 이론들은 주로 자연주의 오류—즉, '선'이 의미하는 단순 개념을 다른 개념과 동일시할 때 발생하는 오류—탓으로 영향력 있게 받아들여지고 있다. 이러한 이론들은 무엇이 그 자체로 선한가에 대해 우리에게 대답을 주고 있다고 단언하는 입장들이다. 이들 입장에 대한 나의 비판은 다음 두 가지 방향에서 진행되었다. (1) 하나는 부정적인 결론을 드러내 보여주는 일이다. 즉, 이들 이론이 유일한 선이라고 단언적으로 주장하고 있는 것이 실제로 그러하다고 생각할 이유가 전혀 없다. (2) 다른 하나는 이미 1장에서 확립한 긍정적 결론을 더 깊게 보여주는 일이다. 즉, 윤리학의 근본 원칙은 어떤 것이 '본래적 가치' 혹은 '선'이라고 불리는 단순하고 분석 불가능한 속성을 지니는지, 그리고 어느 정도 지니는지를 표명해주는 종합 **명제**이어야 한다. 그래서 이 장은 (1) 비판의 대상이 되는 입장을 (a) 선은 초감각적인 실재에 의해 정의된다고 가정하면서, 유일한 선은 그러한 실재에서 발견되어야 한다는 결론을 내리는 입장, 즉 '형이상학적'이라고 불리는 입장과 (b) 유사한 주장을 자연적 대상에 부여하는 입장, 즉 '자연주의적'이라고 불리는 입장 둘로 나누는 것에서 시작했다. 자연주의 입장 가운데, '쾌락'을 유일한 선으로 간주하는 입장은 가장 철저하게, 그리고 아주 중요하게 다루어지고 있기에 그 논의를 3장으로 보류했다. 다른 형태의 모든 자연주의는 전형적인 예를 취해서 먼저 논박했다.(24-26) (2) 쾌락주의 외의 다른 자연주의 입장들에 전형적으로 드러나는 것으로서, 요즈음 대중적인 인기를 끌고 있는 무엇이 '자연적'인가의 물음을 처음으로 다루었다. '자연적'이라는 용어는 '정상적인' 혹은 '필수적인'을 의미한다는 점을 지적한 다음, '정상적인' 것이나 '필수적인' 것 둘 다 항상 선하거나 혹은 선한 것으로 진지하게 간주될 수 없음을 밝혔다.(27-28) (3) 체계화가 가능하다는 이유로 이보다 더 중요한 형태로 여겨지는 '진화론적 윤리학'도 있다. '더 선한'은 '더 진화된'을 의미한다고 주장하는 이러한 입장—이는 오류를 범하고 있다—의 영향에 대해서는 스펜서의 윤리학을 예로 들어 자세하게 설명했다. 그리고 이러한 입장의 영향이 없었다면, 진화는 윤리학에 아무런 중요한 의의를 지녔다고 여겨지지도 않았다는 점 역시 우리는 주목해야 한다.(29-34)

# 제3장

## 쾌락주의

## 36.

이 장에서는 지금까지 전개된 모든 윤리 원칙 가운데 아마도 가장 유명하고 가장 광범위한 지지를 받는 원칙, 즉 쾌락 이외에는 그 어떤 것도 선하지 않다는 원칙을 주장하는 쾌락주의(Hedonism)를 다루고자 한다. 지금에 와서야 비로소 이 원칙을 다루는 주된 이유는, 이미 언급했듯이, 쾌락주의는 대개 자연주의 윤리설의 한 형태로 취급되기 때문이다. 달리 말해 쾌락이 유일한 선이라는 입장이 일반적인 지지를 받아온 이유는 거의 전적으로 '선(good)'의 정의에 이미 쾌락이 어느 정도 내포되어 있는 것처럼 보인다는 사실에 의존하고 있다. 즉, 우리는 선 개념의 의미를 쾌락이란 용어를 사용하여 정의하곤 한다. 만약 이것이 사실이라면 쾌락주의가 널리 유행하는 것은 앞서 내가 말한 자연주의 오류에 주로 기인하고 있다고 하겠다. 자연주의 오류란, 선이란 아주 독특한 속성이어서 그 의미를 결코 정의할 수 없다는 사실을 분명하게 구분하지 못하기 때문에 발생하는 오류를 말한다. 그리고 실제로 그러하기 때문에, 지금까지의 모든 쾌락주의 옹호자 가운데 오직 시지윅 교수만이 선이란 개념은 그 의미를 분석할 수 없는 속성이라는 점을 깨달은 유일한 철학자라고 주장할 수 있는 아주 강한 증거를 우리는 이 사실에서 확보하게 된다. 참으로 시지윅 교수는 이를 분명히 깨달았기 때문에, 쾌락주의가 참이라면, 그렇게 주장하는 이유는 오직 자명성(self-evidence)에 그 토대를 둘 수밖에 없다고 강조하는 데까지 이르게 되었다. 즉, 그는 우리는 단지 **직관**[1]에 호소하여서만 쾌락이 유일한 선이라고 주장할 수 있을 따름이라고 역설했다. 시지윅 교수에게는 소위 직관주의(Intuitionism) 방법이 그가 대안으로 제안하는 공리주의 및 이기주의 방법 못지않게 그 토대가 타당하다는 점은 하나의 새로운 발견인 것처럼 보였다. 참으로 이것이 새로운 발견임을 우리는 부인할 수 없을 것이다. 왜냐하면 쾌락주의의 토대가 되는 근본 명제는 "쾌락이라는 주어에 직접 술어로 귀속될 수 있는 독특한 속성은 오직 존재하는 것들 가운데서만 찾을 수 있다."는 전제를 함의한다는 사실을 분명하게 깨닫고 일관되게 주장한 자를 우리는 이전의 쾌락주의자들 가운데서는 결코 발견할 수 없기 때문이다. 즉, 만약 이 사실을 깨달았다면 결코 간과하지 않았을 텐데, 시지윅 이전 쾌락주의자들은 이 깨달음이 다른 깨달음과 얼마나 전적으로 다른지를 강조하지 않았기 때문이다.

∴

1) [역자 주] 영어 intuition은 여러 책에서 직각(直覺)으로 번역되곤 했다. 물론 감각지를 중요하게 간주할 경우 직각이라는 용어도 적절하나, 윤리 원칙의 경우 감각지라기보다는 이성지이기 때문에 이를 역자는 직관(直觀)으로 번역하고자 한다. 그래서 intuitionism도 직각주의가 아니라 직관주의로 번역했다. 그리고 의미 전달에 문제가 없는 경우, 가급적 '적(的)'이라는 접미사를 생략하고자 한다. 예를 들어 naturalistic fallacy도 '자연주의적 오류'가 아니라 '자연주의 오류'로 번역하였다.

하지만 쾌락주의 배후에 전제된 이러한 함의를 의식적으로 자각하지 못한 채 쾌락에 이와 같은 독특한 지위를 어떻게 부여하게 되었는지를 아는 것은 쉬운 일이다. 왜냐하면 윤리학을 반성적으로 고찰하기 시작하는 자라면 누구든지 자연스럽게 도달하는 첫 번째 결론이 바로 쾌락주의임을 믿을 만한 충분하고도 명백한 이유가 존재하기 때문이다. 즉, 사물이나 사태에 대해 우리가 즐거워하고 있다는 사실에 주목하는 것은 아주 쉬운 일이다. 실제로 우리가 일관되게 직접 주목하는 두 종류의 사물이나 사태를 든다면, 그것은 바로 즐거워하는 것과 즐거워하지 않는 것이라고 말할 수 있다. 하지만 이에 비해 어떤 것에 대해 **시인한다**(approve)는 사실과 그것으로 인해 우리가 즐거워한다는 사실을 우리가 구분하기란 상대적으로 훨씬 더 어렵다. 우리 마음의 두 심리 상태에 주목한다면 비록 이 둘이 대개 함께한다 할지라도, 이 둘이 서로 다르다는 사실을 반드시 깨달아야 함에도 불구하고, **어떤 측면에서** 이 둘이 서로 다른지 혹은 아주 두드러진 다른 차이점에 비해 그 차이가 윤리 이론과 관련하여 얼마나 더 중요한지를 자각하는 것은 아주 어렵다. 즉, 즐거움과 시인을 구분하여 분석하는 것은 결코 쉬운 일이 아니다. 어떤 대상에 대한 즐거움의 경우에는 이처럼 독특한 사유 대상이 포함되어 있지 않지만, **어떤 대상에 대한 시인은 어떤 속성을**, 즉 윤리학의 고유 영역을 규정하는 속성을 **지닌다고** 느끼면서도, 막상 그러한 시인이 참으로 무엇을 의미하는지에 대해서는 정확하게 알기란 매우 어렵다. 우리가 알고 있는 실수 가운데, 최근 출판된 윤리학 책에서 언급된 다음의 통상적인 실수보다 더 자연스러운 실수는 없을 것이다.[2] 즉, "이미 우리가 앞서 말했듯이, 윤리적으로 고려해야 할 일차적 자료는 어떤

··

2) A. E. Taylor, *Problems of Conduct*, p. 120.

대상이 시인되고 있다거나 비난받고 있다는 사실이다. 달리 말해 어떤 사건을 감각, 지각 혹은 관념의 방식으로 이상적으로 표명하게 되면, 거기에는 언제나 쾌락 내지 고통의 감정이 함께 나타난다." 실제로 일상적인 언어 용법에서는 "나는 이것을 원한다.", "나는 이것을 좋아한다.", "나는 이것에 관심을 갖고 있다." 등의 표현은 언제나 "나는 이것을 선하다고 생각한다."는 문장과 같은 의미로 사용된다. 바로 이러한 용례로 인하여 아주 자연스럽게도, 우리는 윤리 판단에는 '즐거움의 대상(things enjoyed)' 외에는 윤리 고유의 그 어떤 종류의 판단도 존재하지 않는다고 가정하게 된다. 하지만 즐거워하는 것을 우리가 항상 시인하는 것이 아니라는 점은 비록 그렇게 흔하지는 않을지라도 아주 분명한 사실이다. 그리고 "나는 이것을 선하다고 생각한다."라는 명제는 "나는 이것을 즐거워한다."라는 명제와 동치라는 전제에서 "쾌락만이 유일한 선이다."라는 결론이 **논리적으로** 추론될 수 없다는 점 역시 아주 분명하다. 그렇지만 다른 한편으로 이러한 가정으로부터 논리적으로 추론될 수 있는 바가 무엇인지를 정확하게 알아내는 일이 쉽지만은 않기 때문에 앞의 추론이 머리에 떠오르는 것은 아주 **자연스러워** 보인다. 앞서 언급한 명제들이 대상에 대해 공통적으로 말하고자 하는 바가 무엇인지를 조금만 검토해보는 것만으로도, 이러한 추론에서 발견되는 논리적 혼동이 아주 일상적이라는 사실을 보여주기에 충분할 것이다. 게다가 자연주의 오류 자체가 이런 오류를 범하는 자들은 '이것이 선하다.'라는 명제의 의미를 분명하게 인지하지 못하고 있음을 말해준다. 즉, 이들은 이 명제와 이를 빼닮은 다른 명제들을 구분하지 못한다. 물론 이러한 구분을 못하는 경우, 그 논리적 관계를 분명하게 인지하는 일은 불가능하다.

**37.**

그러므로 일반적으로 쾌락주의를 자연주의의 한 유형으로 가정할 만한 충분한 이유가 있다고 하겠다. 즉, 우리는 대개 자연주의 오류로 인해 쾌락주의를 수용하게 된다. 앞에서 언급한 것처럼, 우리가 쾌락주의를 "쾌락 외에는 그 어떤 것도 선하지 않다."라고 정확하게 정의내릴 수 있는 경우란, 오직 자연주의 오류를 인지할 때에만, 다시 말해 '선하다'라는 술어가 그 대상에 대해 갖는 고유한 의미를 분명하게 자각하는 경우뿐이다. 그러므로 쾌락주의라는 제목 아래 이 입론을 지금 비판적으로 고찰하는 나는 이제까지 결코 한 번도 주장된 적이 없는 입론을 공격한다는 반론을 받을 수 있다. 하지만 우리는 자신이 주장하는 입론이 정확히 무엇인지를 분명하게 인지하지 않은 채 그 입론을 주장하는 경우가 비일비재하다. 쾌락주의자들이 쾌락주의를 옹호하는 논변을 전개할 때, 자신들의 논증이 타당하다는 것을 주장하기 위해 내가 앞서 정의한 쾌락주의와는 **다른** 형태의 쾌락주의를 염두에 두고 있다는 점을 인정한다 할지라도, 그들이 이끌어 낸 결론을 얻고자 한다면, 이들 역시 자신들의 머릿속에 자기 나름대로의 쾌락주의 입론을 필연적으로 갖고 있어야 한다. 실제로 "쾌락 외에는 그 어떤 것도 선하지 않다."라는 명제를 논박한다면, 나는 **역사적인**(historical) 쾌락주의를 논박한 셈이 될 것이라는 나의 가정이 정당한 이유는 다음과 같다. 즉, 비록 쾌락주의자들이 내가 제시한 형태로 쾌락주의 원칙을 진술한 바가 거의 없고, 또 이들의 그 어떤 논증으로부터도 이러한 형태의 쾌락주의가 참이라는 점이 확실하게 귀결되지는 않지만, 쾌락주의자들의 윤리학 방법은 이 외의 다른 그 어떤 것으로부터도 논리적으로 얻어지지 않을 것이기 때문이다. 쾌락주의 방법이 없었다면 우리가 알지 못했을 실천적 진리들을 우리들에게 알려주는, 쾌락주의의 이 모든 주장은 고통을 감안하여 최대의 쾌락을 산출하는 행위가 확실히 옳은 행위라는 원칙에 그 토대를 둔다. 고통을 뺀 쾌락의 최대치가 또 다른 (악을 뺀) 선의 최대치와 **항상** 일치한다는 사실이 절대적으로 증명된 것이 아니기 때문에, 이 원칙은 오직 쾌락이 유일한 선인 경우에만 정당화가 가능하다. 그런데 아직도 논쟁 중인 실천적 문제에 대해 쾌락주의자들은 마치 쾌락이 유일한 선인 것처럼 논변을 편다는 점에서 그 두드러진 특색이 드러나고 있다는 사실은 거의 의심의 여지가 없다. 그리고 다른 이유가 아니라 바로 이러한 이유로 이를(쾌락만이 유일한 선이다―역자) 쾌락주의의 윤리 원칙으로 받아들이는 것이 정당화될 수 있다는 점이 이 3장의 전체 논의를 통해 더욱더 명백하게 밝혀지기를 나는 소망한다.

그래서 나는 쾌락주의를 "쾌락만이 그 자체 목적으로 유일한 선이다."라는 입론으로 정의하고자 한다. 여기서 선이란 내가 앞서 정의를 내릴 수 없다고 지적한, 바로 그러한 의미의 선을 말한다. **다른 것들 가운데** 쾌락도 그 자체 목적으로 선하다는 입론은 쾌락주의가 아니다. 하지만 여기서 나는 이 주장이 참이라는 논변을 펴지는 않을 것이다. 또한 쾌락 외에 다른 것이 수단으로서 선이라는 입론은 쾌락주의와 결코 모순되는 것이 아니다. 즉, 쾌락주의자는, 우리가 일반적으로 그러하듯이, 목적 그 자체뿐만 아니라 목적에 대한 수단으로서 선한 것마저 선이란 개념에 포함시켜 "쾌락만이 선하다."라고 주장할 필요까지는 없다. 그러므로 쾌락주의를 공격할 때 나는 단지 "쾌락만이 목적으로 혹은 그 자체로 선하다."라는 입론만을 오직 비판적으로 논박하고자 한다. 하지만 나는 "쾌락이 목적으로 혹은 그 자체로 선하다."는 입론을 공격하지는 않을 것이며, 또한 쾌락이나 그 밖의 목적을 성취하기 위해 우리가 취할 수 있는 최선의 수단이 무엇인가에 관한 그 어떤 입론에 대해서도 반박하지 않을 것이다. 일반적으로 쾌락주의자들 역시 실제적인 선택에서는 내가 권장하는 행위와 아주 흡사한 행위를 권장한다. 따라서 나는 그 실천적 결론에 관해서는 이들과 싸움을 벌일 생각이 전혀 없다. 단지 나는 자신들이 주장하는 결론이 정당하다고 쾌락주의자들이 제시하는 이유를 비판적으로 논박하고자 한다. 나는 이들이 주장하는 결론의 정확성이 쾌락주의 원칙 자체의 건전성을 보장하는 타당한 근거가 된다는 데 대해서는 확실하게 반대한다. 왜냐하면 잘못된 추론 과정을 통해서도 정확한 결론은 얼마든지 얻어질 수 있기 때문이다. 그리고 쾌락주의자가 제시하는 훌륭한 삶 내지 유덕한 행위 준칙들은 그의 윤리 철학이 훌륭하다는 것을 보장하는 그 어떤 전제도 결코 제공하지 않는다. 내가 관심을 갖고 있는 것은 오직 쾌락주의자의 윤리 철학뿐이다. 즉, 나는 쾌락주의자가 한 인간으로서 혹은 도덕 교사로서 그 성품이 탁월하다는 데 대해서는 전혀 관심이 없고, 오직 쾌락주의자의 논증 방식의 탁월함을 논박하고자 한다. 나의 이러한 주장은 중요하지 않다고 누군가 이의를 제기할지 모르나, 그렇다고 해서 이러한 의구심이 내가 올바른 길을 가고 있지 않다고 생각할 이유는 되지 못한다. 내가 관심을 갖는 것은, 그것이 중요한가 그렇지 않은가의 물음과 상관없이, 지식 그 자체이다. 즉, 우리는 정확히 생각해야 하며, 그리고 그런 정확한 사유 과정을 거쳐 진리에 도달해야 한다. 따라서 이러한 지식이 우리들로 하여금 이 사회에서 더욱더 쓸모 있는 사람으로 만들어줄 것이라고 나는 생각하지 않는다. 지식 그 자체에 전혀 관심이 없는 자라면, 내가 그런 사람에게 할 말이란 아무것도 없다. 누군가가 내가 말하고자 하는 바에 대해 관심을 갖고 있지 않다고 해서, 그것이 곧 내 주장을 거짓으로 만들어버리는 정당한 근거가 된다고 생각해서는 안 될 것이다.

## 38.

쾌락주의자들은 행위이든 덕이든 혹은 지식이든 상관없이, 그리고 생명이나 자연 혹은 아름다움이든 상관없이, 쾌락 외의 그 밖의 다른 모든 것은 오직 쾌락에 대한 수단으로 혹은 쾌락을 위해서만 선이지, 결코 그 자체를 위해 혹은 그 자체 목적으로서는 선하지 않다고 주장한다. 이러한 입장은 소크라테스의 제자인 아리스티푸스(Aristippus)와 그가 창설한 퀴레네학파(the Cyrenaic school)에 의해 제창되었다. 그 후 에피쿠로스(Epicurus)와 그를 따르는 자들 역시 이러한 입장을 견지했으며, 근대에 와서는 자기 자신들을 공리주의자(Utilitarians)라고 부른 철학자들, 예를 들어 벤담과 밀이 쾌락주의 입장을 받아들였다. 그리고 앞에서 보았듯이, 스펜서 역시 자신을 공리주의자라고 밝힌 바 있다. 앞으로 논의되겠지만, 시지윅 교수 또한 공리주의를 주장하고 있다.

그러나 이미 말했듯이, 이 모든 철학자들은 두 가지 물음, 즉 쾌락주의 입론이 의미하는 바가 무엇인가의 물음 및 쾌락주의가 참이라고 주장하는 이유가 무엇인가의 물음에 대해 다소간 서로 다른 견해를 피력한다. 그러므로 얼핏 보는 것과 달리 문제는 분명 그렇게 단순하지 않다. 나 자신의 주된 목적은, 이 입장에 관한 모든 혼동과 비정합성이 완전히 제거된 다음, 쾌락주의가 정확하게 진술되었을 때, 쾌락주의 이론이 의미하는 바가 무엇인가를 아주 분명하게 보여주는 데 있다. 이 목적이 온전히 달성되면, 쾌락주의를 정당화하는 다양한 종류의 지지 이유들이 모두 거짓임이 자연스럽게 드러나리라 나는 생각한다. 즉, 이러한 정당화 이유들은 쾌락주의를 옹호하는 이유가 아니라 단지 쾌락주의와 혼동되고 있는 다른 입론을 뒷받침하는 이유에 불과하다는 것이 드러날 것이다. 이러한 목적을 달성하기 위해 나는 먼저 밀의 입장을 천착하자고 제안한다. 그의 입장은 그 자신의 책 『공리주의』에서 잘 개진되어 있다. 우리는 밀에게서 쾌락주의에 관한 그 나름의 입장과 이를 옹호하는 그의 논변을 발견하게 될 것이다. 특히 그의 논변은 쾌락주의자로 묶을 수 있는 일군의 철학자들이 전개하는 논증을 꽤 잘 보여준다. 쾌락주의를 대표하는 그의 입장과 논변에 대한 반론이 이미 시지윅 교수에 의해 제기되었는데, 내가 보기에 이러한 반론은 결정적인 것처럼 보인다. 이러한 반론을 나 자신의 언어로 개진한 다음, 나는 시지윅 교수 자신의 훨씬 더 정교한 쾌락주의 입장 및 그 옹호 논변을 비판적으로 고찰하여 논박하고자 한다. 이러한 논의를 통해 우리는 쾌락주의 이론의 전 분야를 반박하게 되리라 나는 생각한다. 논의의 출발선상에서 보건대, 그 자체로 선한 것 혹은 선하지 않은 것이 무엇인가를 결정하는 작업은 결코 쉬운 일이 아님을 우리는 잘 알고 있다. 이러한 점에서, 앞으로의 논의는 타당한 일차적인 윤리 원칙이 무엇인가를 천착하는 데 꼭 준수해야 할 방법의 좋은 예를 제공하게 될 것이다. 특히 우리는 윤리학적 방법의 두 원칙, 즉 (1) 자연주의 오류가 범해져서는 안 된다는 원칙과 (2) 목적과 수단은 엄격히 구분되어야 한다는 원칙을 항상 마음에 새겨두어야 할 것이다.

**39.**

우선 밀의 저서 『공리주의』에 대한 검토로부터 논의를 시작할 것을 나는 제안한다. 이 책은 수많은 윤리 원칙 및 방법을 꽤 공평하게, 그리고 아주 명쾌하게 다룬다. 그러나 밀 역시 이미 이전 철학자들이 행한 비판적 성찰에 주목하지 않고 윤리 문제에 접근하는 자들이 손쉽게 범하게 되는 단순한 실수들을 꽤 많이 반복하고 있다. 하지만 나는 여기서 밀 자신이 직접 범하고 있는 실수에만 관심을 갖고자 한다. 그것도 쾌락주의 원칙과 관련된 실수에만 국한하고자 한다. 쾌락주의 원칙을 다시 한 번 진술하고자 한다. 내가 말했듯이, 쾌락주의 원칙이란 쾌락만이 우리가 목적으로 추구해야만 하는 유일한 것이라는, 즉 쾌락만이 목적으로, 그리고 그 자체로 선한 유일한 것이라는 입론을 말한다. 이제 다시 밀에게 논의 방향을 돌려, 그가 지금 문제가 되고 있는 쾌락주의에 대한 이러한 원칙을 받아들이는지를 검토해보자. 자신의 책 서문에서 그는 이렇게 말한다. "쾌락, 그리고 고통 없음이 목적으로서 **바람직한 유일한** 것이다."(p. 10)[3] 그리고 그는 자기 논변의 끄트머리에서 또 이렇게 말한다. "어떤 대상을 (그 결과와 상관없이) 바람직하다고 생각하는 것과 그 대상을 쾌락적이라고 생각하는 것은 하나로 동일한 것이다."(p. 58) 이러한 진술들이 범하는 명백한 혼동은 일단 논외로 하고, 이러한 진술들을 종합적으로 고려해보건대, 밀은 내가 앞서 말한 쾌락주의 원칙을 함의하는 것처럼 보인다. 따라서 이러한 진술들을 정당화하기 위해 밀이 제시하는 이유가 타당하지 않다는 것을 보여주는 데 내가 성공한다면, 적어도 나는 그림자와 싸운 게 아니라는, 즉 허수아비 공격의 오류를 범한 게 아니라는 점이 인정되어야 한다.

우선 밀은 '고통 없음(absence of pain)'이란 표현을 쾌락이란 단어와 병렬적으로 사용하고 있다는 사실에 주목하고자 한다. 그런데 밀은 이 표현을 제1판에서는 언급했다가, 제2판에서는 빼버렸다. 바로 이 점에서 밀의

:.

3) 여기서 인용한 책은 제13판(1807)이다. [역자 주] 쾌락의 소극적 의미로 'absence of pain' 혹은 'freedom from pain'은 일반적으로 '고통의 회피'로 번역되나, 역자는 이를 '고통 없음'으로 번역하고자 한다. 왜냐하면 회피는 동사적 의미가 강하나, 쾌락은 동사적 의미가 아니라 명사적 의미이기 때문이다.

혼동이 발견되나, 나는 이를 굳이 논의할 필요성을 느끼지 못한다. 그래서 나는 논의의 간결성을 위해 단지 '쾌락'만을 언급할 것이다. 하지만 나의 모든 논변은 '고통 없음'에도 적절하게 적용될 것이다. 왜냐하면 단지 최소한의 필수적인 대체만으로 나의 논변은 '고통 없음'에 적용이 가능한데, 쾌락을 '고통 없음'으로 대체하는 일이 아주 손쉽기 때문이다.

또 밀은 다음과 같이 주장한다. "행복은 바람직하며, 목적으로서 **바람직한 유일한**[4] 것이다. 다른 모든 것은 오직 이 목적에 대한 수단으로서만 바람직하다."(p. 52) 앞서 그는 행복을 '쾌락' 및 '고통 없음'으로 이미 정의한 바 있다.(p. 10) 그렇다고 이러한 정의가 자의적인 용어상의 정의 그 이상의 의미를 지닌다고 그가 주제넘게 말한 것은 아니다. 나 역시 그의 진술 자체에 대해서는 반대할 말이 한마디도 없다. '쾌락'에 대해 말할 때, 이 말 속에는 (필연적으로) 고통 없음이 포함된 것으로 간주하고자 하는 나의 어휘 사용법을 용납한다면, 밀의 원칙은 "쾌락만이 바람직한 유일한 것이다."라는 입론으로 형식화될 수 있다. 그러면 이러한 원칙이 참이라고 주장할 만한 이유로 그는 무엇을 제시하는가? 그는 이미 우리에게 "궁극적인 목적의 물음은 직접적인 증명의 대상이 되지 않는다. **아무런 증명 없이 그 자체로 선으로 인정받는** 그 무엇에 대한 수단이 된다는 것을 보여주는 것만으로도 어떤 것이 선하다는 것을 입증하기에 충분하다."라고 말한 바 있다.(p. 6) 나는 이 말에 전적으로 동의한다. 참으로 나의 이 책 1장은 이 점을 보여주고자 하는 데 그 일차적 목적이 있었다. 즉, 목적으로 선한 모든 **것은 아무런 입증 없이 선하다고 인정되어야 한다.** 우리는 지금까지 이에

∴
4) 저자 무어의 강조이다.

동의해왔다. 밀조차도 내가 2장에서 사용한 동일한 예를 언급하고 있다. 즉, 그 역시 "건강이 좋은 것이라는 것을 어떻게 입증할 수 있는가?", "쾌락이 선이라는 주장에 대해 도대체 어떤 증명을 제시할 수 있는가?"라고 반문한다. 그럼에도 그는 제4장에서 공리주의 원칙의 증명 물음을 다루면서, 앞에서 인용한 진술을 다음과 같이 반복하여 말한다. 즉, 그는 "궁극적 목적의 물음은, 일상적으로 사용되는 그러한 의미로는 증명을 허용하지 않는다."(p. 52)라는 점을 이미 밝혔다고 말한다. 같은 페이지에서 그는 계속하여 "달리 말해, 목적에 관한 물음은 어떤 대상이 바람직한가의 물음이다."라고 말한다. 내가 밀의 진술을 이렇게 반복적으로 인용한 이유는, 그렇지 않으면 의문이 제기될 수 있는 바를 분명하게 밝히기 위해서이다. 즉, 밀은 '바람직한'이라는 단어나 '목적으로서 바람직한'이란 어구를 '목적으로서의 선'이라는 표현과 절대적으로, 그리고 정확하게 동일한 의미를 내포하는 것으로 사용하고 있다는 사실을 밝히기 위해 나는 그의 말을 반복적으로 인용했다. 지금까지 우리는 쾌락만이 목적으로 선하다는 입론을 옹호하기 위해 밀이 개진한 이유를 살펴보았다.

**40.**

그는 이렇게 말한다.(p. 52-53) "목적에 관한 물음은 달리 말해 무엇이 바람직한가의 물음이다. 공리주의 입론에 따르면, 행복이 바람직한 것이며, 행복만이 목적으로서 바람직한 유일한 것이다. 다른 모든 것은 단지 이 목적에 대한 수단으로서만 바람직하다. 이러한 주장이 참임을 정당화하기 위해 도대체 공리주의 입론에 대해 무엇이 더 필수적으로 요구된다는 말인가? 즉, 공리주의 입론이 필수적으로 충족시켜야만 하는 요구 조건이 더 있단 말인가?" (밀은 다음과 같이 말한다—역자)

어떤 대상이 볼 수 있는(visible) 것이라는 주장을 옹호하기 위해 제시할 수 있는 유일한 증거는 사람들이 실제로 그것을 본다는 사실이다. 어떤 소리에 대해 그것은 들을 수 있는 것이라는 주장에 대한 유일한 증거 역시 사람들이 그것을 듣는다는 사실이다. 일상적인 다른 경험에 대해서도 우리는 똑같은 말을 하게 된다. 이와 마찬가지로 어떤 것이 바람직하다는 주장에 대해서 제시할 수 있는 유일한 증거는 사람들이 실제로 그것을 욕구한다(desire)는 사실이다. 공리주의 입론이 제안하는 목적이 이론상으로, 그리고 실제에 있어서 목적으로 인정받지 못하고 있다면, 그 어떤 것도 행복이 목적이라는 점을 사람들에게 설득시킬 수 없을 것이다. 모든 사람이, 획득할 수 있다는 믿음을 가지고, 각각 자기 자신의 행복을 욕구한다는 사실을 제외하고는 일반 행복 (general happiness)이 왜 바람직한지를 입증할 수 있는 그 어떤 이유도 제시될 수 없다. 사실이 이러하기 때문에, 지금 우리는 '행복이 선이다.'라는 주장에 대해 상황이 허용하는 모든 증명을 한 셈일 뿐 아니라, 이 주장에 대해 요구할 수 있는 모든 조건을 충족시켰다고 말할 수 있다. 즉, 각자의 행복은 그 행복을 느끼는 당사자에게 선이다. 따라서 일반 행복은 모든 사람 전체에게 선이다. 이로써 행복은 행위의 목적 중 하나로서의 지위를 얻게 되었으며, 결과적으로 도덕의 기준 가운데 하나가 되었다.

여기서는 이것으로 충분하다. 나는 우선 이 점을 지적하고자 한다. 즉, 밀은 깊이 생각하지 않고 자연주의 오류를 일상인들처럼 아주 소박하게 사용하고 있다고 하겠다. 그는 "선이란 바람직함을 의미한다."고 우리에게 말한다. 그에 따르면 실제로 사람들이 무엇을 바라는지를 파악함으로써 바람직한 것이 무엇인지를 우리는 쉽게 알아낼 수 있다. 물론 이는 쾌락주의를 증명하는 단지 첫 단계에 불과하다. 왜냐하면 아마도 밀이 이어서 말한 것처럼, 쾌락 외의 다른 것들도 사람들이 실제로 욕구하기 때문이다. 밀 자신이 인정했듯이(p. 58) 쾌락이 사람들이 욕구하는 유일한 것이냐 여부의 물음은 심리적인 문제로, 앞으로 우리는 이 문제를 논의할 것이다. 윤리학에서 중요한 단계는 여기서 한 발자국 더 나아가, '선'이라는 개념은 '욕구된'을 의미한다는 점을 입증하는 일이다.

그런데 바로 이 단계에서 오류가 발생한다는 사실이 아주 분명한데도 불구하고, 밀이 이를 알아차리지 못했다는 점은 참으로 놀랄 만한 일이다. 왜냐하면 실제로는 '볼 수 있는(visible)'이라는 개념이 '보일 수 있는'을 의미하는 것과 똑같은 방식으로 '바람직한(desirable)'이라는 개념이, '욕구될 수 있는'을 의미하지는 않기 때문이다. 오히려 증오할 만함이 증오될 수 있는 것이 아니라 증오되어야만 하는 것을 의미하고, 또 가증할 만함이 가증함을 받아 마땅한 것을 의미하듯이, 바람직함이란 개념 역시 **욕구되어야만 하는** 것 내지는 욕구되어야 **마땅한** 것을 의미한다. 그럼에도 밀은 '바람직한'이라는 어휘의 외연에다 마땅히 구분하여 사용해야 할 개념을 슬그머니 끼워 넣고 말았다. '바람직한'이란 단어는 실제로 '욕구되는 것이 선한 것'을 의미한다. 이러한 의미로 이해하게 되면, 어떤 대상이 바람직하다는 것을 보여주는 유일한 테스트는 실제로 그것이 욕구된다는 사실이라고 우리는 이제 더 이상 주장할 수 없게 된다. 한 예로서, 이러한 의미로 이해하게 되면, 『표준기도서(Prayer Book)』가 권장하는 **선한 욕구**란 표현은 단지 동어반복에 불과하지 않은가? 마찬가지 논리로 **나쁜 욕구**가 어떻게 가능하단 말인가? 불가능하다. 그런데도 밀 자신은 '욕구의 더 선한, 그리고 더 고상한 대상'(p. 10)에 대해, 마치 무엇보다 욕구되는 것은 사실상 선한 것이 아닌 것처럼 말하면서 동시에 어떤 대상의 선함은 그것이 욕구되는 양에 비례하는 것처럼 말하기도 한다. 게다가 욕구됨이 그 자체로 사실상 선함이라면, 선함이 사실상 행위의 동기 부여 기능을 감당하게 되고, 이렇게 되면 선한 것을 행하도록 동기 부여하는 일은 전혀 문제조차 되지 않는다. 그럼에도 불구하고 밀은 행위의 동기 부여 문제로 씨름을 하고 있다. '바람직한'에 대한 밀의 설명이 참이라면, 행위의 규칙은 행위의 동기 부여와 **혼동될 수 있다**는 밀 자신의 말(p. 26)은 진실이 아니게 된다. 왜냐하면 그에 따르면 행위 규칙이 사실상 행위의 동기 부여 역할까지 담당하고 말기 때문이다. 이렇게 되면 이 둘 사이에는 구분이 있을 수 없게 되고, 그 어떤 혼동도 발생하지 않는다. 따라서 그는 아주 명백하게 자기모순을 범하게 된다. 이러한 모순은, 지금까지 내가 보여주고자 애썼듯이, 자연주의 오류를 범할 경우 항상 뒤따라 발생하게 되는 모순의 표본 구실을 한다. 나는 이제 더 이상 이 문제에 대해서는 언급할 필요가 없기를 바란다.

### 41.

그 다음으로, 밀이 자신의 쾌락주의를 뒷받침하기 위해 시도한 첫 단계를 살펴보자. 이 첫 단계는 그냥 잘못 되었다라고 말할 수밖에 없다. 그는 선함이 욕구됨과 동치임을 보여주고자 시도했다. 하지만 그는 사람들이 욕구하는 것이 곧 선한 것이라고 말할 때 '바람직한'이라는 개념이 내포하고 있는 의미와 '볼 수 있는' 등과 같은 형용사와 유비적으로 사용될 경우 이 단어가 의미하는 바를 혼동하고 말았다. 즉, '바람직한'이라는 어휘가 '선'이라는 개념과 동치로 사용될 때 의미하는 바는, 이 어휘가 '욕구되는'이라는 개념과 동치로 사용될 때 의미하는 바와는 전혀 다르다. 그러나 욕구되는 것은 필연적으로 선한 것이라는 밀의 주장에서는, '바람직한'이란 어휘가 갖고 있는 이러한 서로 다른 두 의미가 본질적으로 동일한 것으로 취급되고 있다. 이 두 의미를 동일한 것이라고 주장한다면, 밀은 그 밖의 다른 곳에서 자신이 한 말과 모순에 빠지게 된다. 반면에 그가 이 둘이 동일한 것이 아니라고 주장한다면, 쾌락주의를 증명하는 그의 첫 단계는 완전히 무용지물이 되고 만다.

그러나 이제부터는 두 번째 단계를 논의하고자 한다. 그가 생각한 것처럼, 좋음이 욕구됨을 의미한다는 사실을 입증했다 하더라도, 한 걸음 더 나아가 쾌락만이 유일한 선이라고 주장하고자 한다면, 밀은 쾌락만이 욕구되는 유일한 것임을 입증해야 하는 부담을 안게 된다. "쾌락만이 우리 모두가 욕구하는 유일한 대상이다."라는 입론은 시지윅 교수가 심리적 쾌락주의(Psychological Hedonism)라고 부른 입론이다. 그런데 오늘날 저명한 대부분의 심리학자들은 심리적 쾌락주의 입론이 잘못되었다고 하는 데 이의를 제기하지 않는다. 하지만 밀과 같은 철학자들이 주장하는 자연주의적 쾌락주의를 입증하자면, 심리적 쾌락주의 입론은 건너뛸 수 없는 필수적인 단계이다. 그런데 심리학이나 철학의 전문가가 아니라 일상인들에 의해 이러한 입론이 널리 주장되기 때문에, 나도 여기서 이 문제를 조금 길게 논의하고자 한다. 물론 밀이 이런 형태의 심리적 쾌락주의를 노골적으로 표명하지 않았다는 것을 알게 될 것이다. 밀은 쾌락 외의 다른 것들도 욕구된다는 사실을 인정했다. 하지만 이러한 인정은 곧바로 그의 쾌락주의와 모순하게 된다. 이 모순을 피하기 위해 밀이 제시한 방법 가운데 하나를 우리는 나중에 고찰하고자 한다. 그러나 일부 사람들은 그런 전략이 전혀 필요 없다고 생각할지도 모른다. 왜냐하면 이들은 플라톤의 『고르기아스(*Gorgias*)』에서 칼리클레스(Callicles)가 폴루스(Polus)에게 한 말[5]을 밀에게 적용할 것이기 때문이다. 즉, 밀은 그럴 필요가 전혀 없는데도 역설적이게끔 보이지 않을까 하는 두려움을 갖고 이처럼 중대한 사항을 인정했다. 대개 이런 사람들은 자신의 신념을 용기 있게 표명하며, 또한 자신들이 진리라고 주장하는 바를 옹호하는 데에서는 그 어떤 부끄러움도 느끼지 않고 역설마저도 과감하게 말하곤 한다.

**42.**

아무튼 우리는 여기서 다음과 같이 전제하고자 한다. 즉, 쾌락주의는 쾌락이 모든 욕구의 대상이라고, 즉 쾌락은 모든 인간 활동의 보편적 목적이라고 주장한다. 그런데 내가 보기에, 일상적으로 사람들은 쾌락 외의 다른 것들도 욕구한다고 말한다는 사실은 부인하기 어렵다. 예를 들어 우리는 대개 음식이나 음료를 욕구한다고 말하고, 또 돈, 인정, 명예 등을 욕구하기도 한다. 따라서 우리는 욕구 및 욕구의 대상이 의미하는 바가 무엇인지를 묻지 않을 수 없다. 욕구라고 불리는 것과 쾌락이라고 불리는 것 사이에는 필연적인, 아니면 보편적인 그 어떤 관계가 분명 존재하는 것 같다. 그러면 이들 사이에 존재하는 관계는 어떤 종류인가? 특히 앞에서 언급한 자연주의 오류와 연관하여 이러한 관계는 쾌락주의를 정당화하는가? 여기서 나는 쾌락과 욕구 사이에 그 어떤 보편적인 관계가 존재한다는 점 자체를 부인하고자 하지는 않는다. 다만 나는 설사 보편적인 그 어떤 관계가 존재한다 해도, 그러한 관계는 쾌락주의를 옹호하는 게 아니라, 거꾸로 쾌락주의를 반박한다는 점을 보여주고자 할 따름이다. 욕구의 대상은 항상 쾌락이라고 주장되곤 한다. 나는 쾌락이 항상, 적어도 부분적으로는 욕구의 **원인**(cause)으로 작용한다는 점을 기꺼이 인정한다. 그러나 이러한 욕구

••
5) *Gorgias*, 481 c-487 a.

의 대상과 욕구의 원인을 구분하는 것은 매우 중요하다. 서로 다른 두 입장이 동일한 언어로 표현될 수 있다. 즉, 서로 다른 두 입장이 욕구할 때마다 우리는 항상 그 어떤 쾌락 **때문에** 욕구한다고 동일하게 주장할 수 있다. 예를 들어 내가 "왜 당신은 그것을 욕구하느냐?" 하고 물으면, 쾌락주의자는 '쾌락을 주기 때문'이라는 주장을 아주 일관되게 대답할 것이다. 반면에 그가 동일한 질문을 던진다면, 나 역시 '쾌락을 주기 때문'이라는 주장을 아주 일관되게 대답할 것이다. 하지만 나와 쾌락주의자의 이 두 대답이 동일한 의미를 지니는 것은 아니다. 서로 전혀 다른 두 사실을 지칭하면서도 우리는 이처럼 동일한 언어를 사용한다. 밀이 자연주의 오류를 범하는 원인이 바로 언어의 이러한 용법이듯이, 심리적 쾌락주의자가 일상적으로 지지받는 주된 원인 역시 언어의 이러한 용법이라고 나는 생각한다.

이제 '욕구'라고 불리는 심리 상태를 한 번 분석해보자. 욕구란 개념은 대체로 아직 존재하지 않는 어떤 대상이나 사건에 대한 관념이 우리에게 일어나고 있는 심리 상태를 지칭할 때 주로 사용된다. 예를 들어 내가 지금 맛이 단 포르투갈산 포도주 한잔을 욕구한다고 가정해보자. 나는 아직 포도주를 마시고 있지는 않지만, 내 마음 속에는 포도주 한잔을 마시고자 하는 관념이 생겨났다. 그러면 이러한 관계 속에 쾌락이라는 개념이 어떻게 들어오게 되는가? 쾌락이라는 개념이 들어오게 된 과정에 대한 나의 입장은 다음과 같다. 포도주를 마시고자 하는 **관념**(idea)이 원인이 되어 내 마음속에 쾌락이라는 느낌을 야기한다. 그리고 이 느낌이 '욕구'라고 불리는 초기 활동 상태를 불러일으킨다. 그러므로 내가 아직 가지지 않은, 포도주를 욕구하는 것은 바로 내가 이미 갖고 있는 쾌락, 즉 단지 관념에 의해 야기된 쾌락 때문이라고 우리는 말할 수 있다. 나는 이러한 종류의 쾌락—이는 실제적인 쾌락이다—이 항상 모든 욕구의 원인 중 하나임을 인정한다. 실제로 쾌락은 모든 욕구뿐만 아니라 의식적이든 혹은 잠재의식적이든 모든 활동의 원인 중 하나이기도 하다. 다시 한 번 말하건대, 나는 이 점을 기꺼이 **인정한다**. 하지만 물론 외견상 보기에 전혀 터무니없지는 않지만, 나는 이것이 참된 심리적 입론이라고 단언할 수는 없다. 그러면 내가 여기서 주장하고자 가정하는 또 다른 입론—여하튼 간에 이 입론은 밀의 논증에 본질적으로 관련되어 있다—은 무엇인가? 그것은 다음과 같다. 포도주를 욕구할 때, 나로 하여금 포도주를 욕구하게 한 것은 포도주 자체가 아니라 포도주로부터 내가 얻고자 기대하는 쾌락이다. 달리 말해 이 입론에 따르면, **실제적** 쾌락이 아니라 쾌락에 대한 관념이 욕구를 야기하는 원인으로 항상 필수적이다. 내가 심리적 쾌락주의자들이 혼동하고 있다고 여기는 바는 바로 이러한 서로 다른 두 종류의 이론이다. 즉, 브래들리(Bradley)가 표현한 용어를 빌려 말한다면,[6] 심리적 쾌락주의자들은 '쾌락적인 사유(a pleasant thought)'와 '쾌락에 대한 사유(the thought of a pleasure)'를 혼동하고 있다. 실제로 쾌락이 욕구의 **대상**이라고 혹은 행동하게끔 만드는 **동기**라고 말할 때, 현존하는 것은 단지 후자, 즉 쾌락에 대한 사유뿐이다. 다른 한편으로, 단지 쾌락적인 사유만이 존재할 때, 욕구의 대상이요 행동하게끔 하는 동기가 되는 바는, 우리가 지금 생각하는 바로 그 사유의 대상이다. 실제로 대부분의 경우가 이러함을 나는 인정한다. 이러한 사유가 불러일으키는 쾌락은 참으로 욕구의 원인이 되기도 하고 우리로 하여금 행동하게끔 하는 동기가 되기도 한다. 하지만 이 경우 쾌락은 우리의 목적이나 대상이 결코 아닐 뿐 아니라 행위의 동기 역시 아니다.

∶∶

6) *Ethical Studies*, p. 232.

나는 이러한 구분이 충분하리만큼 분명하기를 바란다. 그러면 이 구분이 윤리적 쾌락주의에 어떤 함의를 지니는지를 고찰해보자. 욕구의 대상에 대한 관념이 항상, 그리고 오직 쾌락의 관념인 것이 아니라는 점은 확실하다고 나는 가정하고자 한다. 우선 우리가 어떤 대상을 욕구할 때, 항상 쾌락을 의식적으로 기대하는 것이 아니라는 점이 아주 분명하기 때문이다. 즉, 우리는 단지 욕구의 대상만을 의식하고서는, 그 대상이 얼마만큼의 쾌락 혹은 고통을 가져다주는지에 대해 전혀 계산하지 않은 채, 단번에 그것을 갖고자 돌진해 나가는 경향이 있다. 둘째로, 우리가 쾌락을 기대할 때조차도, 우리가 욕구하는 바가 오직 쾌락만인 경우는 아주 드물다는 점이 확실하다. 예를 들어 내가 포르투갈산 포도주 한잔을 욕구하는 경우를 생각해보자. 이 경우, 포르투갈산 포도주는 분명 내 욕구의 대상에 포함됨에 틀림없다. 그렇지 않았다면 나는 포도주 대신에 쓴 쑥(wormwood)을 먹고자 하는 욕구에 이끌렸을 수도 있기 때문이다. 하지만 이 욕구가 **오직** 쾌락만을 직접적인 목표로 하고 있다면, 이러한 욕구는 나로 하여금 포도주를 마시게끔 이끌 수가 없다. 왜냐하면 욕구가 이처럼 한정적인 목표만을 지니려면, 쾌락을 기대하고 있는 대상에 대한 관념이 현존해야 할 뿐만 아니라 나의 활동을 통제해야만 하는 것이 반드시 필요하기 때문이다. 바로 이 점에서 욕구된 것은 항상, 그리고 오직 쾌락만이라는 이론은 무너지고 만다. 이러한 논변에 따르면 쾌락만이 유일한 선이라는 입장을 입증하기란 불가능하다. 그러면 이 이론 대신에 다른 그럴듯한 이론, 즉 쾌락은 항상 욕구의 원인이라는 이론으로 대체한다면 어떻게 되는가? 이렇게 되면, 이제까지 우리가 고찰해온 쾌락만이 유일한 선이라는 윤리 입론이 참일 모든 개연성은 곧바로 사라지고 만다. 왜냐하면 이렇게 되면 쾌락은 내가 욕구하는 바도, 내가 원하는 바도 아니기 때문이다. 즉, 이렇게 되면 쾌락은 내가 어떤 것을 원하기 전에 이미 내가 갖고 있는 그 무엇이 되고 만다. 그 밖의 다른 어떤 것을 욕구하면서, 내가 이미 갖고 있는 그 무엇이 항상, 그리고 오직 선이라고는 그 어느 누구도 주장하고 싶은 마음이 들지 않을 것이다.

**43.**

지금부터는 "행복이 인간 행위의 유일한 목적이다."라는 자신의 입장을 옹호하기 위해 밀이 전개하는 또 다른 논변으로 돌아가 살펴보자. 이미 말한 바와 같이, 밀은 쾌락만이 우리가 실제로 욕구하는 유일한 것은 아니라는 점을 인정한다. 즉, 그는 "덕에 대한 욕구는 행복에 대한 욕구만큼 그렇게 보편적이지는 않지만 진정으로 사실이다."라고 말한다.[7] 또한 "많은 경우 돈은 그 자체로, 그리고 그 자체를 위해 욕구된다."고까지 그는 말한다.[8] 물론 이러한 인정은 쾌락이 바람직한 유일한 것이라는 그의 논변과 외형상 분명 모순된다. 왜냐하면 쾌락이 바람직한 유일한 것이라는 주장에는 쾌락만이 욕구되는 유일한 대상이라는 주장이 함의되어 있기 때문이다. 그러면 밀 자신은 이러한 모순을 피하기 위해 어떤 시도를 했는가? 그의 주된 논증은 다음과 같다. 즉, 그 자체로, 그리고 그 자체를 위해서 욕구될 때 덕, 돈 등과 같은 다른 대상들은 오직 '행복의 한 요소'로 욕구된다.[9] 그러면 밀의 이러한 언급이 의미하는 바는 무엇인가? 우리가 보았듯이, 밀은 행복을 '쾌락 및 고통 없음'으로 정의한다. 그렇다면 그가 인정했듯이 그 자체로, 그리고 그 자체를 위해 욕구되고 있는 돈, 즉 내 손 안에 있는

••

7) *Utilitarianism*, p. 53.
8) *Utilitarianism*, p. 55.
9) *Utilitarianism*, pp. 56–57.

이 동전이 쾌락 내지 고통 없음의 한 부분이라고 밀이 주장하고 있단 말인가? 이 동전 자체가 내 마음속에서, 그리고 실제적으로 나의 쾌락 감정의 한 부분이라고 주장하는가? 만약 그러하다면 우리가 사용하는 모든 말은 무의미하게 된다. 왜냐하면 그 어떤 것도 다른 것과 구분될 수 없게 되기 때문이다. 그리고 두 대상이 구분되지 않으면, 도대체 이 세상이 어떻게 될 것인가? 한 예로서, 이렇게 되면 우리는 이 테이블은 저 방과 실제로, 그리고 참으로 동일하다는 말을 듣게 된다. 또 마구간은 성 바오로 성당과 사실상 구분될 수 없게 된다. 그리고 『공리주의』 책 출간이 그의 쾌락이었기 때문에, 내가 손에 쥔 그의 이 책은 지금, 그리고 바로 이 순간에는, 그가 수년 전에 느꼈지만 이미 오래전에 더 이상 느끼지 못하게 된 행복의 한 부분이 된다. 이러한 사변적인 난센스가 실제로 의미하는 바가 무엇인지를 제발 심사숙고해보기를 바란다. 밀은 "돈은 행복에 대한 수단으로 바람직한 유일한 것이다."라고 말한다. 아마 그럴지도 모른다. 그러면 어떻게 된다는 말인가? 밀은 "물론 돈은 의심의 여지없이 그 자체를 위해 욕구되는 것이다."라고 말한다. 우리는 여기서 밀에게 "그래, 계속 더 말해보라."고 따질 수 있다. 이 요구에 대해 밀은 "그런데 돈이 그 자체를 위해 욕구된다면, 돈은 그 자체 목적으로 바람직한 것임에 틀림없다. 나 자신이 지금까지 그렇게 말해오지 않았는가?"라고 대꾸할 것이다. 이에 대해 우리는 "그런데 당신은 방금 돈은 수단으로 바람직한 유일한 것이라고 말하지 않았는가?"라고 재차 따질 수 있다. 이 의구심에 대해 밀은 "나 자신이 분명 그렇게 말했지. 그러나 단지 '목적에 대한 수단인 것은 그 목적의 한 부분과 정확히 동일하다.'라는 말로써 나는 이 문제를 수습하고자 한다. 나는 아마도 일반 대중이 이를 알아차리지 못하고 있다고 생각한다."라고 응수할 것이다. 일반 대중은 이제까지 실제로 알아채지 못하고 있다. 밀은 확실히 이를 알아차렸다. 하지만 이로써 밀은 자신의 쾌락주의가 근거하고 있는 수단과 목적의 구분을 무너뜨리고 있다. 밀이 이러한 결론에 도달하게 된 이유는 바람직한 것이라는 의미의 '목적'과 욕구되는 것이라는 의미의 '목적'을 구분하지 못했기 때문이다. 그럼에도 불구하고, 현재의 밀 논증 및 그의 책 전체는 수단과 목적의 구분을 전제하고 있다. 이것이 자연주의 오류의 결과이다.

### 44.

밀 자신은 이러한 설명 이외에 다른 할 말이 없을 것이다. 밀의 근본적 두 명제를 그 자신의 언어로 표현하면 다음과 같다. "어떤 대상을 (그 결과에 대한 고려 없이) 바람직하다고 생각하는 것과 그 대상을 쾌락적이라고 생각하는 것은 정확히 하나로 동일한 말이다. 그에 대한 관념이 쾌락을 가져다주는 정도와 상관없이, 어떤 것을 욕구하는 일은 물리적으로, 그리고 형이상학적으로도 불가능하다."[10] 이러한 두 진술은, 우리가 살펴보았듯이, 단지 오류에 의해 지지받고 있을 따름이다. 첫 번째 명제는 자연주의 오류에 근거하고, 두 번째 명제는 자연주의 오류, 목적과 수단을 혼동하는 오류, 쾌락적인 사유와 쾌락에 대한 사유를 혼동하는 오류 등에 부분적으로 의존한다. 그의 진술 자체가 이를 잘 보여준다. 왜냐하면 두 번째 명제에 언급되는 '그에 대한 관념이 쾌락을 가져다준다.'라는 구절은 첫 번째 명제에서 언급되는 '그 대상을 쾌락적으로 생각한다.'라는 구절이 내포하는 바와 동일한 사실을 의미하고 있음이 분명하기 때문이다.

• •
10) *Utilitarianism*, p. 58

따라서 쾌락이 유일한 선이라는 명제를 옹호하는 밀의 논변과 이에 대한 우리들의 반론은 다음과 같이 요약될 수 있다.

　무엇보다도 우선, 밀은 자신이 '선함'과 동의어로 사용하는 '바람직함'이라는 개념을 욕구될 수 있는 것을 **의미하는** 것으로 간주한다. 밀에 따르면 욕구될 수 있는 것이냐 여부의 검증 기준은 실제로 사람들이 그것을 욕구하고 있느냐 아니냐이다. 그래서 밀은 이렇게 말한다. 즉, 사람들이 항상, 그리고 유일하게 어떤 것을 욕구하고 있다는 것을 발견하게 되면, 그것이야말로 바람직한 유일한 것이요, 목적으로서 선한 유일한 것이라는 결론을 우리는 내리지 않을 수 없다. 이러한 논증에는 자연주의 오류가 함의되어 있음이 명백하다. 내가 설명했듯이, 자연주의 오류는, 선이란 단지 자연적 속성으로 정의될 수 있는 단순 개념 내지 복합 개념을 **의미할** 따름이라고 주장할 때 발생한다. 밀의 경우, 선함이란 단지 욕구되는 것을 **의미한다고** 여겨지고, 그리고 욕구되는 것은 다시 자연적 용어로 정의될 수 있는 그 무엇으로 간주된다. 밀은 우리가 어떤 대상을 실제로 욕구하기 때문에 그 대상을 욕구해야만 한다(윤리적 명제)고 말한다. 그러나 "나는 욕구해야만 한다."는 명제가 "나는 실제로 욕구한다." 이외의 다른 어떤 것도 의미하지 않는다는 그의 주장이 참이라면, 그는 단지 "실제로 욕구하고 있기 때문에, 우리는 그것을 욕구한다."라고밖에 말할 자격이 없게 된다. 하지만 이 주장은 윤리적 명제가 결코 아니다. 이는 단지 동어반복에 불과하다. 밀의 『공리주의』 책의 전체 목적은 우리가 해야만 하는 것이 무엇인지를 발견하는 것을 돕는 데 있다. 그러나 '당위(ought)'의 의미를 이렇게 규정함으로써 밀은 이러한 목적 성취를 자기 스스로 완전히 무너뜨리고 말았다.[11] 즉, 그는 우리가 무엇을 해야만 하는지에 대해서는 아무 말도 않고 단지 우리가 실제로 행하는 바가 무엇인지만을 말하는 데 그치고 말았다.

밀의 첫 번째 논변은 선함이란 욕구됨을 의미하기 때문에, 욕구되는 것이 선하다는 논증으로 정리할 수 있다. 하지만 이러한 논변은, 그 어떤 윤리적 결론도 가능하지 않다고 주장함으로써 첫 번째의 자기 논증이 쾌락주의를 옹호하는 토대 구실을 하도록 하자면 다른 논증이 더 필요하다는 또 다른 윤리적 결론에 도달하게 된다. 즉, 그는 우리가 쾌락 내지는 고통 없음을 항상 실제로 욕구하고, 그리고 그 밖의 다른 것을 결코 욕구하지 않는다는 것을 입증해야만 한다. 시지윅 교수의 지적에 따르면, 이러한 그의 두 번째 논변은 심리적 쾌락주의이다. 그래서 나는 이를 논의했다. 즉, 나는 쾌락 외에 그 어느 것도 우리가 욕구하지 않는다는 주장은 명백히 거짓임을 지적했다. 그리고 어떤 것을 욕구할 때 우리는 언제나 항상 그 대상 **뿐만 아니라** 쾌락을 욕구한다고 말할 근거는 눈곱만큼도 존재하지 않는다. 이런 터무니없는 주장에 대한 확고한 신념은 부분적으로 욕구의 원인과 욕구의 대상을 혼동한 탓이라고 나는 생각한다. 내가 말했듯이, 아마도 어떤 **실제적** 쾌락이 수반되지 않는 한 욕구가 일어날 수 없다는 점은 사실일지 모른다. 그러나 이 주장이 참이라 할지라도, 이는 욕구의 대상은 언제나 그 어떤 **미래의** 쾌락이라고 단언할 아무런 근거를 제공하지 않는다. 욕구의 대상이란 그에 대한 관념이 우리로 하여금 그것을 욕구하게끔 만드는 것을 의미한다. 우리가 쾌락을 실제로 욕구할 때, 항상 욕구의 대상이 되는 바는 우리가 얻으리라 기대하는, 우리가 가지지 않은 그 어떤 쾌락

11) [역자 주] 윤리학에서 'ought'는 일반적으로 당위로 번역된다. 한 문장 속에서 이는 '해야만 한다'로 번역하는 게 자연스럽지만, 명사로 사용될 경우, 'the is/ought gap(존재와 당위의 간격)'의 예에서처럼, '당위'로 번역하는 게 의미 전달에 용이하다.

이다. 그리고 이와 같이 얻으리라 기대되는 쾌락에 대한 관념으로 인해 이미 존재하는 실제적 쾌락은, 단지 그에 대한 관념은 현존하지만 아직 얻어지지 않고 기대만 되고 있는 쾌락과 결코 동일하지 않다. 이러한 실제적 쾌락은 우리가 원하는 바가 아니다. 우리가 원하는 바는 우리가 아직 갖고 있지 않은 그 무엇이다. 따라서 쾌락이 항상 우리로 하여금 욕구하게 만든다고 말하는 것은, 우리가 욕구하는 바가 항상 쾌락이라고 말하는 것과는 전혀 다른 별개의 주장이다.

마지막으로 우리가 고찰했듯이, 밀은 이 모든 사실을 인정한다. 즉, 그는 우리가 쾌락 외의 다른 것을 **실제로**(actually) 욕구한다고 주장한다. 그러면서 동시에 그는 우리는 쾌락 외의 그 어떤 것도 **참으로**(really) 욕구하지는 않는다고 말한다. 그는 이 모순을 해결하고자 시도한다. 그런데 그 과정에서 그는 이전에는 아주 세심하게 구분했던 수단이란 개념과 목적이란 개념을 혼동하는 잘못을 그만 범하고 말았다. 그 결과 그는 목적에 대한 수단은 그 목적의 한 부분과 동일하다고 말하고 말았다. 우리는 이 마지막 오류에 특별한 주의를 기울여야 한다. 왜냐하면 쾌락주의에 관한 우리의 궁극적 결정은 크게 보아 이 오류에 의존하기 때문이다.

## 45.

우리가 지금 결론으로 얻고자 노력해야 하는 바는 바로 쾌락주의에 관한 이러한 궁극적 결정이다. 지금까지 나는 쾌락주의를 옹호하는 밀의 자연주의 논증을 논박하는 데 주된 관심을 갖고 논의해왔다. 비록 밀이 논증의 오류로 증명에 실패했다손 치더라도, 쾌락만이 바람직하다는 입론은 여전히 참일 수가 있다. 이것이 바로 지금 우리 앞에 닥친 과제로, 우리는 이 물음을 반드시 해결해야 한다. 쾌락만이 유일하게 선하거나 바람직하다는 이 명제는, 밀이 처음에 정확하게 분류했듯이, 직접 증명의 대상이 될 수 없는 일종의 제일 원칙에 속한다는 점은 의심의 여지가 없다. 그러나 비록 제일 원칙이 문제가 되는 경우에도, 밀 역시 정확하게 말했듯이, "지성인들로 하여금 그 입론에 동의를 표명하든, 아니면 부인하든 결정할 수 있도록 여러 고려 사항들을 우리가 제시할 수는 있다."(p. 7) 시지윅 교수는 밀의 입장을 옹호하는 편에서 이러한 고려 사항들을 제시했다. 반면에 나는 그와 반대되는 입장을 보여주기 위해 여러 고려 사항을 제시하고자 노력할 것이다. 윤리적 쾌락주의의 근본 명제, 즉 "쾌락만이 목적으로 유일하게 선하다."는 명제는, 시지윅 교수의 용어를 빌린다면, 직관의 대상인 것처럼 보인다. 시지윅 교수가 자신의 직관이 쾌락주의 명제를 확증하는 것만큼이나, 나의 직관 역시 이 명제를 왜 부인하게 하는지 그 이유를 보여주고자 나는 심혈을 기울이고자 할 것이다. 직관은 이 명제가 참임을 **증명할** 수 없듯이, 거짓임을 **증명할** 수도 없다. 내가 여기서 제시한 고려 사항들로 인하여 지성인들이 이러한 쾌락주의 원칙을 부인하겠다는 결심을 하게 된다면, 그것으로 나는 만족하고자 한다.

물론 이는 사태에 대한 아주 불만족스러운 해결책일 수 있다. 사실 이는 진정으로 불만족스럽다. 하지만 불만족스럽다고 부를 수 있는 이유에는 서로 다른 두 가지가 있음을 인정하고, 이를 구분하는 게 중요하다. 우리의 원칙이 증명될 수 없기 때문에 불만족스러운가? 아니면 단지 원칙에 대해 우리가 상호 합의에 도달하지 못했기 때문에 불만족스러운가? 나는 참으로 후자가 주된 이유라고 생각하는 경향이 있다. 왜냐하면 어떤 경우에는 증명이 아예 불가능하다는 단순 사실이 최소한의 불편함조차 가져다주지 않기 때문이다. 예를 들어 어느 누구도 내 앞에 있는 이것이 의자임을 증명할 수 없다. 하지만 나는 그 어느 누구도 이러한 이유로 상당히 불만족스러워한다고 생각하지 않는다. 잘못일 개연성은 분명 존재하지만, 이것이 의자라는 데 우리 모두는 동의하고 또 이 사실만으로도 우리를 만족시키기에 충분하다. 물론 어떤 미친 사람이 들어와 그것은 의자가 아니라 코끼리라고 말할지 모른다. 우리는 그가 틀렸다는 점을 증명할 수 없고, 또 그가 우리에게 동의하지 않았다는 사실로 인해 우리들의 심기가 불편하게 될지도 모른다. 그리고 미쳤다고 생각하지 않는 누군가가 우리와 의견을 달리한다면, 우리의 불편함은 훨씬 더 커질 것이다. 그래서 우리는 그를 설득시키려는 논변을 제시하고자 애를 쓸 것이다. 이 경우, 우리의 주장하는 바를 입증하지 못한다 할지라도, 그가 우리의 의견에 동의하는 것만으로도 아마 우리는 만족할 것이다. 이 경우 그를 설득할 수 있는 길은, 그가 참이라고 인정하는 그 밖의 다른 사실과 그의 원래 입장은 모순되는 반면에 우리의 입장은 일치한다는 점을 그에게 보여주는 방법밖에 없다. 하지만 그와 우리 모두가 참이라고 동의한 그 어떤 것이 진실로 사실임을 증명하는 일은 불가능할 것이다. 우리는 논쟁 중인 문제를 이러한 방식으로, 즉 단지 우리 모두가 동의하고 있다는 사실을 지적하는 방식으로 해결하는 데 만족하게 될 것이다. 간단히 말해 이러한 경우 우리의 불만족은 앞의 이야기에서 언급된 미치광이가 느끼는 불만족의 형태와 거의 언제나 흡사하다. 미치광이는 말한다. "나는 세상이 미쳤다고 말하는데, 세상은 반대로 내가 미쳤다고 말한다. 망할 놈의 세상이다. 세상이 다수의 이름으로 나를 짓누르고 말았다." 내가 말하듯이, 이처럼 우리로 하여금 사태에 대해 불만족스럽다고 느끼게 만드는 것은 증명의 불가능성이 아니라 거의 언제나 이러한 불일치이다. 왜냐하면 실제로 증명 그 자체가 진리의 보증임을 어느 누구도 입증할 수 없기 때문이다. 예를 들어 우리 모두는 논리의 규칙이 참이라는 점에 동의한다. 그래서 논리 규칙에 따라 얻어지는 결론을 우리는 받아들인다. 하지만 이러한 증명은 우리에게 불만족스러워 보인다. 왜냐하면 논리의 규칙이 진리의 보증이라는 데 대해 우리는 그 어떤 증명도 하지 않고 단지 충분히 동의만 표명하고 있을 따름이기 때문이다. 즉, 논리의 규칙이 갖는 본성으로 인해, 우리들의 이러한 동의가 올바르다는 것을 우리는 결코 증명할 수 없다.

따라서 쾌락만이 유일하게 선한지 그렇지 않은지를 증명할 수 없다는 사실을 우리가 인정한다고 해서 그렇게 실망할 필요까지는 없다고 나는 생각한다. 그럼에도 불구하고 우리는 합의에 도달할 수 있기 때문이다. 합의를 한다면, 나는 그것만으로 만족스럽다고 생각한다. 하지만 이러한 만족을 얻게 되리라는 우리들의 기대에 대해 나는 그렇게 낙관적이지 못하다. 윤리학, 아니 철학 일반은 지금까지 언제나 이상하리만치 불만족스럽지 않았는가? 의자, 빛, 벤치 등의 존재에 대해서와 마찬가지로, 윤리학과 철학에 대해서도 아직까지 합의가 존재하지 않는다. 따라서 내가 여기서 단 한 번에 논쟁 중인 큰 문제를 완벽하게 해결하리라 기대한다면, 나는 바보임에 틀림없을 것이다. 내가 이러한 성과를 거두리라 확신할 만한 가능성은 거의 없어 보인다. 지금부터 2~3세기 후 언젠가는 마침내 쾌락만이 유일하게 선한 것이 아니라는 사실에 대한 합의가 이루어지리라고 소망하는 것조차도 대단히 주제넘은 일이다. 철학적 물음들은 매우 어렵고 그 문제들 역시 아주 복잡하기 때문에, 어느 누구도, 과거와 마찬가지로 지금에 와서도, 아주 제한된 합의 이상을 얻으리라고 기대하는 일은 공평한 처사가 아니다. 하지만 내가 여기서 제시하고자 하는 고려 사항들은 나에게 절대적으로 확실하게 보인다고 나는 단언하고 싶다. 즉, 오직 내가 잘 설명하기만 한다면, 그러한 고려 사항들은 우리들을 확신시켜주어야만 한다고 나는 분명 생각한다. 어쨌든 나는 그저 노력만 할 뿐이다. 나는 지금 여기서 이제까지 내가 논의해온 논쟁점에 대해 불만족스러운 상태로 끝맺음을 하고자 한다. 쾌락주의의 근본 원칙이 터무니없는 말장난에 불과하다는 나의 주장에 사람들이 동의하도록 나는 모든 노력을 경주할 것이다. 이를 위해 나는 아주 냉철하게, 그리고 명쾌하게 반성적으로 고찰하여 쾌락주의 근본 원칙이 의미하는 바가 무엇인지를 보여주고자 하며, 나아가 쾌락주의가 의미하는 바는 다른 신념―내가 희망하건대 이 신념은 그렇게 쉽게 포기될 것 같지 않다―과 어떻게 상충하는지를 보여주고자 한다.

## 46.

이제부터 우리는 직관주의적 쾌락주의(Intuitionistic Hedonism)에 대해 논의하고자 한다. 이러한 논의의 시작이 나의 윤리학 방법에서 전환점이 된다는 사실에 주목하기를 바란다. 내가 지금까지 심혈을 기울여 주장하고자 하는 요점, 즉 "선은 정의내릴 수 없다."는 점과 이의 부정은 오류를 낳게 된다는 점은 엄밀한 증명이 가능하다. 왜냐하면 이를 부정하게 되면 우리는 모순을 범하기 때문이다. 하지만 우리는 지금 어떤 사물 혹은 어떤 속성이 선한가라는 물음―윤리학은 이러한 물음에 답하는 데 그 존재 목적이 있다―을 다루는 현장에 와 있다. **이러한** 물음에 대한 그 어떤 대답에 대해서도 우리는 직접 증명이 가능하지 않다. 하지만 단지 우리 이전 시대 사람들의 입장 때문에, 선의 의미에 대해서조차 우리는 직접적인 증명이 가능하다고 생각해왔다. 우리는 여기서 밀이 말한 '간접 증명(indirect proof)'에 희망을 걸 따름이다. 즉, 서로의 지성에 호소하여 결단을 내리게 하는 희망 외의 그 어떤 희망도 우리는 가질 수 없다. 지금까지 우리가 직접적인 증명이 가능하다고 생각하고 다루어온 앞의 문제에 대해서 이제부터는 단지 이러한 이유로 간접 증명만이 가능하다고 생각하고 논의하고자 한다. 그래서 다시 "쾌락만이 목적으로, 즉 그 자체로, 그리고 그 자신을 위해 선한 유일한 것이다."라는 직관을 우리의 재판정에 끌어들이지 않을 수 없게 되었다.

### 47.

이러한 맥락에서 밀의 또 다른 입론, 즉 쾌락주의와 연관하여 시지윅 교수가 아주 현명하게 반박하고 있는 입론을 먼저 고찰하는 것이 바람직해 보인다. 이는 '쾌락의 질적 차이'에 관한 입론을 말한다. 이에 관해 밀은 다음과 같이 말한다.[12]

쾌락의 질적 차이가 무슨 뜻이냐, 또는 양이 더 많다는 것을 제외하고 어떤 쾌락을 보통의 다른 쾌락보다 더 가치 있게 만드는 것이 무엇이냐고 질문을 한다면, 이에 대해 가능한 대답은 하나뿐이다. 만일 두 가지 쾌락이 있는데, 이 둘을 모두 경험해본 사람 전부 또는 거의 전부가 도덕적 의무 같은 것과 관계없이 그중 하나를 더 뚜렷이 선호한다면, 그것이야말로 더욱 바람직한 쾌락이라고 할 수 있을 것이다. 그 둘에 대해 확실하게 잘 아는 사람들이 엄청난 불만족이 따를 수 있다는 것을 잘 알면서도, 그리고 쾌락의 양이 적더라도 어떤 하나를 분명하게 더 원한다면, 우리는 그렇게 더욱 선호되는 즐거움

---

12) p. 12. [역자 주] 여기서는 서병훈 옮김, 『공리주의』(서울: 책세상, 2007), p. 27의 번역을 그대로 원용했다.

이 양의 많고 적음을 사소하게 만들 정도로 질적으로 훨씬 우월하다고 규정해도 될 것이다.

벤담이 '쾌락의 양'에만 의존하여 쾌락주의를 옹호한다는 점은 잘 알려진 사실이다. 즉, "쾌락의 양이 똑같다면, 제도용 핀은 시와 똑같이 선하다."는 게 벤담의 준칙이다. 그럼에도 불구하고, 시가 더 많은 양의 쾌락을 산출하기 때문에, 시가 제도용 핀보다 더 좋다는 점을 벤담이 입증했다고 밀은 분명하게 밝히고 있다. 하지만 "공리주의자들은 쾌락의 양이 아닌 다른, 소위 보다 상위의 기준을 아주 일관되게 받아들일 수 있다."고 밀은 말한다.(p. 11) 이러한 언급으로부터 우리는 밀이 쾌락을 평가하는 척도로 쾌락의 양과는 전혀 다른 '쾌락의 질'을 인정하고 있음을 알 수 있다. 게다가 선결 문제를 야기하는 '보다 상위(higher)'—나중에 그는 이 용어를 '보다 우월한(superior)'으로 해석한 바 있다—의 개념을 사용하여, 밀은 불편한 심기를 드러내 보이는 것 같다. 즉, 쾌락의 양만을 유일한 표준으로 받아들이게 되면, 결국 뭔가 잘못이 발생하게 되고, 그래서 우리 모두는 돼지와 같다는 욕을 얻어먹지 않는가? 아마 현재로서는 우리야말로 이런 욕을 얻어먹어 마땅한 것처럼 보인다. 하지만 밀의 쾌락의 질 인정은 그 자신의 쾌락주의와 일치하지 않거나, 아니면 단지 쾌락의 양만으로도 우리가 얻을 수 있는 근거와는 다른 별다른 쾌락주의 옹호 근거를 전혀 제공하지 않는다는 점을 나는 여기서 보여주고자 한다.

어느 한 쾌락이 다른 쾌락에 비해 질적으로 우월하다는 점을 보여주는 밀의 기준은 그 두 쾌락을 모두 경험한 사람들 대부분이 취하는 선호일 것이다. 이렇게 선호된 쾌락이 더 바람직하다고 밀은 주장한다. 그런데 우리가 이미 보았듯이, 밀은 "어떤 대상을 바람직하다고 생각하는 것은 그 대상을 쾌락적이라고 생각하는 것과 하나이며 정확히 동일한 것"이라고 주장한다.(p. 58) 그러므로 그에 따르면, 단지 전문가의 선호만으로도 어느 한 쾌락이 다른 쾌락에 비해 더 쾌락적이라는 점이 입증되었다고 우리는 말할 수 있다. 하지만 만약 사실이 이러하다면, 밀은 이러한 표준을 쾌락의 양이라는 기준과 어떻게 구별할 수 있는가? 즉, 양적으로 **더 많은** 쾌락을 산출한다는 의미 외의 다른 어떤 의미에서 어느 한 쾌락이 다른 쾌락에 비해 더 쾌락적이라고 말할 수 있는가? '쾌락적'이라는 용어는, 그 어떤 의미로 사용되든 상관없이, 쾌락적인 모든 대상이 공통적으로 갖고 있는 그 어떤 속성을 내포함에 틀림없기 때문이다. 만약 그렇다면 어느 한 쾌락은, 오직 이러한 속성을 다소간 더 많이 소유하는 것에 비례하여, 다른 쾌락에 비해 더 쾌락적이라고 말할 수 있게 된다. 여기서 밀이 제안한 다른 대안으로 돌아가 논의해보자. 밀은 전문가의 이러한 선호가 어느 한 쾌락을 다른 쾌락에 비해 더 쾌락적임을 입증해준다고 진지하게 말하지 않았다고 일단 가정했다. 그렇다면 이 경우 '더 선호된다'는 말은 도대체 무엇을 의미하는가? 우리가 보았듯이, 밀에 따르면 욕구의 정도는 쾌락의 정도에 정확하게 비례하기 때문에, '더 선호됨'은 '더 욕구됨'을 결코 의미할 수 없다. 만약 이러한 의미로 받아들이게 되면, 밀의 쾌락주의는 그 토대가 무너지고 만다. 왜냐하면 어느 한 대상이 다른 대상에 비해 더 선호된다면, 그 대상이 더 욕구되고 있지 않음에도 불구하고, 이로써 그 대상이 더 바람직하다는 것이 입증되었다고 밀은 인정하는 셈이 되고 말기 때문이다. 필자는 지금까지 쾌락주의 원칙이든 다른 원칙이든 간에, 어떤 원칙을 확립하기 위해서는 일종의 직관적 판단이 꼭 필요하다고 주장해왔는데, 선호에 관한 밀의 판단 역시, 이 점에서 이러한 종류의 직관적 판단이라고 말할 수 있다.

어느 한 대상이 다른 대상에 비해 더 바람직하다거나 더 좋다는 판단은, 그 대상이 다른 대상에 비해 더 욕구되는가, 아니면 더 쾌락적이냐의 물음과 전혀 상관없는, 일종의 직접적 판단(direct judgment)이다. 이는 곧 선은 선이기에 더 이상 정의 내릴 수 없다는 점의 인정에 지나지 않는다.

**48.**

그리고 이러한 논의가 지적하는 또 하나의 논점을 주목해보자. 선호에 관한 밀의 판단은 쾌락만이 유일한 선이라는 쾌락주의 원칙을 확립해주기는커녕 오히려 쾌락주의 원칙과 분명 모순됨에 틀림없다. 그는 전문가들이 쾌락의 질적 차이를 이유로 어느 한 쾌락이 다른 쾌락에 비해 더 바람직하다고 판단함을 인정한다. 그러면 밀의 이러한 인정이 의미하는 바는 무엇인가? 어느 한 쾌락이 다른 쾌락에 비해 질적인 측면에서 차이가 난다면, 이는 쾌락이란 복합적인 그 무엇, 즉 쾌락뿐만 아니라 쾌락을 야기하는 그 무엇으로 **함께 구성된** 복합체임을 의미한다. 예를 들어 밀은 '관능적 탐닉(sensual indulgences)'을 '보다 저급한 쾌락(lower pleasure)'으로 취급한다. 그렇다면 관능적 탐닉이란 무엇을 말하는가? 이는 일종의 감각적 흥분 상태를 말하는 것으로서, 이러한 경우 그러한 흥분에 의해 쾌락이 함께 얻어지기도 한다. 그러므로 관련된 쾌락의 양에서는 동등함에도 불구하고 관능적 탐닉이 다른 쾌락에 비해 보다 저급한 쾌락으로 직접 판단될 수 있음을 인정했다는 점에서, 밀은 관능적 탐닉에 뒤따라오는 쾌락과 전혀 상관없이 쾌락 이외의 그 어떤 다른 것이 선할 수 있음을 인정하는 셈이다. 실제로 쾌락이라는 개념은 사실을 은폐시키는, 오해하기 쉬운 용어이다. 즉, 우리가 다루는 바가 쾌락이 아니라 그 밖의 다른 무엇, 즉 물론 필연적으로 쾌락을 불러일으키긴 하지만 쾌락과는 분명 완전히 구별되는 그 무엇임에도 불구하고, 쾌락이란 용어는 우리들로 하여금 이 둘을 혼동하도록 만든다.

쾌락의 질 인정은 쾌락 및 고통 없음이 목적으로서 유일하게 바람직하다는 쾌락주의 원칙과 완전히 일치한다고 생각한 점에서, 밀은 다시 한 번 목적과 수단을 혼동하는 오류를 범하고 말았다. 그 이유를 알아보기 위해, 그가 사용한 용어의 의미에 대해 일단 가장 우호적인 입장을 받아들이자. 즉, 그는 쾌락이라는 용어를, 분명 그의 진술은 이러한 의미를 함의하지만, 쾌락을 불러일으키는 그 무엇이나 그로 인해 발생된 쾌락을 의미하는 게 아니라고 가정해보자. 한 걸음 더 나아가 파랑, 빨강, 초록 등 여러 종류의 색깔이 존재하는 것과 똑같은 의미로, 쾌락에도 여러 종류의 쾌락이 있음을 밀이 염두에 두고 있었다고 가정하자. 색깔의 경우에서조차, 우리의 목적은 오직 색깔만이라고 말한다면, 즉 색깔 자체만이 진정으로 우리의 목적이라면, 우리가 실제로 보는 구체적인 특정의 색깔은 색깔을 얻는 데 있어서 단지 **수단**에 불과하게 된다. 아니, 구체적인 특정의 색깔을 보지 아니하고서는 색깔이란 목적을 얻는 일 자체가 불가능하다. 밀이 쾌락만이 유일한 목적이라고 말한 바와 같이, 색깔만이 가능한 유일한 목적이라면, 어느 한 색깔이 다른 색깔에 비해 더 많은 색깔을 지니고 있다는 사실 외에는, 전자를 후자에 비해, 예를 들어 빨강을 파랑에 비해 더 선호할 아무런 이유도 존재하지 않는다. 하지만 밀은 쾌락에 관해 이와 정반대의 입장을 주장하고 있다.

따라서 어느 쾌락은 다른 쾌락에 비해 **질적으로** 우월하다는 밀의 입장을 심사숙고하게 되면, 우리는 "쾌락만이 유일한 선이다."라는 직관을 어떻게 받아들여야 하는지에 관해 지식인의 결정을 도와주는 한 가지 중요한 결론을 얻게 된다. 왜냐하면 밀의 입장은 만약 당신이 '쾌락'을 말한다면, 당신은 '쾌락'을 의미해야 한다는 사실을 밝혀 드러내 보여주기 때문이다. 즉, 쾌락을 말할 경우, 당신은 서로 다른 모든 '쾌락'에 공통적인 그 어떤 것—양에서는 다르지만 **질**에서는 다를 수 없는 그 어떤 것—을 의미해야만 한다. 나는 지금까지, 밀이 말한 대로 쾌락의 질을 고려해야만 한다면 우리는 이제 더 이상 쾌락**만이** 목적으로 **유일한** 선이라는 입장을 견지할 수 없다는 점을 지적했다. 왜냐하면 쾌락 이외의 그 어떤 것, 즉 모든 쾌락에 공통적으로 현존하지 **않는** 그 어떤 것 **역시** 목적으로 선할 수 있기 때문. 내가 제시한 색깔의 사례는 이 점을 가장 날카로운 형태로 보여준다. 즉, "색깔만이 목적으로 유일한 선이다."라고 주장한다면, 우리는 어느 한 색깔을 다른 색깔에 비해 더 선호할 그 어떤 이유도 제시할 수 없다는 사실은 아주 분명하다. 이렇게 되면 선과 악의 유일한 표준은 '색깔'이 될 것이다. 빨강과 파랑 둘 다 유일한 이 표준과 동일하게 일치하기 때문에, "빨강이 파랑보다 더 선하다."라고 판단할 수 있는 그 어떤 다른 표준도 우리는 생각할 수 없다. 물론 이러저러한 특정의 색깔을 지니지 않을 경우, 우리는 색깔을 아예 지닐 수 없다는 점은 분명 사실이다. 그러므로 색깔이 목적이라면, 구체적인 특정의 개별 색깔들은 모두 수단으로 선하게 되지만, 이들 중 그 어떤 색깔도 그 자체 목적으로서 선으로 간주될 수 없는 것은 물론이거니와 심지어 다른 색깔에 비해 수단으로서 더 선한 것이라고 말할 수도 없다. 쾌락에 대해서도 우리는 똑같은 주장을 할 수 있다. "쾌락만이 목적으로서 유일하게 선하다."는 명제가 진정으로 의미하는 바를 받아들인다면, "쾌락의 양이 동등하다면, 제도용 핀은 시와 똑같이 선하다."라는 벤담의 주장에 우리는 동의해야만 한다. 따라서 쾌락의 질을 옹호하는 밀의 주장에 대한 지금까지의 논박으로 인해 우리는 바라는 방향으로 한 발자국 내딛게 되었다. 이제 더 이상 독자들은 나의 주장에 동의하지 않을 수 없게 되었다. 즉, 우리는 "쾌락만이 목적으로 유일한 선이다."라는 쾌락주의 원칙과 "어느 한 쾌락이 다른 쾌락에 비해 질적으로 더 좋다."라는 입장을 아무런 모순 없이 일관되게 주장할 수는 없다. 우리가 밝혔듯이, 이 두 입장은 서로 모순적이다. 우리는 이 두 입장 중 어느 하나만을 선택해야 한다. 다시 말해 만약 우리가 후자를 선택한다면, 우리는 쾌락주의 원칙을 포기해야만 한다.

### 49.

그러나 내가 말한 바와 같이, 시지윅 교수는 이 두 입장이 상호 모순된다는 점을 이미 알고 있었다. 즉, 그는 두 입장 중 어느 한 입장을 선택해야 한다는 사실을 잘 알고 있었다. 그리고 그는 실제로 선택했다. 그는 쾌락의 질 표준을 거부하고, 쾌락주의 원칙을 받아들였다. 하지만 그는 아직까지도 여전히 "쾌락만이 목적으로 유일한 선이다."라는 원칙을 주장하고 있다. 그러므로 나는 그가 쾌락주의 원칙을 우리들에게 설득시키기 위해 제시하고 있는 고려 사항들을 고찰할 것을 제안한다. 나는 이러한 논의를 통해, 나와 의견을 달리하도록 만드는 편견과 오해 몇 가지를 해소할 수 있으리라 소망한다. 시지윅 교수가 제안하는 일부의 고려 사항들에 대해서는 우리가 결코 동의할 수 없다는 점을, 그리고 다른 일부 고려 사항들은 그의 입장이 아니라 나의 입장을 변론해준다는 점을 내가 보여줄 수 있다면, 우리가 바라는 주장에 우리는 또다시 몇 걸음 더 바짝 다가서게 될 것이다.

**50.**

내가 여기서 주목하고자 하는 부분은 시지윅 교수의 『윤리학 방법론』가운데, I부 9장 4절과 III부 14장 4-5절이다.

이 두 구절 가운데 전자, 즉 I부 9장 4절은 다음과 같다.

나의 생각은 다음과 같다. 일반적으로 선이라고 판단되는 그러한 항구적인 결과를 사람이 지니는 성질 외의 다른 것이라고 확고하게 간주한다 해도, 인간 존재 혹은 적어도 의식이나 느낌과 아무런 관계없이 이러한 선의 속성을 소유하는 것처럼 보이는 것은 전혀 존재하지 않는다는 것을 우리는 깨닫게 된다.

예를 들어 생명이 없는 무생물 대상, 경치 등을 미(美)를 지닌 선으로, 그리고 어떤 다른 것들에 대해 추악하다는 이유로 악이라고 우리가 일반적으로 판단한다 해도, 이를 의식하는 그 어떤 인간 존재와도 상관없이 외적 자연에 독립적으로 존재하는 미의 산출을 목표로 노력하는 일이 합리적이라고는 그 어느 누구도 생각하지 않는다. 실제로 미를 객관적인 성질이라고 주장할 때조차, 우리는 이를 느끼는 마음과 전혀 아무런 상관없이 미가 그 자체로 존재한다는 것을 일반적으로 의미하지 않는다. 오히려 이는 단지 모든 사람에게 타당하게 적용되는 미의 그 어떤 표준이 존재한다는 것을 의미할 따름이다.

그럼에도 불구하고 우리는 다음과 같이 말할 수 있다. 미 및 일반적으로 선으로 판단되는 다른 결과들이, 비록 인간 존재(혹은 적어도 어떤 종류의 의식)와 아무런 상관관계 없이 존재한다고 생각하지는 않지만, 그리고 그 존재가 인간 존재에 의존하고 있는 것도 사실이지만, 목적이라는 측면에서는 인간 존재와 확실하게 분리될 수 있을 뿐만 아니라 이러한 미나 선의 실현은 이러한 존재의 완성이나 행복과 경쟁 관계에 놓이기도 한다. 따라서 아름다운 것들은 그 어떤 감상의 목적으로 추구되는 경우를 제외하고는 생산할 가치가 없다는 생각이 들지만, 여전히 우리 인간은 이를 감상하는 사람들을 전혀 염두에 두지 않고서도 이를 생산하는 데 헌신할 수도 있다. 이와 마찬가지로 지식 역시 마음과 별도로 존재할 수 없는 선이다. 하지만 우리는 이를 소유하는 특정 사람들의 마음을 전혀 염두에 두지 않고서도 얼마든지 지식의 증대에 더 깊은 관심을 가질 수 있다. 나아가 우리는 마음과는 별도로 지식을 궁극적인 목적으로 간주할 수도 있다.

그래서 여전히 나는 다음과 같이 생각한다. 이러한 대안적 입장들을 명백하게 이해하게 되면, 대체로 우리는 곧장 외적인 물질적인 모든 대상뿐만 아니라 미, 지식 및 다른 이상적인 선 등도 오직 다음과 같은 경우에만 사람들이 합당하게 추구할 수 있다고 주장하게 된다. 즉, 이러한 것들이 인간 실존 (human existence)[13]의 (1) 행복 혹은 (2) 완전함(Perfection)이나 탁월함 (Excellence)에 기여하는 경우에만 우리는 합당하게 추구할 수 있다. 나는 '인간 존재'만을 말하고자 한다. 왜냐하면 비록 대부분의 공리주의자들은 하등 동물의 쾌락(및 고통 없음)도 자신들이 행위의 올바른 목적으로 여기고 있는 행복 속에 포함된다고 생각하지만, 어느 누구도, 동물의 쾌락이 인간의 목적에 대한 수단이 되거나, 혹은 적어도 우리 인간의 과학적 연구의 대상이나 미적 감상의 대상이 되는 경우를 제외하고서도, 그 자체 목적으로 추구해야 한다고 주장하지는 않기 때문이다. 또한 인간보다 우월한 그 어떤 존재를 우리는 실천적 목적에 포함시킬 수도 없다. 물론 우리는 선의 이데아를 신의 활동에,

∵

13) [역자 주] human being은 인간 존재로, human existence는 인간 실존으로 각각 번역하고자 한다. 그리고 저자가 직접 Human Existence라고 대문자로 사용한 경우에는 작은따옴표를 사용하여 '인간 실존'으로 강조하여 번역했다.

그것도 아주 탁월한 방식으로 적용하듯이, 신적 존재에 대해서도 선의 이데 아를 적용하기도 한다. 그리고 "우리 인간은 모든 것을 하나님의 영광을 위해 해야 한다."고 말할 때, 마치 우리 인간이 하나님을 영화롭게 함으로써 하나님의 존재가 더 선한 존재가 된다는 주장이 전제되어 있는 듯이 보인다. 하지만 우리가 이러한 추론을 명확하게 밀고 나간다면, 이는 다소 불경스러워 보인다. 일반적으로 신학자들은 이러한 추론에서 한 발짝 뒤로 물러서며, 또 신적 존재의 선함(the Goodness of the Divine Existence)에다 그 무엇을 부가하여 인간 의무의 근거로 활용하는 것을 삼가고 있다. 인간 행위가 신적 존재 외의, 인간 존재를 초월하는 그 어떤 지성적 존재에 영향을 줄 수 있는가의 물음은 현재로서는 과학적 탐구의 대상조차 되지 못한다.

그러므로 나는 확신 있게 다음과 같이 주장한다. 행복 외의 그 어떤 다른 선을 사람들이 궁극적인 실천적 목적으로 추구하고 있다면, 그것은 '인간 실존'의 선함 내지는 완전함이나 탁월함 외의 다른 것이 될 수 없다. 그러면 행복이란 개념은 덕(Virtue) 이상을 포함할 정도로 광범위한가, 쾌락과 행복의 정확한 관계는 무엇인가, 그리고 행복을 근본적인 개념으로 받아들이면 우리는 논리적으로 어떤 입장에 도달하게 되는가 등의 물음은 쾌락과 덕이라는 다른 두 개념—이어지는 II부와 III부에서 자세하게 논의하고자 한다—을 면밀하게 검토한 후에 논의하는 것이 더욱 편리할 것이다.

먼저 이 구절에서 시지윅 교수는 궁극적 목적에 포함될 수 있는 대상의 범위를 제한하고 있다는 사실에 우리는 주목해야 한다. 물론 그는 궁극적 목적이 무엇인지 말하지 않고 있지만, '인간 실존'의 일부 특성 외의 다른 그 어떤 대상도 궁극적 목적의 범주에서 아예 배제하고 있다. 따라서 목적으로서 가능하지만 그가 배제하는 목적들은 그의 논의에서는 두 번 다시 등장하지 않는다. 이러한 목적들은 앞에서 인용한 구절에 의해서, 그리고 오직 이러한 구절을 통해서만 논의의 대상에서 단 한 번에 완전히 배제되고 말았다. 이러한 배제가 과연 정당한가?

나는 정당화될 수 있다고 생각하지 않는다. 시지윅 교수는 "감상하는 그 어떤 인간 존재와도 상관없이 외적 자연에 독립적으로 존재하는 미의 산출을 목표로 노력하는 일이 합리적이라고는 그 어느 누구도 생각하지 않는다."라고 말한다. 하지만 이에 대해 어떤 사람에게는 이러한 노력이 합리적일 수 있다고 나는 즉시 말하고 싶다. 나의 입장에 동의하는 사람이 단 한 사람도 없는지 여부를 고찰해보자. 먼저 이러한 인정이 의미하는 바가 진정 무엇인지 검토해보자. 이를 위해 다음과 같은 예를 하나 들어 볼 수 있다. 상상의 나래를 펴 극도로 아름다운 한 세계를 머릿속에 그려 보자. 이 세계는 우리가 상상할 수 있는, 최고의 아름다운 세계이다. 우리가 최고로 감탄해하는 모든 것을 갖춘, 즉 가장 아름다운 산, 강, 바다, 나무, 노을, 별, 달 등을 갖춘 멋진 세계를 상상해보라. 이러한 것들은 황금 비율로 조화롭게 구성되어 서로서로 부딪히거나 상충하지 않을 뿐만 아니라, 한 걸음 더 나아가 전체의 아름다움을 더욱 증진시키는 데 보탬이 된다고 상상하자. 그리고 또 당신이 상상할 수 있는, 가장 추한 세계도 한 번 상상해보라. 즉, 우리들로 하여금 구역질나게 하는 것을 단 하나도 빼놓지 않고 모두 지닌, 그래서 전체적으로 아무리 생각해봐도 이런 불명예스러운 욕을 얻어먹지 않도록 해줄 만한 구석이 전혀 없는, 단지 하나의 쓰레기 더미에 불과한 세계를 상상해보라. 상상만으로도 우리는 이런 두 세계를 충분히 비교할 수 있다. 이 두 세계 역시 시지윅 교수가 의미하는 바에 포함되며, 또 이러한 비교는 그의 논의와 밀접한 관련성을 지닌다. 하지만 그 어떤 인간 존재가 이 두 세계 중 한 세계에 지금까지 살아왔다거나 단지 가능성만으로도 두 세계 중 한 세계에서 살 수 있어서, 최고 아름다운 세계의 아름다움을 보고 즐기거나, 아니면 최고 추한 세계의 흉측스러움을 증오할 수 있다고 상상할 자격은 우리에게는 없다. 그렇다고 해서, 즉 이 두 세계를 인간 존재가 감상하는 것이 결코 가능하지 않은 그런 세계로 가정한다고 해서, 추한 세계보다 아름다운 세계가 존재하는 것이 더 좋다고 주장하는 것이 불합리하단 말인가? 어쨌든 이유 여하를 막론하고, 추한 세계보다 아름다운 세계를 만들기 위해 우리가 최선의 노력을 경주하는 것은 선한 일이 아닌가? 확실히 나는 그렇다고 생각하지 않을 수 없다. 그리고 이 극단적인 사례의 경우에 관해 몇몇 다른 사람들도 나의 입장에 동조하리라 나는 기대한다. 이러한 사례를 나는 극단적이라고 생각한다. 왜냐하면 이 두 세계 가운데 어느 하나를 선택하는 일이 우리 앞에 주어지기란 불가능하지는 않다 하더라도 개연성이 거의 없기 때문이다. 실제적인 선택의 경우, 우리의 행동이 의식적인 존재에 미치는 가능한 영향들을 우리는 언제나 고려해야만 한다. 이러한 영향 가운데는 단순한 미의 존재보다 더 선호되는 몇몇 결과가 항상 존재한다고 나는 생각한다. 그렇지만 이러한 사실은, 오직 아주 작은 양의 선만이 얻어질 수 있는 우리의 현실 세계에서는, 미를 그 자체로 추구하는 일이, 성취할 수 있는 개연성이 똑같은 다른 더 큰 선의 추구로 인해, 항상 후순위로 밀려나고 있음을 단지 의미할 따름이다. 하지만 보다 더 큰 선이 결코 얻어질 수 없는 경우에는, 미 자체가 추함 자체에 비해 더 큰 선으로 간주되어야 함을 우리는 인정하지 않을 수 없다. 이러한 인정만으로도 나의 목표를 달성하기에는 충분하다. 이 점이 인정된다면, 즉 그러한 경우에도 우리는 어느 한 행동을 다른 행동에 비해 더 선호하는 그 어떤 이유를 마땅히 제시해야만 하며, 또 우리에게는 그 어떤 의무도 존재하지 않는다고 우리는 주장할 수 없다. 다시 말해 이러한 경우에도, 미보다 더 선한 그 어떤 결과도 우리의 노력으로부터 얻어질 수 없기 때문에, 가능한 한 우리는 이 세계를 더 아름답게 만들 적극적인 의무를 지니게 된다. 이러한 점이 인정된다면, 즉 비록 상상의 세계에서라도 더 아름다운 것의 존재 자체가, 인간의 느낌에 미치는 영향과 전혀 상관없이, 보다 추한 것에 비해 여전히 더 선하다는 사실을 인정한다면, 시지윅 교수의 원칙은 무너지고 만다. 이렇게 되면 우리는 궁극적 목적의 범주에 인간 실존의 한계를 넘어선 그 무엇을 포함시켜야만 한다. 물론 나는, 미를 감상하고 즐길 수 있는 인간이 존재하는 경우, 아름다운 세계는 훨씬 더 선하다는 점을 인정한다. 그러나 이러한 사실의 인정이 나의 논점에 대한 반대 논거가 되는 것은 아니다. 아름다운 세계는 그 **자체로** 추한 세계에 비해 더 선하다는 주장이 일단 인정되기만 하면, 다음과 같은 결론이 얻어진다. 아름다운 세계를 향유하는 자가 아무리 많다 할지라도, 그리고 사람들이 누리는 즐거움이 아름다운 세계 자체보다 아무리 더 선하다 할지라도, 이러한 것들은 단지 아름다운 세계 자체가 지니는 전체의 선함에 **무엇인가를** 더해줄 따름이다. 즉, 아름다운 세계는 우리의 목적에 대한 수단일 뿐 아니라 그 자체로 목적의 한 부분이기도 하다.

### 51.

내가 앞에서 언급한 두 번째 구절에서, 시지윅 교수는 그때까지 자신이 계속하여 관심을 갖고 고찰하던 덕과 쾌락에 관한 논의에서 벗어나, 우리가 보았듯이 그가 궁극적 목적으로 국한했던 '인간 실존'의 부분 가운데 무엇이 진정으로 이러한 궁극적 목적으로 간주될 수 있는지의 물음으로 다시 돌아가 다루고 있다. 물론 방금 내가 말한 바는 시지윅 교수의 이러한 논변이 지닌 설득력마저 무력화시키는 것처럼 보인다. 내가 생각하기로, '인간 실존'의 한 부분이 아닌 다른 어떤 것이 그 자체 목적일 수 있다면, 인간 실존의 어떤 부분이 그 자체로 바람직하다는 점을 단지 밝혀주었다고 해서 시지윅 교수는 자신이 최고선(Summum Bonum)을 발견했다고 주장할 수는 없다. 하지만 이러한 잘못은 우리가 지금부터 논의하고자 하는 사항과 비교하면 그 중요성은 무시할 정도로 무의미하다고 말할 수 있다.

시지윅 교수는 III부 14장 4-5절에서 다음과 같이 말한다.

행복이란 궁극적 선의 한 부분임에 틀림없다는 점을 인정함에도 불구하고, 우리는 진리의 인식, 미의 감상, 자유, 유덕한 행위 등은 어느 정도 더 선호될 수 있는, 쾌락이나 행복에 대한 대안으로 간주할 수 있다. ···[14] 하지만 나는 이러한 입장이 반성적인 사람들의 건전한 판단에 부응하리라고 생각하지는 않는다. 이를 보여주기 위해, 나 자신이 이미 상식적인 도덕의 가르침이 갖는 절대적이고도 독립적인 타당성을 검토할 때 독자들로 하여금 원용하여 고찰하도록 요구한 바 있는, 바로 그 이중적인 절차를 다시 한 번 독자들이 따라주기를 나는 진심으로 부탁하고자 한다. 즉, 첫째로, 나는 자기 앞에 주어진 문제를 공평하게 고찰할 때 반성적으로 심사숙고한 다음 우리가 내리는 직관적 판단을 생각하라고 호소하고 싶다. 둘째로, 그런 다음에 그러한 직관을 인간의 일상적인 판단과 포괄적으로 비교해보라. 첫 번째 논변과

∴

14) [역자 주] III부 14장 4절은 여기서 끝나고, '하지만'부터는 5절이 새롭게 시작된다. Sidgwick, p. 400.

관련하여, 반성적으로 고찰하게 되면 적어도 나에게는 다음 사실이 명백하다고 여겨진다. 즉, 의식적인 주체의 이러한 객관적인 관계들은, 이러한 관계와 함께 발생하는, 그리고 이러한 관계의 결과로 일어나는 의식성과 분리되어서는, 이제 더 이상 궁극적으로, 그리고 본래적으로 '바람직하다'고 말할 수 없게 된다. 이는 물질이나 다른 대상이, 의식적인 존재와 결코 그 어떤 관계도 맺지 않은 채 고려될 경우, 본래적으로 바람직하지 않은 것과 똑같은 이치이다. 이제껏 설명한 것과 같은 선호—이러한 선호의 경우 그 궁극적 대상은 단순한 의식성이 아닌 그 무엇이다—를 우리가 실제로 경험하고 있음을 인정하지만, 여전히 나에게는 다음 사실이 분명한 것처럼 보인다. 즉, (버틀러경의 용어를 빌려 말한다면) '또렷한 정신을 갖고 반성적으로 고찰할' 경우, 감정을 지닌 존재의 행복에 이러저러한 방식으로 얼마만큼 기여하는가에 따라서 우리가 이러한 대상에 부여하는 중요성만을 우리는 우리 자신에게 정당화할 수 있다.

인류의 상식을 지적하는 두 번째 논변은 그 설득력이 확실하다고 분명하게 말할 수 없다. 왜냐하면 앞에서 지적했듯이, 일부 교양인들조차, 덕은 말할 것도 없고 지식, 예술 등도 그로부터 얻어지는 쾌락과 상관없이 그 자체목적으로 판단하는 습관에 젖어 있기 때문이다. 그러나 '이상적 선'의 이 모든 요소는 여러 방식으로 쾌락을 산출할 뿐만 아니라, 대략적으로 말해, 쾌락을 산출하는 정도에 비례하여 이러한 요소들이 상식의 지지를 얻는다고 우리는 별 무리 없이 주장할 수 있다. 이는 미의 경우 분명 참인 것 같다. 그리고 다른 종류의 사회적 이상의 경우에도 이는 거의 부인할 수 없다. 어느 종류의 자유나 일정 형태의 사회 질서에 대해, 그것이 사회 일반의 행복을 증진시키는 경향을 전혀 지니지 않는다고 확신 있게 말하면서, 동시에 이러한 자유나 사회질서가 일반적으로 바람직하다고 주장하는 일은 역설에 불과하다. 지식의 경우는 꽤 복잡하다. 즉, 지식의 '열매'가 분명하게 밝혀진 경우, 상식은 지식의 가치에 대해 확실히 가장 우호적인 태도를 취한다. 하지만 오랫동안 쓸모없었던 지식이 예상치 못한 풍성한 결실을 가져다주기도 하고, 외형상 관련성이 전혀 없어 보이는 분야의 지식이 한 줄기 빛이 되어 놀라운 통찰력을 가져다준다는 사실을 우리들의 경험이 종종 보여준다는 점을 우리는 자각해야 한다. 그리고 과학적 탐구의 어느 특정 분야가 이러한 간접적인 유용성조차 지니지 못한다 할지라도, 지식은 공리주의적 근거에서 여전히 존중받을 만한 가치가 있다. 왜냐하면 지식은 탐구자에게 호기심이라는 고상하고도 순수한 쾌락을 가져다줄 뿐만 아니라 탐구자가 지니는 지적인 성향은 전체적으로 풍부한 지식을 낳는 경향이 있기 때문이다. 그러나 후자의 경우, 즉 간접적인 유용성조차 지니지 못하는 지식의 경우, 상식은 가치 있는 노력을 잘못된 방향에 사용한다고 불만을 토로하는 경향이 다소 존재한다. 그 결과 과학에 대해 우리가 일반적으로 부여하는 존중의 필요성이, 아마도 무의식적이기는 하지만, 꽤 엄격한 공리주의적 잣대에 의해 등급이 매겨지기도 한다. 요즈음의 생체 해부학의 연구 분야에서처럼, 어떤 분야에서든 과학적인 연구의 정당성이 논란의 초점이 되는 경우에는, 찬반 양쪽의 논쟁점이 대개 공리주의적 잣대에 근거하여 해결되고 있다는 점은 분명 확실하다.

덕의 경우에는 특별한 고찰이 필요하다. 왜냐하면 유덕한 충동과 성향은 상호 격려하고 장려한다는 사실은 사람들의 일상적인 도덕적 담론의 주된 목적이어서, 이러한 상호 장려가 지나치지 않은가 의문을 제기하는 것조차도 우리 사회에서는 썰렁한 분위기를 자아내기 때문이다. 하지만 덕의 함양에 모든 노력을 집중하는 일이 행복 일반에 역행하는 결과를 야기하는 예외적인 경우가 드물기는 하지만 발생한다는 사실을 우리는 경험상 잘 안다. 즉, 때로 우리는 덕의 함양에 너무 집중한 나머지 도덕적 광신의 경지에 이르러 행복의 다른 여건들에 전혀 주의를 기울이지 않기도 한다. 그리하여 덕의 함양이 지니는 이러한 '불행한 결과'가 가능할 뿐만 아니라 실제로 일어난다는 점을 인정한다면, 이러한 경우 덕의 함양에 얼마만큼의 노력을 기울이는 것이 적절한지를 결정하는 기준은 다름 아닌 행복 일반의 증진이어야 함을 우리는 대개 인정하리라고 나는 생각한다.

여기서 시지윅 교수의 논증은 마무리된다. 즉, 진리의 인식이나 미의 감상이 감정을 지닌 존재의 쾌락 증진 내지는 고통 감소에 기여하지 않는 한, 우리는 진리의 발견이나 미의 감상을 목표로 추구해서는 안 된다고 그는 생각한다. 쾌락만이 그 자체를 위해 선한 유일한 것이다. 진리에 대한 지식은 오직 쾌락을 위한 수단으로서만 선할 뿐이다.

## 52.

이러한 주장이 의미하는 바가 무엇인지 고찰해보자. 쾌락이란 무엇인가? 쾌락이란 확실히 우리가 의식할 수 있는 그 무엇이기에, 이에 대한 의식 자체와는 분명 구분되어야 한다. 우선 나는 다음과 같이 묻고 싶다. 우리가 쾌락을 의식하고 있지 않은 경우에도 쾌락을 평가하고 있다고 우리는 정말 말할 수 있는가? 우리가 의식하지 않았고 또 의식할 수도 없는 쾌락의 획득을 그 자체 목적으로 우리가 추구하고 있다고 우리는 과연 생각할 수 있는가? 물론 이러한 쾌락이 가능할 뿐만 아니라 또 아주 일상적이라고 믿을 만한 많은 이유가 존재하는 것은 확실하지만, 이러한 쾌락은 아예 그 존재 자체가 불가능할지 모른다. 왜냐하면 그 자체 목표로 추구하면서 이처럼 쾌락이 의식과 완전히 분리되어 존재하는 것이 불가능하기 때문이다. 하지만 이러한 쾌락의 존재가 불가능하다고 생각한다 해도, 이 사실은 우리의 논의와 전혀 무관하다. 왜냐하면 우리가 던지는 질문은 다음과 같기 때문이다. 우리가 그 자체로 가치 있다고 여기는 쾌락은 이를 느끼는 의식과 구별되어 독립적으로 존재하는가? 다시 말해 우리는 쾌락을 그 자체로 가치 있다고 생각하는가, 아니면 쾌락을 선이라고 생각한다면 우리가 반드시 그 쾌락을 의식해야만 한다고 우리는 주장해야 하는가?

이러한 고찰은 플라톤의 대화편 『필레보스(*Philebus*)』(21 A)에서 소크라테스가 잘 보여준다.[15]

"프로타고라스여! 자네는 평생을 최대의 즐거움들을 누리면서 사는 것을 받아들이겠는가?"라고 소크라테스가 묻자, 프로타고라스는 이렇게 대답했다. "왜 그리하지 않겠습니까?"

소크라테스: 그러면, 만일 자네가 그런 삶을 완벽하게 향유할 경우에, 자네는 자신에게 무엇인가가 추가로 더 필요하다고 생각하는가?

프로타고라스: 전혀 그렇지 않습니다.

소크라테스: 생각해보게나. 슬기로움(분별 있음)과 지성에 의한 이해(사유), 헤아림(추론함), 그리고 이것들과 동류인 하고많은 것이 얼마쯤은 자네에게 필요하지 않겠는가?

프로타고라스: 왜죠? 제가 기뻐하는 상태를 향유하고 있다면, 아마도 저는 모든 걸 갖게 될 터인데요.

소크라테스: 그렇게 산다면, 자네는 일생을 통해 언제나 최대의 즐거움들

⁘

15) [역자 주] 여기서 플라톤의 대화편은 박종현 옮김, 『플라톤의 필레보스』(서울: 서광사, 2004)를 참조로 하여 역자가 일부 수정하여 번역했음을 밝혀둔다.

로 기뻐하고 있겠군?

프로타고라스 : 왜 그렇지 않겠습니까?

소크라테스 : 하지만 적어도 지성, 기억, 앎(지식), 참된 판단(참된 의견)을 갖고 있지 못하다면, 첫째로 자네는 바로 이것도, 즉 자신이 기뻐하는지 아니면 기뻐하고 있지 않은지조차도 필연적으로 모를 게 분명하겠지? 그야말로 사려 분별(지혜)이라곤 전혀 없다면 말일세.

프로타고라스 : 그야 필연적입니다.

소크라테스 : 더 나아가 기억을 갖고 있지 못하면, 마찬가지로 자네는 자신이 한때 기뻐했다는 사실을 기억하지도 못할 것이, 또한 당장에 마주치게 될 즐거움에 대한 아무런 기억도 남지 않을 것이 필연적이라는 게 분명하네. 더 나아가 또한 참된 판단을 갖지 못하면, 기뻐하면서도 자신이 기뻐하고 있다는 판단도 하지 못하며, 추론하는 능력이 없으면, 장차 자네가 기뻐하게 되리라는 것도 추론할 수가 없어서, 사람의 삶을 사는 것이 아니라 일종의 해파리나 조가비 같은 몸을 가진 온갖 바다 생물들의 삶을 사는 것이지. 이런 겐가, 아니면 이런 것들 이외의 다른 것들을 생각할 수 있는가?

프로타고라스 : 어찌 다른 것들을 생각할 수 있겠습니까?

소크라테스 : 그렇다면 그와 같은 삶이 우리가 택할 만한 것들이겠는가?

프로타고라스 : 소크라테스 선생님, 그 말씀이 제 할 말을 잃게 만듭니다.


우리가 보았듯이, 소크라테스는 지금 쾌락주의란 터무니없는 주장이라고 프로타고라스를 설득하는 중이다. 정말로 쾌락만이 목적으로서 선한 유일한 것이라고 계속 고집하고자 한다면, 우리는 의식하고 있든 그렇지 않든 상관없이 쾌락만이 선하다고 주장해야 한다. 즉, 설사 자신이 행복한지 알지 못하는 경우에도, 심지어 이를 전혀 알 수 없는 경우에도, 가능한 한 행복하고자 하는 것을 이상으로 삼는 일은 (아무리 그러한 이상을 성취하는 일이 불가능하다 할지라도) 여전히 합당하다고 우리는 선포해야 한다. 이러한 단순한 행복을 얻기 위해 우리는, 자기 자신이나 다른 사람에 대한, 그리고 행복 자체와 그 밖의 다른 것에 관한 모든 지식을 눈곱만큼도 남기지 않고 기꺼이 팔고자 해야 한다. 정말로 아직도 우리는 여전히 의견을 달리할 수 있는가? 이러한 주장은 정말 합당함이 분명하다고 여전히 단언할 사람이 있는가? 쾌락만이 목적으로 선이란 말인가?

물론 아직 그렇게 강력하지는 않지만, 명백히 이는 색깔의 경우[16]와 아주 흡사하다. 아마도 언젠가는, 특정 색깔의 존재나 지각 없이 단지 색 자체를 산출하는 것보다, 쾌락의 존재에 대한 아무런 의식 없이 가강 강력한 쾌락을 산출하는 것이 훨씬 더 가능성이 높은 날이 올 것이다. 색과 특정 색깔의 분리보다 쾌락과 의식의 상호 분리가 훨씬 더 쉬워 보인다. 하지만 그렇지 않다 하더라도, 쾌락만이 우리의 궁극적 목적이라고 주장하기를 정말로 원한다면, 우리는 쾌락과 의식을 구분해야만 한다. 의식이 분리될 수 없을 정도로 쾌락에 수반하는, 쾌락 존재의 필수 요건이라 할지라도, 쾌락만이 유일한 목적이라면, 우리는 의식에 대해 쾌락의 단순한 수단—일상적으로 이해되고 있는 그러한 의미로—에 불과하다고 말하지 않을 수 없다. 다른 한편, 내가 바라건대, 쾌락이 의식과 분리되어서는 비교적 아무런 가치도 지니지 않는 것이 명백하다면, 쾌락은 이제 더 이상 유일한 목적이 아니며, 적어도 이러한 목적의 진정한 한 부분으로 의식이 쾌락에 포함되어 있음에 틀림없다고 우리는 말할 수밖에 없다.

∴

16) § 48 sup.

지금 우리의 문제는 단지 목적이 무엇인가의 물음이다. 이 물음은 그 목적을 **그 자체로** 어느 정도 성취할 수 있는가, 혹은 그 목적의 성취에는 언제나 다른 것의 획득이 동시에 일어나고 있는가의 물음과는 전혀 별개의 다른 문제이다. 아마도 공리주의자가 실제로 도달한 **실천적** 결론이나 심지어 공리주의자가 논리적으로 도달하지 않을 수 없는 실천적 결론은 진실과 그렇게 동떨어져 있지는 않아 보인다. 하지만 이러한 결론이 참이라고 주장하는 공리주의자들의 **이유**가 "쾌락만이 목적으로서 선이다."라는 주장이라면, 이들은 분명 **전적으로** 틀렸다고 하겠다. 과학적 윤리학에서 우리가 주로 관심을 갖는 것은 바로 이러한 이유에 관한 것이다.

## 53.

쾌락에 대한 의식이 아니라 쾌락만이 유일한 선이라고 쾌락주의가 주장한다면, 쾌락주의는 분명 잘못되었다고 우리는 말할 수밖에 없다. 이러한 잘못은 주로 내가 앞서 밀에 관해 지적했던 오류, 즉 수단과 목적을 혼동하는 오류에 기인해 보인다. 쾌락에는 항상 의식(이는 그 자체로 아주 의심스럽다.)이 수반되어야 하기 때문에, 우리가 쾌락이 유일한 선이라고, 아니면 쾌락에 대한 의식이 유일한 선이라고 말하느냐의 물음은 아무런 의미가 없다고 가정하는 것은 잘못이다. 물론 **실천적인 관점에서 보면**, 의식 없이 쾌락을 얻을 수 없다는 것이 확실하다면, 우리가 어느 것을 목표로 해야 하느냐의 물음은 아무런 차이가 없다. 그러나 어느 것이 그 자체로 선인가의 물음이 핵심 사안인 경우, 즉 우리가 목표로 추구하는 바를 얻는 것이 무엇을 위하여 바람직한가의 물음을 묻는 경우, 이러한 구분은 결코 사소하지 않고 아주 중요하다. 이제 우리는 둘 중 어느 하나를 선택해야만 하는 배타적인 대안 앞에 서 있다. 즉, 쾌락 자체(설사 우리가 이를 얻을 수 없다 할지라도)가 바람직한 모든 것인가, 아니면 쾌락에 대한 의식이 여전히 더 바람직한가? 이 두 명제가 동시에 참일 수는 없다. 나는 후자가 참임이 분명하다고 확신한다. 그러므로 쾌락은 유일한 목적이 아니라는 결론이 얻어진다.

쾌락 자체가 아니라 쾌락에 대한 의식이 유일한 선이라고 해도, 이러한 결론은 쾌락주의에 큰 위협이 되지 않는다고 우리는 여전히 주장할 수 있다. 물론 쾌락주의자들이 의도적으로 그렇게 말하려고 수고하는 것은 아니지만, 이들에게 쾌락이란 쾌락에 대한 의식을 의미한다고 우리는 말할 수 있다. 내가 생각하기에 이는 대체로 참이다. 이러한 면에 있어서, 쾌락에 대한 의식 없이 쾌락을 산출하는 것이 가능하다 할지라도, 쾌락주의자들의 공식적 입장을 바로잡는 것은 단지 실천적으로 중요할 따름이다. 하지만 내가 생각하기에 지금까지 논의를 통해 얻은 결론의 이러한 실천적 중요성조차 비교적 사소한 것에 불과함을 나는 인정하지 않을 수 없다. 내가 주장하고 싶은 바는 쾌락에 대한 의식조차 유일한 선이 아니라는 점이다. 참으로 쾌락에 대한 선을 유일한 선으로 간주하는 것은 어리석기 그지 없는 짓이다. 지금까지 논의한 바가 중요한 일차적인 이유는, 쾌락에 대한 의식이 쾌락보다 더 가치롭다는 것을 밝혀주는 바로 그 방법이 쾌락에 대한 의식은 그 자체로 다른 것에 비해 훨씬 덜 가치롭다는 것을 보여준다는 점이다. 즉, 쾌락에 대한 의식이 유일한 선이라는 가정은, 쾌락이 유일한 선이라는 잘못된 주장을 낳게 만든 바로 그 구분을 간과한 데 기인한다.

쾌락 자체는 유일한 선 아님을 보여주기 위해 내가 사용하는 방법은, 쾌락이 완전히 독립적으로 존재한다고 할 경우 일상적으로 그에 수반되는 모든 것을 배제하고 오직 쾌락 자체에 대해 우리가 어떤 가치를 부여하고 있는가를 검토하는 방법이다. 실제로 이는, 우리가 어떤 대상이 그 자체로 어느 정도의 가치를 지니는지 알고자 할 때, 안전하게 사용 가능한 유일한 방법이다. 아마도 이러한 방법을 채택해야 하는 필요성은, 앞서 인용한 구절에서 시지윅 교수가 사용하고 있는 논증들을 고찰하게 되면, 그리고 그러한 주장들이 결국 오류에 빠져들 수밖에 없게 만든 그의 논증 방식을 폭로하게 되면 가장 잘 드러날 것이다.

## 54.

이들 중 두 번째에 관해, 우리는 쾌락과 더불어 선의 속성을 지니고 있다고 여겨지는 다른 대상들은, 대략적으로 말해, 쾌락을 산출하는 정도에 비례하여, 상식의 지지를 얻는 것처럼 보인다고 주장할 따름이다. 상식의 지지와 상식이 권장하는 쾌락의 효과 사이에 이런 대략적인 비례 관계가 유지되는가의 여부도 결정하기 아주 어려운 물음이다. 하지만 우리는 여기서 이 문제에 깊이 관여할 필요는 없다. 다만 이러한 비례 관계가 참이라고, 그리고 상식의 판단이 전체적으로 정확하다고 가정할 경우, 이것이 보여주는 바가 무엇인지에 대해 우리는 관심을 갖고 있기 때문이다. 정확하게 말해, 이는 쾌락이란 옳은 행위의 좋은 **기준**이라는 점을 보여줄 따름이다. 즉, 최대의 쾌락을 산출한 행위는 모두 전체적으로 최대의 선을 산출할 것이다. 그러나 이로부터 최대의 쾌락이 전체적으로 최고의 선을 **구성한다는** 결론은 결코 귀결되지 않는다. 최대 양의 쾌락은 사실의 문제로서 **실제적인 조건하에서는** 최대 양의 다른 선을 일반적으로 동반하며, 그렇기 때문에 쾌락은 유일한 선은 아니라는 대안적 주장은 여전히 열린 물음으로 남아 있다. 쾌락과 선이라는 서로 다른 두 대상이 항상 비례하여 이 세상에 일어나는 것은 참으로 기이한 일치처럼 보인다. 하지만 이러한 일치가 기이하다고 해서, 이러한 일치가 존재하지 않는다거나, 쾌락이 참으로 유일한 선이라는 사실에 기인하여 이러한 일치는 하나의 환상에 불과하다고 주장할 직접적인 이유는 결코 성립되지 않는다. 왜냐하면 이러한 기이한 일치는 또 다른 방식으로 얼마든지 설명이 가능하기 때문이다. 우리의 일차적인 직관이 쾌락은 유일한 선이 아니라고 명백하게 선언하는 경우에는, 이러한 일치가 비록 설명되지 않아도 우리는 이를 있는 그대로 받아들일 의무가 있다고 하겠다. 게다가 쾌락과 선이 동시에 발생한다고 가정하는 근본 이유는 모든 경우에서 쾌락을 산출하는 결과는 상식의 시인과 대략적으로 비례한다는 아주 의심스러운 명제에 기인한다는 점을 우리는 기억해야 한다. 그리고 시지윅 교수가 이러한 사실을 분명하게 밝혔음에도 그의 세부적인 설명은, 시인의 정도가 쾌락의 양에 비례한다는 것을 보여주지 않고, 반대로 고통보다 쾌락을 더 산출하지 않는 한 그 어떤 것도 선하다고 주장될 수 없다는, 전혀 다른 입장을 보여주는 경향성을 지니고 있음에 우리는 주목해야 한다.

**55.**

그러므로 이 문제에 대한 결정은 시지윅 교수의 첫 번째 논변, 즉 문제에 직면했을 때 마땅히 고려할 바를 공평하게 심사숙고한 다음 내리는 직관적 판단에 호소하는 방법에 달려 있음에 틀림없다. 하지만 내가 보기에 시지윅 교수는 그 문제를 자기 자신이나 독자에게 공평하게 드러내는 데에 두 가지 핵심적인 측면에서 실패한 것 같다.

(1) 그 자신이 직접 말한 대로, 그가 보여주어야 하는 바는 단순히 "행복

은 궁극적 선의 한 부분으로 포함되어야만 한다."는 주장이 아니다. 그는 이러한 입장은 그 자체만으로 "반성적인 사람의 건전한 판단으로 여겨져서는 안 된다."고 말한다. 그 이유가 무엇인가? 왜냐하면 "이러한 객관적 관계는, 이러한 관계에 수반하는, 그리고 이러한 관계로부터 귀결되는 의식과 구분되어서는 궁극적으로도 본래적으로도 바람직하지 않기 때문이다." 그런데 행복을 궁극적 선의 단순한 한 부분으로 간주하는 일은 직관의 사실과 부합하지 않는다는 점을 보여주기 위해 그가 제시한 이 이유는, 그의 생각과 정반대로, 행복이 궁극적 선의 한 부분임을 보여주는 데 충분할 따름이다. 왜냐하면 전체에서 한 부분만을 따로 떼어서 고찰할 경우 그 부분에는 그 어떤 가치도 귀속되지 않는다는 사실로부터, 전체에 속한 모든 가치는 전체의 다른 부분—즉, 따로 떼어서 고찰되는 다른 부분—에 귀속된다는 결론을 우리는 추론할 수 없기 때문이다. 미의 즐거움에는 많은 가치가 있는 반면에, 미의 즐거움이라는 복합 사실의 한 구성 요소를 이루는 미 자체의 단순 감상에는 전혀 아무런 가치가 없다고 우리가 인정한다 할지라도, 미의 즐거움이라는 전체가 갖는 모든 가치가 다른 구성 요소, 우리가 미를 감상하면서 가지는 쾌락에 있다는 결론은 귀결되지 않는다. 이 구성 요소 역시 그 자체로는 아무런 가치를 지니지 않는 것이 얼마든지 가능하기 때문이다. 즉, 전체에 속한 가치는 오직 그 전체에만 귀속될 수 있다. 따라서 쾌락과 그 감상 **둘 다** 선의 단순한 한 부분에 지나지 않으며, 그리고 이 둘은 똑같이 필수적인 부분이다. 간단히 말해 여기서 시지윅 교수의 논변은 내가 1장에서 설명하려고 한 원리, 즉 '유기체적 관계'의 원리[17]를 간과하고 있다. 그러니까 그의 논변은, 어떤 전체 상태가 가치를 지닌

••
17) pp. 80-85, 94-95.

다고 할 경우, 그 전체의 한 요소가 **그 자체로** 아무런 가치를 지니지 않는다면, 다른 요소가 그 전체에 귀속되는 모든 가치를 **그 자체만으로** 지님에 틀림없다고 전제하기 때문에, 잘못 되었다고 말할 수밖에 없다. 그의 논리와 반대로, 실제로는 전체가 유기체적이기에, 다른 요소도 아무런 가치를 지니지 않으며, 설사 가치를 지닌다 해도 전체의 가치는 그러한 요소의 부분 가치보다 훨씬 더 클 것이다. 수단과 목적을 혼동하는 오류를 피할 뿐만 아니라 바로 이러한 이유로, 부분이 어떤 가치를 지니고 있는지를 결정하자면, 요소들을 **서로 분리하여** 요소 각각의 속성을 주의 깊게 고찰하는 일이 절대적으로 필수 불가결하다. 그럼에도 불구하고 시지윅 교수는 이러한 분리의 방법(method of isolation)을 오직 자신이 고찰하는 전체의 **한** 요소에만 적용한다. 즉, 그는 다음의 질문을 아예 제기하지 못했다. 쾌락에 대한 의식이 그 자체로 독립적으로 존재한다면, 상식인의 건전한 판단에 그 의식에 얼마나 많은 가치를 부여할 수 있는가? 하지만 실제로는 가치 있는(혹은 그 정반대로 가치 없는) 전체를 취한 다음, 곧장 이 전체의 가치 혹은 무가치를 전체를 구성하는 요소 가운데 어느 요소에 귀속되는지를 항상 묻는데, 이는 잘못된 논리에 따르는 것이다. 아마 전체의 가치는 전체를 구성하는 어느 요소에 기인하지 않을지 모른다. 어느 한 요소가 그 자체로 상당한 가치를 지닌 것처럼 보일 경우, 우리는 전체의 모든 가치가 단지 그 요소에만 귀속된다고 가정하는 중대한 실수에 쉽게 빠져들게 된다. 내가 보기에 이러한 실수가 쾌락과 관련하여 일상적으로 범해지고 있다. 쾌락은 대부분의 가치 있는 전체의 필수적인 구성 요소임이 분명해 보인다. 그리고 분리할 수 있는 다른 구성 요소들은 대개 아무런 가치도 지니지 않는 것처럼 쉽게 생각되기 때문에, 모든 가치가 쾌락에 귀속된다고 가정하는 것은 아주 자연스러운 현상이다. 하지만 자연스러운 이러한 가정이 전제로부터 귀결되지 않는다는 점은 확실하다. 아니 그 반대로, 이는 엉뚱하리만큼 사실과 거리가 멀다는 점 역시 나의 '반성적 판단'에 비추어 보건대 아주 분명하다. 우리가 유일하게 안전한 방법, 즉 분리의 방법을 쾌락이나 쾌락에 대한 의식에 적용하여, 스스로 "쾌락에 대한 단순한 의식이 최대 양으로 존재하고, 이외의 그 어떤 것도 전혀 존재하지 않는다는 주장을 아주 훌륭한 근거를 지닌 주장으로 받아들일 수 있는가?"라고 묻는다면, 우리는 어떤 대답을 할 것인가? 이 질문에 대해 우리는 의심의 여지없이 '아니다!'라고 대답하리라 나는 생각한다. 우리는 쾌락에 대한 의식을 **유일한** 선으로 결코 받아들일 수 없다. 우리가 (나에게는 의심스럽기 짝이 없어 보이는) 시지윅 교수의 함의, 즉 쾌락에 대한 의식이 미의 감상보다 그 자체로 훨씬 더 큰 가치를 지닌다는 함의를 받아들인다 해도, 쾌락을 느끼면서 미를 감상하는 것이 쾌락에 대한 단순한 의식보다 측량할 수 없을 만큼 더 큰 가치를 지닌다는 것이 나에게는 확실해 보인다. 이러한 결론이 더 선호된다는 점을, '반성적인 사람들의 건전한 판단'에 나는 확신 있게 호소할 수 있다.

### 56.

(2) 쾌락적인 전체의 가치는 전체의 한 구성 요소를 이루는 쾌락에만 귀속되지 않는다는 점은 내가 생각하기에, 시지윅 교수의 논변이 결함을 지닌다는 또 다른 논의에 의해 훨씬 더 명백하게 밝혀지리라 생각한다. 우리가 보았듯이, 시지윅 교수는 어떤 대상의 쾌락 **산출 능력**(conduciveness)은 대체로 상식의 시인과 비례한다는 의심스러운 입장을 주장하고 있다. 그러나 그는 의심의 여지없는 거짓 주장, 즉 모든 상태의 쾌락 산출이 그 상태에 대한 시인에 비례한다는 주장을 하지는 않는다. 달리 말해 오직

**모든 각 상태의 전체 쾌락**을 고찰한 경우에만 우리는 쾌락의 양과 상식이 시인하는 대상이 항상 일치한다고 주장할 수 있다. 각각의 상태를 그 자체로 고찰하여 **목적으로서의** 선에 관한 상식의 판단이 무엇이냐고 묻는다면, 의심의 여지없이 상식은 분명 쾌락의 양이 훨씬 더 적은 수많은 상태가 훨씬 더 많은 쾌락을 지닌 상태보다 더 선하다는 주장을 할 것이다. 즉, 상식은 존 스튜어트 밀에 동조하여, 저급한 쾌락에 비해 그 양의 면에서 떨어지지만 더 가치 있는 고차원적인 쾌락이 존재한다고 주장한다. 물론 시지윅 교수는 이러한 점에서 상식은 수단과 목적을 혼동한다고, 즉 상식이 목적으로 더 선하다고 주장하는 것은 실제로는 단지 수단으로 더 선할 따름이라고 주장할지 모른다. 그러나 나는 시지윅 교수의 논변이 잘못되었다고 생각한다. 왜냐하면 그는 **목적으로서의 선**에 대한 직관이 어떠한가와 관련하여, 상식과 크게 배치되는 주장을 한다는 점을 충분히 깨닫지 못하고 있다는 점이 분명하기 때문이다. 그러니까 그는 **직접적인 쾌락**(immediate pleasantness)과 쾌락을 **산출하는 것**을 충분히 구분하지 못하고 있다. 우리가 지금 당면한, 무엇이 목적으로서 선인가의 물음을 공평하게 다루자면, 우리는 직접적으로 즐거운 상태를 취해서 쾌락이 더 많을수록 항상 더 선한지를 깊이 천착해야 한다. 그리고 만약 덜 쾌락적인 것이 더 선하게 보인다면 그것은 더 많은 쾌락을 산출하는 강한 경향성을 지닌다고 우리가 단지 생각하기 때문인지 아닌지도 우리는 검토해야 한다. 하지만 상식은 이 두 가정을 부정할 것이며, 또 그렇게 하는 것이 타당하다는 점은 나에게 의심의 여지가 없어 보인다. 한 예로서, 성적 쾌락과 같은, 소위 가장 저급한 형태의 쾌락 가운데 일부는 적극적인 악이라고 일상적으로 주장되고 있다. 즉, 우리가 지금까지 경험한 쾌락 가운데 이런 저급한 형태의 쾌락은 최고의 쾌락적인 상태가 아니라는 점은 결코 확실하게 입증되지 않았음에도 불구하고 상식은 이렇게 주장한다. 시지윅 교수가 말한 '세련된 쾌락(refined pleasures)'이 미래의 천국을 성취하는 최선의 수단이기 때문에, 우리는 지금 여기서 세련된 쾌락을 추구해야 한다는 데 대해, 상식은 이는 정당한 이유로 충분하지 않다고 여긴다. 왜냐하면 천국에서는 이제 더 이상 세련된 쾌락—예를 들어 미의 감상이나 인간의 애정 등—이 존재하지 않을 것이며, 또 가능한 최대의 쾌락은 야만성에 대한 지속적인 탐닉에서 얻어질지 모르기 때문이다. 그러나 시지윅 교수는 가능한 최대 쾌락이 이러한 방식으로 얻어질 수 있다면, 그리고 실제로 획득된다면, 이러한 상태가 진짜 천국이며 이러한 천국을 실현하기 위해 우리는 모든 인간적인 노력을 경주해야 한다고 주장하지 않을 수 없다. 나는 이러한 입장은 역설적일 뿐만 아니라 잘못되었다고 감히 주장한다.

### 57.

따라서 우리가 당면한 물음, 즉 쾌락에 대한 의식이 유일한 선인가의 물음에 대해 공정하게 대답을 해야 한다면, 그 대답은 나에게 있어 '아니요'임에 틀림없어 보인다. 이 점에 관하여 우리는 쾌락주의를 옹호하는 마지막 논변까지 철두철미하게 논박해왔다. 이 문제를 공정하게 다루자면, 무엇보다 우리는 쾌락에 대한 의식을 분리 독립시켜야 한다. 즉, 우리는 다음과 같이 물어야 한다. 그 외의 어떤 것도 의식하지 않고, 심지어 우리가 의식하고 있다는 것조차 의식하지 않고 오직 쾌락만을 의식한다고 가정할 경우, 아무리 쾌락의 양이 많다 할지라도, 이러한 상태가 정말 바람직하다고 말할 수 있는가? 어느 누구도 이런 상태를 바람직하다고 여기지 않으리라 나는 생각한다. 오히려, 쾌락에 대한 의식이 다른 것에 대한 의식과 함께 존재하는 다른 많은 복합적인 마음 상태—우리는 이를 이러저러한 것에 대한 '즐거움(enjoyment)'이라고 부른다—를 우리가 아주 바람직하게 여기고 있음은 너무나 분명해 보인다. 이것이 참이라면, 쾌락에 대한 의식은 유일한 선이 아니며, 쾌락에 대한 의식이 한 부분으로 포함되어 있는 많은 다른 상태가 쾌락에 대한 의식보다 더 선하다는 결론이 얻어진다. 유기체적 통일체의 원리를 인정하면, 이러한 상태의 다른 요소는 아무런 본래적 가치를 지니지 않는다는 가정에 근거하여 이러한 결론에 반론을 제기하려는 모든 시도는 사라짐에 틀림없다. 나는 쾌락주의를 논박하기 위해 더 이상의 말이 필요 없다고 생각한다.

## 58.

이제 쾌락주의 입론이 일반적으로 옹호되는 두 형태, 즉 이기주의와 공리주의에 관해 몇 가지 언급할 일만 남았다.

쾌락주의의 한 형태인 이기주의는, 우리 각자는 자신의 최대 행복을 궁극적 선으로 추구해야만 한다고 주장하는 입론이다. 물론 이기주의는 가끔 이러한 목적을 달성하는 최선의 수단이 다른 사람에게 쾌락을 가져다준다는 점을 인정한다. 예를 들어 우리는 자신을 위하여 동정심의 쾌락, 간섭으로부터 자유의 쾌락, 자존감의 쾌락 등을 향유하면서 다른 사람에게 쾌락을 안겨주기도 한다. 심지어 때로 다른 사람의 행복을 직접적인 목표로 추구하는 경우에 우리가 누리는 이러한 쾌락이 그렇지 않은 다른 방식으로 행동할 때 얻는 쾌락보다 더 클 수도 있다. 따라서 이러한 의미의 이기주의는, 이타주의와 정확히 반대되는 또 다른 의미의 이기주의와 세심한 구분이 필요하다. 흔히 이타주의와 반대되는 입론으로 이기주의는 단순한 이기심을 함의한다고 볼 수 있다. 이러한 의미에서 보면, 자신의 쾌락을 위해 행동하는 것이 전체적으로 보아 자신을 위한 가능한 최대의 행복을 얻을 수 있기 때문에 우리는 자신의 쾌락을 위해 행동해야 한다고 주장하든 하지 않든 상관없이, 누군가가 오직 자기 자신의 쾌락을 얻기 위해 실제로 모든 행동을 한다면 그 사람은 이기주의자라고 말할 수 있다. 따라서 궁극적 목적이 자신의 최대 쾌락이냐의 여부와 상관없이, 이기주의는, 자기의 쾌락 추구가 궁극적 목적에 이르는 최선의 **수단**이기 때문에, 우리는 항상 자신의 쾌락을 얻는 것을 목표로 해야 한다는 입론을 뜻하는 것으로 사용되곤 한다. 반면에 이타주의는, 다른 사람의 행복 추구가 다른 사람뿐만 아니라 자기 자신의 행복을 보장하는 최선의 **수단**이기 때문에, 우리는 항상 다른 사람의 행복 추구를 목표로 해야 한다는 입론을 의미한다. 따라서 내가 지금 말하는 의미의 이기주의자는, 즉 자신의 최대 행복을 궁극적 목적으로 추구하는 이기주의자는 동시에 이타주의자가 될 수도 있다. 즉, 이러한 의미의 이기주의자는 자신의 행복을 위한 최선의 수단으로 '네 이웃을 사랑해야 한다.'고 주장할 수 있다. 역으로 다른 의미의 이기주의자는 동시에 공리주의자가 될 수 있다. 왜냐하면 다른 의미의 이기주의자 역시, 자신의 쾌락 추구가 궁극적으로 행복 일반의 총합을 가장 잘 증진시키는 경향을 지닌다는 이유에서, 항상 자신의 쾌락 획득을 목표로 모든 노력을 경주해야 한다고 주장할 수 있기 때문이다.

**59.**

나는 이 두 번째 형태의 이기주의, 즉 수단에 관한 이기주의로 반이타주의 입론이라고 말할 수 있는 이기주의에 대해서는 나중에 더 자세히 논의하고자 한다. 내가 지금 관심을 갖고 있는 바는 아주 명백한 종류의 이기주의이다. 이 이기주의는 모든 사람이 다음과 같은 견해를 가지는 것이 합리적으로 마땅하다고 주장하는 입론이다. 즉, 나 자신의 최대 행복이 존재하는 유일한 선이며, 모든 행동은 나의 이러한 행복을 안겨주는 데 도움이 되는 경우에만 오직 수단으로 선하다. 이는 오늘날 학자들 사이에서는 그리 널리 주장되지 않는 입론이다. 이는 대체로 17세기와 18세기 영국의 쾌락주의자들이 주장하는 이론이다. 예를 들어 홉스(Hobbes) 윤리학의 밑바탕에는 이러한 이기주의가 전제되어 있다. 하지만 영국의 학자들조차 지금 세기에 와서 겨우 한 발짝 진보를 이룬 것처럼 보인다. 즉, 이들 대부분은 오늘날 공리주의자들이다. 이들은 자기 자신의 행복이 선이라고 하면서 다른 사람의 행복은 선이 아니라고 하는 것은 이상하다는 점을 인정한다.

이러한 종류의 이기주의가 터무니없이 잘못되었다는 점을 충분히 보여주자면, 이러한 이기주의를 그럴듯하게 포장해주는 몇 가지 혼동을 면밀히 검토할 필요가 있다.

이러한 혼동 중 가장 두드러진 것은 '다른 사람의 선'과 구분되는 것으로 여겨지고 있는 '자기 자신의 선'이라는 개념에 잘 드러나 있다. 이는 우리 모두가 일상적으로 사용하는 개념이다. 윤리학 물음을 논의하는 데 평범한 사람들이 쉽게 호소하는 개념 중 하나가 바로 '자기 자신의 선'이라는 개념이다. 그리고 이기주의가 일상적으로 옹호되는 주된 이유는 그 의미가 아주 명쾌하게 정의되어 있지 않기 때문이다. 참으로 이기주의라는 이름은 자기 자신의 쾌락이 유일한 선이라는 이론보다는 자기 자신의 선이 유일한 선이라는 이론에 더 잘 적용된다는 점은 아주 분명하다. 이런 면에서 보면 우리는 쾌락주의자가 아니면서도 얼마든지 이기주의자가 될 수 있다. 이기주의와 가장 밀접하게 연관된 입장은 아마도 '자기 자신의 이해관계

(my own interest)'라는 개념이 함의하는 이론일 것이다. 즉, 이기주의자란 자기 자신의 이해관계를 증진시키는 경향성이 곧 모든 행동을 정당화하는 가능한 유일하고도 충분한 이유라고 주장하는 사람을 말한다. 그러나 '자기 자신의 이해관계'에 대한 이러한 입장은 자신의 쾌락보다 훨씬 더 많은 것을 일반적으로 포함하고 있다는 점은 너무나 분명한 사실이다. 이기주의자들이 자신의 쾌락을 유일한 선이라고 주장하는 이유는 참으로 '자기 자신의 이해관계'를 오직 자기 자신의 쾌락으로만 간주하기 때문이며, 또 이렇게 생각하는 한 이기주의자들의 이러한 입장은 무리가 아니라고 말할 수 있다. 이들의 추론 방식은 다음과 같다. 내가 확보해야만 하는 유일한 것은 나 자신의 이해관계이다. 그리고 나 자신의 이해관계는 가능한 나의 최대 쾌락에 달려 있다. 그러므로 내가 추구해야만 하는 유일한 것은 바로 나 자신의 쾌락이다. 자기 자신의 쾌락을 자기 자신의 이해관계와 동일시하는 것은 **조금만 반성해보면** 아주 자연스럽다. 그리고 이는 근대 **도덕주의자들**(moralists)로부터 일반적으로 인정되는 사실이다. 그러나 시지윅 교수가 이 사실을 지적했을 때(III. xiv § 5, Div. III), 그는 또한 이러한 동일시는 결코 일상적인 사유 방식이 아님을 분명하게 밝혔어야만 했다. 자신의 이해관계라고 말할 때, 평범한 사람은 '자기 자신의 쾌락'을 뜻하는 것으로 사용하지 않는다. 심지어 평범한 사람들은 자신의 이해관계에 자신의 쾌락을 아예 포함시키지도 않으면서, 자신의 성취나 평판 혹은 더 나은 수입의 획득 등등을 자신의 이해관계라고 말한다. 하지만 시지윅 교수는 이 점에 주목하지 않았으며, 또 고대 **도덕주의자들**이 자신의 이해관계와 자신의 쾌락을 동일시하지 않았다는 사실에 대해 그 자신이 제시한 이유를 설명해야 했지만 그는 그렇게 하지 않았다. 그 이유는 그가 '자기 자신의 선'이라는 개념 이해에서 범하기 쉬운 혼동, 즉 지금까지 내가 지적하고자

한, 자신의 이해관계와 자신의 쾌락을 동일시한 혼동을 자각하는 데 실패했기 때문이다. 아마 이러한 혼동은 다른 어느 도덕주의자들보다 플라톤이 가장 명쾌하게 인지하고 있었던 것 같다. 이 사실을 지적하는 것만으로도, 이기주의가 합리적이라는 시지윅 교수의 입장을 논박하는 데 충분하리라 나는 생각한다.

그러면 '나 자신의 선'이라는 개념이 의미하는 바는 무엇인가? 어떤 대상이 **나에게** 선하다는 것은 도대체 어떤 의미인가? 조금만 반성해보면, 나에게 속할 수 있는, **나의 것이** 될 수 있는 유일한 것은 선한 어떤 것이지, 그것 자체가 선이 아니라는 점은 아주 분명하다. 그러므로 '나 자신의 선'으로서 내가 획득한 어떤 것에 대해 말할 때, 이는 내가 획득한 그 대상이 선하다는 것을 의미하든지, 아니면 내가 그 대상을 소유함이 선하다는 것을 의미함에 틀림없다. 이 두 경우, 나의 것이 되는 바는 오직 그 대상이거나 아니면 그 대상의 소유이지, 그 대상이나 그 소유의 **선함**은 아니다. 따라서 우리의 술어에 '나의'라는 소유격을 첨가하여, "**내가** 그 대상을 소유함이 **나의** 선이다."라고 말하는 것은 이제 더 이상 아무런 의미가 없게 된다. 우리가 이 문장을 "그 대상을 내가 소유함은 내가 생각하기로 선한 것이다."라고 해석한다 해도 상황은 마찬가지이다. 왜냐하면 내가 생각하는 바로 그것은 '그 대상을 내가 소유함이 단순히 선이라는 것'에 불과하기 때문이다. 내 생각이 옳다면, 그 대상을 내가 소유함이 단순히 선이 되기에, 어쨌든 **나의** 선이라는 표현은 아무런 의미도 없게 된다. 반면에 내 생각이 틀렸다면, 선이란 전혀 존재하지 않는다. 간단히 말해 어떤 대상에 대해 '나 자신의 선'이라고 말할 때, 의미하는 바는 배타적으로 나의 것이 되는 그 어떤 것 역시, 나 자신의 쾌락이 나의 것인 것처럼, ('소유'가 함의하는 이러한 관계가 뜻하는 의미가 아무리 다양하다 할지라도) **절대적으로 선하다**는 것이거나, 아니면 내가 그 대상을 소유함이 **절대적으로 선하다**는 것이다. 마치 어떤 대상이 사적으로, 혹은 단지 한 사람에 대해서만 **존재할 수 없**는 것과 마찬가지로, 소유함이나 대상의 선은 그 어떤 의미로도 결코 '사유화할 수 있거나' 혹은 나에게만 귀속될 수 없다. 내가 '나 자신의 선'을 목표로 추구하는 유일한 이유는 나 자신의 선이라고 부르는 것이 나에게 귀속된다는 것이 **절대적으로** 선하기 때문이다. 즉, 내가 가지면 다른 사람이 가질 수 없는 그 어떤 것을 내가 가지는 것이 **절대적으로** 선하기 때문이다. 하지만 내가 어떤 대상을 가지는 것이 **절대적으로** 선하다면, 그 밖의 다른 모든 사람도 **내가** 그 대상을 소유하는 것을 목표로 추구해야 할, 나와 똑같은 정도의 상당한 이유를 지니게 된다. 그러므로 어느 한 개인의 '이해관계'나 '행복'이 그 자신의 유일한 궁극적 목적이어야만 하는 것이 참이라면, 이는 단지 그 사람의 '이해관계'나 '행복'이 **유일한 선**이요, 보편적 선이며, 나아가 모든 사람이 목표로 추구해야 하는 유일한 것이라는 사실을 의미할 따름이다. 따라서 이기주의는 각 사람의 행복이 유일한 선이라고 하면서 동시에 서로 다른 수많은 것들 각각이 유일한 선이라고 주장하는 셈이다. 이는 너무나 모순적이지 않은가? 어떤 이론에 대해 이보다 더 완벽하고 철저한 논박은 이 세상에 존재하지 않는다.

**60.**

하지만 시지윅 교수는 이기주의가 합리적이라고 주장한다. 따라서 이 터무니없는 결론을 옹호하기 위해 그가 설명하고 있는 이유를 간략하게나마 고찰하는 것이 큰 도움이 될 것이다. 그는 (마지막 장 §1에서) 이렇게 말한다. "이기주의자는, 자기 자신의 최대 행복이 그 자신을 위한 합리적인 궁극적 목적일 뿐만 아니라 보편적 선의 일부분이라고 명시적으로, 아니면 단지 암묵적으로 시인한다고 고백하기에, 공리주의가 안고 있는 증명의 부담을 피할 수 있다." 이미 앞서 보았듯이, 우리에게 주의할 것을 당부하는 구절에서 그는 "그 자신의 행복과 타인의 행복의 차이는 **그 당사자에게 는** 그리 중요한 것이 아니라는 점은 입증이 불가능하다."(IV. ii. §1)라고 언급한다. '자기 자신을 위한 합리적인 궁극적 목적' 및 '**그에게** 아주 중요한' 등의 표현을 사용할 때 시지윅 교수는 무엇을 의미하고자 하는가? 그는 이러한 용어들의 의미를 정의하고자 시도하지는 않았다. 철학에서 불합리한 오류를 야기하는 것은 대개 정의되지 않은 용어를 이와 같이 함부로 사용하기 때문이다.

그러면 어떤 대상이 다른 사람에게는 그렇지 않지만 어떤 사람에게 합리적인 궁극적 목적이 될 수 있다는 주장은 도대체 어떤 의미로 사용되고 있는가? '궁극적'이라는 형용사는 적어도 그 목적이 그 자체로 선이라는 것을, 즉 우리가 정의할 수 없는 의미로 선하다는 것을 의미함에 틀림없다. 그리고 적어도 '합리적'이라는 용어 역시 그것이 참으로 선하다는 것을 의미한다. 따라서 어떤 것이 합리적인 궁극적 목적이라는 것은 그것이 참으로 그 자체 선이라는 것을 의미한다. 그리고 어떤 것이 그 자체로 참으로 선하다는 말은 그것이 보편적 선의 한 부분임을 의미한다. 그러면 보편적 선의 한 부분이 되는 것을 그치게 만드는, '자기 자신을 위하여'라는 조건에 대해서 우리는 어떤 의미를 부여할 수 있는가? 이러한 일은 불가능하다. 왜냐하면 이기주의자의 행복은 그 자체로 선하여 보편적 선의 한 부분이 되거나 그 자체로는 결코 선이 될 수 없거나 둘 중 하나를 의미하기 때문이다. 이 딜레마로부터 벗어날 길은 없다. 전혀 선이 아니라면, 이기주의

자는 도대체 어떤 이유에서 자신의 행복을 목표로 추구하는가? 또 어떻게 자신을 위한 합리적 목적이 될 수 있는가? '다른 사람을 위한 것이 아니라는 것'을 함의하지 않는 한, '자신을 위한'이라는 조건은 아무런 의미도 지니지 않는다. 그런데 이 조건이 '다른 사람을 위한 것이 아니라는 것'을 의미한다면, 이기주의자의 행복은 참으로 그 자체로 선할 수 없기 때문에 그 자신을 위한 합리적 목적이 될 수 없다. 이렇게 되면 '그 자신을 위한 합리적인 궁극적 목적'이라는 용어는 의미상 모순에 빠지고 만다. 어떤 대상이 특정한 사람에게 목적 내지는 선이라고 말하는 것은 다음 네 가지 중 한 가지를 의미할 수밖에 없다. (1) 문제가 되는 목적이 오직 그 사람에게만 배타적으로 귀속되는 그 무엇이라는 것을 의미할 수 있다. 그러나 이런 의미로 사용될 경우, 그 대상을 목표로 추구하는 것이 그에게 합리적이고자 하면, 그가 그 대상을 배타적으로 소유한다는 것이 보편적 선의 한 부분이 되어야 한다. (2) 그가 목표로 추구해야 하는 유일한 것이라는 의미로 사용될 수 있다. 그러나 이러한 의미는 단지 그렇게 함으로써 그가 보편적 선을 실현하는 데 자신이 할 수 있는 최선을 다하게 할 것이라는 점에서 받아들일 만하다. 하지만 이렇게 되면 이기주의는 단지 수단에 관한 학설로 전락하고 만다. (3) 그가 욕구하는 것 내지는 그가 선이라고 생각하는 것을 의미할 수 있다. 하지만 이런 의미로 사용하게 되면, 그의 생각이 잘못일 경우, 그것은 전혀 합리적인 목적이 아니게 된다. 반면에 그의 생각이 옳을 경우, 그것은 보편적 선의 한 부분이게 된다. (4) 그 자신에게 배타적으로 귀속되는 대상은 그가 특별히 적절하게 시인하거나 목표로 하는 바라는 것을 의미할 수 있다. 그러나 이런 의미로 사용하게 되면, 그 대상이 그에게 귀속된다는 것뿐만 아니라 그가 그것을 목표로 추구한다는 것도 보편적 선의 한 부분임에 틀림없게 된다. 그리고 이 둘 사이에 어떤 적절한 관계가 성립된다고 말하는 것은 단지 그러한 관계의 존재가 그 자체로 절대적으로 선((2)의 경우와 같이 수단으로서의 선이 아닌 한)하다는 것을 의미할 따름이다. 이렇게 되면 자기 자신의 행복이 그 자신에게 합리적인 궁극적 목적이라는 구절에 부여할 수 있는 그 어떤 의미도 가능하지 않게 되기 때문에, 이기주의자는 자신의 행복이 절대적 선이라는 함의에서 벗어날 수 있다. 그리고 합리적인 유일한 궁극적 목적이라는 말은 자신의 행복이 선한 유일한 것, 즉 보편적 선의 전부라는 것을 의미하게 된다. 한 걸음 더 나아가 이기주의자가 각자의 행복은 **각자에게** 합리적인 유일한 궁극적 목적이라고 주장한다면, 이기주의는 근본적인 모순에 빠지고 만다. 왜냐하면 서로 다른 수많은 대상이 개인 각자에게 **유일한 선**이 되고 말기 때문이다. 동일한 논의를 우리는 "자신의 행복과 타인의 행복의 차이는 이기주의자에게 아주 중요하다."는 구절에도 쉽게 적용할 수 있다. 이 구절 역시 단지 다음 네 가지 의미 중 하나로 사용된다. (1) 자기 자신의 행복이 그 자신에게 영향을 주는 유일한 목적이다. (2) 그에게 (수단으로서) 중요한 유일한 것은 자기 자신의 행복을 고려하는 일이다. (3) 그가 돌보아야 하는 것은 단지 자기 자신의 행복뿐이다. (4) 각자의 행복은 그 당사자의 유일한 관심사라는 것은 선하다. 그런데 아무리 참이라 할지라도, 이 네 명제 중 어떤 것도 자기 자신의 행복이 바람직하다면, 그것은 보편적 선의 일부분이 아니라는 것을 보여주는 데는 전혀 아무런 도움이 되지 않는다. 자기 자신의 행복은 선한 것이거나, 아니면 아예 선이 아니다. 어떤 의미로 자기 자신의 행복이 자신에게 가장 중요하다고 하든 상관없이 다음 사항은 불변의 진리이다. 즉, 자신의 행복이 선이 아니라면, 이기주의자의 자기 행복 추구는 정당화되지 않는 반면에, 자기 행복이 선이라면, 다른 모든 사람도 그것을 추구해야 할 똑같은 이유를 지닌다. 그러니까 다른 모든 사람도 그렇게 할 수 있고 또 그렇게 하는 것이 보편적 선 가운데 보다 더 가치로운 다른 것들의 추구를 배제하지 않는 한 그렇게 해야 한다. 간단히 말해 '합리적인 궁극적 목적', '선', '중요한' 등과 같은 구절에 '그를 위한' 혹은 '나를 위한'이라는 수식어를 덧붙이게 되면 추가로 더해지는 것은 아무것도 없고 단지 혼동만 더해질 따름이라는 점은 아주 명백하다. 어떤 행위를 정당화할 수 있는 가능한 유일한 이유는, 그 행위에 의해 가능한 한 최대의 절대적 선이 실현되는 경우이다. 누군가가 자기 자신의 행복 구현이 자신의 행위를 정당화한다고 말한다면, 그 사람은 그 행위가 자신이 실현 가능한 보편적 선의 최대치라는 의미로 말하고 있음에 틀림없다. 이는 다시 다음 둘 중 하나를 뜻한다. 즉, 이는 그 이상의 선을 실현할 힘이 자신에게 없다는 것을 의미하거나, 아니면 자기 자신의 행복이 실현될 수 있는 보편적 선의 최대치라는 것을 뜻한다. 그런데 전자의 경우, 그는 수단에 관한 입론으로서 이기주의를 주장하고 있을 따름이며, 후자의 경우가 본래적 의미의 이기주의를 말하는데, 이렇게 되면 모든 사람의 행복 각각이 실현될 수 있는 최대치의 보편적 선이라는 말도 안 되는 모순이 발생하게 된다.

## 61.

사실이 이러하기 때문에, 시지윅 교수가 '윤리학의 가장 심오한 문제'라고 여기고 있는(III. xiii, §5, n.1) 합리적 이기주의와 합리적 선행(rational benevolence)의 관계는 그가 주장하는 바와는 그 양상이 전혀 달리 전개된다는 점을 우리는 주목해야 한다. 그는 다음과 같이 말한다. "누군가가 합리적 선행의 원칙이란 자명하다는 것을 인정하면서도, 어떤 다른 사람을 위해 자신의 행복을 희생하는 것은 불합리하기 그지없다고 여길 만큼 그는 자기 자신의 행복이 곧 목적이라고 여전히 주장할지 모른다. 그러므로 도덕이 완전히 합리적이어야 한다면, 신중함의 준칙과 합리적 선행의 준칙은 어떻게 조화를 이룰 수 있는지를 그는 입증해 보여주어야 한다. 이 후자의 입장이 나 자신이 주장하는 바이다."(앞의 장 §1) 그러면서도 시지윅 교수는 계속하여 "공리주의적 의무와 이 의무를 준수하는 개인의 최대 행복 사이의 불가분의 관계는 경험적 근거에 의거해서는 만족스럽게 증명한다는 것은 불가능하다."는 점을 보여주고자 했다.(Ib. §3) 그래서 그의 책 마지막 단락은 우리에게 다음과 같이 말한다. "의무와 자기 이익의 화해는 아주 중대한 사유의 영역에 있어서는 근본적인 **모순**을 피하는 데 논리적으로 꼭 필요한 가설이라 할지라도, 이러한 필연성이 이 가설을 받아들이도록 하는 어느 정도의 충분한 이유가 되는지의 물음은 여전히 남아 있다." (Ib. §5)[18] 그가 이미 논증했듯, '신학자들의 합의에 의해 신과 같은 절대자의 존재 가정을 인정하는 것'은 앞서 논리적으로 요구된 조화를 확실하게 보장해줄지 모른다. 왜냐하면 "모든 사람이 자신의 지식에 따라 최선을 다해 보편적 행복을 추구하는 것이 곧 그 자신에게 최선의 이익이 되도록 하는 데 신과 같은 절대자의 신적 제재는 충분하기 때문이다."(Ib. §5)

그러면 신적 제재가 확실하게 보장해주는 '의무와 자기 이익의 조화'는 도대체 무엇을 말하는가? 이 조화는 최대 다수의 최대 행복을 산출한 동일한 행위가 또한 항상 그 행위자 자신의 가능한 최대 행복을 산출한다는 단순한 사실을 뜻할 수 있다. (우리의 경험적 지식에 따르면 이 세상에서는 실제로 그러하지 않지만) 만약 그러하다면, 시지윅 교수의 생각에 따르면, '도덕은 완전히 합리적이게 된다.' 또 그렇다면 "행위에서 합당한 것이 무엇

..

18) 여기서 '모순'의 강조는 무어 자신이 한 것이다.

인가?"에 관한 표면적인 직관에서도 궁극적이고도 근본적인 모순을 우리는 피하게 된다. 달리 말해 전체의 최대 행복을 추구할 의무(선행의 준칙)만큼 자기 자신의 행복을 추구할 의무(신중함의 준칙)도 명백하다고 생각할 필요성이 사라지게 된다. 그러나 이런 필요성에서 벗어날 수 없다는 점은 너무나 명백하다. 여기서 시지윅 교수는 경험주의에 특징적으로 나타나는 오류, 즉 사실에 있어서의 내용 변경이 모순을 모순이지 않게 만들어준다는 오류를 범하고 있다. 그러니까 한 개인의 행복이 **유일한 선**이고, 모든 사람의 행복 각각이 또한 **유일한 선**이라는 것은, 동일한 행위가 이 둘 다를 보장한다고 가정해도 해결될 수 없는 모순이다. 즉, 이러한 가정이 정당화될 수 있다고 우리가 아무리 확신한다 해도, 이는 여전히 모순적일 수밖에 없다. 그럼에도 불구하고, 시지윅 교수는 하루살이는 걸러내고 낙타는 삼키고 있다.[19] 즉, 다른 사람에게 쾌락을 주는 것이 곧 자기 자신에게도 쾌락이 된다는 것을 보장하기 위해서는 신적인 전지전능이 요구된다고 그는 생각한 나머지 윤리학을 합리적인 학문이 되도록 하기 위해 전지전능한 신을 불러들인다. 하지만 그는 전지전능한 신을 개입시켜도 윤리학에는 여전히 모순이 해결되지 않고 남아 있다는 사실을 간과한다. 이 모순과 비교하면 시지윅 교수의 어려움은 사소할 따름이다. 즉, 이 모순은 모든 윤리학을 아주 무의미하게 만들 뿐만 아니라, 이 모순 앞에서는 전지전능한 신조차 영원히 아무런 힘을 쓸 수 없기 때문이다. 우리가 지금까지 이기주의의 원칙이라고 여겨온, **각자**의 행복이 **유일한 선**이라는 주장은 그 자체로 모순이다. 보편적 쾌락주의의 원칙인, 모든 사람의 행복이 **유일한 선**이

19) [역자 주] 이는 신약 성경 마태복음 23장 24절 말씀의 인용으로, 작은 일에 집착함으로 말미암아 큰일을 소홀히 하는 것을 뜻한다. "맹인 된 인도자여 하루살이는 걸러내고 낙타는 삼키는도다."(개역 개정)

라는 주장 역시 또 다른 모순을 낳을 수밖에 없다는 점 역시 분명하다. 이러한 명제들이 모두 참이라는 것은 정말로 '윤리학에서 가장 심오한 문제'라고 불릴 만하다. 왜냐하면 이러한 문제는 결코 해결될 수 없는 문제이기 때문이다. 이러한 명제는 모두 참일 수는 없다. 이러한 명제가 모두 참이라고 가정한 이유는 전혀 없고, 다만 그렇게 가정하는 혼동만 있을 따름이다. 시지윅 교수는 이러한 모순을, 우리 자신의 최대 행복과 모든 사람의 최대 행복은 동일한 수단에 의해서 항상 동시에 얻어질 수 있는 것은 아니라는 사실(여기에는 전혀 모순이 발생하지 않는다.)과 혼동하고 있다. 행복이 유일한 선이라면, 이러한 사실은 참으로 상당한 중요성을 지닐 것이다. 그리고 어떤 이론을 취하든 이와 유사한 사실들은 아주 중요하다. 그러나 이러한 사실은 단지 이 세계에서 획득할 수 있는 선의 양은 상상 속에서 얻을 수 있는 선의 양에 비해 우스꽝스러울 정도로 아주 적다는 중요한 사실의 한 예에 지나지 않는다. 가능한 한 전체의 최대 쾌락을 추구하게 되면 나는 나 자신의 최대 쾌락은 얻을 수 없다는 사실이 윤리학의 가장 심오한 문제가 아님은, 어떤 경우에도 내가 바라는 만큼의 많은 쾌락을 얻을 수 없다는 것이 문제가 되지 않는 것과 마찬가지이다. 이러한 사실은 단지 획득할 수 있는 쾌락의 양이 제한되어 있기 때문에 어느 한 곳에서 가능한 한 많은 선을 얻게 되면 전체에 대해서는 얻을 수 있는 선이 적을 수밖에 없음을 진술할 따름이다. 나 자신의 선과 **모든 사람의** 선 사이에서 우리는 선택해야 한다고 말하는 것은 잘못된 대조이다. 오히려 다음과 같은 물음이 합리적인 유일한 질문이라고 말할 수 있다. 즉, 자신의 선과 **다른 사람의** 선 사이에서 우리는 어떻게 선택해야만 하는가? 이 물음에 대답할 때 의거해야 하는 원칙은, 내가 다른 사람들 중에서 이 사람의 쾌락을 추구할 것인가, 아니면 저 사람의 쾌락을 추구할 것인가를 선택해야 할 때 의거하는 원칙과 정확히 동일하다고 하겠다.

**62.**

이기주의 입론은 자기모순이며, 이 모순을 제대로 인식하지 못하고 있는 한 가지 이유는 '나 자신의 선'이라는 개념의 의미에 관한 혼동 때문이라는 사실은 명백하다. 이러한 혼동 및 자기모순에 대한 인식 결여는 일상적으로 주장되고 있는 자연주의적 쾌락주의에서 공리주의로 이행하는 데도 반드시 나타나고 있다는 사실에 우리는 주의를 기울여야 한다. 우리가 이미 살펴보았듯이, 예를 들어 밀은 "각자는 자신이 획득할 수 있다고 믿는 한 자기 자신의 행복을 욕구한다."라고 주장한다.(p. 53) 그리고 그는 일반 행복이 왜 바람직한지에 대한 이유로 바로 이 사실을, 즉 인간은 각자 자신의 행복을 욕구한다는 사실을 든다. 우리가 논의했듯이, 이렇게 간주하는 것은 우선 자연주의 오류를 범하고 있다. 게다가 설혹 이러한 오류가 오류가 아니라 할지라도, 이는 공리주의를 옹호하는 이유가 아니라 단지 이기주의를 옹호하는 이유일 따름이다. 밀의 논변은 다음과 같다. 어떤 사람이 자신의 행복을 욕구한다(desire). 그러므로 그 자신의 행복은 바람직하다(desirable). 한 걸음 더 나아가 사람은 자기 자신의 행복 외의 그 어떤 것도 욕구하지 않는다. 그러므로 그 자신의 행복만이 유일하게 바람직하다. 우리가 다음으로 기억해야 할 사항은, 밀에 따르면, 모든 사람이 자기 자신의 행복을 욕구한다는 점이다. 밀의 논리를 따르면, 이 사실로부터 우리는 모든 사람의 행복만이 유일하게 바람직하다는 결론을 얻게 된다. 이 주장이 의미하는 바를 조금만 생각해보면, 이는 용어상 모순임이 분명하다. 즉, 각자의 행복이 바람직한 유일한 것인데, 몇몇의 서로 다른 대상들이 사람들 각각에게 바람직한 **유일한** 것이 되기 때문이다. 이것이 이기주의의 근본적 모순이다. 밀의 논변이 증명하고자 한 바는 이기주의가 아니라 공리주의라고 생각하도록 하자면, 밀은 "각자의 행복이 그 자신의 선이다."라는 명제에서 "모든 사람의 행복이 모든 사람의 선이다."라는 결론을 추론할 수 있다는 것을 보여주어야 한다. 하지만 '자기 자신의 선'이 의미하는 바를 우리가 바르게 이해하게 되면, 실제로 이 결론이 도출될 수 있는 유일한 전제는 "모든 사람의 행복은 각자의 선이다."라는 명제이다. 그러므로 자연주의적 쾌락주의는 논리적으로 단지 이기주의에 귀결될 따름이다. 물론 자연주의자는 우리들이 목표로 하는 바가 우리 자신의 쾌락이 아니라 단지 '쾌락'이라고 주장할 수 있다. 이렇게 되면 이는 공리주의를 지지하는, 반박할 수 없는 근거가 되지만, 이는 항상 자연주의 오류를 수반하게 된다. 이보다 더 일상적으로 자연주의자는, 자신이 욕구하는 바는 단지 자기 자신의 쾌락이라고 주장할지 모른다. 아니면 적어도 자연주의자는 이 두 주장을 혼동하고 있다. 따라서 자연주의자는 논리적으로 이기주의를 채택하도록 유도하지, 공리주의를 선택하도록 하지는 않는다.

## 63.

왜 이기주의가 합리적이라고 생각되는지에 관해 내가 제시하는 두 번째 이유는 또 다른 종류의 이기주의—즉, 수단에 관한 입론으로서의 이기주의—와의 혼동이다. 이 두 번째 이기주의는 다음과 같이 말한다. 즉, 당신은 당신 자신의 행복을 추구해야 하며, 때로는 다른 모든 것을 제쳐두고서라도 당신 자신의 행복을 추구해야 한다. 더 심하게 말하면, 당신은 항상 당신 자신의 행복을 추구해야 한다. 두 번째 종류의 이기주의가 이렇게 말할 때, 우리는 그 전제 조건, 즉 오직 그 외의 다른 무엇에 대한 수단으로 이렇게 말한다는 사실을 잊기 쉽다. 사실 우리 모두는 불완전한 상태에 놓여 있으며, 또 이러한 이상을 한 번에 실현할 수도 없다. 그러므로 이는 종종 우리에게 의무로 다가온다. 즉, 우리는 종종 오직 수단으로서, 혹은 주로 수단으로서 선한 것을 **절대적으로 행하도록 해야 한다.** 다시 말해 우리는 할 수 있는 한, 절대적으로 선한 것이 아니라 절대적으로 옳은 것을 행하도록 최선을 다해야 한다. 이에 대해서는 나중에 다시 언급할 계획이다. 수단으로서 자신의 쾌락을 추구해야 한다는 주장이 목적으로서 자신의 쾌락을 추구해야 한다는 주장보다 훨씬 더 그럴듯하다고 내가 생각하기 때문에, 여기서는 다만 이 정도의 논의만으로 만족하고자 한다. 그리고 이 입론은 혼동으로 인해 전혀 다른, 본래적 의미의 쾌락주의 입론—나 자신의 최대 쾌락이 선한 유일한 것이라는 입론—이 타당하다는 데 대한 지지 이유 구실을 한다.

**64.**

이기주의에 대한 논의는 이것으로 그만두고자 한다. 공리주의에 대해서는 그렇게 많은 논의가 필요하지 않다. 하지만 여기서는 주목할 가치가 있는 두 가지 사항만 지적하고자 한다.

첫째, 이기주의라는 이름과 마찬가지로 공리주의라는 이름도 모든 우리의 행동은 **쾌락**을 산출하는 수단으로서 얼마나 쓸모 있는가에 따라 평가되어야 한다는 주장을 그 자체가 당연히 함의하는 것은 아니다. 공리주의라는 이름의 본래 의미는 다음과 같다. 즉, 행위에서의 옳고 그름의 표준은 모든 사람의 **이해관계**를 증진시키는 그 경향성이다. 그리고 여기서 이해관계란 일반적으로 서로 다른 다양한 선을 일컫는다. 이러한 선들은 대체로 사람들이 자기 자신을 위해 욕구하는 바이며, 사람들의 욕구는 '도덕적'이라는 용어가 의미하는 그러한 심리학적 속성을 지니지 않기 때문에, 함께 묶어서 이해관계라고 말할 수 있다. '유용한(useful)'이라는 용어는 도덕적 선 이외의 다른 선을 획득하는 데 수단이 되는 것을 의미하는데, 특히 고대 윤리학에서는 이러한 의미로 체계적으로 사용되었다. 이러한 선들은 단지 쾌락에 대한 수단에 불과하다거나 일상적으로 그렇게 간주된다는 주장은 정당화가 전혀 불가능한 가정이다. 참으로 공리주의라는 용어를 사용하는 주된 이유는 단지 옳은 행위와 그른 행위는 그 결과에 의해 판단되어야 한다는 사실을 강조하기 위해서일 따름이다. 이는 행위가 하나의 수단으로 평가되어야 함을 말하는 것으로, 그 결과와 상관없이 이러한 유형의 행위는 옳고 저러한 유형의 행위는 그르다는 엄격한 직관주의 입장(the strictly Intuitionistic view)과 정반대가 되는 이론이다. 옳은 행위는 가능한 최선의 결과를 산출하는 행위를 뜻한다고 주장한다면 공리주의는 전적으로 정당화된다. 하지만 공리주의의 이러한 정확한 주장에는 역사적으로 이중적인 잘못이 연관되어 있는데, 이는 너무나 당연한 일이다. (1) 가능한 최선의 결과는 단지 제한된 몇몇 종류의 선에만 달려 있다고 가정되었다. 그리고 이러한 선들은 사람들 사이에 단지 '유용한' 혹은 '이익이 되는(interested)' 행위의 결과로 분류되는 선들과 대개 일치했다. 그리고 이러한 것들은 다시 아무런 논변 없이 성급하게 단지 쾌락에 대한 수단으로서 선한 것으로 간주되었다. (2) 공리주의자들은 수단으로 선한 어떤 것은 또한 목적으로 선하다는 사실을 간과한 채, 모든 것을 단지 수단으로만 취급하는 경향이 있다. 예를 들어 쾌락이 선하다는 가정에는, 단지 미래 쾌락에 대한 하나의 수단으로서 현재 쾌락의 가치를 평가하는 경향이 있다. 하지만 쾌락을 목적으로서 선하다고 보는 경우에는, 지극히 당연한 말이지만, 현재 쾌락을 가능한 미래 쾌락에 **의거해서 평가하는** 경향성은 발생하지 않는다. 많은 공리주의 논변은 지금 여기 있는 모든 것은 그 자체로는 아무런 가치를 지니지 않으며, 오직 그 결과에 의해 평가되어야 한다는 논리적 결함을 지닌다. 그리고 그 결과들은 일단 실현되게 되면 다시 그 자체로는 아무런 가치를 지니지 않고, 단지 더 먼 미래에 대한 단순한 수단에 불과하게 되는데, 이러한 논리는 무한히 소급된다.

공리주의와 연관하여 주의해야 할 두 번째 고려 사항은, 공리주의라는 이름이 쾌락주의의 한 형태로 사용될 때, 공리주의는 그 **목적**에 관한 서술일 때에조차도 대체로 수단과 목적을 정확하게 구분하지는 않는다는 점이다. 가장 잘 알려진 공리주의 공식은 행위 평가의 준거점이 되는 결과는 '최대 다수의 최대 행복'이라는 원칙이다. 쾌락이 유일한 선이고, 그 양의 크기가 똑같다고 가정할 경우, 그 결과를 많은 사람이 향유하든 소수의 사람이 향유하든 상관없이, 심지어 어느 누구도 향유하지 않는 경우에도, 똑같이 바람직한 결과가 얻어질 수 있다는 점은 분명하다. 또한 우리가 최대 다수의 최대 행복을 목표로 추구해야 한다면, 쾌락주의 원칙에 따를 경우, 그 이유는 최대 다수 사람들이 누리는 쾌락의 존재가 최대 쾌락을 획득하는 데 이용 가능한 최선의 **수단**이기 때문이라는 점 역시 확실하다. 이는 실제로 그러할 수 있다. 하지만 공리주의자가 쾌락주의 원리를 채택하는 데 쾌락이나 쾌락에 대한 의식을 그 당사자의 쾌락 소유와 구분하지 못함으로 말미암아 큰 영향을 받았는지에 대해서 의문을 던지는 것은 너무나 당연하다. 똑같은 크기의 쾌락이 단순히 존재하는 것을 유일한 선으로 여기기보다는 오히려 수많은 사람들의 쾌락 소유를 유일한 선으로 간주하는 것이 훨씬 더 쉬운 일이다. 참으로 우리가 공리주의 원리를 엄격하게 받아들여, 수많은 사람들의 쾌락 소유는 그 자체로 선을 의미한다는 입장으로 가정하게 되면, 공리주의 원리는 쾌락주의적이지 않게 된다. 즉, 이렇게 되면 공리주의 원리는 수많은 사람들의 쾌락 소유를 궁극적 목적의 필수적인 한 부분으로 받아들이게 되고, 그 결과 공리주의는 단순한 쾌락보다 훨씬 더 많은 것을 포함하게 될 것이다.

하지만 일상적으로 주장되고 있는 공리주의는 쾌락에 대한 단순한 의식이나 최소한의 부대조건을 충족하는 쾌락에 대한 의식—이는 적어도 한 사람 이상이 쾌락을 의식하고 있다는 것을 의미한다—이 **유일한 선**이라는 주장으로 이해되고 있음에 틀림없다. 이것이 공리주의가 윤리 이론으로서 갖는 의의이다. 하지만 이러한 입론 자체는 쾌락주의에 관한 나의 논박에서 이미 반박되었다고 하겠다. 공리주의에 대해 우호적으로 말할 수 있는 최상은, 공리주의는 그 실천적 결론에서 크게 잘못되지 않았다는 점이다. 왜냐하면 전체적으로 가장 큰 선을 가져다주도록 행동하는 방법이 또한 가장 많은 쾌락을 가져다준다는 것은 경험적으로 사실이기 때문이다. 참으로 공리주의자들은 가장 많은 쾌락을 가져다주는 행위가 일반적으로 상식이 시인하는 그러한 행위라는 사실을 보여주기 위한 논변을 전개하는 데 대체로 혼신의 힘을 쏟고 있다. 쾌락이 유일한 선이라는 점을 보여주고자 하는 시도로서 시지윅 교수는 바로 이러한 논변에 호소하고 있음을 우리는 이미 앞서 고찰했다. 하지만 시지윅 교수의 이러한 시도가 결국 실패하고 말았다는 것 역시 우리는 이미 익히 안다. 우리가 알기로, 이 명제를 정당화하기 위해 전개되는 다른 논변들도 아주 형편없다. 뿐만 아니라 이 명제는 주의 깊게 고찰하게 되면 그 자체만으로도 아주 터무니없는 주장으로 전락하고 말 것이다. 게다가 전체에 가장 많은 선을 가져다주는 행위들은 또한 가장 많은 쾌락을 낳는다는 주장 역시 아주 의심스럽다. 이를 보여주기 위해 제안된 논변들은, 가까운 미래에 최대 쾌락을 얻는 데 필요 조건인 것처럼 보이는 것은 항상 계속하여 그렇게 될 수밖에 없다는 가정을 하기에, 다소간의 차이는 있지만 모두 무용지물이 되고 만다. 바로 이러한 잘못된 가정으로 인해, 이러한 논변들은 단지 아주 의심스러운 논거를 설명하는 데 성공하고 있을 따름이다. 그러므로 전체에 최대 선을 가져다주는 행위가 최대 쾌락을 낳는다는 주장이 사실이라 할지라도, 이 사실을 어떻게 설명할 것인가의 문제는 참으로 우리의 관심을 끌지 못한다. 그러므로 여기서는 수많은 복잡한 마음 상태들은 이러한 상태들이 포함하고 있는 쾌락보다 훨씬 더 가치 있다는 것을 보여준 것만으로도 충분하다. 사정이 이러하기 때문에, **어떤 형태의 쾌락주의도 참이 될 수 없다**. 하나의 **기준**으로서 쾌락이 제공하는 실천적 안내 지침은 계산의 정확성에 대한 요구에 비례하여 너무나 미미하기 때문에, 이를 안내 지침으로 채택하기에 앞서 더 많은 탐구가 이루어질 때까지 기다릴 필요가 있다. 실제로 이러한 지침이 정말 유용한지가 매우 의심스러울 뿐만 아니라 그 진정성 역시 의심할 만한 중대한 이유가 존재한다.


**65.**

이 장에서 내가 확실하게 보여주고자 혼신의 노력을 기울여온 중요한 몇 가지 사항은 다음과 같다. (1) 쾌락주의는 "그 자체로 선인 유일한 대상은 쾌락밖에 없다."는 입론으로 정확하게 정의되어야만 한다. 그런데 이러한 입장이 우리 사이에 팽배한 주된 이유는 바로 자연주의 오류 탓이며, 밀의 논변들은 이러한 면에서 잘못을 범하는 논증의 한 형태로 간주될 수 있다. 시지윅 교수만이 이러한 오류를 범하지 않고 쾌락주의를 옹호하지만, 그의 논변들 역시(36-38) 잘못을 범하고 있기에 결국 부인되어야 한다는 점을 우리는 지적하지 않을 수 없다. (2) 밀의 '공리주의' 역시 비판적으로 검토되어야 한다. 여기서는 다음 몇 가지만 보여주고자 했다. (a) 밀은 '바람직한(desirable)'이라는 개념을 '욕구된(desired)'이라는 개념과 동일시함으로써 자연주의 오류를 범하고 있다. (b) 쾌락은 욕구의 유일한 대상이 아니다. 쾌락주의를 옹호하는 논변들은 공통적으로 이러한 두 실수에 토대를 두는 것으로 보인다.(39-44) (3) 쾌락주의는 직관주의로 간주되고 있다. 이에 대해서도 다음 세 가지를 주목하고자 한다. (a) 어떤 쾌락은 질적인 면에서 다른 쾌락보다 열등하다는 밀의 인정은 하나의 직관에 불과하며, 그리고 이러한 직관은 잘못된 직관이다.(46-48) (b) 시지윅 교수는 '쾌락'과 '쾌락에 대한 의식'을 구분하는 데 실패했으며, 그 결과 이유 여하를 막론하고 쾌락을 유일한 선으로 간주하는 터무니없는 잘못을 범하고 말았다. (c) '쾌락에 대한 의식'을 유일한 선으로 간주하는 것 역시 똑같이 터무니없어 보인다. 왜냐하면 쾌락에 대한 의식이 유일한 선이라면, 쾌락 외에는 그 어떤 것도 존재하지 않는 세계가 절대적으로 완전한 세계가 될 것이기 때문이다. 이 물음은 너무나 명확하고 또 결정적인 질문임에도 불구하고, 시지윅 교수는 이 물음을 자신에게 던지는 데 실패하고 말았다.(53-57) (4) 쾌락주의의 주요한 두 유형으로 일상적으로 여겨지는 입장, 즉 이기주의와 공리주의는 서로 다를 뿐만 아니라, 엄밀히 말하면 상호 모순적이다. 왜냐하면 이기주의는 "나 자신의 최대 쾌락이 **유일한 선이다.**"라고 주장하는 반면에, 공리주의는 "모든 사람의 최대 쾌락이 **유일한 선이다.**"라고 주장하기 때문이다. 이기주의가 그럴듯하게 받아들여지는 이유는 부분적으로 이러한 모순을 제대로 인식하지 못하기 때문이다. 시지윅 교수는 이러한 인식 실패의 좋은 예이다. 이기주의가 받아들여지는 또 다른 이유는 목적으로서의 이기주의와 수단으로서의 이기주의를 혼동하기 때문이다.

쾌락주의가 참이라면, 이기주의는 참이 될 수 없고, 쾌락주의가 거짓이라면 이기주의는 더더욱 참이 될 수 없다. 다른 한편으로, 쾌락주의가 참이라면 공리주의의 목적은 참으로, 이해할 수 있는 최선은 아니지만, 우리가 증진하도록 추구해야만 하는 가능한 최선이 될 수 있다. 그러나 이 역시 쾌락주의가 참이 아니라고 논박되었기 때문에 거부되지 않을 수 없다. (58-64)

제4장

형이상학적 윤리설

## 66.

이 장에서 나는 스토아주의자, 스피노자, 칸트 등의 윤리학적 입장에 두드러지게 나타나는 유형의 윤리 이론을 논의하고자 한다. 특히 **나는** 이러한 윤리설을 주장하는 근대 도덕 철학자들도 다룰 예정인데, **이들은** 주로 헤겔의 영향을 받고 있다. 이러한 윤리 이론들은 다음과 같은 공통점을 지닌다. 즉, 윤리학의 토대가 되는 몇몇 근본 명제를 추론하는 **근거로서** 이들 이론은 그 어떤 **형이상학적** 명제를 사용하고 있다. 이들 이론 모두가 윤리적 명제의 진위는 **형이상학적** 진리로부터 논리적으로 도출된다고, 즉 윤리학은 형이상학에 그 토대를 두어야만 한다고 주장하며, **나아가** 이러한 이론들 대부분은 이를 명시적으로 주장한다. 결론적으로 말해, 이러한 이론들은 모두 최고선(the Supreme Good)을 **형이상학적** 용어로 서술하고 있다.

그러면 여기서 '형이상학적'이라는 용어가 의미하는 바는 무엇인가? 나는 이 용어를 이미 2장에서 설명했듯이, '자연적'이라는 용어와 반대되는 개념으로 사용하고자 한다. 나는 **"존재하는** 모든 것이 '자연적 대상'인 것은 아니다."라고 명시적으로 분명하게 주장하는 철학자들을 주로 '형이상학적'이라고 부른다. 그러므로 인간 지식은 우리가 보고 느끼고 만지는 대상에만 국한된 것이 아니라는 주장에서 우리는 '형이상학자들'의 두드러진 특성을 찾을 수 있다. 이들은 정신적 사실(mental facts)을 구성하는 특이한 종류의 자연적 대상에 대해서뿐만 아니라 시간 속에 존재하지 않는, 그래서 자연의 대상이 분명 될 수 없고, 그리고 그 결과 실제로는 전혀 **존재하지** 않는다고 말할 수 있는, 그러한 종류의 대상이나 속성에 대해서도 언제나 깊은 관심을 기울여왔다. 이미 내가 언급했듯이, 형용사 '선'이 의미하는 바는 바로 이러한 종류에 속한다. 시간 속에 존재하는―즉, 지속성을 지니고, 존재하는 시작과 끝을 지니는―그래서 **지각의** 대상이 되는 것은 결코 **선**이 아니면 단지 선한 대상 내지 선한 속성에 불과하다. 그러나 이러한 종류에 속하는 가장 대표적인 대상은 아마도 수(numbers)일 것이다. 자연적 대상이 둘 존재할 수 있다는 것은 아주 확실하다. 하지만 둘 자체는 존재하지 않으면 결코 존재할 수 없다는 점 역시 똑같이 아주 확실하다. 둘 더하기 둘은 넷이다. 그렇다고 해서 이 명제가 둘 혹은 넷이 존재한다는 것을 의미하지는 않는다. 하지만 이 명제는 확실히 그 **어떤 것**을 의미한다. 둘은 존재하지 않지만, 어쨌든 **존재한다**. 그리고 이러한 명제들의 부분인 단순 용어들―즉, 우리가 그것에 **관해서도** 참인지 거짓인지를 알고 있는 대상들―만이 이러한 부류에 속하는 것만은 아니다. 이러한 것들에 대해 우리가 알고 있는 참과 거짓은 아마도 훨씬 더 중요한 하위 부류를 형성할 것이다. 이러한 것들의 그 어떤 참도 사실상 **존재하지** 않는다.

그러나 이러한 특성은 특히 "둘 더하기 둘은 넷이다."와 같은 진리인 경우 아주 분명한데, 이러한 명제들이 참이라고 할 때 그 참의 대상인 것들은 존재하지 않는다. 형이상학이라는 학문은, 흔히 '보편적인' 진리로 불리는, 이와 같은 진리 및 이러한 진리의 인정은 우리가 보고 만지고 느끼는 대상에 대한 진리와 그 특성이 본질적으로 전혀 다르다는 지각에서 시작되었다. 이러한 '보편적인' 진리는 플라톤에서부터 지금까지 형이상학자들의 추론에서 항상 중요한 역할을 차지하고 있다. 그리고 내가 자연적 대상이라고 부르는 것과 이러한 진리의 차이에 대해 형이상학자들이 보여준 직접적인 관심이 지식의 발전에 큰 도움이 되었다. 또 이로 인해 형이상학자들은 대부분의 영국 철학자들이 속하는 학파, 즉 소위 경험주의 철학자들과 구분되게 되었다.

그러나 '형이상학'을 이렇게 실제로 이룩해놓은 지식에 대한 공헌에만 국한시켜 정의를 하게 되면, 형이상학은 전혀 존재하지 않는 대상의 중요성을 강조해왔다고 우리는 말하지 않을 수 없을 것이지만, 정작 형이상학자 본인들은 이를 인지하지 못했다. 형이상학자들은 **시간 속에 존재하지** 않는, 아니면 적어도 우리가 지각할 수 없는 지식의 대상이 존재한다고, 혹은 존재할 수 있다는 점을 참으로 인정하고 역설해왔다. 탐구 대상으로 이러한 대상의 존재 가능성을 인정했다는 점 자체만으로도 이들 형이상학자들은 인류에 크게 봉사했다고 우리는 겸허하게 받아들여야 할 것이다. 그러나 이들은 시간 속에 존재하지 않는 것이 존재해야만 한다면, 적어도 그것들은 그 밖의 다른 어떤 곳에 **존재함에** 틀림없다고 일반적으로 가정했다. 즉, 자연에 존재하지 않는 것은, 그것이 무시간적이든 아니든 상관없이, 모두 그 어떤 초감각적인 실재 세계에 존재해야 한다고 이들은 전제해왔다. 그 결과 이들은 자신들이 관심을 가져왔던, 지각의 대상을 넘어선 이들 진리는 아무튼 초감각적인 실재에 대한 진리라고 주장해왔다. 그러므로 '형이상학'을 실제로 이루어놓은 성과에 의해서가 아니라, 이루고자 시도했던 것에 의해 정의하게 되면, 우리는 형이상학이란, 존재하지만 **자연의 일부가 아닌** 것에 대하여 추론 과정을 통해 지식을 얻고자 시도하는 학문이라고 말해야만 한다. 실제로 형이상학자들은 이런 비자연적 존재(non-natural existence)에 대한 지식을 제공할 수 있다고 지금까지 주장해오고 있다. 또한 이들은 자신들의 학문을, 종교가 그 어떤 이성적 추론도 없이 자신들보다 더 충분한 지식을 제공한다고 주장하는, 그러한 초감각적 실재에 대해 이성에 의해 지지받을 수 있는 지식을 제공하는 것이라고 주장해오고 있다. 따라서 내가 '형이상학적' 명제라고 말할 때, 이는 초감각적인 그 어떤 존재에 대한 명제를 의미한다. 이러한 초감각적 존재는 지각의 대상이 되지 않는다. 게다가 우리는 소위 '자연'의 과거와 미래에 대해 추론하는 데 사용되는 규칙과 동일한 추론 규칙을 사용하여서는 지각의 대상인 그 어떤 것으로부터도 이러한 초감각적 존재를 추론해낼 수도 없다. 그리고 '형이상학적'이라는 용어에 대해 말할 때, 나는 이러한 초감각적 실재의 속성을 지칭하는 용어라는 의미로 사용하고자 한다. 이러한 속성은 '자연적인' 그 어떤 대상에도 귀속되지 않는다. 그러므로 나는 형이상학이 이러한 초감각적 실재에 대한 신념을 지지하는 이유가 무엇인지를 탐구해야 한다는 점을 인정하지 않을 수 없다. 왜냐하면 형이상학은 자연적 대상이 아닌 모든 것에 관한 진리를 고유한 탐구 영역으로 삼고 있다고 나는 주장하기 때문이다. 내가 생각하기에, 역사적으로 보건대 형이상학의 가장 두드러진 특징은 비자연적 **존재**(existents)의 진리를 **입증**할 수 있다고 주장하는 데 있다. 그러므로 비록 단지 비자연적 대상—물론 형이상학은 이에 대한 진리를 얻는 데 **성공했지만**—만이 전혀 존재하지 않는 대상이라고 나는 생각하지만, 나는 '형이상학적'을 초감각적 **실재**(reality)에 대한 지칭으로 정의하고자 한다.

지금까지의 논의만으로도 나는 '형이상학적'이라는 용어가 의미하는 바를 설명하는 데, 그리고 다른 용어와의 중요한 차이점을 분명하게 보여주는 데 충분하리라 기대한다. 완벽한 정의를 내리는 일이나 기존의 용어법과 나의 용어 사용이 본질적으로 일치한다는 것을 보여주는 일은 논의의 목적에 비추어보건대 필요하지 않다고 나는 생각한다. '자연'과 초감각적 실재의 구분은 이미 아주 친숙하며, 또 이 구분이 중요하다는 점은 두말할 나위 없다. 형이상학자들은 초감각인 실재에 해당되는 대상이 무엇인지를 입증하고자 부단한 노력을 기울여왔으며, 또 이들은 단순한 자연적 사실이 아닌 진리를 대체로 다루어왔기 때문에, 이들의 논증과 (만약 있다면) 그 잘못들은 내가 지금까지 '자연주의'라는 이름으로 논의해온 논증이나 잘못에 비하면 더 미묘한 종류일 것이다. 이러한 두 가지 이유로 이제 '형이상학적 윤리설' 자체를 다룰 수 있는 적절한 시점이 되었다.

## 67.

내 생각으로는 내가 '형이상학적'이라고 부르기를 제안한 윤리설의 체계는 최고선을 '형이상학적' 용어로 서술하는 것을 그 특징으로 한다. 즉, 지금까지의 설명에 따르면, 형이상학적 윤리설이란 (이들이 주장하기에) 존재하나, 자연에는 존재하지 않는 그 어떤 것—다시 말해 초감각적인 실재—으로 최고선을 서술하고자 하는 체계를 뜻하는 것으로 이해될 수 있다. 다음과 같은 주장을 사실로 받아들인다면, 그 윤리설은 '형이상학적'이라고 말할 수 있다. 즉, 완전하게 선하다고 여겨지는 것이 존재하기는 하나, 자연적이지는 않다. 그것은 초감각적 실재가 소유하는 어떤 특성을 지닌 것이다. "자연에 따른 삶이 완전한 삶이다."라고 단언할 때, 스토아학파 철학자들은 바로 이러한 주장을 하는 셈이다. 그러나 이들이 주장하는 '자연'은 내가 지금까지 정의한 바와 그 의미가 다르다. 즉, 그 '자연'은 그 존재를 추론할 수 있는 어떤 초감각적인 것, 그리고 그들이 주장하는 완전히 선한 것이다. 예를 들어 스피노자가 신의 '지적인 사랑(intellectual love)'에 의해 절대적인 실체(Absolute Substance)와 완전히 하나가 되는 정도에 비례하여 우리 인간은 완전하다고 말할 때, 그는 바로 이러한 주장을 하는 셈이다. 칸트는 '목적의 왕국(Kingdom of Ends)'이 이상적이라고 말한 바 있는데, 이 역시 앞서의 주장과 하등 다를 바 없다. 마지막으로 궁극적이고 완전한 목적은 우리의 **참** 자아—즉, 자연 속에서 지금 여기에 존재하는 자아의 전체 및 그 부분과 전혀 다른 참 자아—를 실현하는 것이라고 말하는 현대의 몇몇 학자들 역시 이러한 주장을 편다.

그런데 이러한 윤리 원칙들은 자연주의와 달리, 완전 선을 위해서는 지금 여기에 존재하는, 혹은 미래에 존재하리라고 추론할 수 있는 것 전체로서도 안 되는, 그 이상의 더 많은 것이 요구된다는 점을 인지하고 있다는 장점을 분명히 지닌다. 게다가 이러한 주장들을 실재하는 그 어떤 것이 완전 선에 필요한 모든 것을 지닌다는 주장으로만 우리가 이해하게 되면, 이러한 주장들이 참일 개연성은 확실히 아주 높다. 그러나 이는 이들이 주장하는 바가 전혀 아니다. 내가 말했듯이, 이들은 이러한 윤리적 명제들이 형이상학적인 그 어떤 명제로부터 **귀결된다**고 여긴다. 즉, 이들은 "무엇이 실재하는가?"라는 물음은 "무엇이 선인가?"라는 물음에 그 어떤 논리적인 함의를 지닌다고 생각한다. 내가 2장에서 '형이상학적 윤리설'을 자연주의 오류에 그 토대를 두고 있다고 비판한 이유도 바로 이러한 사실 때문이다. "실재는 이러한 본성을 지녔다."고 주장하는 그 어떤 명제로부터 "이것이 그 자체로 선이다."라고 주장하는 명제를 추론하거나 그에 대한 확증을 얻을 수 있다고 주장하는 것은 모두 자연주의 오류를 범하고 만다. 실재하는 것에 관한 지식은 어떤 것이 그 자체로 선하다고 주장할 수 있는 이유를 제공한다는 견해는 최고선을 형이상학적 용어로 정의하는 모든 철학자의 주장에 암묵적으로 전제되기도 하고 때로는 명시적으로 표명되기도 한다. 이러한 주장은 윤리학이 형이상학에 '토대를 두어야' 한다는 말이 의미하는 바의 한 부분을 이룬다. 즉, 이는 초감각적 실재에 대한 어떤 지식은 마땅히 존재해야만 하는 바가 무엇인가에 관한 정확한 결론을 얻는 데 **하나의 전제로서** 꼭 필요하다는 의미이다. 예를 들어 다음의 진술들은 이러한 입장을 명시적으로 표명하고 있다. "아주 만족스러운 윤리 이론이고자 한다면, 그 이론은 형이상학적 토대를 지녀야 한다 … 이상적인 자아나 이성적인 우주의 발전 등과 같은 개념에 근거해서 윤리에 관한 자신의 견해를 정립하고자 한다면, 자아의 본성을 형이상학적으로 검토하지 않고서는 우리는 자신의 입장을 충분히, 그리고 명백하게 해명할 수 없을 것이다. 뿐만 아니라 **이성적인 우주의 실재에 관한 논의에 의거하지 않고서 그러한 입장의 타당성을 입증할 수도 없을 것이다.**"[1] 이상(ideal)의 본성에 관한 윤리학적 결론의 타당성은, 그 이상이 **실재적이냐**의 물음을 논의하지 않고서는, 결코 확립될 수 없다는 점을 일단 여기서 우리는 명심해야 한다. 그런데 이러한 주장은 자연주의 오류를 내포한다. 왜냐하면 이러한

••

1) Prof. J. S. Mackenzie, *A Manual of Ethics*, 4th ed., p. 431. 강조는 무어 자신의 것임.

주장은 "이것은 그 자체로 선이다."라고 주장하는 모든 진리는 그 종류가 아주 독특하다는 점을 인지하지 못하기 때문이다. 즉, 이러한 종류의 진리는 실재에 관한 주장으로 환원될 수 없으며, 그렇기 때문에 실재의 본성에 관해 우리가 얻을 수 있는 그 어떤 결론에 의해서도 전혀 영향을 받지 않는다. 윤리적 진리의 이와 같은 독특한 본성에 관한 이러한 혼동은, 이미 내가 말했듯이 소위 형이상학적인 모든 윤리설에 내포되어 있다. 하지만 이러한 종류의 혼동이 없었다면, 그 어느 누구도 최고선을 형이상학적 용어로 설명하는 것을 가치 있는 일로 여기지 않았을 것이라는 점은 너무나 명백하다. 예를 들어 이상은 '참 자아'의 실현에 있다는 말을 우리가 종종 하는데, 이러한 말들은 문제의 자아가 참 자아라는 사실은 그것이 선이라는 사실에 그 어떤 중대한 함의를 지닌다고 생각하게끔 만든다. 그러나 이러한 주장이 전달한다고 생각되는 모든 윤리적 진리는, 이상은, 실재할지도 모르거나 단지 상상의 산물에 불과할 수도 있는, 특별한 종류의 자아실현이나 다름없다는 말에 의해서도 똑같이 전달될 것이다. 그러므로 '형이상학적 윤리설'은 윤리학이 형이상학에 그 **토대를 둘 수** 있다는 가정을 내포한다. 그리고 형이상학적 윤리설에 대한 우리의 첫 번째 관심은 이러한 가정이 잘못되었음을 명백하게 드러내는 일이다.


### 68.
그러면 초감각적 실재의 본성은 윤리학과 어떤 방식으로 관계를 맺을 수 있는가?


나는, 지금까지 너무 일상적으로 혼동되어온, 두 종류의 윤리적 물음을 구분하고자 했다. 일반적인 이해에 따르면 윤리학은 두 가지 물음, 즉

"무엇이 존재해야만 하느냐?"의 물음과 "우리는 무엇을 해야만 하느냐?"의 물음에 대해 대답해야만 한다. 이 중 두 번째 물음은, 오직 우리의 행동이 어떤 결과를 야기하느냐를 고찰함으로써 해결될 수 있을 것이다. 이 물음에 관해 완전한 대답을 하고자 하면, **수단**에 관한 입론 내지 실천 윤리학(practical Ethics)이라고 일컬어지는 윤리학 분야가 형성되어야 할 것이다. 초감각적 실재의 본성은 윤리학적 탐구의 이러한 분야와 밀접히 연관되어 있음은 분명하다. 예를 들어 형이상학자가 우리 인간은 영원불멸일 뿐만 아니라 이생에서의 우리의 행동은 미래의 저세상에서의 삶의 조건에 상당할 정도로 영향을 미친다고 말한다면, 이러한 정보는 의심의 여지없이, 우리가 무엇을 해야만 하는가의 물음에 대해 중대한 함의를 지니게 될 것이다. 천국과 지옥에 관한 기독교 교리는 실천 윤리학과 이러한 방식으로 아주 밀접하게 연관되어 있다. 그러나 가장 두드러진 형이상학 입론들은 실천 윤리학과 아무런 관련이 없거나, 아니면 순전히 부분적으로만 관련되어 있기에 우리가 무엇을 해야만 하는가의 물음에 대해 아무런 해답을 주지 못한다는 결론을 얻게 된다는 점을 우리는 주목할 필요가 있다. 형이상학 입론들은 미래의 실재가 어떤 본성을 지니는가에 대해서가 아니라 단지 영원한 실재의 본성이 어떠한지를, 즉 영원한 실재를 변경할 힘을 우리 인간의 그 어떤 행동도 지니고 있지 않다고 말해줄 따름이다. 이러한 형이상학적 지식은 참으로 실천 윤리학과 관련되어 **있을 수**도 있지만, 그 관련성은 단지 부정적인 종류에 불과함에 틀림없다. 왜냐하면 그러한 영원한 실재가 존재할 뿐만 아니라, 일상적인 경우에 흔히 말하듯이, 그 밖에는 실재하는 것이 전혀 없다고, 즉 지금까지, 그리고 지금, 나아가 미래에도 실재하는 것이 전혀 없다고 주장하게 되면, 우리가 할 수 있는 그 어떤 것도 결코 선을 가져다줄 수 없다는 결론이 귀결되기 때문이다. 우리의 행동은 단지 미래에만 영향을 줄 수 있을 따름인데, 그 어떤 것도 미래에 실재할 수 없다면, 우리는 그 어떤 선한 것도 실재하게 만들려는 희망조차 가질 수 없음이 확실하기 때문이다. 이렇게 되면, 우리가 해야만 하는 것은 전혀 아무것도 없다는 결론이 얻어진다. 아마도 우리는 그 어떠한 선도 행할 수 없을 것이다. 즉, 우리의 노력이나, 그 노력이 만들어낸 결과, 그 어느 것도 실제로 존재하지 않을 것이기 때문이다. 엄밀히 말해 많은 형이상학 입론으로부터 이러한 결론이 도출됨은 분명하지만, 이러한 결과가 실제로 얻어지는 경우는 아주 드물다. 어떤 형이상학자가 영원한 것을 제외하고는 그 어떤 것도 실재하지 않는다고 말한다 할지라도, 그는 또한 시간적으로 존재하는 것이 그 어떤 실재를 가짐을 일반적으로 인정할 것이기 때문이다. 만약 영원한 실재가 아무리 선하다 할지라도, 실제로 어떤 대상들은 시간상 존재하고, 이러한 대상의 존재가 다른 대상의 존재보다 더 선하다는 점을 인정하게 되면, 영원한 실재에 관한 이러한 형이상학자의 입장은 실천 윤리학에 아무런 영향도 행사하지 못하게 된다. 하지만 이러한 사실을 충분히 깨닫고 있는 자가 거의 없기 때문에, 우리가 여기서 이 점을 강조하는 것은 참으로 의미 있는 일이다.

실천 윤리학이 어느 정도의 상당한 타당성을 갖는다고, 즉 "우리는 이러저러한 것을 해야만 한다."는 명제가 참이라고 주장한다면, 이러한 주장은 다음과 같은 두 조건하에서만 영원한 실재에 관한 형이상학과 잘 조화를 이룰 수 있다. 그중 하나는 (1) 우리의 길잡이가 되는 영원한 참된 실재는, 우리가 참되다고 부를 때 의미하는 바와 달리, **유일한** 참된 실재일 수는 없다는 입론이다. 왜냐하면 우리에게 어떤 목적을 실현하도록 명령하는 하나의 도덕 규칙이 정당화될 수 있으려면, 반드시 그 목적의 실현이, 적어도 부분적으로라도 가능해야 하기 때문이다. 우리의 노력이 어떤 선의 실제 존재에, 비록 하찮게라도 아무런 영향을 주지 못한다면, 확실히 그러한 노력을 해야 할 이유는 전혀 존재하지 않는다. 그리고 영원한 실재가 유일한 실재라면, 아마 그 어떤 선도 시간 속에 존재할 수 없게 된다. 또한 이렇게 되면, 우리는 존재할 수 없다는 것을 우리가 이전부터 알고 있었던 그 어떤 것을 존재하게끔 단지 노력하라는 말을 듣게 될 뿐이다. 그리고 시간 속에 존재하는 모든 것은 단지 참된 실재의 현현에 불과하다고 말한다면, 적어도 우리는 그러한 현현 역시 또 다른 참된 실재, 즉 우리가 존재하게끔 실제로 야기할 수 있는 선이라는 점을 인정하지 않을 수 없다. 이러한 일이 가상적으로 가능하다 할지라도, 전혀 실재하지 않는 것의 산출을 행위의 합당한 목적으로 우리는 받아들일 수 없다. 하지만 영원히 존재하는 것의 현현이 참으로 실재한다면, 영원히 존재하는 것은 유일한 실재가 아니게 된다.

윤리학의 이러한 형이상학적 원칙으로부터 귀결되는 두 번째 조건은 (2) 영원한 실재는 결코 완전할 수 없다는, 즉 유일한 선일 수는 없다는 점이다. 행위에 관한 합당한 규칙이 실현해야만 하는 당위는 실제로 실현 가능한 것이어야 함을 필요조건으로 요구하듯이, 합당한 규칙은 또한 이러한 이상의 실현은 참으로 선한 것이어야 함을 필요조건으로 요구한다. 즉, 우리가 노력을 기울일 만한 가치가 있는, 참으로 선한 것은 우리의 노력에 의해 **실현 가능**한 것이어야 한다. 달리 말해 영원한 것의 시간상 현현이든 그 밖의 다른 무엇이든지 간에 우리 인간이 성취할 수 있는 그 무엇은 참으로 선한 것이어야 한다. 영원한 실재가 선이라는 주장은, 이러한 실재의 현현 자체 역시 선이지 않는 한, 결코 그 현현을 목적으로 추구하는 것을 정당화할 수 없다. 왜냐하면 실재와 그 현현은 분명 다르기 때문이다. 그 실재 자체는 변경 불가능한 상태로 존재하는 반면에, 그 실재의 현현을 존재하게끔 만들어야 한다고 말할 때 우리는 참으로 이러한 차이를 인정하고 있다. 이러한 현현의 존재가 우리가 영향을 끼칠 수 있다고 희망할 수 있는 유일한 것이라는 점 역시 인정되어야 한다. 그러므로 도덕적 준칙이 정당화된다면, 참으로 선한 것은, 그에 상응하는 실재의 존재와는 구분되는 것으로서, 이러한 현현의 존재임에 틀림없다. 그 실재 역시 선할 수 있다. 하지만 어떤 것을 산출하도록 행위해야만 한다는 진술을 정당화하자면, 그와 유사한 그 어떤 것이 아니라 산출되어야 하는 그 대상 자체가 참으로 선하다고 우리는 주장해야 한다. 그러한 현현의 존재가 우주에 존재하는 선의 총합에 무엇인가 보탬을 준다는 명제가 참이 아니라면, 그러한 현현의 존재를 목표로 추구해야 할 하등의 이유도 없게 된다. 반면에 그러한 현현의 존재가 선의 총합에 무엇인가 보탬을 준다는 명제가 참이라면, 영원한 실재의 존재는 그 자체로는 완전한 선일 수가 없게 된다. 왜냐하면 이렇게 되면 이런 영원한 실재는 가능한 선 전체를 포함하지 않기 때문이다.

그러면 일상적인 귀납 추론에 의해 확립될 수 있는 것 이상으로 우리 행위의 미래 결과에 대해 무엇인가를 말할 수 있다면, 형이상학은 실천 윤리학, 즉 우리가 무엇을 해야만 하는가의 물음에 대해 그 어떤 함의를 지니게 될 것이다. 하지만 가장 대표적인 형이상학 이론들, 즉 미래에 대해서가 아니라 영원한 실재의 본성에 대해 주장하는 형이상학 이론들은 이러한 실천적 물음에 대해 아무런 함의를 지니지 않거나, 아니면 완전히 부정적인 함의 그 이상의 아무런 의미도 지니지 않는다. 왜냐하면 영원히 존재하는 것은 우리의 행위에 의해 전혀 영향을 받을 수 없다는 점이 분명하기 때문이다. 오직 우리의 행위에 의해 영향을 받는 것에 대해서만 우리의 행위는 수단으로서 그 어떤 가치를 지닐 따름이다. 그러나 영원한 실재의 본성은, 미래에 관한 지식을 우리에게 제공하는 경우를 제외하고는, 어떻게 그럴 수 있는지는 명확하지 않지만, 우리 행위의 결과에 대해 그 어떠한 추론도 허용하지 않는다. 설사 흔히 그렇듯이 그러한 실재가 유일한 실재일 뿐만 아니라 유일한 선이라고 주장된다 해도, 이는 우리 행위의 그 어떤 결과도 아무런 가치를 지니지 않음을 보여줄 따름이다.

### 69.

하지만 지금까지 말한, 실천 윤리학과의 이러한 관계 자체는 "윤리학은 형이상학에 그 토대를 두어야 한다."라고 주장할 때 우리가 일상적으로 의미하는 바는 아니다. 내가 형이상학적 윤리설의 두드러진 특징으로 여기고 있는 바 역시 이러한 관계를 주장하지 않는다. 형이상학적 윤리학자들은 일상적으로 우리 행위의 결과들이 어떠한지를 결정하는 데 형이상학이 도움을 줄 수 있다고만 단순히 주장하는 것이 아니라, 한 걸음 더 나아가 그러한 가능한 결과들 가운데 어느 것이 선하고 또 어느 것이 나쁜지에 대해서도 형이상학이 말해줄 수 있다고 주장한다. 이들은 형이상학이 "무엇이 마땅히 존재해야만 하는가?", 즉 "무엇이 그 자체로 선인가?"와 같은 또 다른 윤리학의 근본 물음에 답하는 데 필요 불가결한 토대가 된다고 단언한다. 무엇이 실재하는가에 관한 그 어떠한 진리도 이러한 물음과 논리적으로 아무런 관련이 없다는 점은 이미 1장에서 입증되었다. 왜냐하면 어떤 관련이 있다고 가정한다면, 이는 곧 자연주의 오류를 범하고 말기 때문이다. 그러므로 우리가 해야 할 일 중 아직 남아 있는 과제는 형이상학적 형태의 자연주의 오류를 그럴듯하게 포장해주는 주요한 잘못이 무엇인지를 밝혀내는 일이다. "무엇이 선인가?"의 물음과 형이상학은 어떤 관계를 지니는가라고 우리가 묻는다면, "확실히, 그리고 결단코 아무런 관련이 없다."는 것이 우리가 할 수 있는 유일하게 가능한 대답이다. "왜 그러한 관계를 갖는다고 가정하는가?"라는 물음에 답함으로써만 이러한 부정적인 대답이 참으로 유일한 참된 대답이라는 것을 다른 사람에게도 확신시켜줄 수 있으리라고 우리는 단지 희망할 따름이다. 형이상학적 윤리학자들이 "무엇이 선인가?"와 같은 윤리학의 근본 물음을 다른 물음들과 구분하는 데 실패하고 있다는 것을 우리는 곧 알게 될 것이다. 따라서 이러한 구분을 확실하게 지적해주는 것은 윤리학이 형이상학에 토대를 두어야 한다는 이들의 주장이 단지 혼동 탓이라는 입장을 확증적으로 보여주는 데 도움이 될 것이다.

**70.**

무엇보다 먼저, "무엇이 선인가?"라는 물음 자체가 모호하며, 몇몇 결과는 바로 이 물음의 이런 모호함에 기인하는 것 같다. 이 물음은 "존재하는 대상들 가운데 어느 것이 선한가?"라는 물음을 의미할 수도, 아니면 "어떤 **종류**의 대상이 선한가?"—즉, **실재하든** 그렇지 않든 상관없이, 무엇이 실재해야만 하는가?—라는 물음을 의미할 수도 있다. 이 두 물음에 대해 다음 사실은 아주 분명하다. 즉, 전자의 물음에 답하자면, 우리는 두 번째 물음에 답해야 할 뿐만 아니라, "무엇이 실재하는가?"라는 물음에 대해서도 대답해야만 한다. 그리고 이렇게 하자면, 우리는 우주에 존재하는 모든 선한 것의 목록을 추구해야 한다. 다시 말해 이 물음에 답하자면 우리는 두 가지를 알아야 한다. 즉, 우리는 어떤 것이 우주에 존재하는지를 알아야 할 뿐만 아니라, 그들 중 어떤 것이 선한지에 대해서도 알아야 한다. 무엇이 실재하는지를 형이상학이 말해줄 수 있다면, 형이상학은 이러한 물음에 대해 어떤 함의를 지닐 것이다. 형이상학은 실재하면서 동시에 선인 대상들의 목록을 완성하는 데 도움이 될 수 있다. 하지만 이러한 목록을 작성하는 일은 윤리학의 과제가 아니다. 윤리학이 "무엇이 선인가?"라는 물음을 탐구하는 학문인 한, 존재해야만 하는 대상―그것이 실제 존재하든 그렇지 않든 상관없이―의 목록을 완성하게 되면, 윤리학의 역할은 끝나게 된다. 그리고 형이상학이 이러한 부분의 윤리학 문제에 대해 그 어떤 함의를 지닌다면, 그 이유는 어떤 것이 실재한다는 사실이 그것 혹은 그 밖의 어떤 것―실재하든 그렇지 않든 상관없이―이 선하다고 생각하는 이유를 제공하기 때문임에 틀림없다. 하지만 어떤 것이 실재한다는 사실이 그러한 이유를 제공하는 것은 불가능한 일이다. 왜냐하면 "이것이 선이다."라는 주장―이 주장은 **"이러한 종류의 대상이** 선이다." 혹은 "존재한다면, 이것이 선이다."를 의미한다―과 "존재하는 이 대상이 선이다."라는 주장을 구분하지 못함으로써 이와 정반대의 가정이 더 설득력을 지닌다는 의구심이 제기되기 때문이다. 그 대상이 존재하지 않는 한, 후자의 명제가 참일 수 없다는 점은 분명하다. 그러므로 그러한 대상의 존재 증명은 이러한 명제 입증에 꼭 필요한 첫걸음이 된다. 하지만 그 근본적인 큰 차이에도 불구하고, 이 두 명제는 일상적으로 동일한 용어로 표현되곤 한다. 즉, 실제로 실재하는 대상에 관해 윤리 판단을 내릴 때뿐만 아니라 단순히 가능한 것으로 여겨지는 대상에 대한 윤리 판단을 주장할 때에도, 우리는 동일한 단어를 사용한다.

그러므로 실재를 주장하는 진리와 선을 주장하는 진리 사이의 관계에 관해 우리가 실수를 범하는 근본 원인은 바로 언어의 이런 모호성에 있다고 하겠다. 이러한 모호성이 최고선은 영원한 실재에 놓여 있다고 단언하는 형이상학적 윤리학자들에 의해 간과되고 있다는 점을 나는 아래에서 다음과 같이 보여주고자 한다. 형이상학이 실천 윤리학과 맺을 수 있는 관계에 관한 논의를 통해, 우리는 영원히 존재하는 것은 우리 인간의 행동에 의해 결코 영향을 받을 수 없기에, 실재하는 것이 유일하고 그 실재가 영원하다 해도, 그 어떤 실천적 준칙도 참일 수 없다는 사실을 알게 되었다. 내가 말한 대로, 형이상학자들은 대개 이러한 사실을 지금까지 간과해왔다. 이들은 다음과 같은 모순되는 두 명제를 주장한다. 즉, 실재하는 것은 단 하나밖에 없고 그 실재는 영원하다는 명제와 미래에서의 그러한 실재의 실현이 선이라는 명제를 이들은 동시에 주장한다. 우리가 보았듯이, 매켄지(Mackenzie) 교수는 '참 자아' 내지 '이성적 우주'의 실현을 우리가 목표로 추구해야 한다고 단언한다. 또한 매켄지 교수는 '참(true)'이라는 단어가 명백하게 함의하듯이, '참 자아'와 '이성적 우주'는 영원히 실재한다고 주장한다. 영원히 실재하는 것이 오직 미래에서만 실현될 수 있다는 가정을 받아들일 경우 우리는 여기서 이미 하나의 모순에 직면하게 된다. 영원한 바로 그것이 실재하는 유일한 것이라는 명제에 전제되어 있는 또 다른 모순을 이 모순에 덧붙여야 하느냐, 아니면 그렇게 하지 말아야 하느냐의 물음은 비교적 중요하지 않다. 오직 진정한 실체와 그 실체가 소유하는 속성의 구분을 무시할 경우에만, 이러한 모순이 타당하다고 여기는 전제가 설명될 수 있다. 참으로 영원히 실재하는 것은, 그것이 오직 영원히 실재하는 대상의 종(the sort of thing)을 의미한다면, 미래에나 실현될 수 있을 것이다. 그러나 어떤 대상이 선하다고 우리가 주장할 때, 우리가 의미하는 바는 그러한 대상의 실재 내지 존재가 선하다는 것을 의미할 따름이다. 어떤 대상의 영원한 존재는, 필수적인 의미에서 이와 완전히 **동일한** 대상의 시간상 존재와, 아마도 동일하게 선할 수는 없을 것이다. 그러므로 **참** 자아의 미래 실현이 선하다는 말을 우리가 들을 때, 이는 기껏해야 진정한 자아이면서 동시에 영원히 존재하는 자아와 **정확히 똑같은** 어떤 자아의 미래 실현이 선하다는 것을 단지 의미할 따름이다. 최고선은 형이상학적 용어로 정의될 수 있다고 옹호하는 사람들이 이러한 사실을 초지일관 무시하지 않고 반대로 명쾌하게 진술했다면, 아마도 최고선이 무엇인지 인식하는 데 있어서 실재에 관한 지식이 필수적이라는 입장은 참일 개연성을 상당 부분 잃어버렸을 것이다. 우리가 여기서 목표로 마땅히 추구해야 하는 바는 영원히 실재하는 것과 아무리 똑같아 보인다 할지라도 아마도 그러한 영원히 실재하는 것일 수 없다는 명제와 영원한 실재는 아마도 유일한 선일 수 없다는 명제, 이 두 명제는 "윤리학은 형이상학에 그 토대를 두어야만 한다."는 주장이 참일 개연성을 상당히 약화시켜주는 것처럼 보인다. 실재하지는 않지만 그 대상과 아주 유사한 다른 한 대상이 실재한다는 바로 그 이유로, 그 대상이 선일 것이라고 주장하는 것은 전혀 그럴듯해 보이지 않는다. 따라서 형이상학적 윤리설을 그럴듯하게 생각하는 일부의 몇몇 근거는 다음과 같은 언어상의 모호함을 제대로 파악하지 못한 실패에 기인한다고 보는 것이 합당해 보인다. 즉, "이것은 선이다."라는 명제는 다음 둘 중 하나, 즉 "실재하는 이 대상이 선이다."를 의미할 수도, 혹은 "(그 대상이 존재하든지 하지 않든지 상관없이) 이러한 대상의 존재가 선할 것이다."를 의미할 수도 있는 모호한 명제이다.

**71.**

지금까지 논의를 통해 이러한 모호성을 충분히 밝혔기에, 이제 우리는

"윤리학은 형이상학에 그 토대를 둘 수 있는가?"의 물음이 마땅히 의미하는 바가 무엇인지를 더욱더 분명하게 이해할 수 있게 되었다. 또한 이로써 우리는 이 물음에 대한 정확한 답을 얻는 데에도 더욱더 용이하게 되었다. 즉, 이제는 "이 영원한 실재가 최고선이다."라고 주장하는 형이상학적 윤리설의 원칙은 단지 "이런 영원한 실재와 같은 그 어떤 것이 미래에도 최고선일 것이다."를 의미할 따름이라는 점이 명확해졌다. 다시 말해 이제 우리는 이러한 원칙들을 미래에 존재해야만 하고, 그리고 우리가 얻도록 추구해야만 하는 것이 어떤 종류인지를 서술하는 원칙으로 이해하고 있다. 실제로 이것이 이러한 원칙들이 시종일관 가질 수 있는 유일한 의미이다. 그리고 이 점이 명확하게 인식되면, 그러한 종류의 것이 또한 영원히 실재한다는 것을 아는 지식은 윤리학 고유의 물음, 즉 그러한 종류의 선한 대상이 참으로 존재하는가의 물음을 해결하는 데 전혀 아무런 도움이 되지 않는다는 점도 더욱더 명백해질 것이다. 어떤 영원한 실재가 선이라는 것을 알 수만 있다면, 그러한 영원한 실재라는 관념이 이미 우리에게 제시되었기에, 우리는 그러한 실재가 미래에도 선일 것이라는 점도 아주 똑같이 쉽게 알 수 있을 것이다. 그러므로 실재에 대한 형이상학적 이해가 단지 상상의 유토피아에 관한 이해라면, 그러한 이해는 윤리학의 목적 실현에 아주 유용할 것이다. 즉, 제안된 종류의 대상이 항상 동일하다면, 가치 판단을 내리는 근거가 되는 실질적 내용을 우리에게 제공하는 데 있어서, 허구도 진리만큼이나 유용하다. 그러므로 형이상학이, 그렇지 않았다면 우리에게 일어나지 않았을 것을 제공하고 있다—이러한 것을 우리는 선으로 받아들이고 있다—는 점에서 윤리학의 목적에 큰 도움을 줄 수 있다고 우리가 인정한다 할지라도, 이러한 유용성을 실제로 지닌 것은 무엇이 실재하는지에 대해 말해준다고 우리가 생각하는 그러한 형이상학은 아니다.

진정 진리를 추구한다면, 형이상학의 유용성을 우리는 실제로 이러한 면에 한정해야만 할 것이다. 형이상학자들이 실재에 대해 주장하는 바가 아무리 거칠고 과도하다 할지라도, 진리가 아닌 것에 대해서는 아무 말도 하지 않는 것을 자신들의 사명으로 여긴 나머지, 형이상학자들은 자신들의 주장을 더 거칠게 밀고 나가지 않고 있다고 생각된다. 그러나 이들의 주장이 더 거칠수록, 그리고 형이상학에 덜 유용할수록, 이들 주장은 윤리학에 더 유용해질 것이다. 왜냐하면 우리의 이상을 서술하는 데 있어서 우리가 그 어떤 것도 무시하지 않았다는 것을 확실하게 보여주고자 한다면, 우리는 제안된 선에 대해 가능한 한 그 영역을 우리 앞에 광범위하게 펼쳐보여야 할 것이기 때문이다. 아마 가능한 이상을 제공한다는 점에서 형이상학의 이러한 유용성이 때때로 윤리학은 형이상학에 그 토대를 두어야 한다는 주장이 의미하는 바이기도 하다. 진리를 제시하는 것과 그 진리가 논리적으로 의존하고 있는 것을 혼동하는 것은 흔한 일이다. 형이상학적 윤리설은 최고선을 지금 여기에 존재하는 것과는 훨씬 더 다른 그 무엇으로 이해하고 있다는 점에서 자연주의 윤리설보다는 우월하다는 점을 나는 이미 지적한 바 있다. 그러나 이러한 의미에서 윤리학은 허구에 훨씬 더 강력하게 토대를 두고 있다는 점을 받아들이게 되면, 내가 생각하기에 형이상학자들도 형이상학과 윤리학의 이러한 종류의 관계는 결코 형이상학이 윤리학에 대해 갖는 함의에 부여하는 의의를 정당화시켜주지 않을 것이라는 점을 인정할 것이다.

## 72.

초감각적 실재에 대한 지식이, 무엇이 선 자체인가를 아는 데 꼭 필요한 전제 조건이라는 뿌리 깊은 편견을 우리가 갖게 된 이유는 부분적으로 후자 판단의 대상은 그 자체로 실재하는 그 어떤 것이 아니라는 사실을 인식하지 못했기 때문이다. 그리고 진리를 지각하는 원인과 그러한 진리가 정당화되는 이유를 구분하지 못한 것도 이러한 편견을 낳는 데 한몫한다. 그러나 이 두 가지 원인은, 형이상학이 윤리학과 그 어떤 관계를 갖는다고 우리가 가정하는 이유를 설명하는 데 단지 아주 조그만 도움이 될 따름이다. 내가 제시한 첫 번째 설명은 단지 어떤 대상의 실재는 그 대상의 선을 위한 **필요조건**이라는 가정을 해명해줄 따름이다. 참으로 이러한 가정은 흔한 일이다. 실제로 어떤 대상이 실재의 한 구성 요소로 관여하고 있다는 점을 보여줄 수 없다면 그러한 대상은 결코 선일 수 없다고 가정하는 경우가 비일비재하게 일어남을 우리는 잘 안다. 그러므로 이러한 가정은 사실이 아니라는 점을, 즉 형이상학은 윤리학에 대해 그 어떤 **부분적** 토대를 제공하는 데 있어서도 결코 필요조건조차 되지 않는다는 사실을 강조할 가치가 있다. 그러나 형이상학자들이 윤리학은 형이상학에 토대를 두고 있다고 말할 때, 이들이 일상적으로 의미하는 바는 이 이상이다. 즉, 형이상학자들은 형이상학이 윤리학의 **유일한** 토대라고, 다시 말해 형이상학은 어떤 대상이 선하다는 것을 입증하는 데 요구되는 단 하나의 필요조건뿐만 아니라 다른 모든 조건마저도 제공한다고 일상적으로 주장한다. 얼핏 보기에 이러한 입장은 서로 다른 두 가지 형태로 주장되는 것으로 보인다. 즉, 이러한 입장은 어떤 대상이 초감각적으로 실재한다는 것을 단지 입증하기만 하면 그것으로 그 대상이 선하다는 것을 보여주는 데 충분하다는 주장으로 해석이 가능하다. 다시 말해 진정으로 실재하는 것은 단지 실재한다는 그 한 가지 이유만으로도 참으로 선하다고 우리는 말할 수 있다. 하지만 이러한 해석보다 더 일반적인 해석이 있다. 즉, 실재하는 것은 그 어떤 특성들을 소유하기에 선이 틀림없다는 주장이 바로 더욱더 일반적으로 받아들여지는 해석이다. 내가 생각하기에, 우리는 첫 번째 종류의 주장을 단지 두 번째의 주장으로 환원시킬 수 있다. 그러니까 실재하는 것은 단지 그것이 실재한다는 이유로 선하다고 주장될 때, 이는 대개 실재하기 위해서는 어떤 종류의 대상임에 틀림없어야 하기 때문에 그 실재하는 것이 선하다는 주장으로 받아들여진다. 형이상학적 탐구가 윤리학적 결론을 제공할 수 있다는 주장이 얻어지는 추론은 다음과 같은 형식을 취한다. 즉, 무엇이 참으로 실재하는가라는 물음에 대한 고찰로부터, 우리는 실재하는 것은 그 어떤 초감각적인 속성들을 지니고 있음에 틀림없다는 명제를 추론할 수 있다. 그리고 이러한 속성의 소유는 선과 동등하게 여겨진다. 이것이 바로 선이라는 개념이 의미하는 바로 그것이기 때문이다. 따라서 이로부터 이러한 속성들을 소유한 것은 선하다는 결론이 얻어진다. 그리고 무엇이 실재하는가에 대한 고찰로부터 우리는 또다시 이러한 속성들을 지닌 것이 무엇인지를 추론해낼 수 있다. 이러한 추론 과정이 정확하다면, "무엇이 그 자체로 선인가?"라는 물음에 주어진 모든 대답은 순수 형이상학적인 논의에 의해서, 그리고 오직 이러한 논의를 통해서만 얻어진다는 점은 아주 명백하다. 마치 밀이 '선하다'는 것은 '욕구된다'는 것을 의미한다고 가정할 때, "무엇이 선인가?"라는 물음이 오직 "무엇이 욕구되고 있는가?"에 대한 경험적 탐구에 의해서 그 대답을 얻을 수 있고, 또 반드시 얻어야만 하듯이, 여기서도 마찬가지이다. 즉, 선하다는 것이 그 어떤 초감각적인 속성을 지님을 의미한다면, 윤리학적 물음은 "무엇이 이러한 속성을 지니는가?"라는 물음에 대한 형이상학적 탐구에 의해 그 대답을 얻을 수 있고, 또 그 대답을 얻어야만 할 것이다. 그렇다면 형이상학적 윤리설의 타당성을 논박하기 위해 앞으로 해야 할 남은 과제는 형이상학자들로 하여금 "선하다는 것은 어떤 초감각적인 속성을 지님을 의미한다."라는 전제를 받아들이게끔 한 중대한 실수가 무엇인지를 밝혀내는 일일 것이다.

**73.**

그러면 선하다는 것은 어떤 초감각적인 속성을 지닌다는 것을 의미함에 틀림없다고, 혹은 어떤 초감각적 실재와 밀접히 연관되어 있다는 주장을 그럴듯하게 만들어주는 주요 이유는 무엇인가?

우선 선은 이러한 그 **어떤** 속성으로 정의되어야만 한다는 입장—물론 그렇다고 이 입장이 어느 한 가지 **특정** 속성이 반드시 요구된다고 강조하지는 않는다—을 받아들이게끔 만드는 데 상당히 중대한 영향력을 발휘하는 것처럼 보이는 한 가지 이유에 주목하자. "이것이 선이다.", 혹은 "존재한다면, 이것이 선일 것이다." 등의 명제는 어떤 면에서 보면 다른 명제들과 동일한 형태임에 틀림없다는 가정에서 우리는 이러한 이유를 찾아볼 수 있다. 실제로 모든 사람은 한 형태의 명제에 아주 익숙해져 있을 뿐만 아니라 바로 그 이유로 사람들의 사유도 그러한 형태의 명제에 아주 강력하게 사로잡혀 있어서, 철학자들은 다른 모든 형태의 명제들은 바로 그러한 형태의 명제로 환원될 수 있어야만 한다고 항상 가정해왔다. 그것은 바로 경험의 대상, 즉 깨어 있는 실생활의 거의 대부분에서 우리의 마음을 사로잡고 있는 사실—즉, 누군가가 방에 있다, 나는 글을 쓰고 있다, 나는 먹고 있다, 나는 말하고 있다 등과 같은 사실—의 세계에 관한 명제이다. 이러한 사실들은 아무리 다르다 할지라도 공통점이 하나 있는데, 그것은 바로 문법상의 주어와 문법상의 술어 둘 다 존재하는 그 어떤 것을 지칭한다는 점이다. 그러니까 가장 일상적인 형태의 진리들은 존재하고 있는 두 대상들 사이에 어떤 관계가 존재한다고 주장한다. 하지만 윤리학적 진리들은 이러한 형태의 진리와 일치하지 않는다는 게 우리들의 직관적인 느낌이다. 자연주의 오류는 그 어떤 포괄적인 방식으로 윤리학적 진리들을 이러한 형태에 꿰맞추어 설명하고자 하는 모든 시도에서 발생한다. 어떤 것을 선하다고 여길 때, 그 대상의 선은 우리 손으로 직접 취할 수 있거나, 혹은 가장 정교한 과학적 기구를 사용해서도 그러한 대상으로부터 분리해내어 그 밖의 다른 어떤 것에 이전시킬 수 있는 그러한 속성이 아니라는 점을 우리는 즉각 알 수 있지 않은가? 우리가 대상에 귀속시키는 대부분의 속성들은 그 대상의 한 부분이지만, 사실 선은 우리가 선하다고 여기는 대상의 **한 부분**이 아니다. 그러나 철학자들은 우리가 선을 손으로 취하여 이리저리로 옮길 수 없는 이유는, 선이 우리가 이리저리로 옮길 수 있는 대상들과는 **그 종류가** 다르기 때문이 아니라, 단지 선이 실제로 함께 존재하는 그러한 대상과 **필연적으로** 언제나 함께 존재하기 때문이라고 생각하고 있다. 철학자들은 윤리적 진리의 형태가 과학적 법칙의 형태와 동일하다는 가정에 근거하여 윤리학적 진리를 설명해왔다. 경험론자인 자연주의 철학자들과 지금까지 내가 형이상학적이라고 부른 철학자들이 같은 배를 타고 있다고 말할 수 있는 경우는 오직 이들이 이와 같은 주장을 하고 있을 때이다. 사실인즉 이 두 부류의 철학자들은 과학적 법칙의 본성에 대해서는 서로 다른 입장을 취하고 있다. "이것이 저것과 항상 똑같이 발생한다."라고 말할 때, 자연주의 철학자들이 의미하는 바는 다음과 같다. 즉, "이러저러한 특별한 조건하에서 이것은 저것과 항상 똑같이 발생해왔고, 지금도 그러하며 앞으로도 그러할 것이다." 이들은 과학적 법칙을 내가 지금까지 지적해온 아주 친숙한 형태의 명제에로 아주 단순하게 직접 환원시키고 있다. 하지만 형이상학자들은 이러한 설명에 만족하지 않는다. 즉, "저것이 존재한다면, 이것은 저것과 항상 똑같이 발생한다."라고 말할 때,

형이상학자들은 이것과 저것이 함께 존재해왔고, 또 앞으로도 아주 많은 경우에 함께 존재할 것이라는 의미로만 이 명제를 받아들이지 않는다. 그러나 우리의 이러한 말이 참으로 의미하는 바는 단지 우리가 말한 바에 불과하다고 믿는 것은 형이상학자들조차 어떻게 할 수 없는 통제 밖의 영역에 속한다. 여전히 형이상학자들은 우리의 이러한 말은 여하튼 어떤 것이 참으로 존재한다는 주장을 의미해야만 한다고 생각한다. 왜냐하면 이것이 바로 우리가 어떤 것을 말할 때 일반적으로 의미하는 바로 그것이기 때문이다. 경험론자들처럼 형이상학자들도 '2+2'는 '4'를 의미한다고 상상조차 할 수 없다. 경험론자들은 2+2=4라는 말은 두 개의 대상이 다시 두 개의 대상과 더해지면 많은 경우 각각 네 개가 된다는 것을 의미한다고 생각한다. 따라서 이에 따르면 그러한 대상들이 정확하게 존재하지 않으면 둘 더하기 둘은 넷이 되지 않게 된다. 하지만 형이상학자들은 이는 틀렸다고 생각한다. 그러나 이들은 이러한 주장이 의미하는 바에 대해 다음과 같은 설명 이상의 더 나은 설명을 제공하지 않았다. 즉, 라이프니츠(Leibniz)는 신의 마음이 어떤 상태에 있다고 설명하고, 칸트는 우리의 마음이 어떤 상태에 있다고 설명하고, 브래들리(Bradley)는 어떤 것이 어떤 상태에 있다고 설명할 따름이다. 여기에서 우리는 자연주의 오류의 뿌리를 발견하게 된다. 당신이 "만약 존재한다면 이것은 선일 것이다."라고 말할 때, 당신은 이제까지 아무리 여러 번 실제로 그러했다 해도, "그것은 존재해왔고 또 욕구되고 있다."를 단순히 의미할 수 없다는 것을 꿰뚫어볼 수 있는 장점을 형이상학자들은 지닌다. 아마 형이상학자들은 어떤 선한 것들은 이 세상에 존재한 적이 없었음을 인정할 것이며, 한 걸음 더 나아가 일부의 선한 것들은 욕구된 적도 없었음을 인정할 것이다. 그러나 **어떤 것**이 존재한다는 점 외에 우리가 의미할 수 있다고 생각한 바를 형이상학자들은 참으로 알 수가 없었다. 형이상학자들로 하여금 초감각적 실재는 반드시 존재해야 한다고 가정하게끔 만든 실수와 정확히 동일한 실수로 인하여 형이상학자들은 '선'의 의미에 관해 자연주의 오류를 범하고 말았다. 모든 진리는 그에 해당하는 어떤 대상이 존재해야 한다는 것을 의미한다고 이들은 생각했다. 경험론자와 달리, 일부의 진리는 어떤 것이 지금 여기에 존재한다는 것을 의미하지 않을 수 있다는 점을 인정하기 때문에, 형이상학자들은 지금 여기가 **아닌** 방식으로 어떤 것이 존재한다는 것을 의미하는 진리를 일부 인정한다. 동일한 원리에 근거하여, 형이상학자들은 '선'은 존재하지 않을 뿐만 아니라 또 존재할 수도 없는 속성이기 때문에, '선하다'는 것은 '실재'[2]에 존재하고 또 존재할 수 있는 어떤 다른 특정의 대상과 관련되어 있다는 것을 의미하거나, 그렇지 않으면 단순히 '실재 세계에 속한다.'는 것을 의미한다고 생각했다. 즉, 이들은 선이 실재에 초월되어 있거나, 아니면 실재에 흡수되어 있다고 생각했다.

### 74.

**모든** 명제는 어떤 것이 존재한다고, 혹은 존재하는 어떤 것이 이러저러한 속성을 지닌다(이는 이 둘이 서로 그 어떤 관계를 맺고 있다는 것을 의미한다.)고 주장하는 형태의 명제로 환원될 수 있다는 입장이 잘못된 것이라는 점은 특정한 부류의 윤리 명제들을 참작해보면 쉽게 밝혀질 수 있을 것이다. 왜냐하면 존재한다고 우리가 입증할 수 있는 대상이 무엇이든 간에, 그리고 필연적으로 서로서로 연관되어 있다는 것을 입증해낼 수 있는 두 대상이 무엇이든지 간에, 그렇게 존재하는 것이 선인가의 물음은 여전히 전혀

.. 

2) [역자 주] 여기서 'reality'는 초감각적인 실재까지 포함하는 넓은 의미로 사용되고 있다.

다른 독특한 물음으로 남아 있기 때문이다. 즉, 존재하는 두 대상 중 어느 하나가 선인지, 그리고 이 두 대상이 함께 존재하는 것이 선인지를 우리는 여전히 물을 수 있다. 전자를 주장하는 것은 후자를 주장하는 것과 전혀 동일하지 않다는 점은 아주 명백하다. "존재하는 이것이, 혹은 필연적으로 존재하는 이것이 결국 선인가?"라고 물을 때, 그 의미하는 바가 무엇인지 이제 우리는 이해하게 되었다. 또한 아직까지 대답되지 않고 있는 또 하나의 질문을 우리가 지금 묻고 있다는 점도 우리는 숙지하고 있다. 이 두 물음은 판이하게 구분되는 다른 질문이라는 점을 직접 자각하게 되면, 이 두 물음은 동일한 질문임에 틀림없다는 점을 입증하고자 하는 그 어떠한 증명도 아무런 가치도 지닐 수 없을 것이다. "이것이 선이다."라는 명제는 우리가 1장에서 입증하고자 한 다른 모든 명제와 분명 판이하게 다르다. 지금 나는 "이것이 선이다."라는 명제가 일상적으로 동일한 것으로 간주되고 있는 다른 두 특수한 명제와 어떻게 다른지 그 이유를 지적함으로써 이 사실을 예시해줄 수 있다. 이러저러한 것이 **행해져야 한다**는 명제는 일상적으로 도덕 법칙(moral law)이라고 불린다. 그리고 법칙이라는 표현은 본래, 이 명제가 자연법칙 혹은 법률적 의미의 법과, 혹은 이 둘 다와 어떤 면에서 상당히 유사하다는 점을 우리에게 암시해준다. 이 세 가지는 실제로 한 가지 점에서, 그리고 오직 그 한 가지 점에서 유사하다는 것은 사실이다. 즉, 이 세 가지는 그 어떤 **보편적인** 명제를 함의하고 있다. 그러니까 도덕 법칙은 "이것은 **모든 경우에서** 선이다."라고 주장하고, 자연법칙은 "이것은 **모든 경우에서** 일어난다."고 주장한다. 그리고 법률적 의미로 법은 "**모든 경우에서** 이것은 해야 한다고, 혹은 해서는 안 되는 것이 명령되어 있다."고 주장한다. 그러나 이러한 유비는 더 확장될 수 있고, 또 "이것은 선이다."라는 주장은 "이것은 모든 경우에 일어난다."는 주장이나 "이것은

244

모든 경우에 해야 하는 것이 명령되어 있다."는 주장과 동일하다고 아주 당연하게 가정되고 있기 때문에, 이들은 동일하지 않다는 점을 간단하게 지적하는 것만으로도 아주 큰 도움이 될 수 있다.

**75.**

도덕 법칙은 어떤 행위는 항상 필연적으로 이뤄져야 한다고 주장하는 측면에서 자연법칙과 유사하다고 가정하는 오류는 칸트의 가장 유명한 입론 중 하나에서도 발견된다. 칸트는 존재해야만 하는 것을 자유 의지 내지 순수 의지가 반드시 **따라야만** 하는 법칙, 즉 자유 의지를 위해 가능한 유일한 종류의 행위와 동일시한다. 그리고 이러한 동일시로 인해, 그는 자유 의지 역시 반드시 해야만 하는 것을 행해야 하는 필연성의 지배 아래 있다고만 단순하게 주장하지 않고, 한 걸음 더 나아가 자유 의지가 행해야만 하는 모든 것은 단지 그 자신의 법칙, 즉 자유 의지가 따라야만 하는 법칙을 의미한다고까지 주장하게 되었다. 자유 의지는, 오직 우리가 행해야만 하는 것은 자유 의지가 필연적으로 행하는 것이라는 점에서, 인간적인 의지와 다르다. 자유 의지는 '자율적'이다. 이는 (다른 것들 중에는) 자유 의지 여부를 판단할 수 있는 별도의 그 어떤 표준도 존재하지 않는다는 것을, 그리고 이런 경우에는 "자유 의지가 따르고 있는 법칙이 선한 법칙인가?"의 물음은 무의미하다는 것을 뜻한다. 이로부터 다음과 같은 결론이 얻어진다. 즉, 순수 의지에 의해서 필연적으로 의욕되고 있는 것은, 그 의지가 선하기 때문도 혹은 어떤 다른 이유 **때문도** 아니라, 단지 그것이 순수 의지에 의해 필연적으로 의욕되고 있다는 바로 그 사실로 인해 선하다.

따라서 '실천 이성의 자율성'에 관한 칸트의 이러한 주장은 그가 바라던 바와는 정반대의 결과를 초래하고 말았다. 즉, 이러한 주장은 그의 윤리학을 결국에는 아무 희망도 없을 만큼 '타율적'으로 만들고 있다. 칸트에 따르면 우리는 도덕 법칙을 독립적으로 **알** 수 있다고 하는데, 바로 이러한 의미에서 그의 도덕 법칙은 형이상학과 독립적이다. 우리는 오직 도덕 법칙이 참이라는 사실로부터 자유(Freedom)가 존재한다는 것을 추론할 수 있다고 그는 주장한다. 그리고 이러한 입장을 엄격하게 고수하는 한, 그는 대부분의 형이상학적 윤리학자들이 빠지는 잘못, 즉 무엇이 실재하는가에 관한 자신의 입장이 무엇이 선인가에 관한 자신의 판단에 영향을 미치도록 허용하는 잘못을 참으로 피하게 된다. 그러나 칸트는, 자신의 입장에 따르면 자유가 도덕 법칙에 의존하는 의미보다 훨씬 더 중요한 의미에서 도덕 법칙이 자유에 의존한다는 것을 깨닫는 데 실패하고 말았다. 그는 자유는 도덕 법칙의 존재 근거(ratio essendi)이고, 도덕 법칙은 자유의 인식 근거(ratio cognoscendi)임을 인정하고 있다. 그리고 이는, 실재가 그가 말하는 그러한 존재가 아닌 한, "이것이 선이다."라는 그 어떠한 주장도 결코 참일 수 없음을 의미한다. 즉, "이것이 선이다."라는 주장은 참으로 아무런 의미를 지닐 수 없다. 그러므로 그는 자신의 반대자들에게 도덕 법칙의 타당성을 공격하는 한 가지 결정적인 방법을 제시했다. 오직 반대자들이 어떤 다른 방법들(즉, 그가 그 가능성을 부정하고 있긴 하지만 이론적으로는 열려 있는 방법들)을 통해 실재의 본성은 그가 말하는 그러한 존재가 아니라는 것을 보여줄 수 있다면, 칸트는 결코 반대자들이 자신의 윤리 원칙이 거짓임을 입증했을 것이라는 점을 부인할 수 없을 것이다. 그러니까 "이것은 행해져야 한다."는 주장이 "이것은 자유 의지에 의해 의욕되고 있다."는 명제를 의미하는 경우, 그 어떤 것을 의욕하는 자유 의지가 결코 존재하지 않는다는 것을 보여줄 수 있다면, 그 어떤 것도 행해져서는 아니 된다는 결론이 얻어질 것이다.

### 76.

그리고 칸트는 "이것이 존재해야 한다."는 주장은 "이것은 명령되고 있다."는 명제를 의미한다고 전제하는 오류를 또한 범하고 있다. 그는 도덕 법칙을 명령문(Imperative)으로 인식하는데, 이는 아주 흔하게 범하는 잘못이다. "이것은 존재해야 한다."는 주장은 "이것은 명령되고 있다."는 명제를 의미함에 틀림없다고 여겨진다. 그러므로 이런 가정하에서는 명령되는 바가 아무것도 없다면, 그 어떤 것도 선이 되지 못할 것이다. 그리고 세상에서의 명령은 잘못일 개연성이 높기 때문에, 궁극적 의미에서 존재해야만 하는 것은 '실재하는 초감각적인 권위에 의해 명령되는 것'을 의미할 수밖에 없다. 그리고 이렇게 되면 이러한 권위에 대해서는 "그것이 옳은가?"라는 물음을 던지는 것은 더 이상 가능하지 않다. 즉, 이러한 권위의 명령은 옳지 않을 수 없다. 왜냐하면 옳다는 것은 이러한 권위가 명령하는 바로 그것을 뜻하기 때문이다. 그러므로 도덕적 의미의 법칙은, 방금 든 예에서 본 바와 같이, 자연적 의미의 법칙보다는 법률적 의미의 법칙과 더 유사하다고 여겨진다. 도덕적 책무는 단 한 가지 차이, 즉 법적 책무의 근원은 이 세상인 반면에 도덕적 책무의 근원은 저 하늘이라는 단 한 가지 차이를 제외하고는, 법적 책무와 유사하다고 여겨진다. 그러나 책무의 근원이 단지 우리로 하여금 어떤 것을 행하도록 구속하거나 강요하는 힘을 의미한다면, 우리가 책무에 복종해야만 하는 이유는 그 힘이 실제로 이러한 책무를 요구하기 때문이 아니라는 점은 분명하다. 오히려 오직 그 자체로 선인 경우에만, 힘은 단지 선인 것만을 명령하고 강요하고, 또 도덕적 책무의 근원이 될 수 있다. 그러니까 이러한 경우 힘이 명령하고 강요하는 바는, 실제로 명령되고 강요되건 그렇지 않든 상관없이, 선일 것이다. 어떤 책무를 법적 책무로 만들어주는 바는, 즉 그 책무가 어떤 종류의 권위에 의해 명령되고 있다는 사실은 도덕적 책무와 아무런 관련이 없다. 권위가 어떻게 정의되든 상관없이, 그 권위의 명령들은 오직 그 명령들이 실제로 **도덕적으로** 강요하는 경우에만, 즉 그 명령들이 무엇이 존재해야만 하는가를, 혹은 무엇이 존재해야만 하는 것에 대한 수단인지를 우리들에게 말해주는 경우에만 도덕적 구속력을 지닐 따름이다.

**77.**

우리가 선을 정의할 때 반드시 그 준거점으로 삼아야 하는 특정의 초감각적 속성이 의지라는 가정에 이르게 하는 이유는 여러 가지인데, 그중에 하나가 지금 막 언급한 이러한 잘못, 즉 "당신은 이것을 해야만 한다."라고 말할 때, 내가 의미하는 바는 "당신은 이것을 하도록 명령받았다."라는 것이라고 전제하는 경우에 발생하는 잘못이다. 그리고 윤리적 결론은 근본적으로 실재하는 의지의 본성 탐구에서 얻어질 수 있다는 생각은 단연코 오늘날 형이상학적 윤리설의 가장 일상적인 가정인 것처럼 보인다. 그러나 이러한 가정이 그럴듯해 보이는 이유는 '당위'는 명령을 표명하는 것이라는 가정에 있는 것이 아니라, 오히려 훨씬 더 근본적인 잘못에 있어 보인다. 이 잘못이란 어떤 속성을 한 대상에 귀속시키는 것은 그 대상이 일종의 심적 상태의 대상이라고 말하는 것과 정확히 똑같다고 가정하는 데서 발생하는 잘못을 지칭한다. 어떤 대상이 실재한다거나 참이라고 말하는 것은 그 대상이 어떤 방식으로 알려진다고 말하는 것과 같다고 여겨지고 있다. "그것이 선이다."라는 주장과 "그것은 실재한다."라는 주장의 차이,

즉 윤리학적 명제와 형이상학적 명제의 차이는 후자, 즉 형이상학적 명제는 인식(Cognition)에 대한 관계를 주장하는 반면에, 전자, 즉 윤리학적 명제는 의지(Will)에 대한 관계를 주장한다는 사실에 **놓여 있다.**

그런데 이러한 생각이 틀렸다는 점은 이미 1장에서 해명됐다. "이것이 선이다."라는 주장은 초감각적 의지이든 아니면 다른 무엇에 의해서이든, "이것은 의욕되고 있다."라는 주장과 동일하지 않을 뿐만 아니라, 그 어떤 다른 명제와도 동일하지 않다는 것이 이미 입증되었다. 이러한 입증에 대해 나는 여기서 더 이상 그 어떤 것도 덧붙일 생각이 없다. 그러나 이러한 증명에도 불구하고 두 종류의 반론이 전개될 수 있으리라 예상된다. (1) 그럼에도 불구하고 이 두 주장은 참으로 동일하고, 이를 입증해주는 것처럼 보이는 사실들이 존재한다는 주장이 있을 수 있다. 또 이와 다르게, (2) **절대적** 동일성 주장은 무리가 있다 해도, 의지와 선 사이는 특별한 연관성, 즉 의지의 진정한 본성에 관한 연구가 윤리적 결론을 입증하는 데 본질적인 단계를 이루는, 그러한 특별한 연관성이 있다고 우리는 말할 수 있다. 이러한 두 가지 가능한 반론을 재반박하기 위해 나는 먼저 선과 의지 사이에 어떤 관계가 가능한지, 혹은 어떤 관계가 있을 수 있는지를 보여주고, 그런 다음 이러한 관계 중 그 어떤 관계도 우리로 하여금 "이것이 선이다."라는 주장과 "이것은 의욕되고 있다."라는 주장을 동일시하는 것으로 정당화시켜줄 수 없다는 것을 제안하고자 한다. 다른 한편으로, 이러한 관계 중 일부는 이러한 동일성 주장과 쉽게 혼동될 수 있는 것처럼 보일지도 모른다. 사실 이러한 혼동은 일어났고 또 지금도 일어나는 중이다. 그러므로 나의 논증의 이러한 부분은 두 번째 반론을 재반박하는 데 이미 몇 걸음 앞서 간 셈이 될 것이다. 그러나 두 번째 반론에 대한 결정적인 틀림없는 재반박은, 지금 논의 중인 **절대적인** 동일성 **외의**, 의지와 선 사이의 그 어떤 가능한 관계도 의지에 대한 탐구가 어떤 윤리적 결론을 증명하는 데 아주 하찮은 관련성을 제공하기에도 충분하지 않다는 점을 보여주는 일이다.

**78.**

인식(Cognition), 의욕(Volition), 감정(Feeling), 이 세 가지는 실재에 대한 우리 마음이 취하는 서로 다른 근본적인 태도라는 주장은 칸트 시대 이래로 하나의 관행처럼 굳어져 있다. 이 세 가지는 경험의 서로 다른 세 가지 방식이며, 그 각각은 실재를 고찰할 수 있는 서로 다른 고유한 측면에 관한 정보를 우리에게 제공해준다. 형이상학에 접근해가는 '인식론적' 방법은 '인식'에 함의되어 있는 바, 즉 그 '관념(ideal)'이 무엇인지 고찰함으로써, 우리는 세계가 참이고자 한다면 어떠한 속성을 지녀야 하는지를 발견할 수 있다는 전제에 그 토대를 둔다. 그리고 이와 유사하게 의지나 감정에 함의되어 있는 바, 즉 의지나 감정이 전제하는 관념이 무엇인지를 고찰함으로써, 우리는 세계가 선이고자 혹은 미이고자 한다면 어떠한 속성을 가져야 하는지를 우리는 발견할 수 있다고 주장되곤 한다. 정통적인 관념주의 인식론자는 우리가 직접적으로 인식하는 것은 모두 참이지도 않으며, 또 전체적인 진리도 아니라고 주장한다는 점에서 감각주의자나 경험주의자와 다르다. 거짓을 배격하고 진리를 더 발견하고자 한다면, 우리는 인식이 표현하는 바를 단순히 받아들이지 말고, 인식에 함의되어 있는 바가 무엇인지 발견하도록 해야 한다고 관념주의 인식론자는 말한다. 이와 마찬가지로 정통적인 형이상학적 윤리학자도, 우리가 실제로 의욕하는 모든 것이 선인 것은 아니라고, 그리고 설사 선이라고 해도 완전한 선은 아니라고 주장하는 점에서 단순한 자연주의자와 다르다. 참으로 선인 것은 의지의 본질적인 본성에 함의되어 있다는 것이다. 그리고 또 일부의 다른 학자들은 의지가 아니라 감정이 윤리학의 근본적 자료(datum)라고 생각한다. 하지만 그 어느 경우이든, 다른 연구 대상은 인식에 대해 어떤 관계를 지닐지 모르나, 윤리학은 인식에 대해서는 지니지 않는 모종의 관계를 의지나 감정과 맺고 있다는 점은 합의되고 있는 바이다. 어떤 의미에서 보면, 한편으로는 의지와 감정이, 그리고 다른 한편으로는 인식이 철학적 지식의 공동 근원으로, 즉 전자는 실천 철학의 근원으로, 그리고 후자는 이론 철학의 근원으로 간주되고 있다.

이러한 논의가 옳다면, 이러한 입장은 과연 무엇을 의미할 수 있는가?

## 79.

무엇보다, 지각 경험과 감각 경험을 성찰함으로써 우리가 참과 거짓을 분별할 수 있듯이, 우리가 윤리적으로 옳고 그름을 분별하게 되는 것도 바로 우리의 감정과 의지의 경험을 성찰함으로써 가능하다는 것을 이러한 입장은 의미할 수 있다. 어느 한 대상에 대한 우리의 의지와 감정의 태도가 다른 대상에 대한 감정과 의지의 태도와 다르지 않은 한, 전자가 후자보다 더 선한 것이라는 생각이 무엇을 의미하는지를 우리는 결코 알지 못할 것이다. 아마 이 모든 점은 인정될 수 있을지 모른다. 그러나 이제까지 밝혀진 바는 단지 다음과 같은 심리학적 사실에 불과하다. 즉, 마치 우리가 오직 대상에 대한 어떤 지각적 경험을 이유로 해서 그 대상이 참이라고 생각하듯이, 우리가 여태까지 어떤 대상들을 선하다는 생각을 갖는 것은 오직 그 대상들을 우리가 일정한 방식으로 의욕하고 느끼기 때문이라는 심리학적 사실만이 지금까지 밝혀졌다. 그러니까 의지와 선 사이에 그 어떤 특별한 관계가 존재하는 것은 분명 사실이다. 그러나 이는 단지 의지가 선 인식의 필요조건이라는 의미의 **인과적** 관계에 지나지 않는다.

그러나 이러한 반박에 대해 한 걸음 더 나아가, 의지와 감정은 선 인식의 원천일 뿐만 아니라, 어떤 대상을 의욕하거나 그 대상에 대해 어떤 감정을 느끼는 것은 그 대상이 선이라는 생각과 **동일한 것**이라고 누군가는 주장할지 모른다. 물론 이는 어떤 의미에서 **일반적으로** 사실임을 우리는 인정할 수 있다. 어떤 대상에 대해 특별한 태도의 감정이나 의지를 동시에 갖지 않고서는, 그 대상이 선이라고 거의 생각하지 못한다는 것은, 비록 보편적으로 참이라고는 확실히 말할 수는 없다 할지라도, 정말로 참인 것처럼 보인다. 그런데 그 역도 아마 보편적으로 참일지 모른다. 그러니까 우리가 의욕한다거나 어떤 종류의 감정을 느낀다고 말할 때 의미하는 복합적 사실들 속에 선에 대한 지각이 포함되어 있다는 점은 사실일지 모른다. 따라서 어떤 대상이 선하다고 생각하는 것과 그 대상을 의욕한다는 것은 이러한 의미에서 **동일한 것**이라고 일단 인정하자. 즉, 후자의 의지가 일어날 때마다 전자의 생각이 그 **일부로서** 일어난다고 인정하자. 또 그 반대적인 의미에서 **일반적으로 이 둘이 동일하다는 것**도, 즉 선이라는 생각이 일어날 때, 이는 일반적으로 의지의 한 부분이라는 것도 일단 인정하자.

## 80.
이러한 사실들은 어떤 대상을 선이라고 생각하는 것은, 선호와 시인이 어떤 종류의 의지나 감정을 내포하고 있다는 의미에서, 그 대상을 선호하거나 시인하는 것이라는 일반적 주장을 지지하는 것처럼 보일 수 있다. 이런 의미로 우리가 선호하거나 시인할 때, 이러한 사실 속에는 우리가 선으로 여긴다는 사실도 이미 포함되어 있다는 점은 항상 참인 것처럼 보인다. 그리고 절대다수의 경우, 우리가 선이라고 생각할 때 또한 우리는 선호하거나 시인하고 있다는 점은 확실히 참이다. 따라서 선이라고 생각하는 것은 선호하는 것이라고 말하는 것은 충분하리만큼 자연스러운 일이다. 여기서 이보다 더 자연스러운 말을 한 가지 더 더하고자 한다. 즉, 어떤 대상이 선이라고 말할 때, 이것은 내가 그것을 선호한다는 **의미이다.** 하지만 이처럼 자연스럽게 덧붙인 말에는 아주 큰 혼동이 내포되어 있다. 그러니까 선이라고 생각하는 것이 선호하는 것과 동일하다는 것(우리가 지금까지 살펴보았듯이, 절대적 동일성의 의미에서 이는 결코 참이 아니고, 또 함께 일어난다는 의미에서조차 **항상** 참이 아니다.)이 아무리 참이라 할지라도, 당신이 어떤 대상을 선이라고 생각할 때 당신이 생각하는 바는 당신이 그것을 선호하고 있다는 것이라는 주장은 참이 아니다. 어떤 대상에 대해 그것이 선이라는 당신의 생각이 그에 대한 당신의 선호와 동일한 것이라 할지라도, 당신이 생각하는 그 대상의 선은, 바로 그 이유로, 그에 대한 당신의 선호와 분명히 동일하지 **않다.** 당신이 어떤 생각을 갖느냐 갖지 않느냐의 물음과 당신이 생각하는 바가 참인가 아닌가의 물음은 전혀 다른 물음이다. 왜냐하면 전자의 물음에 대한 대답은 후자의 물음에 대해 전혀 아무런 함의도 지니지 않기 때문이다. 당신이 어떤 대상을 선호하다는 사실은, 당신이 그 대상을 그렇게 생각하고 있다는 점을 실제로 보여준다 할지라도, 그 대상이 선임을 입증하는 데 아무런 힘도 지니지 않는다.

　"무엇이 선인가?"의 물음이 "무엇이 선호되고 있는가?"의 물음과 동일하다고 생각하는 것은 바로 이러한 혼동 때문인 것처럼 보인다. 마치 당신이 어떤 대상을 지각하지 않는 한, 그 대상이 존재한다는 것을 결코 알지 못하듯이, 어떤 대상을 선호하지 않는 한, 당신은 결코 그 대상이 선이라는 것을 알지 못할 것이라고 말하는 것은 참일 근거가 충분하다고 하겠다. 하지만 여기서 나는 다음의 말을 덧붙이고 싶다. 즉, 당신이 어떤 대상을 선호하고 있다는 것을 **알지** 못하는 한, 당신은 그 대상이 선이라는 것을 결코 알지 못할 것이라는 주장은 거짓이다. 또한 당신이 어떤 대상을 지각하고 있다는 것을 **알지** 못하는 한, 당신은 그 대상이 존재한다는 것을 결코 알지 못할 것이라는 주장 역시 거짓이다. 마지막으로 한마디를 더 더한다면, 어떤 대상이 선이라는 사실과 당신이 그것을 선호하고 있다는 사실을 당신이 구분할 수 없다거나, 혹은 어떤 대상이 존재한다는 사실과 당신이 그 대상을 지각하고 있다는 사실을 구분할 수 없다는 말은 전적으로 거짓이다. 어떤 순간에는 참인 것과 내가 참이라고 생각하는 것을 내가 구분하지 못하고 있다는 지적을 종종 받는데, 이는 물론 사실이다. 그러나 참인 것과 내가 참이라고 생각하는 것을 내가 구분할 수 없다고 할지라도, 이것은 참이라고 말할 때 의미하는 바와 내가 참이라고 생각한다고 말할 때 의미하는 바를 나는 항상 구분할 수 있다. 왜냐하면 어떤 대상은 내가 참이라고 생각함에도 불구하고 거짓일 수 있다는 가정의 의미를 나는 이해하고 있기 때문이다. 그러므로 내가 그것은 참이라고 주장할 때, 내가 그렇게 생각하고 있다는 사실과는 다른 그 어떤 것을 주장하고 있음을 나는 의미한다고 하겠다. 내가 생각하는 바, 즉 어떤 것이 참이라는 것은 내가 그렇게 생각하고 있다는 사실과는 항상 전혀 다르다. 물론 내가 어떤 대상을 참이라고 정말로 생각할 때마다, 사실의 문제로서 내가 그렇게 생각하고 있다는 것은 맞는 말이지만, 심지어 그것이 참이라는 주장은 내가 그렇게 생각하고 있다는 주장을 **포함조차** 하지 않는다. 하지만 어떤 대상이 참이라고 생각되기 위해서는 그 대상에 대한 생각이 이뤄져야 하는 것이 필요 불가결하다는 동어반복적인 명제는, 어떤 대상이 참이기 위해서는 그 대상에 대한 생각이 이뤄져야 하는 것이 필요 불가결하다는 명제와 일상적으로 동일하게 여겨지고 있다. 이러한 동일화는 잘못이라는 것을 누군가에게 확신시키기 위해서는, 조금만 반성적으로 성찰해도 충분할 것이다. 만약 그렇다면, '참(true)'은 사유함이나 어떤 다른 심적 사실과 아무런 관련이 없는 그 어떤 것을 의미함에 틀림없다는 것을 여기서 조금만 더 생각하게 되면 우리는 분명 알게 될 것이다. 우리가 여기서 의미하는 바가 무엇인지를 정확하게 아는 일은 어려울 수 있다. 즉, 다른 대상과 비교하기 위해 문제의 대상을 우리 앞에 명확히 드러내 주장하는 것은 어려운 일일지 모른다. 하지만 우리는 지금 전혀 다른 독특한 그 어떤 것을 의미하고 있다는 점은 이제 더 이상 의심의 여지가 있을 수 없다. 그러므로 '참이라는 것(to be true)'은 어떤 방식으로 사유되고 있음을 **의미한다**는 주장은 확실히 틀렸다. 그러나 철학에 관한 칸트의 '코페르니쿠스적 혁명(Copernican revolution)'에서 이러한 주장이 가장 본질적인 중요한 역할을 감당하고 있다. 또 이러한 혁명이 시발점이 되어 발생한 근대 철학, 즉 인식론이라고 불리는 근대 철학 전부를 무가치하게 만든 것도 바로 이러한 주장 때문이다. 칸트는 종합적인 사유 활동에 의해 일정한 방식으로 통일된 것은 사실상 참이며, 또 참이라는 단어가 의미하는 바로 그것이라고 주장했다. 이와 반대로 참임과 어떤 방식으로 사유됨 사이에 존재할 수 있는 가능한 유일한 관계는 후자가 전자의 기준 내지 시험 조건이어야 한다는 점이 분명하다. 하지만 이러하다는 것을 확증하기 위해서는, 귀납의 방법을 통해 참인 것이 항상 그러한 방식으로 사유되고 있다는 것을 확증하는 것이 필요 불가결하다. 근대 인식론은, '진리'와 '진리의 기준'은 서로 동일한 것이라는 자기모순적인 가정에 함몰된 나머지, 이처럼 길고도 어려운 탐구를 하는 수고를 하지 않았다.

## 81.

어떤 대상이 참이라는 것은 그 대상이 지각되고 있다거나 어떤 방식으로 사유되고 있다는 것과 동일하다는 가정은 완전히 잘못되었음에도 불구하고, 아주 자연스러운 생각으로 받아들여지고 있다. 그리고 앞에서 언급한 그러한 이유로, 선호하고 있다는 사실이 그러한 대상들이 선이라고 생각하는 데 대해 갖는 관계는, 지각하고 있다는 사실이 그 대상이 참이거나 존재한다고 생각하는 데 대해 갖는 관계와 대체로 동일한 것처럼 보이기 때문에, 어떤 대상이 선이라는 것은 그 대상이 어떠한 방식으로 선호되고 있음과 동일하다고 가정하는 것이 아주 자연스러워 보인다. 그러나 의욕과 인식의 이러한 동일화가 일단 받아들여지게 되면, 참임은 인식되고 있음과 동일하다는 결론을 지지하는 모든 사실은 이에 상응하는 결론, 즉 선임은 의욕되고 있음과 동일하다는 결론을 확증해줌에 틀림없다는 주장 역시 아주 자연스러워 보인다. 그러므로 지금이야말로 참임은 인식되고 있음과 동일하다는 입장을 받아들이게 하는 데 큰 영향력을 행사해오고 있는 또 다른 혼동을 지적해주어야 할 적절한 시점인 것 같다.

이러한 혼동은, **감각** 내지는 **지각**을 지닌다고 혹은 어떤 대상을 **알고 있다**고 우리가 말할 때, 이는 우리의 마음이 인식적이라는 주장만 의미하는 것이 아니라, 또한 마음이 인식하는 대상이 참이라는 주장까지 의미한다는 사실을 깨닫지 못함으로써 일어나는 혼동이다. 이러한 단어들의 용법이 다음과 같다는 점은 별로 주목을 받지 못하고 있다. 즉, 어떤 대상이 참이 아니라면, 그의 심적 상태가 그가 정말로 지각했다거나 알았을 경우 갖게 되는 심적 상태와 다른지, 그리고 다르다면 어떤 점에서 다른지를 더 이상 고찰하지 않고서도, 이 사실만으로도 그 대상을 지각하고 있다거나 혹은 알고 있다고 말하는 사람은 실제로는 그 대상을 **지각하지도** 또 **알지도** 못하고 있다고 말하는 것을 정당화하기에 충분하다. 이러한 부인으로 인해, 설사 어떤 잘못이 있다 하더라도, 지각하거나 알고 있다고 말하는 사람에 대해 그 내면의 심적 상태에 어떤 잘못이 있다는 비난을 아예 하지 않는다. 즉, 우리는 그가 어떤 대상을 알고 있었다는 것을 부인하지 않을 뿐만 아니라, 그의 심적 상태가 자신이 그러하리라고 생각했던 바와 정확히 똑같다는 사실을 부인하지도 않는다. 다만 우리는 그가 알고 있었다는 그 대상이 어떤 속성을 지니고 있다는 점을 부인할 따름이다. 하지만 어떤 대상이 지각되거나 인식되고 있다고 우리가 주장할 때, 우리는 오직 하나의 사실만 주장하고 있다고 일상적으로 여겨진다. 우리가 실제로 주장하는 두 가지 사실 중, 물리적 상태의 존재가 단연코 구분하기가 훨씬 더 쉽기 때문에, 이 물리적 상태만이 우리가 주장하는 유일한 것이라고 여겨진다. 따라서 지각과 감각은 마치 어떤 심적 상태를 내포하지만 그 이상의 그 어떤 것도 내포하지 않는 것처럼 간주되어왔다. 이러한 잘못을 범하기가 더 쉬웠다. 왜냐하면 가장 일상적인 심적 상태, 즉 그 대상이 참이라는 것을 함의하지 않는, '상상'이라는 이름을 우리가 기꺼이 붙이는 그러한 심적 상태는, 그 대상이 소유하고 있는 속성에서뿐만 아니라 심적 상태로서의 그 특성에서도 감각 및 지각과 다르다고 아주 그럴듯하게 지금까지 여겨져 왔기 때문이다. 그래서 지각과 상상의 유일한 차이—이 차이에 근거하여 우리는 지각과 상상을 정의할 수 있다—는 단지 심적 상태의 차이에 불과함에 틀림없다고 여겨져 왔다. 그리고 이것이 사실이라면, 동시에 다음과 같은 결론, 즉 참인 것은 일정한 방식으로 인식되고 있음과 동일하다는 결론이 얻어질 것이다. 지각되고 있다는 것은 **단지** 정신이 그 대상에 대해 어떤 태도를 취하고 있음을 의미할 따름이지만, 어떤 대상이 지각되고 있다는 주장은 확실히 그것이 참이라는 주장을 **포함하기** 때문에, 그 대상의 진리성은 그 대상이 이러한 방식으로 간주되고 있다는 사실과 동일하게 여겨질 수밖에 없다. 따라서 참인 것은 어떤 방식으로 인지되고 있음을 의미한다는 입장은 부분적으로 다음과 같은 실패에 그 원인이 있다고 우리는 말할 수 있다. 즉, 기껏해야 일정한 종류의 인지적 상태를 뜻하는 것으로 일반적으로 여겨지는 몇몇 용어들이 실제로는 그러한 상태의 대상이 참임을 보장하는 정당한 근거 구실마저 하고 있음을 자각하지 못한 실패로 인해 이러한 입장이 만연하고 있다.

## 82.

의지와 윤리적 명제 사이의 표면상의 관계—이 관계는 "이것이 선이다."라는 주장은 "이것은 일정한 방식으로 의욕되고 있다."라는 명제와 다소간 동일하다는 모호한 신념을 지지해주는 것처럼 보인다—에 관한 나 자신의 설명을 지금부터 나는 요약하고자 한다. (1) 아무튼 우리가 윤리적 확신을 갖게 되는 것은 오직 어떤 대상이 원래 의욕되고 있기 때문이라는 주장이 있는데, 이는 참일 개연성이 충분해 보인다. 그리고 어떤 것의 원인이 무엇인지를 보여주는 것은 그 사물 자체가 무엇인지를 보여주는 것과 동일하다는 가정 역시 일반적으로 받아들여진다. 하지만 사실은 그렇지 않다는 점은 지적할 필요조차 거의 없을 정도이다. (2) 게다가, 어떤 대상이 선이라고 생각하는 것은 그 대상이 일정한 방식으로 의욕되고 있다는 것은 **지금** 사실의 문제로서 동일하다는 입장 역시 상당히 개연성 있게 주장될 수 있다. 하지만 우리는 이러한 주장의 몇몇 가능한 의미들을 구분해야만 한다. 우리가 어떤 대상이 선이라고 생각할 때, 그 대상에 대해 우리가 특별한 태도의 의지나 감정을 **일반적으로** 갖고 있다는 점은 인정될 수 있을 것이다. 그리고 그 대상을 일정한 방식으로 의욕할 때, 우리는 항상 그것이 선이라고 생각하고 있다는 점 역시 아마도 인정될 수 있을 것이다. 그러나 전자가 후자를 아무리 항상 동반한다고 해도, 이 후자가 전자에 의해 항상 동반될 수 있는지를 묻는 물음을 구분해낼 수 있다는 사실 자체는 이 두 가지가 엄밀한 의미로 보면 동일하지 않다는 것을 보여준다. 의지 혹은 모든 형태의 의지가 의미하는 바가 무엇이든 간에, 의지가 의미하는 바는 항상 어떤 대상이 선이라는 사유 **외의** 다른 그 무엇을 항상 포함하고 있다는 점은 사실이다. 그러므로 의욕하는 것과 선이라고 생각하는 것은 동일하다고 주장할 때, 이 주장이 의미하는 바는 기껏해야 의지 속에 있는 이 다른 요소가 선이라는 생각을 항상 동반하고 또 이 생각에 항상 동반된다는 것이다. 이미 말했듯이, 이는 그 진리가 아주 의심스러운 주장이다. 하지만 이것이 엄격한 의미에서 참이라 할지라도, 이 두 가지가 구분될 수 있다는 사실은 의지와 인식을 동일시하는 가정에, 적어도 이러한 가정이 일반적으로 이루어지는 의미 중 한 가지 의미에서 아주 치명적이다. 왜냐하면 의욕은 오직 의지가 갖는 그 **다른** 요소의 측면에서만 인식과 다르기 때문이다. 반면에 오직 의욕, 즉 어떤 형태의 의욕이 선의 **인식을 포함하고 있다**는 사실의 측면에서만, 인식이 형이상학적 명제와 갖는 관계와 똑같은 관계를 의지가 윤리적 명제에 대해 갖는다. 따라서 우리가 의욕 속에 그것을 의욕이게끔 만들어주는, 그리고 그럼으로써 인식과 구분시켜주는 요소를 포함시킨다면, 의욕이라는 사실은 전체적으로, 인식이 형이상학적 명제에 대해 갖는 관계와 똑같은 관계를 윤리적 명제에 대해서는 갖지 않는다고 하겠다. 의욕과 인식은 동일한 방식의 경험이 아니다. 왜냐하면 오직 **인식**이 의미하는 바와 동일한 한 가지 단순 사실을 그 속에 포함하는 **복합** 사실을 의욕이 내포하는 경우에만, 의욕이 경험의 한 방식이 되기 때문이다.

(3) 그러나 일상적으로는 확실히 그렇지 않음에도 불구하고, 의욕이나 의지라는 용어가 '선이라고 생각함'을 의미하도록 허용하게 되면, 이러한 사실이 의욕과 윤리학 사이에 어떤 관계가 성립한다고 확증시켜주는가의 물음은 여전히 남게 된다. 무엇이 의욕되고 있는가에 관한 탐구가 무엇이 선인가에 관한 윤리학적 탐구와 동일할 수 있는가? 왜 이 두 물음이 동일한 것으로 생각되어야 하는지 그 이유가 아주 명백하다 할지라도, 이 두 물음은 결코 동일할 수 없다는 점은 충분하리만큼 분명하다. "무엇이 선인가?"의 물음은 "무엇이 선으로 생각되고 있는가?"의 물음과 혼동되고, 또 "무엇이 진리인가?"의 물음도 "무엇이 진리로 생각되고 있는가?"의 물음과 혼동되는데, 이러한 혼동의 주된 이유는 두 가지이다. (1) 그중 하나는 인식되는 대상과 그 대상에 대한 인식 자체를 구분하기가 일반적으로 어렵다는 사실이다. 인식 작용 없이, 나는 참인 그 어떤 것도 확실하게 인식할 수 없다는 점을 우리는 주목해야 한다. 그러므로 참인 어떤 대상을 내가 알 때마다 그 대상이 확실히 인식되고 있기 때문에, 어떤 대상이 참이라는 것은 그 대상이 인식되고 있다는 것과 동일한 것으로 전제되고 있다. 그리고 (2) 오직 특정 종류의 인식을 내포하고 있다고 여겨지는 몇몇 단어들은 사실상 인식되고 있는 대상이 참이라는 주장도 또한 함의하고 있다는 점은 별로 주목받지 못하고 있다. 따라서 '지각'이 단지 어떤 종류의 심적 상태만을 내포한다고 간주된다면, 지각의 대상은 항상 참이기 때문에, 참이

라는 것은 단지 그러한 종류의 심적 상태와 관련되어 있는 대상만을 의미한다고 가정하는 것은 아주 손쉬운 일이다. 그리고 이와 마찬가지로, 참으로 선인 것은, (이러한 가정하에서) 지각이 착각과 다른 것과 똑같은 방식으로, 그렇게 잘못 생각되고 있는 것과 오직 다음과 같은 면에서 다르다고 가정하는 일 역시 손쉬운 일이다. 즉, 참으로 선인 것은, 표면상의 선이 의욕의 대상이 되는 것과는 다른 방식으로 의욕의 대상이 된다는 사실의 측면에서만, 선으로 잘못 생각되고 있는 것과 다르다.

### 83.

그러니까 선이라는 것은 이제 더 이상 어떤 특정 방식으로 의욕되고 있음이나 느껴지고 있음과 동일하지 않다는 것은, 참이라는 것이 어떤 특정 방식으로 사유되고 있음과 동일하지 않은 것과 마찬가지이다. 여기서는 일단 이 점이 인정된다고 가정하자. 그래도 윤리적 결론을 입증하는 데 의지나 감정의 본성에 관한 탐구가 본질적으로 요구되는가의 물음은 여전히 가능한가? 선임과 의욕되고 있음이 동일하지 않다면, 선과 의지의 관계에 대해 주장될 수 있는 바는 기껏해야 다음과 같다. 즉, 선인 것은 또한 항상 일정한 방식으로 의욕되고, 일정한 방식으로 의욕되는 바는 또한 항상 선이다. 이것이 윤리학을 의지에 관한 형이상학에 근거 지으려고 하는 형이상학자들이 의미하는 바의 전부라고 말할 수 있다. 그러면 이러한 가정으로부터 어떤 결론이 얻어지는가?

일정한 방식으로 의욕되고 있는 바가 또한 항상 선이라면, 어떤 대상이 그렇게 의욕되고 있다는 사실이 곧장 선의 기준이 될 것임은 명백하다. 그러나 의지가 선의 기준이라는 입장을 확립하기 위해서는, 먼저 우리는,

그러한 특정 종류의 의지가 일어나는 대다수의 경우에, 그러한 의지의 대상이 선하다는 것을 우리가 또한 알고 있다는 것을 별도로 보여줄 수 있어야만 한다. 이렇게 되면, 어떤 대상이 선한지 아닌지가 분명하지 않은, 그러나 필요한 그러한 특정 방식으로 의욕되고 있음이 분명한 몇몇 소수의 경우, 그 대상이 참으로 선하다는 결론을 추론할 자격을 얻게 될 것이다. 왜냐하면 이 대상은, 선을 동반하고 있다고 우리가 알고 있는 다른 모든 경우에 갖고 있는 그러한 속성을 지니고 있기 때문이다. 따라서 상상컨대, 우리가 이미 별도의 논의를 통해 다수의 다른 대상들에 대해 그러한 대상들은 참으로 선이라고, 그리고 어느 정도 선이라고 보여줄 수 있었다면, 의지에 호소하는 것은 윤리학적 탐구의 목적에 큰 도움이 될 수 있을지 모른다. 그런데 이런 상상의 효용성에 대해서조차도 다음과 같은 반박이 가능해 보인다. (1) 다른 대상들이 선하다는 점을 입증하기 위해 우리가 사용한 똑같은 방식에 의거해서 문제의 대상이 선하다는 것을 입증하는 일 (이것이 확실히 더 안전한 길일 것이다.)이 왜 우리의 기준에 의거하는 방식만큼 쉽지 않은지 그 이유를 아는 일은 불가능하다. 그리고 (2) 어떤 대상들이 선한지를 알기 위해 우리가 아주 진지한 노력을 기울이게 되면, (6장에서 명백하게 드러나게 되는 바와 같이) 우리는 이러한 대상들은 선 외의 그 어떠한 공통된 속성도, 혹은 그 어떤 고유한 속성도 결코 지니고 있지 않다고, 즉 실제로 선에는 그 어떤 기준도 존재하지 않는다고 생각해야 하는 이유가 무엇인지를 알게 될 것이다.

**84.**

그러나 여기서 어떤 형태의 의지가 선의 기준인지 아닌지를 고찰하는 일은 우리의 목적에 비추어보건대 전혀 불필요한 일이다. 왜냐하면 윤리학을 의지에 관한 탐구에 근거 지으려고 시도하는 학자들 중 그 어느 누구도 지금까지 특정한 방식으로 의욕되고 있는 모든 것이 선하다는 것을 직접적으로, 그리고 독립적으로 입증할 필요성을 주장한 바가 없기 때문이다. 이들은 의지가 선의 **기준**이라는 점을 보여주기 위한 그 어떤 시도도 하지 않았다. 그리고 의지가 선의 기준이 된다는 것은 기껏해야 의지가 될 수 있는 전부라는 점을 이들이 인정하지 않았다는 사실보다 더 강력한 증거는 있을 수 없다. 방금 지적했듯이, 일정한 방식으로 의욕되고 있는 모든 것이 또한 선하다고 주장하려면, 무엇보다 우선적으로 우리는 어떤 대상들이 선이라는 하나의 속성을 지니고 있다는 것과, 그 동일한 대상들이 또한 일정한 방식으로 의욕되고 있다는 다른 속성도 지닌다는 것을 보여줄 수 있어야 한다. 그런 다음 둘째로, 이 두 속성이 **항상** 서로서로 동반하여 일어나고 있다는 명제에 대해 합당하게 동의를 표명할 수 있으려면, 우리는 대다수의 경우에 이러하다는 것을 보여줄 수 있어야만 한다. 하지만 이것을 보여줄 수 있을 때조차도, '일반적으로'에서 '항상'을 추론하는 것이 과연 타당한가라는 의문은 여전히 제기되며, 또 이런 의심스러운 원칙은 아무 쓸모가 없을 것이라는 점은 거의 확실하다. 그러나 윤리학이 본연의 과제로서 대답해야만 하는 그 물음은 어떤 것들이 선인가의 물음이다. 그리고 쾌락주의가 현대 대중의 호응을 얻는 한, 이 물음이야말로 거의 합의가 이루어지지 않는, 그렇기 때문에 가장 치열한 탐구가 요청되는 그러한 물음이라는 점이 인정되어야 한다. 그러므로 그 어떤 것이 선의 **기준**이라고 합당하게 주장할 수 있으려면, 그 전에 먼저 윤리학의 과제 중 가장 중요한, 그러면서도 가장 어려운 과제를 수행했어야만 한다. 한편으로 일정한 방식으로 의욕되고 있음이 선과 **동일하다면**, 참으로 우리는 요구되는 방식으로 의욕되고 있는 바가 무엇인지를 탐구함으로써 윤리학적 탐구를 시작하는 것이 합당해 보인다. 이는 형이상학적 윤리학자들이 자신들의 연구를 시작하는 바로 그 방법이라는 점은 다음의 사실을 결정적으로 보여주는 것처럼 보인다. 즉, 이 형이상학자들은 '선'이 '의욕되고 있음'과 **동일하다는** 생각에 큰 영향을 받고 있다. 그러나 이들은 "무엇이 선인가?"의 물음이 "무엇이 일정한 방식으로 의욕되고 있는가?"의 물음과 전혀 다르다는 점을 인정하지 않는다. 따라서 우리도 알다시피, 그린(Green)은 "선의 공통된 특성은 그것이 어떤 욕구를 만족시킨다는" 것이라고 명백하게 진술한 바 있다.[3] 엄밀한 의미로 이러한 진술을 받아들이면, 이는 선한 것들은 어떤 욕구를 만족시킨다는 특성 외에 그 어떤 공통의 특성도 지니지 않는다는 입장을 아주 분명하게 주장하는 셈인데, 이렇게 되면 이러한 것들은 선하다는 특성마저 상실하고 만다. 하지만 오직 선이 욕구를 만족시킴과 **동일한** 경우에만, 즉 '선'이 '욕구 만족'의 또 다른 이름인 경우에만, 이러한 주장은 사실일 수 있다. 자연주의 오류를 이보다 더 명백하게 범하는 경우란 있을 수 없다. 그렇다고 그린의 이러한 주장을 우리는 그가 전개하는 중요한 논증의 타당성에 전혀 아무런 영향도 주지 않는 용어상의 과실로 치부할 수는 없다. 왜냐하면 그는 선이란 특정 종류의 욕구—즉, 그가 도덕 행위자의 욕구임을 보여주고자 노력한 바로 그러한 욕구—를 만족시키는 것이라는 말 외에, 그 어디에서도 어떤 것이 어떠한 의미로 선이라고 믿는지 그 이유를 직접 제시하거나 그 이유를 제시하려고 한 적이 전혀 없기 때문이다. 불행한 선택지가 우리 앞에 놓여 있다. 즉, 선이 특정한 방식으로 욕구됨과 동일하다면, 그리고 오직 이러한 경우에만 이러한 추론이 그의 결론을 지지하는 타당한 이유를 제공할 것이다. 우리가 1장에

••

3) *Prolegomena to Ethics*, p. 178.

서 살펴보았듯이, 이러한 경우 그의 결론은 윤리학적이지 않게 되고 만다. 다른 한편으로 이 둘이 동일하지 않다면, 그의 결론은 윤리학적일 수도 있고 심지어 옳을 수도 있다. 하지만 이에 대해 그린은 자신의 결론을 정당화시켜주는 단 하나의 이유도 제시하지 않았다. 과학적 윤리학이 마땅히 보여주어야 하는 바, 즉 어떤 대상들이 참으로 선하다는 것을 보여주어야 함에도 불구하고, 그는 특정한 방식으로 의욕되고 있는 대상은 항상 선이라고 가정함으로 말미암아, 시작부터 전제하고 있다고 하겠다. 그러므로 자신의 윤리학적 확신을 세세하게 밝혀 보여준 다른 학자들의 결론만큼이나 우리는 그린의 결론을 존중해줄 수는 있다. 하지만 그의 논증 가운데 그 어떤 것이 자신의 확신이 다른 학자의 확신보다 더 그럴듯하다고 정당화시켜주는 어떤 이유를 제공한다는 주장은 분명 거부되어야 한다. 윤리학적 문제들을 해결하는 데 그린의 『윤리학 서설(*Prolegomena to Ethics*)』은 스펜서의 『윤리학 데이터』만큼이나 티끌만한 공헌도 하지 못하고 있다.

## 85.

이 4장은 가정되고 있는 초감각적인 실재에 대한 탐구로 이해되고 있는 형이상학은, "무엇이 그 자체로 선인가?"라는 윤리학의 근본 문제를 해결하는 데 그 어떤 논리적 연관성도 지닐 수 없다는 것을 보여주려는 목적으로 지금까지 논의를 진행해왔다. 형이상학이 이러하다는 것은 1장의 결론, 즉 '선'은 궁극적 속성으로 더 이상 분석이 불가능하다는 결론으로부터도 또한 얻어진다. 그러나 이러한 진리는 지금까지 체계적으로 논의되지 않았기에, 형이상학과 윤리학이 맺고 있는, 혹은 맺고 있다고 전제되는 주요한 관계들을 논의한 다음 세밀하게 구분하는 일은 참으로 의미 있는 작업처럼 보인다. 이러한 취지에서 나는 여기서 다음과 같은 몇 가지 점을 지적하고자 한다. (1) 형이상학은, 행위의 미래 결과가 어떠한지를 말해줄 수 있는 경우에만 **실천** 윤리학에 대해, 즉 "우리가 무엇을 해야만 하는가?"의 물음에 대해 어떤 연관성을 지닐 수 있다. 하지만 형이상학은 그러한 결과가 그 자체로 선인지 악인지에 대해서는 아무런 대답도 해줄 수 없다. 아주 흔하게 주장되는 특정한 형태의 어느 한 형이상학만은 의심의 여지 없이 **실천** 윤리학에 대해 이러한 함의를 지닌다. 왜냐하면 유일한 실재가 영원한, 불변의 절대자인 것이 참이라면, 우리 인간의 그 어떤 행위도 아무런 실질적인 영향을 끼칠 수 없고, 그렇기 때문에 그 어떤 실천 명제도 참이 될 수 없다는 결론이 얻어진다. 이러한 형이상학적 명제와 결합된 윤리학적 명제, 즉 이 영원한 실재가 또한 유일한 선이라는 명제로부터도 동일한 결론이 얻어진다.(68) (2) 방금 주목했듯이, 실천적 명제와 영원한 실재가 유일한 선이라는 주장 사이에는 모순이 존재한다는 것을 깨닫지 못하는 경우에서처럼, 형이상학적 윤리학자들은 지금 현존하는 특정의 대상이 선이라는 명제와 그러한 종류의 대상의 존재—이것이 어디에서 일어나든지 상관없이—가 **선일 것**이라는 명제를 빈번하게 혼동하는 것 같다. 형이상학은 그러한 대상이 존재한다는 것을 보여줌으로써 전자의 명제를 입증하는 데 관련될 수는 있을지 모르나, 후자의 명제를 입증하는 형이상학은 전혀 관련이 없다. 형이상학은 단지 가치를 지닐 수 있는 대상을 제시하는 심리학적 역할—사실 이러한 역할은 순수 소설이 훨씬 더 잘 수행할 수 있다—을 하는 데 기여할 수 있을 따름이다.(69-71)

그러나 형이상학이 윤리학과 깊은 연관성을 지닌다고 가정하는 가장 중요한 원인은 아마도 '선'은 실재하는 어떤 대상의 속성임에 틀림없다는 전제일 것이다. 그런데 이러한 전제는 주로 두 가지 잘못된 입론에 그 뿌리를 둔다. 즉, 하나는 **논리적** 입론이고, 다른 하나는 **인식론적** 입론이다. 그 래서 (3) 나는 모든 명제는 존재하는 것들이 어떤 관계를 맺고 있음을 주 장하고 있다는 **논리적** 입론을 논의했다. 이러한 논의의 결과로, 윤리적 명 제를 자연법칙이나 명령문과 동일시하는 것은 이러한 **논리적** 오류에 해당 한다고 나는 지적했다.(72-76) 그리고 마지막으로 (4) 선은 특정 방식으로 의욕되고 있음 내지는 느껴지고 있음과 동일하다는 **인식론적** 입론도 논의 했다. 이러한 인식론적 입론은, 칸트가 자기 체계의 핵심적인 논점으로 간 주했고, 또 아주 광범위하게 받아들여지는 유사한 오류—즉 '참이다' 혹은 '실재한다'는 것을 특정 방식으로 사유되고 있음과 동일시하는 잘못된 입 장—로부터 상당한 지지를 얻고 있다. 이러한 논의에서 내가 직접적으로 지적하고 싶은 주된 논점은 다음과 같다. (a) 의욕과 감정은 가정된 그러 한 방식에서 인식과 유사하지 않다. 왜냐하면 이러한 단어들이 한 대상에 대해 어떤 심적 태도를 내포하는 한, 이러한 단어들 자체가 인식의 단순한 사례에 불과하기 때문이다. 즉, 이 세 단어는 오직 이러한 단어들이 인식하 고 있는 대상의 종류와 관련해서만, 그리고 그러한 인식에 수반되는 다른 심적 상태의 면에서 다를 뿐이다. (b) 보편적으로 인식의 **대상**은 그 대상에 대한 인식 작용 자체와 구분되어야만 한다. 그러므로 그 어떤 경우에도, 그 대상이 **참인가**의 물음은 그 대상이 어떻게 인식되고 있는가, 혹은 그 대상에 대한 인식 작용이 어떻게 이루어지고 있는가의 물음과 동일할 수 없다. "이것이 선이다."라는 명제가 항상 어떤 종류의 의지 내지 감정의 대 상이라 할지라도, 그것이 의지나 감정의 대상임을 입증하는 방법을 통해서 는 이 명제의 참 거짓은 결코 밝혀질 수 없다. 한 걸음 더 나아가 이 명제 자체는 이 명제의 주체가 의욕이나 감정의 대상이라는 명제와도 결코 동일 하게 여겨질 수 없다.(77-84)

# 제5장

## 행위에 관한 윤리학

## 86.

이 5장에서 우리는 다시 한 번 더 윤리학 방법에서 큰 진보를 이루고자한다. 지금까지 논의에서 밝혀진 나의 결론은 두 가지 큰 항목으로 나뉜다. 첫째로, 나는 '선'—형용사로서의 '선'—이 무엇을 **의미하는지**를 보여주고자 했다. 이는 윤리학이 체계적인 학문을 목표로 할 경우, 모든 논의에 앞서 가장 먼저 해결해야 할 과제로 보인다. 무엇이 선인지—즉, 어떤대상 혹은 속성이 선인지—를 계속하여 고찰할 수 있으려면 우리는 먼저이를, 즉 선이 의미하는 바가 무엇인지를 필수적으로 알아야 한다. 이를아는 것이 필수적인 이유는 두 가지이다. 그 첫째 이유는 '선'은 모든 윤리학이 의존하는 개념이라는 점이다. 우리가 "이것이 선이다.", 혹은 "저것이선이다."라고 말할 때 다음 두 가지를 알지 못하는 한 우리는 그 의미하는바를 이해할 수 없다. 즉, 이 말의 의미를 이해하자면, 우리는 '이것' 혹은

'저것'이 무엇을 지칭하는지(이는 자연 과학 및 철학이 대답해줄 수 있는 물음이다.) 분명하게 알아야 할 뿐만 아니라, 선이라고 부르는 것이 의미하는 바가 무엇인지―이는 오직 윤리학이 해결해야 할 고유의 물음이다―도 또한 명확히 이해해야 한다. 이 점을 아주 명확하게 해명하지 않는 한, 우리의 윤리학적 추론은 항상 오류에 빠지게 될 것이다. 그러니까 우리가 실제로는 단지 어떤 대상을 선 이외의 다른 어떤 것으로 입증할 때에조차도, 우리는 마치 그 대상이 '선'이라는 것을 입증하고 있다고 생각할 것이다. 왜냐하면 '선'이 무엇을 의미하는지를 알지 못한다면, 즉 그 어떤 다른 개념이 의미하는 바와는 전혀 구별되는 것으로서 선이라는 개념 자체가 의미하는 바를 알지 못한다면, 우리는 선을 다루고 있는 경우와 선이 아닌 다른 무엇―아마 선과 흡사하지만 실상은 동일하지 않은 다른 무엇―을 다루고 있는 경우를 구분할 수 없을 것이기 때문이다. 모든 문제 가운데서 "선이 의미하는 바가 무엇인가?"라는 물음을 가장 먼저 해결해야만 하는 두 번째 이유는 방법론과 관련되어 있다. 어떤 명제를 윤리적 명제이게끔 만들어주는 개념의 본성을 알지 않는 한, 우리는 윤리적 명제가 어떤 **증거**에 근거하는지를 결코 알 수 없다는 점이 방법론과 연관된 이유이다. 입증의 관점에서 "이것 혹은 저것이 선이다."라는 하나의 판단을 옹호하거나, "이것 혹은 저것은 악이다."라는 또 다른 판단을 반박하는 근거로서 무엇이 가능한지를, 이러한 명제의 본성이 항상 어떠해야만 하는지를 이해할 때까지는, 우리는 말할 수 없다. 사실, 선과 악의 의미로부터, 이러한 명제들은 모두 칸트의 용어를 빌려 말한다면 '종합적'이라는 결론이 얻어진다. 그리고 이러한 명제들은 결국, 논리적으로 다른 명제로부터 연역될 수 없는, 그래서 단순하게 받아들이거나 거부할 수밖에 없는 어떤 명제에 그 토대를 두어야만 한다. 우리의 첫 번째 고찰에서 얻어진 이러한 결과를 달리 말한다면, 윤리학의 근본 원칙들은 자명해야 한다는 명제로 표현할 수 있을 것이다. 그러나 나는 이러한 주장이 오해되지 않기를 바란다. 사실 '자명한'이라는 표현은 그렇게 불리는 명제가 자명하다고 혹은 오직 그 **자체만으로** 참이라는 것, 즉 **그 자체** 외의 다른 어떤 명제로부터 추론되지 않았다는 것을 의미한다. 하지만 이 표현은 그 명제가 참이라는 것을 의미하지는 않는다. 왜냐하면 그 명제가 당신이나 나 혹은 모든 사람에게 명백할 따름이기 때문이다. 달리 말해 그 명제가 우리에게 단지 참인 것처럼 보이기 때문이다. 어떤 명제가 참인 것처럼 보인다는 사실은 그것이 실제로 참이라는 것을 입증하는 타당한 논증이 결코 될 수 없다. 어떤 명제가 자명하다고 말할 때, 확실히 이는 우리에게 자명하게 보인다는 것은 그 명제가 참이라는 이유는 아니라는 것을 의미한다. 왜냐하면 자명하다는 말은 절대로 그 어떤 이유도 지니지 않는다는 것을 의미할 따름이기 때문이다. 어떤 명제에 대해 무엇인가를 말할 수 있다면, 그 명제는 자명한 명제가 아닐 것이다. 즉, 나는 달리 생각할 수 없기에, 그 명제는 참이다. 하지만 그것이 참인 증거나 증명은 그 자체에 놓여 있지 않고, 그 밖의 다른 무엇, 즉 그에 대한 우리의 확신에 놓여 있다. 어떤 명제가 우리에게 참인 것처럼 보인다는 것은 참으로 우리가 그 명제를 주장하는 **원인** 내지 그 명제가 참이라고 우리가 생각하고 말하는 이유가 될 수는 있다. 그러나 이러한 의미의 이유는 논리적 이유, 즉 어떤 것이 참인 이유와는 전혀 다른 그 무엇이다. 게다가 이는 동일한 대상에 대한 이유는 분명 아니다. 우리에 대한 어떤 명제의 **증거**는 단지 우리가 그것이 참이라고 **주장하는** 이유일 따름이다. 반면에 논리적인 이유, 즉 자명한 명제는 어떤 이유도 지니지 않는다는 의미의 이유는, 우리가 그 명제가 참이라고 주장하는 이유가 아니라, **그 명제 자체가** 참이어야만 하는 이유를 말한다. 그리고 어떤 명제가 우리에게 자명하다는 것은 우리가 그 명제를 생각하고 시인하는 이유가 될 수 있을 뿐만 아니라, 우리가 그렇게 생각하고 시인해야만 하는 **이유** 구실도 할 수 있다. 그러나 이러한 의미의 이유는 그 명제를 주장하는 것의 타당성을 보장하는 논리적 이유는 되지만, 그 명제가 진리임을 보장하는 논리적인 이유인 것은 역시 아니다. 하지만 우리의 일상적인 언어 용법을 보면, "나는 그것이 참이라고 생각하는 이유를 가지고 있다."고 우리가 말할 때마다, '이유'의 이 세 가지 의미가 끊임없이 혼동되고 있다. 그러나 윤리학이나 다른 학문, 특히 철학적인 학문에 대해 명확한 입장을 취하고자 한다면, 이 세 가지 의미를 구분하는 것이 절대적으로 중요하다. 그러므로 내가 직관론적 쾌락주의에 대해 말할 때, "쾌락이 유일한 선이다."라는 주장에 대한 나의 부인은 이 주장의 거짓에 대한 나의 직관에 **토대를 두고 있음**을 의미하는 것이 아니라는 점을 나는 분명히 이해하고 있다. 이 주장의 거짓임에 대한 나의 직관은 참으로 이 입장이 거짓임을 **주장하고** 선언하는 **나의 이유**에 지나지 않는다. 정말로 이러한 직관은 내가 그렇게 주장하는 타당한 유일한 이유이다. 그러나 내가 이렇게 주장하고 선언하는 이유는 단지 이를 옹호할 그 어떤 논리적 이유가 없기 때문이다. 즉, 그 자체 외에는 이 주장이 거짓임을 보여주는 그 어떤 적절한 증거나 이유는 존재하지 않는다. 이 주장은 그 자체로 참이 아니기 때문에 참이 아닌 것이지 다른 이유는 없다. 그러나 이 주장의 거짓임은 나에게 명백하기 때문에, 나는 이 주장이 거짓이라고 **선언한다**. 그리고 나는 이것만으로도 내가 이러한 주장을 할 충분한 이유가 된다고 생각한다. 그러므로 우리는 직관을 이성적 추론에 대한 하나의 대안인 것처럼 간주해서는 안 된다. 어떤 명제가 참임을 보여주는 **이유**를 대신할 그 어떤 것도 존재하지 않는다. 직관은 단지 어떤 명제가 참이라고 **주장하는** 이유를 제공할 따름이다. 그러나 직관은 어떤 명제가 자명할 때, 즉 사실상 그 명제의 진리를 입증하는 그 어떤 이유도 존재하지 않을 때 이러한 역할을 수행해야 한다.

### 87.

지금까지 우리는 윤리학적 방법의 첫 단계, 즉 선은 선이고 그 밖의 다른 어떤 것도 아니며, 그렇기 때문에 자연주의는 오류라는 첫 단계를 밝히기 위해 많은 논의를 했다. 앞에서 제안된 자명한 윤리학의 원칙들에 대한 고찰을 출발점으로 하여 이제 우리는 두 번째 단계에 발을 내딛게 되었다. 이 두 번째 부문에서, 선은 선을 의미한다는 지금까지의 결론에 의거해서, 이러저러한 사물이나 속성 혹은 개념이 선이라고 **주장하는** 명제들에 관한 논의를 우리는 시작하게 되었다. "쾌락만이 선이다."라는 직관론적 쾌락주의 내지 윤리학적 쾌락주의 원칙은 바로 이러한 종류의 원칙에 속한다. 우리의 첫 번째 논의가 확립해놓은 방법에 따라, 나는 이러한 명제가 거짓이라는 것은 자명하다고 주장했다. 하지만 이 명제가 거짓이라는 것을 **입증할** 그 어떤 논증도 나는 펼 수 없고, 다만 이 명제가 무엇을 의미하는지, 그리고 이 명제가 이미 아주 잘 참인 것처럼 보이는 다른 명제들과 어떻게 모순되는지를, 가능한 한 명쾌하게 지적할 수 있을 따름이다. 이 모든 논의에서 나의 유일한 목적은 납득시키는 일이다. 그러나 내가 납득시켰다고 해서, 이 사실이 우리가 옳다는 것을 입증하는 것은 아니다. 이는 단지 우리가 옳다고 주장하는 바를 정당화시켜줄 따름이다. 따라서 그럼에도 불구하고 우리가 그를 수도 있다. 하지만 우리가 한 가지만은 당당하게 자랑할 수 있는데, 그 한 가지란 우리와 모순되는 주장을 하는 벤담, 밀, 시지윅 등등의 윤리학자들보다 우리가 근본 물음에 대해 올바르게 대답할 수 있는 더 나은 기회를 갖게 되었다는 점이다. 왜냐하면 우리는 이들 윤리학자가 스스로 직접 해결했다고 단언하는 물음을 실제로는 이들이 결코 묻지도 않았다는 것을 입증했기 때문이다. 이들은 이 물음을 다른 물음과 혼동했다. 따라서 이들의 대답이 우리의 대답과 다르다고 해서 크게 놀랄 일은 못 된다. 근본 물음에 대한 몇 가지 다른 대답들과 씨름하기 이전에, 우리는 먼저 동일한 물음이 해결되지 않고 제기되어왔다는 점을 확실하게 할 필요가 있다. 왜냐하면 우리 모두가 알다시피, 우리가 자신의 의견을 개진하기를 원하는 물음을 세상 모든 사람이 일단 명쾌하게 이해한다면, 그들 역시 우리의 의견에 동의할 것이기 때문이다. 우리와 의견의 차이가 있는 모든 경우, 확실히 그 밑바탕에는 우리의 근본 물음이 명쾌하게 이해되지 않고 있다는 사실이 또한 숨겨져 있다. 그러므로 우리가 옳다는 것을 입증할 수 없다 해도, 모든 사람은, 자신이 생각하고 있는 바에 대해 잘못을 범하지 않는 한, 우리가 생각하고 있는 것과 동일한 것을 생각하고 있다고 믿을 만한 이유가 있다고 하겠다. 이는 수학의 덧셈에 비유될 수 있다. 수학 계산에서 아주 손쉽게 지적할 수 있는 간단한 실수를 발견했을 경우, 우리는 이러한 실수를 한 사람이 우리와 다른 결론에 도달했다고 해서 놀라거나 곤혹스러워하지 않는다. 왜냐하면 그에게 무엇이 잘못되었는지를 지적해주면, 그는 자신의 답이 틀렸다고 인정하리라고 우리는 생각하기 때문이다. 예를 들어 어떤 사람이 5+7+9를 계산할 경우, 그가 5+7=25라고 처음부터 잘못 계산한 나머지, 34라는 답을 얻었다고 해서 우리는 놀라지 않을 것이다. 윤리학의 경우도 마찬가지이다. 우리가 이미 했던 것처럼 '바람직한'을 '욕구되고 있음'과 혼동하거나 '목적'을 '수단'과 혼동하고 있음을 발견할 경우, 이러한 잘못을 범한 사람들이 우리와 의견을 달리한다고 해서 우리가 불쾌하게 생각할 필요가 없다. 유일한 차이가 있다면, 윤리학의 경우 그 주제의 복잡성으로 인해, 이러한 잘못을 범한 사람에게 그 자신이 잘못을 범했으며, 그리고 그 잘못으로 인해 그릇된 결론에 이르게 되었다는 것을 납득시키기가 훨씬 더 어렵다는 점이다.

내 논의의 이 두 번째 부문에 있어, 즉 "무엇이 그 자체로 선인가?"의 물음을 집중적으로 천착하는 논의에 있어, 지금까지 나는 오직 하나의 명확한 결론을 확립하도록 노력해왔다. 그것은 쾌락은 유일한 선이 아니라는 부정적 결론이다. 참이라면 이 결론은 지금까지 주장되어온 윤리 이론들의 절반을, 아니 절반 이상을 논박해준다. 그러므로 이 결론은 중요하지 않은 게 결코 아니다. 하지만 지금은 "어떤 대상들이 선하며, 그리고 어느 정도 선한가?"라는 물음에 대해 긍정적으로 다루는 것이 필수적으로 요구된다.

## 88.
그러나 이 논의를 곧바로 진행하기에 앞서, 나는 **세 번째** 종류의 윤리학적 물음, 즉 "무엇을 해야만 하는가?"의 물음을 먼저 다룰 것을 제안한다.

이 물음에 대한 대답은 윤리학적 탐구의 세 번째 큰 주제라고 말할 수 있다. 이 물음의 본성에 관해서는 이미 1장(15-17절)에서 간략하게 설명한 바 있다. 거기서 지적한 대로, 이 물음은 전혀 새로운 물음을, 즉 어떤 대상들이 그 자체로 선인 것과 **원인으로서** 관계를 맺고 있는가라는 새로운 물음을 윤리학에 끌어들인다. 이 물음은 오직 전적으로 새로운 방법에 의해서도 대답될 수 있는데, 그 방법이란 경험적 탐구의 방법을 말한다. 다른 과학의 경우, 이러한 경험적 탐구 방법에 의해 원인이 해명되고 있다. 어떤 종류의 행위를 수행해야 하는가, 혹은 어떤 종류의 행위가 옳은가라는 물음을 던지는 것은 그러한 행위가 어떠한 종류의 결과를 야기하는가를 묻는 것이다. 실천 윤리학에서는 인과적 일반화에 의하지 않고서는 단 하나의 물음도 대답될 수 없다. 참으로 이러한 모든 물음은 또한 진정한 의미의 윤리적 판단, 즉 어떤 결과는 다른 결과에 비해 그 자체로 더 선하다는 윤리적 판단을 포함한다. 그러나 이러한 물음들은 더 선한 이러한 것들이 결과라고, 즉 문제의 행위와 인과적으로 연관되어 있다고 주장할 따름이다. 따라서 실천 윤리학의 모든 판단은 "이것이 선한 바로 그것의 원인이다."라는 명제 형태로 환원될 수 있을지 모른다.

## 89.

사정이 이러하기 때문에, 내가 여기서 주의를 환기시키고 싶은 첫 번째 사항은 무엇이 옳은가, 무엇이 나의 의무인가, 나는 무엇을 해야만 하는가 등등의 물음은 전적으로 윤리학의 이 세 번째 탐구 영역에 속한다는 점이다. 모든 도덕 법칙은 단지 어떤 종류의 행위가 선한 결과를 낳는다는 형태의 명제에 불과하다는 점을 나는 보여주고 싶다. 그런데 윤리학에서는 지금까지 이와 정반대의 입장이 일반적으로 널리 통용되어왔다. '옳음(the right)'과 '유용함(the useful)'은 적어도 **상충할 수 있다**고, 그리고 결국에는 본질적으로 구분되어야 한다고 여겨지고 있다. 목적은 결코 수단을 정당화하지 못할 것이라는 주장이 도덕적 상식의 특성인 것처럼, 이 주장은 또한 일부 도덕주의자 학파의 특성으로 간주되어왔다. 내가 가장 먼저 지적하고 싶은 바는 '옳음'은 단지 '선한 결과의 원인'을 의미하며, 또 그럴 수 있다는 점이다. 그렇기 때문에 옳음은 '유용함'과 동일하다고 하겠다. 그리고 이로부터 목적은 항상 수단을 정당화할 것이라는 주장과 그 결과에 의해 정당화되지 않는 그 어떤 행위도 옳을 수 없다는 주장이 결론으로 얻어진다. "목적은 수단을 정당화하지 않을 것이다."라는 주장이 참인 어떤 명제를 우리에게 전해줄 수 있을 것이라는 점을 나는 물론 충분히 인정한다. 그러나 또 다른 의미, 즉 윤리 이론을 위한 훨씬 더 근본적인 의미에서, 이 주장은 완전히 잘못되었다는 점이 가장 먼저 해명되어야 한다.

"나는 이 행위를 수행하도록 도덕적으로 구속되어 있다."라는 주장은 "이 행위는 이 우주에서 가능한 한 최대의 선을 낳을 것이다."라는 주장과 동일하다는 점은 이미 1장(17절)에서 간략하게 언급되었다. 그러나 이 근본적인 사항이 논증적으로 확실하다고 주장하는 것은 매우 중요하다. 이것이 명백하다는 점은 다음과 같은 방식에 의해서 가장 잘 밝혀질 수 있을 것이다. 어떤 행동이 우리의 절대적 의무라고 주장할 때, 우리는 그때 그 행위의 수행이 가치의 측면에서 아주 특별하다는 주장을 하고 있다는 점이 분명하다. 그러나 그 어떤 의무적인 행위도 단연코, 이 세상에서 가치 있는 유일한 것이라는 의미로, 특별한 가치를 지닐 수는 없다. 왜냐하면 이러한 경우, 그러한 **모든** 행위가 선한 **유일한** 것이 될 것인데, 이는 명백히 모순이기 때문이다. 그리고 동일한 이유로 이러한 행위의 가치는, 이 세상의 그 어떤 다른 것보다 더 큰 본래적 가치를 지닌다는 의미에서도, 특별할 수 없다. 왜냐하면 이렇게 되면 **모든** 의무적인 행위가 세상에서 **가장 선한** 것이 될 것인데, 이 역시 모순이기 때문이다. 그러므로 의무적인 행위는 단지, 그러한 행위가 수행되면 가능한 그 어떤 다른 대안적인 행위가 수행되었을 때보다 이 세상이 전체적으로 더 선하게 될 것이라는 의미에서만 특별하다고 말할 수 있다. 그리고 아마도 의무적인 행위가 실제로 이러한 가의 물음은 단지 그 행위 자신의 본래적 가치에 근거해서만은 해결될 수 없다. 왜냐하면 모든 행위 역시 다른 행위의 결과와는 구별되는 결과를 가질 것이며, 이러한 결과들 중 어떤 결과가 본래적 가치를 지닌다면,

결과로 얻어진 이 가치도 이 결과의 원인이 되는 행위의 가치와 똑같이 우주의 전체적인 선과 관련되기 때문이다. 사실 어떤 행위가 그 자체로 아무리 가치 있다고 하더라도, 우주에 있는 선의 총량은 아마도 상상컨대, 그 행위의 존재만으로는 그 자체로 덜 가치 있는 다른 행위가 수행되었을 경우보다 더 줄어들었을 수 있다는 것은 분명하다. 그러나 사정이 이러하다고 말하는 것은 그 행위가 행해지지 않는 것이 더 나았을 것이라고 말하는 것이나 다름없다. 그리고 이 말은 다시 그 행위는 해서는 안 된다는, 즉 그 행위는 그 어떤 의무가 요구하는 바가 아니라는 명제와 명백히 동치이다. "하늘이 무너져도 정의를 행하라!(Fiat justitia, ruat caelum.)"는 주장은 단지 정의를 행함으로써, 우주가 하늘이 무너짐으로써 잃어버리는 것보다 더 많은 것을 얻을 때에만 오직 정당화될 수 있다. 물론 이러한 경우는 가능할 수 있다. 하지만 이런 결과에도 불구하고, 아무튼 정의가 의무라고 주장하는 것은 사정이 실제로 이러하다고 주장하는 것이나 다름없다.

그러므로 우리의 '의무'는 오직, 가능한 어떤 다른 대안보다 이 우주에 더 많은 선이 존재하게끔 만들어주는 그러한 행위로 정의될 수 있다. 그리고 '옳은' 혹은 '도덕적으로 허용 가능한' 행위는 가능한 다른 대안보다 더 적은 선을 만들어내지 않는 행위로 정의된다는 점에서만 의무와 다를 따름이다. 그러므로 윤리학이 어떤 방식의 행위들은 '의무'라고 감히 주장할 때, 이는 그러한 방식으로 행동하게 되면 항상 선의 총량이 가능한 한 최대가 될 것이라는 주장이나 다를 바 없다. "살인하지 말라."가 의무라는 말을 들을 때, 이 말이 의미하는 바는, 살인이라고 불리는 행위는 그 형태가 어떠하든지 간에 그러한 행위를 하지 않는 경우보다 이 우주에 더 많은 선을 창출하는 상황이 단 하나도 존재하지 않을 것이라는 것을 뜻한다.

## 90.

그러나 이러한 점이 인정되면, 행위와 윤리학의 관계에 관해 다음과 같은 아주 중요한 몇몇 결과들이 얻어진다.

(1) 직관주의 윤리학파가 흔히 주장하는 바와 달리, 그 어떤 도덕 법칙도 자명하지 않다는 점은 분명하다. 윤리학에 관한 직관주의 입장은 어떤 행위는 항상 행해지거나, 아니면 절대로 행해져서는 안 된다고 진술하는 몇몇 규칙들은 자명한 전제로 받아들일 수 있다는 가정에 그 토대를 둔다. 나는 무엇이 **그 자체로 선한가**의 물음과 관련된 판단들에 관해, 이러한 판단에 대해서는 그 어떤 이유도 제공될 수 없다는 점을 이미 보여주었다. 그러나 행위 규칙들, 즉 무엇이 존재해야만 하는가에 관한 진술들이 아니라, 우리가 무엇을 해야만 하는가에 관한 진술들도 동일한 의미로 직관적으로 확실하다고 가정하는 것이 직관주의의 본질이다. 우리가 아무 의심 없이 어떤 행위가 의무적이라고, 혹은 그르다고 즉각적으로 판단한다는 사실로 인해, 이러한 입장이 지금까지 상당한 지지를 얻어왔다. 즉, 우리는 의무에 대해 **심리학적인 의미에서** 종종 직관적으로 확신하고 있다. 하지만 이러한 사실에도 불구하고 이러한 판단들은 자명하지 않을 뿐만 아니라 윤리학적 전제로 간주될 수도 없다. 왜냐하면 지금까지 밝혀진 바처럼, 이러한 판단들은 원인과 결과에 관한 탐구에 의해 확증될 수도 있지만, 반대로 논박될 수도 있기 때문이다. 우리들의 일부 직관이 참이라는 것은 정말로 가능한 일이다. 그러나 우리가 직관하는 **바**(What), 즉 우리의 양심이 말하는 **바**는, 어떤 행위가 주어진 상황에서 가능한 한 최대의 선을 항상 산출할 것이라는 사실이기 때문에, 양심이 일러준 바가 참인지 아니면 거짓인지를 밝혀줄 수 있는 이유를 제시하는 일은 분명 가능하다.

**91.**

(2) 어떤 행위가 의무임을 보여주자면, 그 행위는 물론이거니와 그 행위와 결합하여 결과를 산출하는 조건들이 무엇인지도 우리는 반드시 알아야만 한다. 나아가 이러한 조건들의 결과가 어떠한지도 정확하게 알아야 할 필요가 있으며, 또 크든 작든 아무튼 그 행위의 영향을 받게 되는 미래의 사건들, 그것도 무한한 미래에까지 소급하여 발생하는 모든 사건을 우리는 알 필요가 있다. 우리는 이 모든 결과에 관한 인과적 지식을 가져야 하며, 게다가 그 행위 자체와 모든 결과, 둘 다의 가치가 어느 정도인지도 정확하게 알아야 한다. 심지어 우주의 다른 조건들과 결합할 경우, 유기체적 전체로서의 우주의 가치에 이러한 행위와 그 결과들이 어떠한 영향을 줄 것인지에 대해서도 우리는 알 수 있어야만 한다. 이뿐만이 아니다. 즉, 또한 우리는 가능한 모든 대안 각각의 결과에 대해서도 이러한 모든 지식을 가져야만 한다. 그리고 비교 계산을 통해, 의무적이라고 생각되는 행위의 수행으로 얻어지는 총 가치가 이러한 대안들 각각에 의해 얻어질 수 있는 총 가치보다 더 크다는 것도 알 수 있다고 전제되어야 한다. 그러나 우리의 인과적 지식은 너무나 불완전하여 우리 자신들은 이러한 결론을 결코 확신할 수 없다는 점은 분명하다. 따라서 우리는 어떤 행위가 의무라고 가정할 그 어떤 이유도 가지지 못한다는 결론이 얻어진다. 즉, 우리는 결코 어떤 행위가 가능한 한 최대의 가치를 산출할 것이라고 확신할 수 없다.

그러므로 윤리학은 우리에게 의무의 목록을 전혀 제시할 수 없다. 이에 비하면 보잘것없어 보이지만, 실천 윤리학에는 아직도 남아 있는 과제가 여전히 하나 있어 보인다. 비록 주어진 상황에서 가능한 모든 대안 가운데 어느 대안이 최선인지를 알 수 있는 희망은 우리에게 없지만 그러한 대안들 가운데 어느 대안이, **모든 사람에게 일어날 개연성이 농후한 대안이면서** 선의 총량을 최대한 산출하는지를 보여줄 수 있는 가능성은 어느 정도 남아 있어 보인다. 확실히 이 두 번째 과제가 윤리학이 감당할 수 있는 과제의 전부이다. 그리고 윤리학이 지금까지 수많은 자료들을 모아 입증하고자 한 것 역시 이 과제가 전부임이 확실하다. 왜냐하면 어느 누구도 어느 특정한 상황에서 가능한 대안적인 행위들을 모조리 나열하도록 시도한 적은 지금까지 한 번도 없었기 때문이다. 사실 윤리 철학자들은, 가능한 대안으로서 인류에게 가장 일상적으로 일어나는 행위라는 이유로 자신들이 선택한, 제한된 부류의 행위들에만 관심을 국한해왔다. 이러한 행위들에 대해, 윤리 철학자들은 어느 한 대안이 다른 대안에 비해 더 선하다고, 즉 더 큰 가치 총량을 산출한다는 것을 아마도 보여줄 수 있었을 것이다. 그러나 이들이 이러한 결과들을 **의무의** 결정 요인으로 설명해주었음에도 불구하고, 실제에서는 결코 그렇지 않았을 수도 있었다고 주장하는 것이 합당해 보인다. 왜냐하면 의무라는 용어는 다음과 같이 사용되기 때문이다. 즉, 가능한 다른 행위가 우리가 채택한 그 행위보다 더 많은 선을 산출하리라는 것을 나중에 가서 알게 되면, 우리는 의무를 행하는 데 실패했다는 점을 기꺼이 인정할 것이기 때문이다. 하지만 **일어날 것 같은** 대안들 가운데 어느 행위가 최대한의 가치 총량을 산출할 것인지를 윤리학이 결정할 수 있다면, 이는 분명 유익한 일이 될 것이다. 왜냐하면 이러한 대안이 최선의 가능한 대안임을 입증할 수는 없다 해도, 우리가 달리 선택했을 경우 수행되는 다른 행위에 비해 이 대안이 더 선할 수는 있기 때문이다.

## 92.

아마도 윤리학이 완성할 수 있다는 상당한 기대를 갖고 감당하고자 한 이러한 과제를 전혀 희망이 없는 과제, 즉 의무를 발견하고자 하는 과제와 구분하는 데는 어려움이 있는데, 그 이유는 '가능한'이라는 용어가 모호하게 사용되고 있기 때문이다. 완전히 합당한 의미로 어떤 행위에 대해 '불가능하다'고 말할 수 있는 유일한 경우는, 그것을 행하고자 하는 관념이 아예 우리에게 일어나지 않은 경우이다. 이러한 의미에서 보면, 어떤 사람에게 실제로 생각이 떠오른 그러한 대안들만이 유일하게 **가능한** 대안들이라고 말할 수 있을 것이다. 이러한 대안들 가운데 최선의 행위가 곧 그 상황에서 **가능한** 최선의 행위가 될 것이며, 또 그렇기 때문에 이런 행위가 '의무'에 관한 우리의 정의에 부합할 것이다. 그러나 **가능한** 최선의 행위가 우리의 의무라고 말할 때, 그 의미하는 바는 그 행위에 관한 관념이 우리에게 **일어났다면**, 알려진 **다른** 어떤 상황도 그 행위를 수행하는 것을 막지 못하는 그러한 행위를 말한다. 그리고 이러한 언어 사용은 일상적인 용법과 일치하는 바이다. 왜냐하면 우리는 자신이 무엇을 행해야 하는지를 아예 생각하지 못함으로써 자기의 의무를 행하는 데 실패할 수 있음을 우리가 인정하기 때문이다. 그러므로 어떤 일에 대해 행할 수 있었지만 아예 그러한 생각이 일어나지 않았다고 말하는 것이 가능하기 때문에, '가능한 행위'를 우리가 생각하는 행위에만 국한시키지 말아야 한다는 점은 분명하다. 따라서 한 사람의 '의무'란 오직 그가 생각**할 수 있었던** 그러한 행위들 가운데 최선의 행위를 뜻한다고 말하는 게 더욱더 그럴듯해 보인다. 실제로 우리는, 우리가 흔히 말하듯이, "그 사람이 생각하리라고 아예 기대조차 할 수 없었던" 행위를 하지 않는 데 대해 그 사람을 아주 심하게 비난하지 않는다. 그러나 이러한 경우에 있어서조차도, 그가 행할 수 있었던 것과 그가 행하도록 생각할 수 있었던 것의 구분을 우리는 분명 인정하고 있다. 그가 달리 행하지 않는 것에 대해 우리는 애석하게 여긴다. '의무'란 확실히 이러한 의미로 사용되기 때문에, 어떤 사람이 자신의 의무를 행하는 것에 대해 애석하게 여긴다고 말하는 것은 용어상 모순에 빠지게 된다.

그러므로 우리는 가능한 행위와 그에 대해 생각하는 것이 가능한 행위를 구분해야 한다. 전자, 즉 가능한 행위란 그에 대한 관념이 우리에게 일어나는 경우, 알려진 그 어떤 원인도 제지하지 못하는 행위를 뜻한다. 그리고 이러한 행위들 가운데 선의 총량을 최대한 산출하리라 예상되는 행위가 바로 우리가 말하는 의무에 해당한다. 어떤 종류의 행위가 이러한 의미로 항상 우리의 의무가 되는지를 윤리학이 확실하게 발견할 수 있으리라고 우리는 기대할 수 없다. 하지만 윤리학은 이처럼 가능한 한두 가지 행위 가운데 어느 것이 최선인지를 결정할 수 있으리라는 희망은 가질 수 있다. 그리고 윤리학이 고찰의 대상으로 선택한 행위들은 사실 사람들이 그에 관해 행할 것인가 말 것인가를 두고 심사숙고하는 그러한 행위들 가운데 가장 중요한 행위들이다. 그러므로 이러한 행위들에 대한 결정은 어느 것이 가능한 최선의 행위인가에 관한 결정과 쉽게 혼동될 수 있다. 그러나 쉽게 생각될 수 있는 이러한 대안들 가운데서 어느 것이 더 선한가의 물음에만 우리의 관심을 국한시킨다고 해도, 이러한 대안들이 생각되고 있다는 사실 자체는 이러한 대안들을 가능한 대안이라고 부를 때 우리가 뜻하는 의미 속에는 포함되지 않는다는 점을 우리는 주목해야 한다. 그러니까, 어떤 특별한 경우에 이러한 대안들에 대한 생각이 어떤 사람에게 일어나는 것이 불가능했다 할지라도, 우리가 관심을 갖는 물음은 다음과 같다. 즉, 그러한 생각이 일어났다면, 어느 것이 최선의 대안이었을까? 살인은 항상 더 나쁜 대안이라고 말할 때, 이 말은, 그 살인자가 그 밖의 다른 무엇을 생각하는 것이 불가능했던 경우에서조차도, 살인이 더 나쁘다는 주장을 뜻한다.

따라서 실천 윤리학이 발견할 수 있으리라 희망할 수 있는 최대한은 다음과 같다. 즉, 주어진 상황에서 가능한 몇몇 대안 가운데, 어느 것이 전체적으로 최선의 결과를 산출할 것인가의 물음에 대해 윤리학은 대답할 수 있을 것이다. 다시 말해 윤리학은, 우리가 손쉽게 생각할 수 있는 몇몇 대안 가운데서 어느 것이 이러한 의미에서 최선인지를 말해줄 수 있을 것이다. 이들 대안 가운데 우리가 어느 하나도 선택하지 않는다 할지라도, 그 경우 우리가 행하게 되는 것은 그러한 대안들 가운데 어느 하나만큼도 선할 것 같지 않다는 것을 우리는 또한 알 수 있기 때문에, 윤리학은 우리가 선택할 수 있는 대안들 가운데 어느 것을 선택하는 것이 최선인지를 말해줄 수 있을 것이다. 이렇게만 할 수 있어도 윤리학은 실천 지침으로 충분할 것이다.

**93.**

그러나 (3) 이러한 일마저도 어마어마하게 어려운 과제임이 분명하다. 어느 하나를 행함으로 다른 것을 행하는 경우보다 우리가 더 큰 선의 총량을 얻게 되는 개연성마저도 우리가 어떻게 확증할 수 있는지를 알기란 참으로 어렵기 때문이다. 나는 여기서, 그럴 개연성이 존재한다고 가정할 경우 얼마나 많은 것이 전제되어야 하는지, 그리고 이러한 가정의 정당화가 가능하자면 어떠한 방법을 따라야 하는지에 대해 단지 몇 가지 점을 지적하고자 노력할 따름이다. 어느 한 행위가 다른 행위에 비해 더 옳다거나 더 그르다고 간주할 만한, 그 어떤 충분한 이유도 아직까지 결코 정당화된 적이 없다는 점은 분명해 보인다.

(a) 어느 한 노선의 행위가 다른 노선의 행위보다 선의 총량에서 더 나은 결과를 산출할 것이라는 개연성을 확보하는 데 발생하는 첫 번째 어려

움은 다음과 같은 사실에 놓여 있다. 즉, 우리는 두 행위의 결과를 무한한 미래에 걸쳐서 모두 고려해야만 한다. 그런데 우리가 지금 어떤 한 행위를 하는 경우, 우주가 앞으로의 모든 시대를 두루 통틀어 우리가 다른 행위를 했을 경우의 우주와 유의미한 면에서 다를 것이라는 점에 대해 전혀 확신을 가질 수 없다. 그리고 그러한 영원한 차이가 존재한다면, 여기에는 확실히 우리의 계산이 관련되어 있다고 하겠다. 하지만 우리의 인과적 지식은 너무나 불충분하여, 서로 다른 두 행위가 비교적 짧은 시공간의 한계를 넘어서 어떤 다른 결과가 산출하는지를 말해줄 수 없다는 게 아주 분명하다. 단지 우리는 행위에 대해 소위 '가까운(immediately)' 미래에 일어나는 결과만을 계산할 수 있는 척할 따름이라는 점 역시 확실하다. 무엇이 합리적인 결과인지를 아무리 주도면밀하게 심사숙고하는 자라 해도, 기껏해야 수 세기를 내다보는 어떤 예언의 안내를 받아 자신의 선택을 결정하는 사람도 아마 아무도 없을 것이다. 일반적으로 우리는 단지 몇 년 혹은 몇 달이나 며칠 이내에 더 많은 선을 확보했다고 생각하는 경우에 합리적으로 행동했다고 간주한다. 그러나 이러한 고려 사항의 안내를 받아 결정된 선택이 합리적이고자 한다면, 다음과 같은 사실을 믿을 만한 상당한 이유를 우리는 확실히 갖고 있어야 한다. 즉, 그 이상의 미래에 발생하는 우리 행동의 어떤 결과도 우리가 예상할 수 있는 미래에는 아마도 선의 총량을 결코 일반적으로 역전시키지 않을 것이라고 우리가 확실하게 믿을 수 있어야 한다. 한 행위의 결과가 다른 행위의 결과보다 아마도 훨씬 더 선할 것이라고 우리가 자신 있게 주장할 수 있으려면, 이러한 대전제가 성립되어야 한다. 하지만 먼 미래에 대한 우리 인간의 전적인 무지로 인해, 예측 가능한 영역 내에서도 더 큰 선을 선택하는 것이 아마 옳을 것이라는 주장조차 결코 정당화되지 않는다. 따라서 일정한 시간이 경과한 후의 결과는 제한된 시간 내에 일어나는 대안적인 결과들의 상대적인 가치를 일반적으로 역전시킬 수 있을 것 같지 않다고 우리는 가정해야 한다. 우리가 다른 방식이 아니라 어떤 한 방식으로 행동하는 데 대해 어떠한 이유이든지 이유를 제공한다고 주장할 수 있으려면, 먼저 이러한 가정이 정당하다는 것을 우리는 보여주어야만 한다. 아마 이 가정은 다음과 같은 몇 가지 고려 사항에 의해 정당화될 수 있을 것이다. 대안적인 행동들이 우리에게 열려져 있는 그 시점부터 미래를 향해 계속 앞으로 나아가게 되면, 어느 행위가 부분적 원인이 되어 일어난 사건들은, 우리가 어느 행위를 선택하든 상관없이 동일한 다른 상황들에 점점 더 크게 의존하게 될 것이다. 어느 한 개별 행위의 결과들은 충분한 시간이 경과한 뒤에는 매우 광범위한 영역에 걸쳐 뻗어 나가기는 해도, 그 내용에서의 변화는 단지 보잘것없을 것이다. 반면에 그 행위의 직접적인 결과들은 비교적 좁은 영역에서 일어나지만 그 변화가 상당히 현저할 것이다. 하지만 선이나 악에 상당한 의의를 지니는 대부분의 대상들은 이런 두드러진 직접적인 종류의 결과들이기 때문에, 일정한 시간이 경과한 후의 개별 행위의 모든 결과는 거의 관계가 없을 정도로 그 중요성을 너무 상실하게 되어, 이러한 대상들의 가치와 다른 행위의 결과가 지닌 가치 사이에 차이가 있다 해도, 그 차이는 직접적인 결과의 명백한 차이를 능가할 것 같지는 않아 보인다. 실제로 사정이 이러하기 때문에, 우리가 어떠한 행위를 지금 채택하든 상관없이 대부분의 경우, 행위가 일어난 바로 그때 아주 선하거나 아주 악한 그 어떤 대상의 존재가 관계하는 한, "한 세기가 지나도 모든 것은 동일할 것이다." 아마도 모든 개별 사건의 결과들은 시간이 경과함에 따라 중성화되는 방식을 고찰하게 되면, 우리는 이것이 사실임을 **보여줄** 수 있을 것이다. 이러한 증명을 하지 못하면, 우리는 아마도 두 대안 중 어느 하나는 옳고 다른 하나는 그르다고 주장할 합리적인 근거를 결코 지닐 수 없을 것이다. 옳고 그름에 관한 우리의 어떤 판단이 참일 개연성을 확보할 수 있으려면, 한 행위의 먼 미래 결과가, 가까운 미래에서의 어느 한 결과 집합이 다른 결과 집합에 비해 가치의 측면에서 우월하다는 것을 능가할 만큼 충분히 큰 가치를 지니고 있지 않음을 믿을 수 있는 이유가 존재해야만 한다.

### 94.

(b) 다음으로, 일어나리라고 충분히 짐작할 수 있는 결과의 모든 차이를 예상할 수 있는 전 미래에 걸쳐서, 어느 한 행위의 결과가 다른 행위의 결과보다 일반적으로 더 선하다면, 우리는 전자의 행위가 우주에 미치는 총 결과 역시 일반적으로 더 선하다고 가정해야만 한다. 아주 한정된 미래에만 국한시키지 않고는, 확실히 우리는 행위의 결과들을 직접 비교할 수 있으리라 기대할 수 없다. 우리가 일상적인 삶에서 일반적으로 의거하여 행동하는, 그리고 하나의 행위가 다른 행위에 비해 우월하다는 것을 보여주기 위해 윤리학에서 지금까지 사용된 모든 논증은 (신학적인 입장은 별개로 하고) 이러한 제한된 기간 안에서 일어나리라 짐작할 수 있는 직접적인 이점들을 지적하는 데 국한되어 있다. 따라서 남은 문제는 다음과 같다. 즉, 몇몇의 대안적 행동들 가운데 어느 한 행위가 제한된 미래에서 보다 큰 선의 총량을 일반적으로 산출하리라는 결과를 보장해주는 어떤 일반 규칙을 우리는 제정할 수 있는가?

비록 제한적이기는 하지만, 이 물음이 우리가 현재 갖고 있는 지식이나 앞으로 다가올 상당히 오랜 기간에 가지게 될 지식을 갖고서, 실천 윤리학이 답을 주리라고 기대할 수 있는 최대한이라는 점을 강조해두는 것이 아주 중요하다. 주어진 상황에서 어느 것이 최선의 가능한 대안인지를 알 수 있는 희망은 우리에게 없고, 다만 몇몇의 소수 대안들 가운데 어느 것이 다른 것에 비해 더 선한지를 알 수 있을 따름이라는 사실을 나는 이미 지적한 바 있다. 게다가 그 직접적인 결과의 측면에서 더 선한 것이 전체적으로도 역시 더 선할 것이라고 주장할 자격이 있다고 할지라도, 이는 확실히 어디까지나 개연성에 불과하다는 점 또한 나는 지적해두었다. 이러한 직접적인 결과와 관련해서조차도 우리가 기대할 수 있는 바는 단지 몇몇의 소수 대안들 가운데 어느 것이 가까운 미래에 최대의 선의 총량을 **일반적으로**(generally) 산출하리라는 점을 지금 여기서 강조해두는 것이 적절해 보인다. "거짓말하지 말라.", 혹은 심지어 "살인하지 말라." 등과 같은 명령이 거짓말이나 살인과 같은 대안적 행동에 비해 **보편적으로**(universally) 더 선하다고 주장할 그 어떤 확신도 우리는 가질 수 없다. 기껏해야 **일반적** 지식만 가능한 이유는 이미 1장(16절)에서 해명되었다. 그러나 그 요점을 여기서 다시 한 번 요약 정리할 필요가 있어 보인다. 우선 첫째로, 윤리학적 논의에서 우리의 주된 관심사인, 본래적 가치를 지닌 결과들에 관해 우리는 그 원인을 거의 모르기 때문에, 우리는 어느 하나의 원인과 결과에 대해 엄밀 과학에서 확립할 수 있는 그러한 **가설적인**(hypothetical) 보편 법칙조차 확립할 수 있다고 확신 있게 주장할 수가 없다. 심지어 엄격하게 규정된 상황 아래에서 이 행위가 이뤄지고, 그리고 그 어떤 것도 이를 방해하지 않는다 해도, 적어도 이런 중요한 결과가 **항상** 일어나리라는 것조차 우리는 말할 수 없다. 그러나 둘째로, 윤리 법칙은 단순히 가설적인 것은 아니다. 주어진 상황에서 어떤 방식으로 행하는 것이 항상 더 선할 것이라는 점을 알고자 한다면, 우리는 다른 상황이 간섭하지 않는 한 그러한 행위가 어떤 결과를 산출하는지를 알아야 할 뿐만 아니라, 또한 다른 상황이 간섭하지 않을 것이라는 사실마저 알아야 한다. 그런데 이 후자를 개연성 이상으로 확실하게 알기란 분명 불가능하다. 윤리 법칙의 본성은 과학적 법칙이 아니라 과학적 예측과 유사하다. 그런데 과학적 예측은 그 개연성의 정도가 아무리 높다 해도, 항상 단지 개연적일 뿐이다. 기술자는 다리가 어떤 방식으로 건설되면 어느 기간 동안 어느 정도의 부하를 아마도 감당할 수 있으리라고 주장할 자격은 있지만, 다리가 실제로 자신이 요구한 방식대로 건설되었는지, 그리고 그렇게 건설되었다 해도, 그 어떤 사고도 자신의 예측을 뒤엎지 못할 것이라고 절대적으로 확신할 수는 없다. 윤리 법칙도 마찬가지임에 틀림없다. 즉, 윤리 법칙은 기껏해야 일반화에 불과하다. 게다가 윤리 법칙의 경우, 예측이 근거하고 있는 정확한 가설적 지식의 상대적인 부재로 인해, 그 개연성은 상대적으로 더 낮을 수밖에 없다. 그리고 마지막으로 윤리학적 일반화에 대해서 우리는 어떤 결과가 발생할지를 알아야 할 뿐만 아니라, 그러한 결과들의 상대적인 가치가 어떠한지도 알아야만 한다. 그리고 이 두 번째 물음에 대해, 쾌락주의가 대단히 성행하고 있다는 사실에 비춰보건대, 잘못을 저지를 개연성이 아주 높다는 점 역시 인정되어야 한다. 그리고 다음의 사실 역시 분명하다. 즉, 어느 한 종류의 행위가 다른 종류의 행위에 비해 더 선한 결과를 **일반적으로** 산출하리라는 점 이상을 우리가 곧 알 수 있을 것 같지는 않다. 게다가 이러한 사실 이상은 확실히 이제까지 입증된 바가 없다. 어느 두 경우에서도, 어떠한 종류 행위의 모든 결과가 정확히 동일한 그러한 경우는 없을 것이다. 왜냐하면 각각의 경우 상황의 몇몇 요인은 분명 다를 것이기 때문이다. 선이나 악과 관련하여 중요한 그러한 결과가 일반적으로 동일하다 할지라도, 두 경우의 결과가 항상 동일하게 되는 그러한 일은 도저히 일어나지 않을 것이다.

**95.**

(c) 지금 우리의 관심을, 가능한 다른 대안에 비해 수단으로서 **일반적으로** 더 선한 행위가 무엇인지에 관한 탐구에 국한시킨다면, 상식이 대개의 경우 보편적으로 인정하는 대부분의 규칙들을 이 정도로 변호하는 데는 별 무리가 없어 보인다. 나는 여기서 이러한 변론을 더 자세하게 천착해 나갈 의도는 없고, 다만 이러한 변론에 사용될 수 있는 것처럼 보이는 서로 구별되는 몇몇 중요한 원칙이 무엇인지를 지적하고자 한다.

우선 첫째로, 어떤 특정 상황이 주어지는 경우, 어느 한 행위는 다른 행위에 비해 수단으로서 일반적으로 더 선하다는 것만을 우리는 보여줄 수 있을 따름이다. 사실 우리는 어떤 상황하에서만 그 행위의 결과가 어떠한지를 관찰할 수 있다. 이러한 상황에 의미 있는 충분한 변화가 일어나면, 일반 규칙들 가운데서 가장 보편적으로 확실하게 보이는 규칙들마저도 의심스럽게 만들 것이라는 것을 우리는 쉽게 알 수 있다. 따라서 살인이 일반적으로 효용성이 없다는 점은 오직 다수의 인류가 확실히 앞으로도 계속하여 존재할 것이라는 조건하에서만 입증될 수 있다. 살인이 보편적으로 채택되어 인류가 기하급수적으로 멸절하게 된다면 살인은 수단으로서 선하지 않다는 점을 입증하기 위해서, 우리는 염세주의의 근본 주장, 즉 인간 생명의 존속은 전체적으로 악이라는 주장을 반박해야만 할 것이다. 하지만 염세주의 입장은 우리가 참임 혹은 거짓임을 아무리 강하게 확신한다 할지라도, 결코 결정적으로 입증된 적도 반박된 적도 없는 주장임이 분명하다. 그러므로 지금 이 시점에서 보편적 살인은 선한 것이 아니라는 입장은 입증될 수가 없다. 그러나 사실 우리는 몇몇 소수의 사람들이 기꺼이 살인을 하려고 한다 할지라도, 대부분의 사람들은 그렇지 않다고 아주 확실하게 가정할 수 있고, 또 실제로 가정하고 있다. 따라서 살인은 일반적으로 해서는 안 되는 것이라고 우리가 말할 때, 이는 단지 대다수의 인류가 확실히 살인에 동의하지 않고 대신에 앞으로도 계속 살아가는 경우에 한해서만 그러하다는 것을 의미할 따름이다. 그리고 이러한 상황하에서 어느 한 개인이 살인을 범하는 것은 일반적으로 그르다는 주장은 입증될 수 있어 보인다. 왜냐하면 그 어떤 경우에도 우리는 인류의 멸절을 희망하지 않기에, 우리가 염두에 두어야 하는 유일한 결과는 행위가 인간 생명의 선을 증진시키고 반대로 악을 감소시키도록 하는 것밖에 없기 때문이다. (악의 완전한 제거가 최선이라고 생각하지만) 최선이 불가능한 경우, 우리의 대안은 다른 것보다 더 선한 것, 즉 차선을 선택하는 일이다. 살인이 일반적으로 산출하는 직접적인 악은 별도로 한다 해도, 살인이 일상적으로 행해지게 되면 이로 인해 발생되는 불안정의 감정은, 더 선한 목적을 위해 사용될 수 있는 많은 시간을 앗아가 버린다는 사실은 아마도 살인을 반박하는 결정적인 논거가 될 것이다. 지금처럼 사람들이 생존하기를 강하게 욕구하는 한, 그리고 또 사람들은 앞으로도 계속 그렇게 욕구하리라는 점이 확실한 한, 인간의 역량을 적극적 선의 획득에 집중하지 못하도록 방해하는 것은 그 어느 것이든 수단으로서 악이라는 점은 분명해 보인다. 그리고 일반적인 살인 행위는—지금까지 알려진 사회의 모든 조건에서 확실히 그러한 것처럼 결코 살인은 보편성을 얻지 못하고 있다—확실히 이러한 종류의 방해에 해당된다고 생각된다.

법적 제재를 통해 보편적으로 강요되는, 재산권 존중 등과 같은 대부분의 규칙들에 대해서도 이와 유사한 옹호 논증이 가능하리라 생각된다. 그리고 상식이 가장 일상적으로 인정하는 근면, 절제, 약속 이행 등의 몇몇 규칙에 대해서도 마찬가지이다. 어떤 종류의 재산권에 대해 보편적인 것처럼 보일 정도로 사람들이 강력한 보호를 바라는 모든 사회에서는, 재산권을 보호하는 일상적인 법적 규칙들은 인류의 역량을 가능한 한 최선으로 활용할 수 있도록 용이하게 만들어주는 데 크게 기여함에 틀림없다. 이와 유사하게 근면도, 없다면 아주 큰 적극적 선을 계속하여 추구하는 것이 불가능한, 그러한 필수품을 획득하는 수단이다. 반면에 절제는 단지, 건강을 해침으로써 이러한 필수품을 획득하지 못하도록 가능한 한 크게 방해하는 과욕을 멀리하도록 해준다. 그리고 마지막으로 약속 이행은 이러한 필수품을 획득하기 위해 상호 협력하는 데 큰 도움이 된다.

그런데 이 모든 규칙은 우리가 주목할 만한 두 가지 특성을 지닌 것으로 보인다. (1) 이 규칙들은 모두, 지금까지 알려진 모든 형태의 사회에서 **일반적으로** 준수할 경우에 수단으로서 선이 **될 것이라는** 특성을 지닌 것 같다. 이러한 규칙들의 효용성이 의존하는 조건들, 즉 생명을 보존하고 나아가 풍성케 하고자 하는 성향과 재산을 소유하고자 하는 욕구는 너무나 보편적이고 또 너무 강해 보여, 이들 조건의 제거는 불가능할 것이다. 그리고 실재가 이러하기 때문에, 실제로 주어질 수 있는 그 어떤 상황하에서도 이러한 규칙의 일반적 준수가 수단으로서 선이 될 것이라고 우리는 말할 수 있다. 왜냐하면 이들 규칙의 준수가 준수되지 않는 경우에 비해 사회를 더 나쁘게 만들 것이라고 믿을 만한 이유가 없는 한, 규칙 준수는 가능한 한 최대한의 선이 얻어질 수 있는 상황을 조성하는 데 수단으로서 필수적이기 때문이다. 그리고 (2) 이러한 규칙들은 수단으로서, 즉 그 자체로는 단지 그 어떤 큰 선의 존재를 위한 필요조건에 불과한 수단으로서 권장되기 때문에, 이들 규칙은 "무엇이 그 자체로 선한가?"라는 윤리학의 일차적 물음에 관한 정확한 입장과 상관없이 독립적으로 옹호될 수 있다. 즉, 일상적으로 받아들여지는 입장이 어떠하든 관계없이, 그 자체로 선하다고 여겨지는 대상을 광범위한 정도로 존재하도록 하는 데 있어서 문명사회의 유지가 필수적이며, 그리고 이러한 문명사회를 효과적으로 유지하자면 이러한 규칙이 필수적이라는 점은 확실해 보인다.

## 96.

그러나 일상적으로 인정받는 규칙 모두가 이러한 두 특징을 지니는 것은 결코 아니다. 상식의 도덕을 옹호하는 데 사용되고 있는 논증들은 생명을 계속 유지하고 재산권을 욕구하는 성향만큼 그렇게 보편적으로 필수적이라고 정당하게 받아들일 수 없는 조건들의 존재를 가정하는 경우가 아주 빈번하다. 따라서 이러한 논증들은 단지 일정한 조건들—물론 이 조건들은 변경될 수 있다—이 동일한 경우에 한해서만 이러한 규칙들의 유용성을 입증한다고 하겠다. 이렇게 옹호된 규칙들에 대해서는 모든 상황의 사회에서 이 규칙들이 수단으로서 일반적으로 선하다고 우리는 주장할 수가 없다. 이와 같은 **보편적인** 일반적 효용성을 주장할 수 있으려면, 무엇이 그 자체로 선한지 혹은 악한지의 물음에 관한 정확한 입장을 확보하는 것이 필수적으로 요구된다. 예를 들어 순결이라는 이름으로 이해되는 대부분의 규칙들에 관해 이러한 주장은 아주 적절해 보인다. 이러한 규칙들은 공리주의 윤리학자나 사회 보존을 자신들의 목적으로 간주하는 학자들이 일상적으로 옹호하는 규칙인데, 이들은 부부간의 질투심 및 아버지의 애정 등과 같은 감정이 우리 인간에게 필수적으로 존재한다고 전제하고 그 옹호 논변을 펼치고 있다. 이들 감정이 많은 사회 여건에서는 이들 논증을 타당하게 만들어줄 정도로 충분히 강하고 또 일반적이라는 점은 의심의 여지가 없다. 그러나 이러한 감정이 존재하지 않는 문명사회를 상상하는 일은 그리 어렵지 않다. 이러한 경우에도 순결을 여전히 옹호하고자 한다면, 순결의 규칙을 어기면 나쁜 결과—순결 규칙 위반이 사회를 분열시키는 경향을 지닌다는 가정에 기인하는 결과 외의 다른 나쁜 결과—가 발생한다는 것을 확증해주는 것이 필요할 것이다. 물론 이러한 옹호 논변이 가능하다는 것은 의심의 여지가 없어 보인다. 그러나 이렇게 하자면, 그 자체로 무엇이 선하고 악한가라는 윤리학의 일차적 물음을 이제까지 그 어떤 윤리학자가 제공하려고 노력했던 것보다 훨씬 더 철저하게 검토하는 작업이 선행되어야 할 것이다. 이런 개별적인 경우에 이럴 필요가 있든 없든 상관없이, 일상적으로는 인정되고 있지 않지만 다음 두 규칙은 구분되어야 한다는 점은 확실하다. 즉, 상황에 따라 그 사회적 효용성이 다소간 변경될 수 있는 규칙들과 가능한 모든 조건하에서 그 효용성이 확실해 보이는 규칙들은 구분되어야 한다.

## 97.

**거의 모든** 사회 상황에서 유용하리라고 여겨지는 앞에서 열거된 모든 규칙은, **또한** 단지 특정의 사회 상황에서만 존재하는 조건들하에서 이러한 규칙들이 산출하는 결과들에 근거해서도 옹호될 수 있다는 점은 분명하다. 그리고 규칙들이 존재하는 곳에, 이러한 조건들과 더불어 법적 처벌, 사회적 비난, 개인적인 양심의 가책 등과 같은 제재도 함께 있음을 우리가 충분히 추정할 수 있다는 사실 역시 우리가 주목해야 할 사항이다. 한 행위의 효용성은 이러한 제재의 존재와 상관없이 독립적으로 입증될 수 있다고 간주한 나머지, 참으로 윤리학은 이러한 제재들을 단지 일상적으로 어떤 행위를 행하는 동기의 물음으로 지금까지 다루어오고 있다. 물론 제재와 상관없이 독립적으로 옳지 않을 행위에 대해서는 제재를 결부시켜서는 안 된다는 점은 인정될 수 있다. 그럼에도 불구하고 제재가 존재하는 경우, 제재는 단순히 문제가 되는 해당 행위의 동기일 뿐만 아니라 정당화 구실도 함께한다는 점은 명백하다. 어떤 특정의 사회 상황에서 어떤 행위가 이뤄져서는 안 되는 이유들 중 하나는 그렇게 하면 처벌받게 된다는 사실이라는 점이다. 왜냐하면 처벌은 일반적으로 처벌의 대상이 되는 행위를 하지 않음으로 말미암아 발생하는 악에 비해 그 자체로 더 큰 악이기 때문이다. 따라서 처벌의 존재는 어떤 행위가 다른 나쁜 결과를 전혀 낳지 않고 비록 아주 사소하지만 선한 결과를 낳는다 해도, 그 행위를 일반적으로 그르다고 간주하게 만드는 바로 그 이유가 될 수 있다. 어떤 행위가 처벌받게 될 것이라는 사실은, 어떤 특정의 사회 상황에서 한 행위가 지닌 일반적 효용성 내지 비효용성을 논의하는 데 반드시 고려해야만 하는 다른 조건들과, 그 영속성에서는 다소간의 차이가 있을 수 있지만, 정확히 똑같은 종류의 조건이다.

### 98.

우리가 살아가는 사회에서 상식이 일상적으로 인정하는, 그리고 또 마치 모두 다 똑같은 정도로 보편적으로 옳고 선한 것으로 옹호되는 규칙들은 그 등급에 있어서는 많은 차이가 있음이 분명하다. 수단으로서 가장 보편적으로 선하다고 여겨지는 규칙들조차도 단지, 아마도 악하지만 필요 불가결하다고 여겨지는 조건들의 존재 때문에 그렇게 선한 것으로 여겨지고 있음을 우리는 쉽게 보여줄 수 있다. 달리 말해 이러한 규칙들이 다른 규칙에 비해 더욱더 분명한 효용성을 지니는 것조차 필연적인 것으로 간주될 수 없는 다른 조건들의 존재 때문이라고 할 수 있다. 그러니까 이러한 조건들은 역사상 더 오랜 기간 동안 혹은 더 짧은 기간 동안 존재했을 수도 있지만, 필연적으로 존재하는 조건이 아니며, 또 이들 중 많은 것은 악이다. 다른 규칙들은 **오직** 다소 일시적으로만 존재하는 조건들에 의해서만 정당화될 수 있는 것 같다. 그러니까 이러한 규칙들은 그 자체로 단순한 수단에 불과한 사회 보존을 위한 수단이라는 사실을 보여주고자 하는 시도를 포기하지 않으면서, 우리가 이러한 규칙들은 그 자체로 선한 혹은 악한 것들의 직접적 수단이라는 점—하지만 이들 규칙은 일상적으로 이러한 인정을 받지 못하고 있다—을 확립해줄 수 없는 한, 이들 규칙은 단지 일시적으로 존재하는 조건들에 의거해서 정당화될 따름이다.

그런데 우리가 살고 있는 사회에서 어떤 규칙의 준수가 유용한가 혹은 앞으로 유용할 것인가라는 물음을 묻게 되면, 일반적으로 인정되고 실천되고 있는 대부분의 규칙들은 한정된 유용성만을 지닌다는 것을 입증하는 것이 가능해 보인다. 하지만 상당 부분의 일상적인 도덕적 가르침과 사회적 논의는 일반적으로 실천되지 않는 규칙들을 옹호하는 데 할애되고 있다. 그런데 이러한 규칙들에 대해서는 그 일반적 유용성을 옹호할 수 있는 논거가 결정적으로 제공될 수 있는지가 상당히 의심스러워 보인다. 제안된 이러한 규칙들은 대개 세 가지 결점을 공통적으로 지닌다. 우선 (1) 이들 규칙이 옹호하는 행동들은 대부분의 개인들이 아무리 굳게 결심해도 도저히 실행하기가 불가능한 그러한 행위들인 경우가 십중팔구이다. 이는 너무 일상적이어서 단지 의욕하기만 하면 실행할 수 있는 행동들과 함께 분류되는 행동들 가운데, 그 실행 가능성이 특정 성향의 소유—이러한 성향을 소유한 자는 거의 없으며 또 획득될 수도 없다—에 의존하는 다른 행동들을 찾아내기란 쉽지 않다. 실행하는 데 필요한 성향을 지닌 자들이 이러한 규칙들에 복종해야 한다는 사실을 지적하는 것이 도움이 된다는 점은 의심의 여지가 없어 보인다. 그리고 많은 경우 모든 사람이 이러한 성향을 지니는 것이 바람직할 것이라는 점 역시 마찬가지이다. 그러나 우리가 어떤 것을 도덕 규칙 내지 도덕 법칙으로 간주할 때, 그 의미하는 바는, 그 규칙이 적용되리라고 예상되는 그러한 특정 상황의 사회에 살고 있는 **거의 모든 사람**이 의지적 노력을 통해 준수할 수 있는 규칙이라는 점이다. (2) 그 자체로는 가능하지만, 그에 꼭 필요한 조건들이 충분히 일반적이지 않기 때문에, 예상되는 선한 결과가 가능하지 않은 행위들이 옹호되는 경우도 종종 있다. 그리고 인간 본성이 다른 측면에서 현재와 전혀 다르다면 그 준수가 선한 결과를 산출하리라고 예상되는 규칙이 옹호되기도 한다. 그러니까 이러한 규칙은 그 일반적 준수가 지금 즉시 동일한 결과를 산출하는 것처럼 옹호되고 있다. 하지만 실제로는 그 준수를 유용하도록 하는 데 필수적인 조건들이 현실화되는 바로 그때에, 그 준수를 불필요하게 혹은 적극적으로 해롭게 만드는 다른 조건들이 발생할 수 있는 개연성 역시 아주 농후하다고 하겠다. 그리고 이러한 사태는 해당 규칙이 유용하게 되는 사태보다 더 선할 수도 있다. (3) 한 규칙의 유용성이 변경되기 쉬운 조건에 의존하는 사태가 또한 일어날 수 있다. 그리고 이러한 조건의 변화가 아주 쉽게 일어나기도 하며, 또 그 결과도 제안된 규칙의 준수보다 더 바람직한 경우도 있을 것이다. 심지어 제안된 규칙의 일반적 준수가 그 자체로 그 규칙의 유용성이 의존하는 조건들을 파괴하는 경우도 일어날 수 있다.

이러한 반론 가운데 한두 가지는 사회 관습에 대해 제안되고 있는 변화들—이러한 변화들은 지금 실제로 따르고 있는 규칙보다 그 준수가 더 선한 결과를 가져온다고 생각되는 규칙으로서 옹호되고 있다―에 일반적으로 적용되는 것 같다. 그리고 이러한 이유로, 윤리학이 지금 일반적으로 실천되고 있는 규칙이 아닌, 어떤 다른 규칙의 유용성을 확증할 수 있는가라는 의심스러운 물음이 제기되는 것 같다. 그러나 윤리학이 이를 확증할 수 없다는 사실은 다행스럽게도 실천적으로 거의 중요하지 않다. 일반적으로 지켜지지 않는 어떤 규칙의 일반적 준수가 바람직할 것인가, 아니면 바람직하지 않을 것인가의 물음은 어떤 개인이 어떻게 행위해야만 하는가의 물음에 큰 영향을 줄 수 없다. 왜냐하면 한 개인이 그 규칙이 일반적으로 준수되도록 할 수는 결코 없을 것이라는 개연성이 상당히 높을 뿐만 아니라, 또 다른 한편으로 규칙의 일반적 준수가 유용하다는 사실은 각 개인으로 하여금, 사람들이 일반적으로 준수하지 않는 상황에서도, 자기 자신은 그 규칙을 준수해야 한다는 결론을 내리게 할 이유를 그 어떠한 경우에도 결코 제공하지 못하기 때문이다.

그러므로 흔히 윤리학에서 의무, 범죄, 죄악 등으로 분류되는 행동들에 관해 우리는 아래의 몇 가지 점을 주목할 필요가 있어 보인다. (1) 이렇게 분류할 때 그 의미하는 바는 다음과 같다. 이들 행위는 한 개인이 단지 그렇게 하고자 **의욕**하기만 하면 수행하거나 혹은 행하지 않는 것이 가능한 그러한 행위들이다. 그리고 이는 또한 이러한 행위들은, 그렇게 해야 될 상황이 발생하면, **모든 사람**이 수행하거나 행하지 말아야 할 행위들임을 뜻하기도 한다. (2) 이러한 행위 그 어느 것에 대해서도 우리는 **모든** 상황에서 그러한 행위가 수행되어야 혹은 행해지지 말아야 한다고 결코 입증할 수는 없다. 다만 우리는 그러한 행위를 수행하거나 혹은 행하지 않으면 **일반적으로** 다른 대안적 행위에 비해 더 큰 선한 결과가 산출될 것이라는 점만을 입증할 수 있을 따름이다. (3) 한 걸음 더 나아가, 어떠한 행위들이 이러한 행위들과 같은 정도로 입증될 수 있는가라는 물음을 받게 되면, 오직 실제로 우리들이 일반적으로 실천하는 행위들에 관해서만 그러한 입증이 가능하다고 우리는 답할 것이다. 그리고 이러한 행위들 가운데 오직 일부의 행위에 대해서만, 그 일반적 수행이 예견 가능한 사회의 모든 상황에서 유용할 것이라고 우리는 말할 수 있다. 하지만 다른 행위에 대해서는 그 유용성이 현재 존재하는 조건들에 따라 달라지기에 다소간 변동이 있을 수 있다고 하겠다.

**99.**

(d) 일상적 의미의 도덕 규칙이나 도덕 법칙, 즉 **모든 사람이** 어떤 특정한 종류의 행위를 수행하거나 혹은 행하지 않는 것이 보통의 일상적인 상황하에서 일반적으로 유용하게 되는 규칙에 관해서는 지금까지의 논의로도 충분하다. 하지만 **한 개인이** 무엇을 해야만 하는가를 결정할 때 의거하는 원칙들에 관해서는 논의할 바가 아직 남아 있다. 그러니까 지금부터 나는 (α) 확실히 참인 어떤 일반 규칙이 적용되는 행동들과 (β) 이런 확실한 규칙이 존재하지 않는 행동들, 이 두 가지에 대해 논의하고자 한다.

(α) 내가 지금까지 보여주고자 노력했듯이, 어떤 종류의 행위가 **모든 경우에서** 다른 대안에 비해 그 결과의 총량이 더 선할 것임을 확증해주는 것이 불가능하기 때문에, 다음과 같은 결론이 귀결된다. 즉, 어떤 경우에는 이미 확증된 규칙을 따르지 않고 무시하는 것이 아마도 가능한 모든 행위 가운데 최선의 행위가 될 것이다. 여기서 이런 물음이 발생한다. 그러면 그 개인이 자신이 처한 상황은 이런 예외적인 경우 가운데 하나라고 가

정하는 것이 과연 정당화될 수 있는가? 이에 대한 대답은 확실히 부정적일지 모른다. 왜냐하면 대다수의 경우 그 규칙의 준수가 유용하다는 것이 확실하다면, 어떤 특정한 경우에는 이 규칙을 어기는 것이 그를 수 있는 개연성이 상당히 높다는 결론이 얻어지기 때문이다. 특별한 경우에는 한 행위의 결과 및 그 가치가 어떠한지에 관해서는 우리의 지식이 너무나도 불확실하기 때문에, 자신의 경우 주어진 규칙을 어기는 것이 더 선할 것이라는 그 개인의 판단이 그러한 종류의 행위는 그르다는 일반적 개연성에 대항해서 확증될 가망성은 의심스럽기 짝이 없다. 이런 일반적 무지에다 우리는 다음과 같은 사실을 덧붙일 수 있다. 즉, 아무튼 이러한 물음이 제기될 경우, 그 규칙을 어겨서라도 얻기를 바라는 결과들 중 어느 하나를 우리 자신이 아주 강렬하게 열망하고 있다는 사실로 인해, 우리의 판단은 대개의 경우 왜곡되기 쉽다. 따라서 일반적으로 유용한 규칙에 대해, 우리는 그 규칙을 **항상** 지켜야만 한다고 주장할 수 있는 근거는 **모든** 개별적인 상황에서 그 규칙의 준수가 유용할 것이기 때문이 아니다. 오히려 우리가 이렇게 주장할 수 있는 근거는 다음과 같다. 즉, **그 어떤** 개별적인 상황에서도 그 행위가 유용할 것이라는 개연성이, 지금 직면하는 상황에서는 그 규칙을 따르는 것이 오히려 유용하지 않다고 우리가 올바르게 결정하리라는 개연성에 비해 더 크기 때문이다. 간단히 말해 그 규칙이 어겨져야만 하는 경우가 존재하는 것은 확실하지만, 어느 경우가 그러한 경우인지 알 수 없기 때문에 우리는 결코 그 규칙을 어겨서는 안 된다. 도덕 규칙의 강요와 제재에 대해 대개의 경우 적용되는 엄격함을 정당화시켜주는 것은 바로 이러한 사실 때문이다. 그리고 또 "목적은 수단을 결코 정당화하지 않는다." 및 "우리는 선을 이루기 위한 목적으로 악을 행해서는 안 된다." 등의 준칙을 우리가 참으로 받아들이도록 그 의미를 부여하는바 역시 이러한 사실이다. 이러한 준칙에 사용되는 '수단'과 '악'은 사실 일반적으로 인정되어 실천되는, 그래서 일반적으로 그 준수가 유용하다고 전제되고 있는, 도덕 규칙을 어기는 것을 말한다. 이렇게 이해할 경우, 이러한 준칙들은 단지 그 규칙을 지킴으로써 얻어지는 순수 선의 총량은 명확하게 예상할 수 없지만 그 규칙을 어김으로써 얻어지는 순수 선의 총량은 명확하게 예상할 수 있어 보인다 할지라도, 모든 개별적인 경우에 그 규칙은 준수되어야 한다는 것을 지적해줄 따름이다. 여기서 도덕 규칙을 어길 수 있는 유일한 경우는 오직, 일반적으로 목적이 실제로 문제의 수단을 정당화해주고, 그리고 이 경우에는 목적이 수단을 정당화할 것이라는 점을 우리가 알 수 없다 할지라도, 그러할 것이라는 **개연성**이 존재한다는 것이 확실한 경우에 한한다는 점은 지적할 필요조차 거의 없어 보인다.

게다가 일반적으로 유용한 규칙의 보편적 준수는 많은 경우 주목할 만한 가치가 있어 보일 정도로 특별한 유용성을 지닌다. 여기서 말하는 특별한 유용성이란, 우리의 경우가 그 규칙을 어기는 것이 이로운 바로 그 경우라고 명확하게 분별할 수 있다 할지라도, 우리의 사례는 유사한 모든 행동에 대해서도 큰 영향을 미치기 때문에, 이런 사례는 이롭지 않은 경우에도 규칙을 어기는 것을 부추기는 경향을 지닐 것임이 확실하다는 사실로부터 얻어지는 유용성을 말한다. 다른 사람들의 생각에 큰 영향을 주는 요인은, 우리의 경우는 일상적인 경우와 다르고, 그래서 예외적인 행동을 정당화시켜준다는 상황에 있는 것이 아니라, 이런 경우 우리가 취하는 행동이 참으로 범죄에 해당하는 그런 행위와 유사하다는 점에 있음을 우리는 확신 있게 가정할 수 있다. 그러므로 개별 사례가 영향을 조금이라도 주는 경우, 예외적으로 올바른 행동의 결과는, 옳지 않은 행위를 하도록 일반적으로 부추길 것이라는 점이다. 그런데 이러한 결과는 아마도 다른 사람에 대해서만 일어나는 것이 아니라 행위자 자신에 대해서도 일어날 것이다. 왜냐하면 우리가 자신의 지성과 감정을 아주 엄격하게 지키기는 불가능할 것이기 때문이다. 그러니까 일반적으로 그른 행위를 한 번 허용하게 되면, 우리는 처음의 경우처럼 규칙 위반을 정당화해주는 상황이 아닌 다른 상황에서도 규칙 위반을 허용하기가 더욱더 쉬워지게 된다. 물론 예외적인 경우를 분별할 수 있는 능력이 없다는 이유로 인해, 일반적으로 유용한 행위를 법적 혹은 사회적 제재를 통해 보편적으로 강요할 훨씬 더 강한 논거가 얻어진다. 그 자신의 입장에서 보면 옳지만 일반적으로는 그른 행위를 한 자를 처벌하는 것은, 그의 경우 그 결과가 위험하지 않아 보인다 할지라도, 분명 잘한 일이라는 점은 의심의 여지가 없다고 하겠다. 왜냐하면 제재는 일반적으로 개별 사례보다 행위에 훨씬 더 큰 영향을 주기에, 예외적인 경우라고 제재를 완화하게 되면, 예외적이지 않은 경우에도 그와 유사한 행위를 하도록 권장하는 결과가 발생하리라는 점은 거의 확실하기 때문이다.

그러므로 일반적으로 유용하고 동시에 일반적으로 실행되는 규칙을 개인은 **항상** 준수해야 한다고 우리는 자신에게 권고할 수 있다. 그 일반적 준수가 유용하리라고 예상되지만 실제는 그렇지 않은 규칙의 경우, 혹은 일반적으로 실행되긴 하지만 유용하지 않은 규칙의 경우, 이런 보편적인 권고는 적용될 수 없다. 많은 경우 부가되는 제재는 현존하는 관행에의 순응을 옹호하는 데 결정적인 역할을 감당한다. 그러나 여기서, 이러한 경우들과는 별개의 문제로, 한 행위의 일반적 유용성은 대부분의 경우 그 행위가 일반적으로 수행되고 있다는 사실에 크게 의존하고 있다는 점을 지적해둘 필요가 있다. 한 예로서, 어떤 종류의 절도가 일상적인 규칙인 사회에서는, 아무리 그 일상적 규칙이 나쁜 규칙이라 할지라도, 한 개인의 입장에서 보면 그러한 절도를 행하지 않는 것의 유용성은 극도로 의심스러울 수밖에 없을 것이다. 그러므로 현재의 관행이 아무리 나쁘다 할지라도, 그 관행의 준수를 옹호할 개연성은 아주 높다고 하겠다. 그러나 이 경우 우리는, 이러한 개연성이 예외가 더 유용할 것이라고 정확하게 판단할 수 있는 한 개인이 갖는 개연성보다 항상 더 크다고, 확신 있게 주장할 수는 없다. 왜냐하면 여기서 우리는 관련된 어떤 하나의 사실을 가정하기 때문이다. 즉, 한 개인이 따르기로 제안한 규칙이 그가 따르지 않기로 제안한 규칙보다 더 선할 것이라는 점은 어디까지나 그 규칙이 일반적으로 준수될 경우 얻어지는 결과라는 사실을 우리는 가정하고 있다. 결국 그의 개별 사례 결과는, 현존하는 관행을 파괴하는 경향이 있는 한, 그 개별 사례의 경우에는 선할 것이다. 하지만 이제까지 논의한 바에 따르면, 다른 규칙이 일반적으로 준수되는 규칙보다 더 선할 것이라는 게 확실한 경우들은 매우 드물다. 일상적으로 아주 흔하게 일어나는 의심스러운 경우들은 우리의 주제와 연관하여 다음 부분에서 논의하고자 한다.

**100.**

(β) 다음 부분에서는, 그 일반적 유용성이 입증될 수 없는 가능한 행위들 가운데, 한 개인이 무엇을 해야만 하는가를 결정할 때 의거하는 방법에 관한 논의가 주로 다루어질 것이다. 일단, 우리가 이전에 내린 결론에 따르면 이러한 논의는, 우리 사회의 현재 상태에서 일반적으로 실행되는 행위를 제외한, 거의 모든 행위를 포괄할 것이라는 점을 우리는 유념해야 한다. 왜냐하면 일반적 유용성의 증명은 매우 어려워서 아주 드문 소수의

경우를 제외하고는 그 입증이 결정적인 경우가 거의 없다고 주장되어오고 있기 때문이다. 일반적으로 실행되는 모든 행위에 대한 이러한 입증은 확실히 가능하지 않다. 물론 여기서도 제재가 충분히 강한 경우라면, 그러한 제재 자체만으로도 각 개인이 관행을 따를 경우 얻어지는 일반적 유용성은 충분히 입증될 것이다. 일반적으로 실행되고 있지 않은 일부 몇몇 행위의 경우에 그 일반적 유용성을 입증하는 것이 가능하다 해도, 그 자체로는 단지 수단에 불과한 사회를 보존하고자 하는 경향성을 이러한 행위들이 지니고 있다는 것을 보여주고자 애쓰는, 보통의 일상적 방법으로는 그 입증이 가능하지 않다는 점은 확실하다. 이러한 방법이 아니라 오직 앞으로 논의될 모든 경우에 각 개인이 자신의 판단에 따라야 한다고 결론을 내릴 때 의거하는 방법에 의해서만—즉, 그 자체로 선한 것을 증진하거나 악한 것을 예방하는 경향성을 그러한 행위들이 직접 지닌다는 것을 보여줌으로써만—이러한 입증이 가능하다.

한 행위의 유용성에 관한 그 어떤 일반 규칙이 정확할 개연성은 극히 희박하다는 점은 실제로 한 개인이 자신의 선택을 어떻게 결정할 것인가의 물음을 논의하는 데 고려해야 하는 중요한 원칙인 것처럼 보인다. 일반적으로 실행되고 있을 뿐만 아니라 우리가 강하게 시인하는 규칙들을 제외한다면, 그와 같은 종류의 원칙은 거의 없어 보이기 때문에, 이들 규칙에 대한 찬성 논거와 반대 논거가 똑같이 타당할 수는 없는 것 같다. 서로 다른 학파의 도덕 철학자들이 보편적 의무라고 주장하는 모순적인 원칙에 대해서 우리는 기껏해야 일반적 차원에서, 이들 원칙은 특정 상황에서 특정 성품의 사람들이 수행할 경우 악을 뺀 선의 총량을 증가시키는 행위를 지적해주고 있다고 말할 수밖에 없다. 일반적으로 어떤 종류의 행위를 권장할 만하도록 해주는 특정의 성향과 상황은 상당할 정도로 형식화해두는 것은 물론 의심의 여지없이 가능한 일이다. 그러나 확실히 이는 결코 아직까지 이뤄진 적이 없다. 그런데 여기서, 이런 일이 이뤄진다 해도, 이는 어떤 도덕 법칙이 보편적으로 받아들여지고 있는지에 관해, 즉 모든 사람이 아니면 적어도 대부분의 사람들이 따르는 것이 바람직한 규칙이 무엇인지에 관해 우리들에게 그 어떤 답도 주지 않을 것이라는 점을 유념해두는 것이 중요하다. 윤리학자들은, 의무 내지 덕으로서 일반적으로 인정되는 행위의 문제에 관해, 혹은 행동 습관의 문제에 관해 모든 사람이 같은 입장을 갖는 것이 바람직하다고 가정한다. 하지만 실제적 상황에서는, 그리고 가능한 상황에서도, 심지어 훨씬 더 이상적인 조건하에서도, 고용의 관점에서 인정되는, 특별 능력에 따른 노동 분업의 원칙이 역시 덕의 측면에서도 더 선한 결과를 낳으리라는 점이 확실하다.

그러므로 의심스러운 경우, 즉 자신이 처한 특수 상황에서 선한 결과가 발생하리라고 확신할 수 없는 의심스러운 경우에, 개인은 규칙을 따르기보다는 오히려 자신의 행위가 산출한 결과의 본래적 가치 내지 악을 직접 고려하여 자신의 선택을 결정하는 것이 나아 보인다. 본래적 가치에 관한 판단은, 일단 이러한 판단이 참임이 밝혀지면 항상 참이라는 점에서 수단에 관한 판단에 비해 더 우월하다. 그러니까 본래적 가치에 관한 판단과 달리, 어느 한 경우에 선한 결과를 가져오는 수단인 것은 다른 경우에는 그렇지 않을 수도 있다. 이러한 이유로 인해 윤리학—실천 지침을 얻는 데는 윤리학을 정교하게 연구하는 것보다 더 큰 도움이 되는 것은 아마 없을 것이다—은 어떤 대상이 본래적 가치를 지니며, 또 어느 정도 지니는지를 논의하는 학문이라 하겠다. 그럼에도 불구하고 정확하게 말하면, 윤리학자들은 지금까지 행위 규칙을 찾아 형식화하고자 애쓴 나머지 이러한 부분을 한결같이 무시해왔다.

하지만 우리는 서로 다른 결과들의 상대적인 선을 비교 평가해야 할 뿐만 아니라, 그러한 선을 얻을 수 있는 상대적인 개연성도 고려해야만 한다. 얻을 수 있는 개연성의 차이가 얻을 수 있는 선의 차이를 능가할 정도로 크다면, 얻을 수 있는 개연성은 더 높지만 더 적은 선을 가져다주는 행위가, 얻어지는 선은 더 크지만 그 개연성이 더 적은 행위에 비해 더 선호될 것이다. 이러한 사실로 인해 우리는 일상적인 도덕 규칙이 소홀하게 다루기 쉬운 세 가지 원칙이 일반적으로 참이라고 주장할 수 있는 자격을 얻게 된다. (1) 어떤 개인이든 막론하고 모든 개인이 강하게 선호하는 더 적은 선(악이 아니라 단지 선이기만 하다면)이 사람들이 그 진가를 알아볼 수 없는 더 큰 선에 비해, 개인들이 목표로 추구할 적절한 대상이 될 가능성이 더 높다. 왜냐하면 자연적 경향성은 그러한 경향성이 느껴지지 않는 대상에 비해 느껴지는 대상을 얻는 것을 엄청 더 용이하게 만들어줄 것이기 때문이다. (2) 거의 모든 사람은 자기 자신과 밀접하게 연관된 대상에 관해 훨씬 더 강한 선호를 지니기에, 사람들이 그 외연을 더욱 확장하여 선행을 베풀려고 노력하기보다, 자기 자신 및 자신과 강한 개인적 이해관계를 맺고 있는 사람들에게 영향을 주는 선을 목표로 추구하는 것은 일반적으로 옳다고 하겠다. 이런 면에서 보면 수단에 관한 입장으로서는 이타주의에 비해 이기주의가 더 우월하다는 점은 의심의 여지가 없다. 절대다수의 경우 우리가 행할 수 있는 최선의 행위는 우리 자신과 관련되어 있는 선의 확보를 목표로 추구하는 일이다. 왜냐하면 바로 이러한 이유로 우리는 이러한 선을 확보하고자 하는 경향이 훨씬 더 강하기 때문이다. (3) 바로 이러한 이유로, 즉 확보할 수 있는 개연성이 훨씬 덜 확실하기 때문에, 소위 '현재'라고 불리는 가까운 미래에 확보될 수 있는 선이 먼 미래에 확보되는 선에 비해 일반적으로 더 선호된다. 옳음의 관점에서, 즉 선에 대한 수단으로서 우리가 행하는 모든 것을 고려할 경우, 우리는 확실한 한 가지 사실을 적어도 소홀히 다루기 쉽다. 즉, 지금 존재한다면 그 자체로 참으로 선한 것은, 동일한 종류의 대상이 미래에 존재한다 해도, 정확히 똑같은 가치를 지닌다는 사실을 우리는 쉽게 간과하게 된다. 게다가 이미 말했듯이, 도덕 규칙은 일반적으로 적극적 선의 직접적 수단이 아니라 적극적 선을 산출하는 데 필수적인 그 무엇이다. 이처럼 단순히 수단인 그 무엇을 지속적으로 확보하기 위해 우리는 어떻게든 많은 노력을 기울여야만 한다. 즉, 근면과 건강에의 주의라는 요구 사항이 우리 시간의 너무나도 많은 부분을 차지하도록 결정하기 때문에, 선택이 열려 있는 경우에도 우리의 선택을 결정하는 가장 강력한 요구 사항은 대개 현재 선의 확실한 확보일 것이다. 현재 선이 확보되지 않는다면, 우리는 생애 전체를 단지 수단에 불과한 그러한 것들을 지속시키는 데 소비하고 말 것이다. 그리고 동일한 규칙이 미래에도 지속되는 한, 우리가 수단으로서 그러한 규칙을 갖도록 정당화시켜주는 그것은 결코 존재하지 않을 것이다.

**101.**

(4) 무엇이 '옳은'가, 혹은 무엇이 우리의 '의무'인가의 물음은 그 어떠한 경우에도 무엇이 선에 대한 수단인가의 물음으로 정의되어야 한다는 사실로부터 얻어지는 네 번째 결론은, 이미 앞에서 지적했듯이(89절), 이러한 용어들과 '편리한', '유용한' 등의 용어 사이의 일상적인 구분이 없어지게 된다는 점이다. 우리의 '의무'는 단지 가능한 최선인 것의 수단이 될 그 무엇

이며, 편리한 것도, 그것이 참으로 편리하다면, 이와 똑같을 것임에 틀림없다. 전자는 우리가 해야만 하는 것인 반면에 후자는 우리가 '**해야만**(ought)' 한다고 말할 수 없는 것이기에, 이 둘은 구분된다고 우리는 이제 더 이상 말할 수 없다. 간단히 말해 공리주의자들을 제외한 모든 윤리학자가 공통적으로 가정하는 바와 달리, 이 두 개념은 궁극적으로 구분되는 그런 단순 개념이 아니다. 윤리학에는 이런 구분이 아예 존재하지 않는다. 유일한 근본적인 구분은 그 자체로 선한 것과 수단으로서 선한 것 사이의 구분뿐이다. 이 둘 중 후자는 전자를 함의한다. 그러나 '의무'와 '편리함' 사이의 구분은 이러한 구분과 상응하지 않는다는 점이 이미 밝혀졌다. 이 둘 역시 물론 그 자체로 목적이 될 수는 있지만, 이 둘은 선에 대한 수단으로 정의되어야만 한다. 그래도 "의무와 편리함의 차이가 무엇인가?"의 물음은 여전히 남아 있다.

서로 다른 이 두 단어가 의미하는 한 가지 차이는 아주 명백하다. 그러니까 어떤 부류의 행동은 특별한 도덕적 감정을 동시에 불러일으키는 반면에, 다른 부류의 행동은 그렇지 않다. 그리고 '의무'라는 단어는 오직 도덕적 시인의 감정을 야기하는 혹은 수행하지 않을 경우 도덕적 비난을 야기하는 부류의 행위―특히 이 후자의 경우―에만 적용되는 게 보통이다. 이러한 도덕적 감정이 왜 어떤 종류의 행위에는 붙여진 반면에 다른 종류의 행위에 대해서는 붙여지지 않았는지의 물음은 확실히 아직까지 답할 수 없는 질문이다. 그러나 이러한 도덕 감정이 붙여진 행위가 과거나 현재 모든 경우에서 인류의 생존에 도움이 된, 혹은 도움이 되는 그러한 행위라고 생각할 이유는 전혀 없다는 점을 우리는 주목할 필요가 있다. 이러한 도덕 감정이 처음으로 붙여진 것은 아마 허다한 종교적 의례 및 의식이었다. 그런데 이러한 종교적 의례와 의식은 이런 면에서 보면 그 어떤 사소한 유용성도 전혀 지니지 않았다. 하지만 우리들 사이에서도 이러한 도덕 감정이 붙여지는 부류의 행동들 역시, '의무'와 '편리함'이라는 두 단어의 의미에 영향을 줄 만큼 충분히 많은 경우에 서로 다른 두 특성을 지닌 듯하다. 이러한 특성 중 하나인 '의무'는 일반적으로 상당수의 개인들이 행하지 않고 싶은 강한 유혹을 받는 행동들이라는 점이다. 그리고 또 다른 두 번째 특성은 의무를 행하지 않게 되면 **그 밖의 누군가에게** 현저한 불쾌감을 주는 결과가 일반적으로 발생한다는 점이다. 이 두 특성 가운데 첫 번째가 두 번째에 비해 더 보편적인 특성이다. 왜냐하면 '자기 관계적 의무(self-regarding duties)', 신중함, 절제 등이 다른 사람에게 미치는 불쾌한 결과들은 행위자 자신의 미래에 미치는 결과들에 비해 그렇게 현저하지 않은 반면에, 신중하지 않게 행동하고 싶은 유혹이나 무절제하게 행동하고 싶은 유혹은 매우 강하기 때문이다. 의무라고 불리는 부류의 행동들은 전체적으로 여전히 두 특성을 고스란히 보여준다. 즉, 이들 행동에 대해서는 행하지 않고자 하는 강한 자연적 경향성이 있을 뿐만 아니라, 이들 행동이 가져오는, 흔히 선이라고 여겨지는, 가장 명확한 결과들은 다른 사람들에게 미치는 결과들이다. 다른 한편으로 편리한 행동들에 대해서는 행하고 싶은 강한 자연적 경향성이 우리 모두에게 거의 보편적으로 일어나지만, 이러한 행위를 함으로써 얻게 되는, 흔히 선이라고 여겨지는, 가장 명확한 모든 결과는 행위자에게 미치는 결과들이다. 따라서 우리는 '의무'와 '편리한 행위'를 대략적으로 다음과 같이 구분할 수 있다. 즉, 의무란 그에 관한 도덕 감정이 일어나고, 행하고 싶지 않은 유혹을 종종 받는, 그리고 그로부터 얻어지는 명백한 결과가 행위자가 아닌 다른 사람에게 미치는 그러한 행위를 말한다.

그러나 의무를 편리한 행위와 구분시켜주는 이러한 특성 중 그 어느 것도 전자의 부류에 속하는 행위가 후자에 비해 더 유용하다고, 즉 전자의 행위가 악을 뺀 순수 선의 총량을 더 증가시킬 것이라고 추론할 만한 그어떤 이유도 제공하지 않는다는 점을 우리는 유념해야 한다. 즉, "이것이 나의 의무인가?"라고 우리가 물을 때, 이는 문제의 해당 행위가 이러한 특성을 지니는지를 묻는 것을 결코 의미하지 않는다. 대신에 우리는 단지 그 행위가 가능한 한 최선의 결과를 산출하는지를 물을 따름이다. 반면에 편리한 행위에 대해 이러한 질문을 던진다면, '의무'의 세 가지 특성을 지닌 행위들에 관해 이러한 질문을 던지는 경우와 마찬가지로, 대개의 경우 우리는 이 물음에 대해 긍정적으로 대답해야만 한다. "이것은 편리한가?"라는 질문을 던질 때, 우리는 다른 물음을 제기하고 있음이 사실이다. 즉, 이때 우리는 이것이 어떤 종류의 결과—그런데 우리는 이 결과가 선한지 여부에 관해 깊이 생각한 바가 없다—를 산출할 것인지를 묻고 있다. 그럼에도 불구하고 어느 특정의 경우에 이러한 결과들이 선한지에 관해 의문이 제기되면, 이러한 의문은 그 행위의 편리성을 의심스럽게 만드는 것으로 이해된다. 어떤 행위가 편리한지를 입증해달라는 요구를 받게 되면, 단지 어떤 행위가 의무임을 입증하기 위해 던지는 질문—즉, "그것이 전체적으로 가능한 한 최선의 결과를 산출하는가?"—과 정확히 똑같은 질문을 던짐으로써 우리는 그 행위가 편리하다는 것을 입증할 수 있을 따름이다.

따라서 어떤 행위가 의무인지, 아니면 단순히 편리한 행위인지의 물음은 우리가 그것을 해야만 하는가라는 윤리적 물음과는 아무런 연관성이 없다. 의무 내지 편리함이 어떤 행위를 하게 하는 궁극적 **이유**로 간주되고 있다는 점에서, 이 둘은 정확히 동일한 의미를 지닌 것으로 여겨진다. 즉 어떤 행위가 **참으로** 나의 의무인지, 아니면 **참으로** 편리한지를 내가 묻는 다면, 문제된 해당 행위에 적용될 수 있는지 몰라서 내가 묻고 있는 그 속성은 정확히 동일하다. 다시 말해 두 경우 모두 나는 "이 사건이 전체적인 면에서 내가 영향을 줄 수 있는 최선인가?"라고 묻고 있다. 문제의 해당 사건이 **내 것**인 그 무엇에 어떤 결과를 가져오든(편리성에 대해 말하는 경우, 대개 이렇게 되는 것이 보통이다.) 아니면 다른 어떤 결과를 가져오든(의무에 관해 말하는 경우, 이렇게 되는 것이 보통이다.), 이러한 차이가 나의 대답과 아무런 연관성이 없는 것은, 나에게 미치는 서로 다른 두 결과 내지는 다른 사람에게 미치는 서로 다른 두 결과의 차이가 나의 대답과 아무런 연관성이 없는 것과 마찬가지이다. 의무와 편리한 행위 사이의 진정한 차이는, 행할 경우 전자가 어떤 의미에서 더 유용하거나 더 의무적이거나 혹은 더 선하다는 사실에 있는 것이 아니라, 전자는 그것을 행하지 않고자 하는 유혹이 강한 행위이기 때문에 칭찬하고 제재를 강요하기가 더 유용한 행위라는 데 있다.

## 102.

'이해관계가 있는(interested)' 행위에 관해서는 상황이 다소 다르다. "이것이 참으로 나에게 이익이 되는가?"라고 우리가 물을 경우, 우리는 오직 **나에게 미치는 그 행위의 결과**가 가능한 한 최선인가라는 물음만을 묻고 있는 듯하다. 그리고 참으로 가능한 한 최선의 방식으로 나에게 영향을 주리라 예상되는 것이 전체적으로는 가능한 한 최선의 결과를 산출하지 않는 경우가 일어나는 것은 너무나 당연하다. 따라서 **나의 진정한 이익**은 참으로 편리하고 의무적인 과정과는 다를 수 있다. 어떤 행위가 '나에게 이익이 된다.'라고 주장하는 것은, 이미 3장(59-61절)에서 지적했듯이, 진실로 그 결과가 참으로 선하다고 주장하는 것이나 다를 바 없다. '나 자신의 선'은 단지 나에게 절대적, 객관적으로 선한 결과를 가져다주는 어떤 사건을 지칭할 따름이다. **나의 것은** 그 대상이지 그 대상의 선함은 아니다. 모든 것은 '보편적 선의 한 부분'이거나 전혀 선이 아닐 따름이다. '나에게 선'에 대해서는 이외의 다른 제3의 대안적 입장은 가능하지 않다. 그러나 '나의 이익'은, 비록 참으로 선한 그 무엇임이 분명하다 할지라도, 단지 가능한 선한 결과들 중 하나에 불과하다. 따라서 이익이 되게끔 행동하는 경우 비록 우리가 선한 그 어떤 것을 행한다고 할지라도, 전체적인 관점에서 보면 우리가 달리 행동했을 경우보다 얻어지는 선은 더 적을 수도 있다. 자기 자신에게 미치는 선이든 타인에게 미치는 선이든 간에, 어떤 개별적인 선을 희생하는 것이 전체적으로 더 선한 결과를 얻기 위해서는 필수적으로 요구되듯이, 자기희생은 진정한 의무일 수 있다. 그러므로 어떤 행위가 진정으로 나에게 이익이 된다는 사실은 그것을 행해야만 하는 충분한 이유가 결코 될 수 없다. 어떤 행위가 가능한 최선의 결과를 낳는 수단이 아니라는 점을 보여준다면, 우리는 그 행위가 편리하지 않다는 점을 보여주었다고는 말할 수 있지만, 그렇다고 해서 그 행위가 나에게 이익이 되지 않는다는 것을 보여주었다고 우리는 말할 수 없다. 그럼에도 불구하고 의무와 이해관계가 필연적으로 상충하는 것은 아니다. 나에게 이익이 되는 것이 또한 가능한 최선의 결과를 낳는 수단이 될 수도 있다. 그리고 '의무'와 '이해관계'라는 서로 다른 두 단어가 지니는 의미상의 주요한 차이가 둘 사이의 가능한 갈등을 야기하는 근원인 것이 아니다. 오히려 이 둘의 의미상의 차이는 '의무'와 '편리함'이라는 대조되는 두 단어의 의미상의 차이와 동일한 것 같다. '이해관계가 있는' 행위는 **주로**, 가능한 최선의 결과를 낳는 수단이든 그렇지 않든 상관없이, 행위자에게 가장 명확한 결과를 가져오는 그러한 종류의 행위를 의미한다. 그리고 행위자는 이러한 행위에 대해서 행하지 않고 싶은 유혹을 일반적으로 전혀 받지 않으며, 우리 역시 이에 대해 그 어떤 도덕 감정도 느끼지 않는다. 달리 말해 이러한 행위는 근본적으로 윤리적이지 않다. 이런 점에서 '의무' 역시 이해관계가 있는 행위보다 일반적으로 더 유용하지도 않고 더 의무적이지도 않다. 의무란 단지 칭찬하기에 더 유용할 행위일 따름이다.

## 103.

(5) 실천 윤리학과 관련하여 아주 중요한 다섯 번째 결론은 '덕'이 판단되는 방식과 밀접하게 연관되어 있다. 어떤 대상을 '덕'이라고 부를 때 의미하는 바는 무엇인가?

아리스토텔레스가 덕이란 어떤 행위를 수행하고자 하는 '습관적 성향'이라고 말한 점에서, 그의 정의가 대체로 옳다는 점은 의심의 여지가 없다. 이 습관적 성향은 우리가 덕을 다른 것과 구분하는 표식 가운데 하나이다. 그러나 '덕'과 '악'은 또한 윤리학적 용어이다. 달리 말해 이들 용어를 진지하게 사용하는 경우, 이는 우리가 전자를 칭찬하고 후자를 비난하는 의도를 지니고 있음을 뜻한다. 그리고 어떤 대상을 칭찬한다는 것은 그 대상이 그 자체로 선하다고, 아니면 그 대상이 선을 얻는 수단이라고 주장하는 것이다. 그러면 덕에 관한 우리의 정의 속에는 덕이 그 자체로 선한 것이어야만 한다는 주장마저 포함되어 있는가?

덕은 그 자체 선으로 흔히 간주된다는 점은 지금 확실하다. 덕에 대해 우리가 일반적으로 부여하는 도덕적 시인의 감정은 부분적으로, 본래적 가치가 덕에 귀속되어 있다는 사실 탓으로 일어난다. 덕에 대한 도덕 감정이 일어날 때 쾌락주의자조차 덕을 그 자체로 선한 것으로 여긴다. **유일한** 선의 지위를 얻을 수 있는 후보로서 덕은 쾌락과 주요한 경쟁 관계를 이루어왔다. 그럼에도 불구하고 나는, 덕은 그 자체로 선한 것이라는 의미가, 덕의 정의 속에 내포되어 있다고 생각하지 않는다. 왜냐하면 덕이라는 이름은 독립적인 의미를 지니기에, 보통 일상적으로 유덕하다고 여겨지는 성향이 어느 특정 경우에 그 자체로 선하지 않은 것으로 입증되었다 해도, 이러한 사실이 그것은 덕이 아니라 단지 덕으로 **생각되고** 있는 것에 불과하다고 주장할 이유가 된다고 우리는 생각하지 말아야 하기 때문이다. 덕의 윤리학적 함의가 무엇인지 테스트하는 일은 의무의 윤리학적 함의가 무엇인지 테스트하는 일과 동일하다. 즉, 특정의 경우 덕이라는 이름이 잘못 적용되고 있다는 것을 보여주기 위해, 그 경우에 관해 무엇이 입증되어야 한다고 우리는 요구하는가? 이처럼 덕과 의무 둘 다에 적용되는, 그리고 최종적인 것으로 여겨지는 테스트는 "그것은 선에 대한 수단인가?"라는 질문이다. 일상적으로 유덕하다고 여겨지는 어떤 특정의 성향에 대해, 그것이 일반적으로 해롭다는 것이 밝혀질 수 있다면, 그 즉시 우리는 "그렇다면 그것은 참으로 유덕하지 않다."고 말해야만 한다. 따라서 덕이란 일반적으로 가능한 최선의 결과를 산출하리라 예상되는 그러한 행위를 수행하고자 하는 습관적 성향으로 정의될 수 있다. 습관적으로 수행하면 '유덕하게' 되는 그러한 종류의 행위에 대해서도 그 어떤 의심의 여지가 없다. 이러한 행위들은 일반적으로 다음과 같이 수정되기만 하면 의무가 되는 행위이다. 즉, 사람들이 일반적으로 수행하는 것이 단지 가능하기만 하면 의무가 되는 행위들을 포함하도록 우리가 조건을 수정하여 받아들이면, 이러한 행위들은 의무가 된다. 따라서 덕에 관해서도 의무에 관해 내려진 것과 똑같은 결론이 적용된다. 즉, 진정한 덕이라면, 그것은 일반적으로 수단으로서 선함에 틀림없다. 하지만 여기서 나는 그 자체로 일상적으로 덕으로 여겨지는 대부분의 덕들이 대부분의 의무와 마찬가지로 참으로 선의 수단이라는 점을 논증하고 싶지는 않다. 그러나 우리로 하여금 이해관계가 있는 행위를 수행하도록 하는 성향이나 경향성보다 이런 덕들이 다소나마 더 유용할 것이라는 결론이 얻어지는 것은 아니다. 의무가 편리한 행위와 구분되듯이, 덕도 다른 유용한 성향과 구분된다. 그렇다고 덕이 그 유용성이 더 탁월하기 때문에 다른 성향과 구분되는 것은 아니다. 오히려 덕이 이러한 성향과 구분되는 이유는 다음과 같은 사실 때문이다. 즉, 이러한 덕이 하도록 안내하는 행위들에 대해 우리들은 행하고 싶지 않은 강한 유혹을 공통적으로 느낀다는 점으로 인해, 이러한 덕은 칭찬하고 제재하는 것이 특히 유용한 그러한 성향이다.

그러므로 덕은 의무인 혹은 대부분의 사람들이 그 행위를 수행하는 데 있어서 의욕 하나만으로도 충분하다면 의무가 되는 그러한 행위를 하고자 하는 습관적 성향이다. 그리고 의무란 그 수행이 행하지 않는 것에 비해 적어도 일반적으로 그 총량에서 더 선한 결과를 가져오는 부류의 행동을 말한다. 달리 말해 의무란 일반적으로 수단으로서 선인 행위를 말한다. 그러나 수단으로서 선인 모든 행위가 의무인 것은 아니다. 의무라는 이름은, 반대적으로 행하고자 하는 강한 유혹으로 인해 그 수행이 대개의 경우 어려운 그러한 부류의 행위에만 국한된다. 따라서 어떤 특정의 성향이나 행위가 덕 혹은 의무인지를 결정하고자 한다면, 이 장의 (3)항에서 열거한 그 모든 어려움을 면밀히 검토해보아야만 한다는 결론이 얻어진다. 즉, 앞의 (3)항에서 서술된 면밀한 탐구의 결과로서 얻어진 것이 아닌 한, 그 어떤 성향이나 행위에 대해 덕이라고 혹은 의무라고 주장할 자격은 우리에게 없을 것이다. 우리는 문제의 성향이나 행위가 일반적으로 일어날 것 같은 다른 대안들에 비해 수단으로서 일반적으로 더 선하다는 것을 입증할 수 있어야만 한다. 왜냐하면 사회의 한 상태에서 덕 내지 의무인 것이 다른 사회 상태에서는 그렇지 않을 수도 있기 때문이다.

## 104.

그러나 덕과 의무에 관련하여 오직, 쾌락주의 논의에서 이미 설명된, 아주 적절하고도 신중한 방법인, 직관에 의해서만 해결되어야 하는 또 다른 물음이 있다. 그 물음이란 다름 아닌, 일상적으로 (바르게 혹은 잘못) 덕 내지 의무로 간주되는 성향과 행위들은 그 자체로 선한가라는 질문이다. 즉, 이들은 본래적 가치를 지니는가? 덕 내지 덕의 실행은 도덕주의자들 사이에서 유일한 선으로, 아니면 적어도 선 가운데 최선으로 가장 흔하게 주장되어오고 있다. 사실상 도덕주의자들이 무엇이 그 자체로 선한가라는 물음에 관해 지금까지 논의한 바에 따르는 한, 그 자체로 선한 것은 덕이거나 아니면 쾌락이어야 한다고 이들은 일반적으로 전제해왔다. 이 물음의 의미가 명확하게 이해되기만 했어도, 그렇게 큰 입장 차이가 존재했을 리도 없었을 것이며, 또한 이에 관한 논의가 오직 위의 두 대안에만 국한되어 이뤄져야 한다는 가정도 받아들여졌을 리가 만무했을 것이다. 이미 우리가 해명했듯이, 이 물음의 의미는 지금까지 결코 명확하게 이해된 바가 없었다. 거의 모든 윤리학자가 자연주의 오류를 범해왔다. 즉, 이들은 본래적 가치라는 개념이 단순하고 독특한 것이라는 점을 깨닫는 데 실패하고 말았다. 그 결과 거의 모든 윤리학자는 또한 수단과 목적을 명확하게 구분하지도 못했다. 그러니까 이들은, 마치 이 물음은 단순하여 그 의미가 아주 명확한 것처럼 간주한 나머지, 어떤 대상이 존재해야만 하는 혹은 지금 존재해야만 하는 이유가 그 대상이 그 자체로 본래적 가치를 갖기 때문인지, 아니면 그 대상이 본래적 가치를 지닌 것의 수단이 되기 때문인지의 물음을 구분하지 않은 채, 오직 "우리가 무엇을 해야만 하는가?" 내지는 "무엇이 지금 존재해야만 하는가?"라는 물음을 논의했다. 그러므로 우리는 덕은 쾌락만큼이나 유일한 선 내지 주요한 선으로 주장할 근거가 희박하다는 점을 인식하도록 만반의 준비를 갖추어야 할 것이다. 특히 정의가 관련되는 한, 어떤 대상을 덕이라고 부르는 것은 단지 그 대상이 선에 대한 수단이라고 주장하는 것에 불과하다는 사실을 알게 된 후에는 더욱더 그렇게 해야 할 것이다. 우리가 앞으로 알게 되겠지만, 덕이 아주 복합적인 정신적 사실이라는 점에서, 덕 속에는 그 자체로 선한 것, 쾌락보다 훨씬 더 높은 정도로 선한 것 등 다양한 것들이 포함되어 있다는 점에서 덕 옹호론자들이 쾌락주의자들에 비해 더 우월한 지위에 서 있다고 하겠다. 다른 한편으로 쾌락주의 옹호론자들은 그들의 방법이 수단과 목적의 구분을 강조하고 있다는 점에서 덕 옹호론자들에 비해 우월한 지위에 서 있다고 하겠다. 그렇다고 해서, 쾌락주의자들이 단순히 수단에 불과한 것이 아니라는 이유로 쾌락에 부여하는 윤리학 고유의 술어들은 또한 많은 다른 것들에도 적용되어야 한다는 점을 자각할 정도로, 이들이 이 구분을 명확하리만큼 충분히 인정하고 있는 것은 아니다.

**105.**

따라서 덕의 본래적 가치에 관해 대략적으로나마 우리는 다음과 같이 말할 수 있다. (1) 우리가 덕이라고 이름 붙이는, 그리고 참으로 덕에 관한 정의와 일치하는 성향들 가운데 다수는, 일반적으로 수단으로서 가치 있는 성향이라는 점에서, 적어도 우리 사회에서는 결코 본래적 가치를 지니지 않는다. (2) 이러한 성향들 가운데 소수에 포함되어 있는 그 어떤 하나의 요소도, 심지어 다른 모든 요소를 합한 것조차 유일한 선으로 간주될 수 없다. 만약 이렇게 간주한다면 이보다 더 터무니없는 일은 결코 없을 것이다. 이 두 번째 점에 관해, 유일한 선은 덕에서 찾아져야 한다는 입장을 옹호하는 자들조차 주로 윤리학적 개념의 의미를 분석하는 데 실패한 탓으로 인해, 거의 예외 없이 이와 모순되는 다른 주장을 견지하고 있음을 우리는 쉽게 알 수 있다. 이러한 불일치의 가장 두드러진 경우는, 유일한 선이지만 덕은 덕이 아닌 다른 무엇에 의해 보상될 수 있다는 기독교적 입장에 공통적으로 나타난다. 천국은 보통 덕에 대한 보상으로 간주된다. 하지만 다음의 사실도 일상적으로 받아들여진다. 즉, 이러한 보상이 되자면 천국은 소위 행복과 같은 다른 요소를 포함해야 하는데, 이러한 요소는 확실히 천국이 보상하고자 하는 덕의 단순한 실행과 완전히 동일한 것은 아니다. 그러나 만약 그렇다면, 덕이 아닌 그 어떤 것이 그 자체로 선이거나 아니면 최고의 본래적 가치를 지닌 것의 한 요소임에 틀림없게 된다. 어떤 대상이 참으로 보상이 되려면, 그 대상은 그 자체로 선한 그 어떤 것이 되어야 한다는 사실은 대체로 주목받지 못하고 있다. 어떤 사람이 이미 가지고 있는 것보다 그 가치가 떨어지는, 혹은 전혀 가치를 지니지 않는 그 무엇을 그 사람에게 주면서, 그 사람에게 보상을 다 했다고 말하는 것은 불합리하기 그지없다. 따라서 덕은 우리로 하여금 행복을 누리게끔 한다는 칸트의 입장은 선의지만이 본래적 가치를 지닌 유일한 것이라는 그의 입장 —이 입장은 그가 넌지시 암시한 입장이며, 또 그의 이름을 연상할 정도로 칸트와 밀접하게 연관되어 있다—과 완전히 모순된다. 그렇다고 해서 가끔 제기되는, 칸트는 모순되게도 행복론자 내지 쾌락주의자라고 비난할 자격이 우리에게 있는 것은 결코 아니다. 왜냐하면 덕은 우리에게 행복을 **누릴 자격을 부여**한다는 칸트의 입장은 행복이 유일한 선이라는 주장을 함의하지 않기 때문이다. 그러나 이 입장은 선의지가 유일한 선이 아니라는 주장을 분명 함의한다. 왜냐하면 그의 입장은 우리가 유덕하면서 동시에 행복한 그러한 사태는 행복이 없는 사태에 비해 그 자체로 더 선하다는 주장을 함의하기 때문이다.

## 106.

하지만 덕이 본래적 가치를 지닌다는 주장을 온전하게 고찰하자면, 몇 몇의 서로 다른 마음 상태를 구분하는 것이 필수적이다. 이들 마음 상태는 모두 덕이란 의무를 수행하고자 하는 습관적 성향이라는 일반적 정의와 잘 들어맞는다. 그래서 우리는 세 가지 전혀 다른 상태를 구분하게 되는데, 이들 상태는 서로 혼동되기가 아주 쉽다. 그리고 도덕 체계에 따라 강조의 방점을 두는 상태가 다르며, 또 이 세 가지 각각에 대해 어느 하나만이 덕을 구성한다는 주장—이 주장은 은연중에 그 하나가 유일한 선이라는 주장을 암시한다—이 지금까지 전개되어왔다. 무엇보다 먼저 우리는 (a) 옷을 입을 때 우리가 수행하는 많은 동작들처럼 의무의 수행은 엄밀한 의미에서 습관이라는 사실에 놓여 있는 마음의 항구적 특성과 (b) 소위 선한 동기는 의무를 수행하도록 습관적으로 도와준다는 사실에 놓여 있는 항구적 특성을 구분할 수 있다. 둘째로, 하나의 동기, 즉 의무를 위하여 의무를 행하고자 하는 욕구에 의해 현실화되는 습관적 성향과 사랑, 자선 등과 같은 다른 모든 동기를 우리는 구분할 수 있다. 이리하여 우리는 세 종류의 덕에 이르게 되는데, 지금부터 우리는 이 세 종류의 덕이 본래적 가치를 지니는지를 고찰하고자 한다.

(a) 아무 생각 없이 어떤 의무를 습관적으로 수행하는 그러한 성격의 사람도 있다는 것은 의심의 여지가 없다. 그러니까 의무를 행하고자 의욕할 때, 그것이 의무라는 생각도 또 그로부터 어떤 선이 결과할지도 생각조차 않고 습관적으로 행동하는 성격의 사람이 있다. 이러한 사람에 대해 우리는 그러한 의무를 수행하고자 하는 성향으로 형성된 덕을 지녔다고 말하지 않을 수 없으며, 또 실제로 이렇게 말한다. 예를 들어 몇몇 다른 사람들이 그렇게 하고자 하는 강한 유혹을 받을 수 있는 경우에도, 법적으로 도적질에 해당하는 행위를 습관적으로 피하고자 한다는 의미에서 나는 정직하다. 이러한 이유로 내가 참으로 정직의 덕을 실제로 지니고 있다는 점을 부정하는 것은 상식적인 용법과 완전히 어긋나게 될 것이다. 왜냐하면 나는 의무를 수행하고자 하는 습관적 성향을 지녔음이 확실하기 때문이다. 그리고 가능한 한 많은 사람들이 이와 같은 성향을 지니는 것은 의심의 여지없이 아주 유용할 것이다. 즉, 이는 수단으로서 선이다. 그러나 이러한 의무를 내가 여러 방식으로 수행하는 것은 물론이거니와 이러한 의무를 수행하고자 하는 나의 성향도 결코 최소한의 본래적 가치도 지니지 않는다고 나는 과감하게 주장할 수 있다. 덕은 그것이 무엇이든 간에 결코 본래적 가치를 일반적으로 지니지 않는다고 우리가 과감하게 주장할 수 있는 이유는, 대부분의 경우 덕은 이러한 본성을 지니기 때문이다. 그리고 덕이 이러한 본성을 더욱더 일반적으로 지니면 지닐수록, 덕은 더욱더 유용해진다고 생각할 이유도 충분히 있어 보인다. 왜냐하면 유용한 행위가 습관이 되거나 본능처럼 굳어지게 되면, 노동은 아주 크게 절약될 것이기 때문이다. 하지만 단지 이러한 유용성만 지니는 덕이 그 자체로 선하다고 주장하는 것은 참으로 말도 안 되는 터무니없는 주장이다. 아리스토텔레스 윤리학이 이런 터무니없는 잘못을 범하고 있음에 우리는 주의를 기울여야

한다. 왜냐하면 덕에 관한 그의 정의는 이러한 방식으로 행위를 수행하는 성향을 배제하지 않을 뿐만 아니라, 특정 덕목들에 관한 그의 설명은 심지어 이러한 행위를 분명 **포함하고** 있기 때문이다. 어떤 행위가 덕에 해당된다는 것을 보여주기 위해서는 '선 때문에(τοῦ καλοῦ ἕνεκα)' 이뤄져야 한다는 점은 그가 종종 관심을 갖지 않고 그냥 내버려 둔 그러한 조건이다. 다른 한편으로 그는 확실히 **모든** 덕의 실행을 그 자체 목적으로 간주하는 듯하다. 윤리학에 관한 그의 논의는 참으로 가장 중요한 점에서 너무 비체계적이고 또 혼동되어 있다. 이는 윤리학을 자연주의 토대 위에서 논의하고자 시도하기 때문에 빚어진 결과이다. 왜냐하면 엄밀히 말해 우리는 그의 말에 따라서 이론(θεωρία)을 그 자체로 선한 **유일한** 것으로 부득불 간주하지 않을 수 없는데, 이 경우 그가 실천적 덕에 부여하는 선은 본래적 가치가 될 수 없기 때문이다. 하지만 다른 한편으로 그는 실천적 덕이 이론에 대한 수단이라는 것을 보여주려는 그 어떤 시도도 한 바 없기 때문에, 그는 실천적 덕에 부여하는 선을 단순히 유용성으로 간주하는 것 같지도 않다. 그러나 전체적으로 그는 실천적 덕의 실행을, 비록 그 정도에서는 모자라지만, 이론과 동일한 종류의 선, 즉 본래적 가치를 지닌 선으로 간주한다는 점은 의심의 여지가 없어 보인다. 그래서 본래적 가치를 지닌 것으로, 현재 우리가 논의하는 덕의 실행과 같은 예들을 그가 추천하고 있다는 비난으로부터 그는 결코 자유로울 수 없다. 왜냐하면 이러한 예들은 현대적 용어로 말하면 단지 '외재적 정당성(external rightness)'만을 지니는 행위들을 수행하고자 하는 성향의 사례에 불과하기 때문이다. 그가 덕이라는 단어를 그러한 성향에 적용하는 것이 타당하다는 점은 의심의 여지가 있을 수 없다. 그러나 '외재적 정당성'이 '의무'나 '덕'을 구성하기에 충분하다는 입장에 대한 반론—이 반론은 대개의 경우 하나의 장점으로 기독교 도덕에 기인하는 바로서 상당한 정당성을 확보하고 있다―은 중요한 진리를 지적하는 데에는 잘못된 방식인 것 같다. 즉, 단지 '외재적 정당성'만이 존재하는 경우, 확실히 본래적 가치는 존재하지 않는다. 어떤 것을 덕이라고 말하는 것은 그것이 본래적 가치를 지닌다는 것을 의미한다고 (비록 잘못이긴 하지만) 흔히 가정되고 있다. 그리고 이러한 가정에 따를 경우, 덕은 외재적으로 옳은 행위를 하고자 하는 단순한 성향에 놓여 있지 않다는 입장은 아리스토텔레스 윤리학을 넘어서 윤리학적 진리를 한 단계 발전시켜준다. 덕이 그 의미 속에 '그 자체의 선'을 포함한다면, 덕에 관한 아리스토텔레스의 정의는 정확하지 않기에 잘못된 윤리적 판단을 표현하고 있을 따름이라고 추론하는 일은 완전히 타당하다. 덕이 그 의미 속에 이를 포함하고 있다는 전제만이 잘못일 따름이다.

**107.**

(b) 사람의 성품은 대개 다음과 같아 보인다. 즉, 특정의 의무를 습관적으로 수행할 때, 그러한 의무를 수행하는 모든 경우에, 인간은 그 마음속에 자신의 행위를 통해 얻으리라 기대하는 본래적으로 선한 그 어떤 결과에 대한 애정 내지는 그러한 행위를 통해 미연에 방지하기를 소망하는 본래적으로 나쁜 그 어떤 결과에 대한 미움의 감정이 일어나는 그러한 성품의 존재이다. 일반적으로 이러한 경우 애정 내지 미움이 그의 행동을 촉발시키는 부분적 원인이 된다. 그래서 우리는 이러한 애정 내지 미움을 그의 **동기** 중 하나라고 부를 수 있다. 이와 같은 느낌이 의무를 수행할 때 습관적으로 일어나는 경우, 그러한 의무를 수행하는 그 사람의 마음 상태는 본래적으로 선한 그 어떤 것을 포함하고 있다는 점은 부인할 수 없는 사실이다. 또한 의무를 수행하고자 하는 성향이 이러한 감정에 의해 그 의무를

행하도록 촉발시키는 성향 속에 있는 경우, 이 후자의 성향을 우리가 덕이라고 부른다는 점 역시 부인할 수 없다. 그러므로 여기서 우리는, 그 실행이 참으로 그 자체로 선인 어떤 것을 포함하게 되는, 덕의 사례를 얻게 된다. 그리고 일반적으로, 덕이 어떤 동기를 가지는 성향 속에 놓여 있는 경우에는 언제나, 물론 그 선함의 정도는 그 동기와 대상의 정확한 본성이 어떠한가에 따라 무한히 달라질 수 있지만, 그러한 덕의 실행은 본래적으로 선할지 모른다고 우리는 말할 수 있다. 그러므로 기독교가 동기, 즉 '내적' 성향의 중요성을 강조하는 한—즉, 기독교는 옳은 행위는 내적 성향에 따라 이루어진 행위라고 강조한다— 우리는 기독교도 윤리학 발전에 기여한 바가 크다고 말할 수 있다. 그러나 신약 성경이 표방하는 기독교 윤리학이 이러한 이유로 인해 존중을 받는다 할지라도, 기독교 윤리학이 완전히 무시하는 가장 중요한 두 가지 구분이 아주 일상적으로 간과되고 있다는 점을 우리는 잊어서는 안 된다. 우선 첫째로 신약 성경은 단순한 제의적 준수를 넘어 '정의'와 '자비' 등과 같은 덕을 권장함으로써 히브리 예언자 전통을 유지하는 데 주된 관심을 갖고 있다. 이렇게 하는 한, 신약 성경은 **단순히** 수단으로서 선에 불과한 덕, 즉 아리스토텔레스의 덕과 똑같은 덕을 권장한다. 그러므로 신약 성경 가르침의 이러한 특징은, 아무런 이유 없이 노를 품는 것은 실제로 살인을 범하는 것만큼이나 나쁘다는 주장과 같은 입장을 신약 성경이 강제하는 데서 발견되는 특징과 엄격하게 구분되어야 한다. 그리고 둘째로, 신약 성경이 오직 수단으로서만 선인 어떤 것들뿐만 아니라 그 자체로 선인 다른 것들도 칭찬하는 것은 사실이지만, 신약 성경은 이 둘의 구분을 전혀 깨닫지 못하고 있다. 노를 품은 사람의 마음 상태가 살인자의 마음과 똑같이 그 자체로 나쁘다고 할지라도 그리스도가 옳은 한, 그분의 말씀은 우리로 하여금, 전자의 마음 상태 **역시**

후자의 마음 상태만큼 모든 면에서 나쁘다고, 즉 전자의 마음 상태 **역시** 많은 악을 야기하는 **원인**으로 작용한다고 가정하게끔 만들 것이다. 간단히 말해 기독교 윤리학이 무엇을 승인하는 경우, 그 승인이 "이것은 선에 대한 수단이다."를 주장하는지, 아니면 "이것은 그 자체로 선이다."를 주장하는지, 기독교 윤리학은 이 둘을 구분하지 않고 있다. 그러므로 기독교 윤리학은 단순히 수단으로서 선한 어떤 것을 마치 그 자체로 선한 것인 양 칭찬하기도 하고, 반대로 단순히 그 자체로 선한 어떤 것을 마치 수단으로서 선한 것인 양 칭찬한다. 게다가 기독교 윤리학이 덕에 내재하고 있는 그 자체로 선에 해당하는 요소들에 관심을 주목하도록 한다 해도, 기독교 윤리학은 결코 그렇지 않다는 점을 우리는 주의해야 한다. 반면에 플라톤 윤리학은, 물론 다른 윤리 체계만큼 그렇게 명확하지도 않고 일관적이지도 않지만, 본래적 가치는 오직 선한 것에 대한 애정 내지 악한 것에 대한 미움에 놓여 있는 그러한 마음 상태에만 귀속된다고 주장한 점에서 구별된다.

## 108.

(c) 기독교 윤리학은 하나의 특정 동기의 가치를 강조한다는 점에서 플라톤 윤리학과 구분된다. 여기서 동기란 문제가 되는 행동이 가져다주는 본래적으로 선한 어떤 결과에 대한 생각이나 심지어 행동 그 자체에 관한 생각에 의해서가 아니라, 오직 행위 그 자체가 옳으냐는 생각에 의해 촉발된 감정을 말한다. 옳음이라는 추상적인 관념 및 이로 촉발되는 특정 감정 —이는 그 정도가 다양하다—이 특별한 '도덕 감정' 내지는 '양심'을 구성하는 것들이다. 한 행위는 오직 그 행위자가 이전에 그 행위를 옳다고 여겨왔다는 사실에 의해서만 '내적으로 옳다.'라고 가장 온전하게 이름 붙일

수 있는 듯하다.[1] '옳음'이라는 관념이 그의 마음에 떠오른 것임에는 틀림없지만, '옳음'이라는 관념이 그의 행위 동기 가운데 필연적으로 속할 필요는 없다. 우리가 말하는 '양심적인' 사람이란, 심사숙고하는 경우에는 언제나 항상 자신의 마음 내면에 옳음이라는 관념을 지니고 있으면서, 자신의 행동이 옳다는 믿음이 설 때까지 행동하지 않는 그런 사람을 말한다.

이러한 관념의 존재와 이 관념이 동기가 된 행동은 기독교의 영향으로 인해 더 일상적인 주목과 칭찬의 대상이 되고 있음은 확실해 보인다. 그러나 이러한 관념이 신약 성경이 본래적으로 가치롭다고 여기는 **유일한** 동기라는 입장—이는 칸트가 은연중에 제안한 입장이다—을 옹호할 만한 그 어떤 이유도 존재하지 않는다는 점에 주의를 기울이는 것은 매우 중요하다. 우리에게 "네 이웃을 네 몸과 같이 사랑하라!"고 말할 때, 그리스도가 단순히 칸트가 말하는 '실천적 사랑'을 의미하고자 한 것이 아니라는 점은 거의 의심의 여지가 없어 보인다. 여기서 칸트의 실천적 사랑이란 그것이 단지 옳다는 관념 내지는 이러한 관념에 의해 촉발된 감정이 그 유일한 동기가 되는 그러한 선행을 말한다. 신약 성경이 그 가치를 심어주고자 한 '내적 성향' 가운데는 칸트가 단순한 '자연적 성향'이라고 이름 붙인 동정심 등과 같은 성향도 확실히 포함된다.

그러나 덕이 이러한 관념에 의해 의무를 수행하고자 움직여지는 성향에 놓여 있다면, 우리는 덕에 대해 어떤 말을 해야 하는가? 옳음 그 자체

---

1) 여기서 '내적으로 옳은'이라는 용어의 의미는, 일반적으로 말하는, 단지 행위자가 의도한 결과가 가능한 한 최선이기만 하면 그 행위자의 의도가 '옳다'는 그러한 의미와는 조심스럽게 구분되어야 한다.

에 의해 촉발된 감정이 어떤 본래적 가치를 지닌다는 점은 부정하기 어려워 보인다. 또 이러한 감정의 존재가 이 감정이 한 부분으로 속해 있는 어떤 전체의 가치를 고양시킬 수 있다는 점은 부정하기가 훨씬 더 어려워 보인다. 하지만 다른 한편으로 이러한 감정은 확실히, 앞의 107절에서 다루어진 대다수의 동기들—예를 들어 참으로 그 자체로 선한 사랑의 감정 등—에 비해 더 큰 가치를 지니는 것은 아니다. 그리고 이러한 감정이 유일한 선이라는 칸트의 함의에 대해, 그의 이러한 함의는 그 자신의 다른 입장과 모순된다.[2] 왜냐하면 확실히 이러한 감정이 우리들로 하여금 행하도록 촉구한다고 칸트가 주장하는 이러한 행위들, 즉 '실질적인(material)' 의무들을 수행하는 것이 수행하지 않는 것에 비해 **더 선하다고** 그는 간주하기 때문이다. 그러나 이러한 행위들이 적어도 더 선한 것이라면, 그 자체로 더 선하거나 아니면 수단으로서 더 선해야 한다. 그 자체로 더 선하다는 전자의 가설은 이러한 동기가 유일한 선이라는 진술과 곧바로 모순될 것이다. 그리고 수단으로서 더 선하다는 후자의 가설은 어떠한 행위도 이러한 동기를 **유발시키는 원인**이 될 수 없다고 칸트가 주장했기 때문에 칸트 자신이 배제한 입장이다. 그리고 이러한 동기를 옹호하기 위해 칸트가 말한 다른 주장, 즉 이러한 동기는 수단으로서 **항상** 선하다는 주장 역시 유지될 수 없다는 점에 대해서도 우리는 유념할 필요가 있다. 아주 해로운 행위도 양심적인 동기에 의해 유발될 수 있다는 점 역시 절대적으로 확실하다. 그리고 양심이 어떤 행위가 옳은지에 관해 항상 우리에게 진리를 말해주는 것은 아니다. 우리는 이러한 동기가 다른 동기에 비해 **더 유용하다고**

..

[2] 내가 알기로 칸트는 명시적으로 이러한 입장을 표명한 바가 결코 없다. 그러나 예를 들어, 타율에 반대하는 그의 논변 속에 이러한 입장이 암시되어 있다.

결코 주장할 수 없다. 인정될 수 있는 바는 이러한 동기는 일반적으로 유용한 것들 가운데 하나라는 주장이 전부이다.

어떤 덕 중에 있는 그 자체로 선한 이러한 요소들에 관해, 이러한 요소들의 상대적인 탁월함의 정도에 관해, 그리고 이러한 모든 것은 아무리 합해도 유일한 선이 될 수 없다는 증명에 관해 아직 할 말이 더 남았지만 다음 장으로 미루고자 한다.

**109.**
이 장에서 내가 직접 주의 깊게 다룬 주요한 점들은 다음과 같이 요약 정리될 수 있다. (1) 첫째로 나는 이 장이 다룬 주제, 즉 행위에 관한 윤리적 판단들은 이전에 논의된 다른 두 물음과 그 종류가 전혀 다른 한 가지 물음과 어떻게 관련되어 있는지를 지적하고자 했다. 이전에 논의된 두 물음이란 (a) 윤리학에 고유한 속성의 본성은 무엇인가? 및 (b) 어떤 종류의 대상이 그 자체로 이러한 속성을 지니는가? 등의 물음을 말한다. 실천 윤리학은 "무엇이 존재해야만 하는가?"의 물음이 아니라, "우리가 무엇을 해야만 하는가?"의 물음을 묻는다. 윤리학은 어떤 행위가 **의무인지**, 어떤 행위가 **옳은지**, 어떤 행위가 **그른지** 등의 물음을 묻는다. 이 모든 물음은 오직 해당 행위가 그 자체로 선한 것과 **원인 내지 필요조건**의 관계 등 어떤 관계가 있는지 밝혀줌으로써만 그 대답이 가능한 질문이다. 따라서 실천 윤리학의 탐구는 전적으로 윤리학적 물음 가운데 세 번째 영역―이 영역은 "선의 수단이 무엇인가?"라는 물음과 동치관계에 있는 "무엇이 수단으로서 선한가?"를 묻는 물음들을 다룬다―에 속한다고 하겠다. 달리 말하면 실천 윤리학은 "무엇이 그 자체로 선한 것의 원인 내지 필요조건인가?"

를 묻는다.(86-88) 그러나 (2) 실천 윤리학은, 대부분의 사람들이 오직 하고자 **의욕하기만** 하면 행하는 것이 가능한 행위들과 관련된 물음만을 거의 전적으로 묻는다. 그러나 실천 윤리학은 이러한 행위들에 대해, 그들 중 **어떤 것**이 선한 결과를 혹은 나쁜 결과를 낳을 것인가를 단순히 묻지 않고, 어떠한 순간을 막론하고 의욕이 가능한 모든 행위 가운데, 어느 행위가 **전체적으로** 최선의 결과를 산출할 것인지의 물음을 다룬다. 어떤 행위가 의무라고 주장하는 것은, 그 행위가 알려진 어떤 상황에서 가능한 어떤 다른 행위보다 **항상** 더 선한 결과를 산출하리라 예상되는 행위라고 주장하는 것이나 진배없다. 따라서 의무라는 용어가 술어로 귀속되는 보편 명제는 결코 자명하지 않기 때문에 항상 증명을 요구한다는 결론이 얻어진다. 하지만 이러한 증명은 현재 우리가 가진 지식 수준을 넘어서는 것으로 불가능한 것이다.(89-92) 그러나 (3) 윤리학이 지금까지 시도해왔고 또 시도할 수 있는 바는, 의욕이 가능한 어떤 행위가 어떤 다른 개연성 있는 대안에 비해 더 선한 혹은 더 나쁜 결과를 **일반적으로** 낳는다는 점을 보여주는 것이 전부이다. 하지만 비교적 가까운 미래에 한정한다 해도, 그 총 결과에 관해 이를 보여주는 것은 분명 매우 어려움에 틀림없다. 반면에 그런 가까운 미래에 최선의 결과를 갖는 것은 전체적으로도 역시 최선의 결과를 갖는다는 점은 탐구를 요구하는 논점인데, 윤리학은 이를 이제까지 인식하지 못했다. 만약 이것이 사실이라면, 그리고 그 결과 가까운 미래에 다른 가능한 대안에 비해 전체적으로 더 선한 결과를 **일반적으로** 산출하는 행위에 대해 의무라는 이름을 부여한다면, 가장 일상적인 의무 규칙들 가운데 몇몇은 참이라는 것을 증명하는 일이 가능할지 모른다. 하지만 여기서도 **단지** 역사상 다소 보편적으로 나타날 수 있는 어떤 사회 조건하에서만 참이라고 우리는 말할 수 있을 따름이다. 그러니까 이러한 증명은,

어떤 것이 그 자체로 선한지 악한지에 관한 정확한 판단—아직까지 윤리학자들은 한 번도 이러한 판단을 제공한 바 없다—이 없다면 단지 어떤 몇몇의 경우에만 가능하다. 이러한 방식으로 **일반적** 유용성이 증명된 행위에 관해서는, 각 개인은 그 행위를 **항상** 수행해야만 한다. 그러나 규칙이 일상적으로 주어지는 다른 경우, 각 개인은 오히려 어떤 것이 본래적으로 선한가에 관한 정확한 입장의 안내를 받아, 자신이 직면하고 있는 특수한 상황에서 그러한 규칙이 낳을 법한 결과를 판단해야만 한다.(93-100) (4) 어떤 행위가 의무임을 보여주고자 한다면, 먼저 위의 조건들이 충족되었는지를 보여주어야만 한다. 그러나 일상적으로 '의무'라고 불리는 행위들은 '편리한' 행위나 '이해관계가 있는' 행위에 비해 이러한 조건들을 더 잘 충족시켜주는 것은 아니다. 우리가 어떤 행위들을 의무라고 부를 때 의미하는 바는, 이들 행위가 **그 밖에도**(in addition) 윤리와 무관한 어떤 속성을 더 가지고 있다는 뜻이다. 이와 마찬가지로 '덕' 역시 이런 엄격한 의미로 '의무'를 수행하고자 하는 항구적 성향을 의미한다. 따라서 진정으로 덕이라면 덕은 위의 조건을 충족시킨다는 의미에서 **수단으로서** 선임에 틀림없다. 그러나 덕은 덕과 무관한 성향에 비해 수단으로서 더 선한 것은 아니다. 덕은 일반적으로 그 자체로 가치를 지니지는 않는다. 덕이 그 자체로 가치를 지닌다 해도, 덕은 결코 유일한 선이거나 선 가운데서 최선인 것은 아니다. 따라서 '덕'은 일상적인 함의와 달리, 고유한 **윤리적인** 속성인 것은 아니다.(101-109)

# 제6장

## 도덕적 이상론

## 110.

이 장의 제목은 모호하다. 어떤 사태(state of things)를 '이상적(ideal)'이라고 부를 때, 그 의미는 다를 수 있는데, 이를 우리는 세 가지로 구분할 수 있다. 그런데 이 세 가지는 오직 다음과 같은 한 가지 공통점을 지닐 따름이다. 즉, 해당 사태에 대해 우리가 항상 의미하는 바는 그러한 사태는 그 자체로 선할 뿐만 아니라, 다른 많은 사태에 비해 아주 탁월할 정도로 그 자체로 선하다고 주장한다는 점이다. '이상적'이라는 형용사가 뜻하는 세 의미 중 첫 번째는 (1) '이상향(the ideal)'이라는 구절이 적절하게 적용될 수 있는 그러한 의미이다. 즉, 이 구절은 사물들에 관해 **생각할 수 있는, 최선의** 사태, 달리 말해 최고선(the Summum Bonum)이나 절대선(the Absolute Good)을 의미한다. 천국에 관한 올바른 입장이 곧 이상향에 관한 올바른 입장이라고 말할 때 뜻하는 바 역시 이러한 의미이다. 그러니까 이때 이상향이란 절대적으로 완전한 사태를 뜻한다. 그러나 이러한 입장은, (2) 이 세상에서 **가능한** 최선의 사태를 이상향으로 보는 두 번째 입장과 아주 명쾌하게 구분될 수 있다. 선의 이러한 두 번째 의미는 '인간적 선(Human Good)'으로 철학에서 흔히 발견되는 입장 내지 우리의 행위가 지향해야만 하는 **궁극적**(ultimate) 목적과 동일할 수 있다. 유토피아가 이상향이라고 말할 때 뜻하는 바는 바로 이러한 의미이다. 실제로는 불가능한 많은 것들에 대해 유토피아 건설자는 가능하다고 여길 수 있다. 그러나 유토피아 건설자 역시 어떤 것은 적어도 자연법칙에 따를 경우 불가능하다고 항상 생각하기에, 그의 유토피아 건설은, 아무리 확실하게 건설된 것이라 할지라도, 모든 자연법칙을 무시하고 이루어지는 건설과는 본질적으로 다르다. 아무튼 "우리가 산출할 수 있는 가능한 한 최선의 상태는 무엇인가?"라는 물음은 "무엇이 생각할 수 있는 최선의 상태인가?"라는 물음과 완전히 다르다. 그러나 셋째로, 우리는 단지 어떤 상태를 다음과 같은 의미로 '이상적'이라고 부를 수 있다. 즉, (3) 그러한 상태는 그 자체로 상당 정도 선하다. 무엇이 절대선 내지 인간적 선인가라는 물음을 해결하려고 하기 전에, 분명 어떤 대상이 이러한 의미로 '이상적'인지의 물음이 먼저 해명되어야 한다. 이 장에서 주로 관심을 갖게 되는 바는 바로 이 세 번째 의미의 이상향이다. 이 장의 주된 목적은 윤리학의 근본 물음, 즉 "어떤 것이 그 자체로 선 내지 목적인가?"라는 물음에 대해 어떤 긍정적인 대답을 얻는 데 있다. 이 물음에 관해 우리는 지금까지 단지 부정적인 대답, 즉 쾌락은 확실히 유일한 선이 아니라는 부정적인 대답만 얻었을 따름이다.

### 111.

"무엇이 절대선인가?" 및 "무엇이 인간의 선인가?"라는 서로 다른 두 질문에 대한 정확한 대답은 "어떤 것이 그 자체로 선 내지 목적인가?"라는 근본 물음에 대한 정확한 대답에 달려 있다고 나는 방금까지 말해왔다. 이를 계속 논의하기에 앞서, 이 후자의 근본 물음이 앞의 두 물음과 어떤 관계가 있는지를 지적해주는 편이 좋을 듯하다.

(1) 절대선은 우리가 상상할 수조차 없는 그러한 속성으로만 전적으로 구성되어 있다는 것은 정말 가능한 일이다. 왜냐하면 우리가 그 자체로 선한, 그것도 상당한 정도로 선한 것들을 꽤 많이 알고 있다 할지라도, 최선의 것은 존재하는 선한 것을 반드시 모두 내포하지는 않기 때문에, 이런 일은 가능하다. 게다가 이는 1장(18-22절)에서 설명한 원리―거기서 '유기체적 통일체의 원리'라는 이름은 이 원리에만 국한하여 사용하기로 제안한 바 있다―로부터도 얻어지는 결론이다. 1장에서 설명한 원리란 다름 아닌, 전체의 본래적 가치는 부분들의 가치 합과 동일하지도 않을 뿐만 아니라 그것에 비례하지도 않는다는 원리를 말한다. 이 원리로부터 다음과 같은 결론을 얻는다. 즉, 각 부분들이 지니는 가치 총합을 가능한 한 최대로 성취하자면, 이상향은 조금이라도 본래적 가치를 지닌 것들을 반드시 모두 포함해야 하지만, 이 모든 부분을 포함하는 전체는, 어떤 적극적 선이 결여된 다른 어떤 전체만큼 그렇게 가치롭지 않을 수도 있을 것이다. 그러나 적극적 선을 모두 포함하지 않는 어떤 전체가 모두 포함하는 전체보다 더 선할 수 있다면, 우리가 익히 알고 있는 적극적 선을 **전혀** 내포하지 **않는** 전체가 최선의 전체일 수도 있다.

그러므로 이상향이 무엇인지 우리는 알 수 없다는 것 역시 **가능한** 일이다. 그러나 이러한 가능성 자체를 우리가 부인할 수 없다 하더라도, 어느 누구도 실제로 그러하다고, 즉 이상향은 상상할 수 없는 그 무엇이라고 주장할 그 어떤 권리를 지닐 수 없다는 점은 분명하다. 왜냐하면 판단하고자 하는 대상을 우리 마음속에 상상할 수 없는 경우, 우리는 대상들의 상대적인 가치를 판단할 수 없기 때문이다. 따라서 우리가 상상할 수 없는 어떤 것이 우리가 상상할 수 있는 그 어떤 것보다 더 선할 수 있는 가능성을 부정할 자격이 우리에게는 없지만, 그럴 가능성이 존재한다고 주장할 자격 역시 우리에게는 전혀 없다. 결국 이상향에 대한 우리의 탐구는, 우리에게 알려진 요소들로 구성된 모든 전체 가운데, 나머지 다른 모든 것보다 더 선한 것처럼 보이는 것에만 국한되어야 한다. 그리고 우리에게는 이 전체가 완전(perfect)하다고 주장할 자격이 전혀 없지만, 이 전체가 경쟁 후보로 제시될 수 있는 그 어느 다른 대안보다는 **더 선하다**고 주장할 자격은 우리에게 있다고 하겠다.

그러나 우리가 이상적이라 생각할 충분한 이유를 지닌 것은 그것이 무엇이든 간에 우리에게 알려진 대상들로 구성되어야만 하기 때문에, 무엇이 이상적인가의 물음을 결정하는 주요한 수단이 되는 잣대는 이러한 대상들의 상대적인 가치 평가임이 분명하다. 이러한 선 중 그 어떤 것의 부재나, 선이나 악과 무관한 것 내지 악한 것의 현존은 전체의 가치를 감소시킨다는 전제를 받아들일 경우, 우리가 이해할 수 있는 최선의 이상향은 긍정적 가치를 지닌 대상을 가장 많이 내포하는, 그러나 선이나 악과 무관한 것 내지 악한 것은 그 어떤 것도 포함하지 않는 그러한 대상들의 상태일 것이다. 실제로 이상향을 건설하고자—즉, 하늘의 왕국을 묘사하기 위해—철학자들이 이제까지 노력해온 시도들에서 발견되는 주요 결점은, 매우 중대한 긍정적 가치를 지닌 다수의 대상들을 빠뜨리고 있다는 점이다. 분명 이러한 빠뜨림은 전체의 가치를 함양시켜주지 않는다. 사정이 이러하다면, 이렇게 제안된 이상향은 이상적이지 않다고 우리는 확신 있게 주장할 수 있을 것이다. 지금 내가 고찰하고자 하는 적극적 선의 검토는 바라건대 지금까지 제안된 그 어떠한 이상향도 만족스럽지 않다는 것을 보여줄 것이다. 중대한 적극적 선들은 그 수가 너무 많기 때문에, 이들 모두를 포함하는 전체는 아무튼 지극히 복잡할 것임에 틀림없어 보인다. 그리고 이러한 사실은 무엇이 이상향인지, 즉 무엇이 우리가 상상할 수 있는, 절대적으로 최선의 상태인지를 결정하는 것을 어렵게, 아니 인간적으로 말하면 불가능하게 만들기 때문에, 이런 중대한 선을 빠뜨리고 있다면, 그리고 이런 누락으로 인해 결과에서 눈에 보이는 그 어떤 이득이 없는 한, 이 한 가지 이유만으로도 그런 이상향들은 비난받기에 충분하다고 하겠다. 철학자들은 대개 단순한 것들 가운데 **최선인 것**을 찾고자 노력해온 것 같다. 그럼으로 말미암아 철학자들은 두 가지 중대한 선으로 구성된 어떤 전체는, 이들 중 어느 하나가 다른 것에 비해 명백히 열등하다 할지라도, 이들 각각에 비해서는 확실히 더 우월한 그런 경우가 종종 있을 수 있다는 사실을 간과하고 말았다.

(2) 다른 한편으로, 지상에서의 천국을 묘사하는 유토피아들은 모두 이러한 결점을 지닐 뿐만 아니라, 그 반대의 결점도 지닌다. 그러니까 이러한 유토피아들은 대개, 자신들이 지니고 있는 선들에 대해서는 전혀 적절하지 못한 존중을 표하면서, 현재 존재하는 중대한 적극적 악은 단순히 빼버리는 원칙에 근거해서 묘사되고 있다. 소위 여기서 이들이 존중하는 선들은 대부분 기껏해야 단지, 자유 등과 같은 선에 대한 수단에 불과한 것들이다. 물론 이러한 선들이 **없으면** 아마도 매우 선한 그 어떤 것도 이 세상

에 존재하지 않을 수도 있지만, 이러한 선들은 그 자체로는 아무런 가치를 지니지 않을 뿐만 아니라, 가치 있는 그 어떤 것을 결코 확실하게 산출해 주지도 않는다. 이러한 유토피아 작가들의 목적에 비춰보건대, 즉 단지 이 지상에서 가능한 최선의 세계를 건설하고자 하는 이 작가들의 목적에 비춰보건대, 그 자체로는 선이나 악과 무관하지만, 자연법칙에 따르면 선한 어떤 것의 존재를 위해서는 절대적으로 필요해 보이는 많은 것들을 자신이 묘사하고 있는 상태에 포함시키는 것은 물론 필수적이다. 그러나 사실인즉 이 유토피아 작가들은 이러한 필연성이 결코 명백하지 않은 경우에도, 이러한 것들은 지금 여기에서의 선에 대한 수단일 뿐만 아니라 그 자체로도 선이라고 잘못 생각한 나머지, 이러한 많은 것들을 쉽게 포함시키는 경향이 있다. 다른 한편으로 또한 이들 작가들은 유토피아에 대한 묘사에서, 그들이 적극 추천하는 수많은 변화들만큼이나 그 획득이 가능해 보이는, 중대한 적극적 선들을 빠뜨리기도 한다. 달리 말해 인간적 선에 관한 입장들은, 절대적 선에 관한 입장과 똑같이, 공통적으로, 어떤 중대한 선을 빠뜨리는 잘못뿐만 아니라 선이나 악과 무관한 것들을 포함시키는 잘못을 범하고 있다. 그러니까 이들 입장은 자연적 필연성의 제약조건—이 제약조건에 대한 고려로 인해 인간적 선에 대한 입장은 절대선에 대한 입장과 합당하게 구별된다—으로 인해 빠뜨리거나 포함하는 것이 정당화되지 않는 경우에도 빠뜨리고, 그리고 포함하는 오류를 범하고 있다. 어떤 상태를 목적으로 추구해야만 하는가의 물음에 정확하게 답하자면, 우리는 우리에게 그 획득이 가능한 결과가 무엇인지를 심사숙고해야 할 뿐만 아니라, 그 가능성이 동등한 결과들 가운데 어느 것이 최대의 가치를 지닐 것인지도 심사숙고해야 한다. 그리고 이미 알려진 선들에 대한 상대적인 가치 평가는 절대선의 탐구와 중요하게 연관되어 있을 뿐만 아니라, 이에 못지않게 이 두 번째 탐구와도 중요하게 연관되어 있다.

## 112.

"어떤 것이 본래적 가치를 지니며, 또 어느 정도 지니는가?"라는 물음을 해결하는 데 반드시 사용되어야 하는 방법은 이미 3장(55절과 57절)에서 설명된 바 있다. 이 물음의 첫 번째 부분을 정확하게 해결하기 위해서는, 어떤 것이 그 자체로, 즉 절대적으로 독립해서 존재한다고 해도 우리가 그 존재를 선이라고 판단할 수밖에 없는 그러한 대상은 도대체 무엇인가의 물음을 먼저 고찰하는 것이 필수적이다. 그리고 서로 다른 대상이 지니는 가치가 상대적으로 어느 정도인지를 결정하기 위해서, 우리는 이와 유사하게 각 대상이 독립적으로 존재하는 경우 어떤 상대적인 가치를 지니는지를 먼저 고찰해야만 한다. 이러한 방법을 사용하게 되면 우리는, 이 주제에 관한 이전의 결론들을 무의미하게 만들어버리는 주된 원인으로 보이는, 두 가지 잘못에 빠지지 않을 수 있다. 두 가지 잘못 가운데 그 첫째는 (1) 그 어떤 선한 것의 존재를 위해 지금 여기서 절대적으로 필요해 보이는 것은, 그것 없이는 우리는 아무것도 할 수 없기에, 그 자체로 선하다고 가정하는 잘못을 말한다. 선에 대한 단순한 수단이 그러한 것들을 분리해내어, 이러한 것들을 제외한 그 어떤 것도 전혀 존재하지 않고 오직 이러한 것들만 존재하는 세계를 우리가 한 번 상상해본다면, 이러한 것들은 본래적 가치가 전혀 없다는 사실이 명백하게 드러날 것이다. 그리고 두 번째의 잘못은 더욱더 미묘한 오류로서 (2) 유기체적 통일체의 원리를 무시하는 데서 일어난다. 어떤 전체의 한 부분이 본래적 가치를 전혀 지니지 않는다면, 그 전체의 가치는 그 전체의 다른 부분에 전적으로 달려 있음에 틀림없다고 가정할 때, 이러한 오류가 발생한다. 그리고 가치 있는 전체가 모두 하나의, 단 하나의 공통된 속성을 지닌다는 것이 밝혀질 수 있다면, 전체는 오직 이러한 속성을 지녔다는 **한 가지 이유로** 가치롭게 되는 것이 틀림없다고 보통 가정되고 있는데, 이 역시 이러한 오류 탓이다. 그리고 관련된 공통된 속성이 그 자체로 고찰할 경우, 역시 그 자체로 고찰된, 그 전체의 다른 부분보다 더 큰 가치를 지닌 것처럼 보이는 경우 이러한 환상은 더욱더 심해진다. 그러나 그 공통된 속성을 **분리해서** 고찰한 다음, 그 속성이 한 부분을 이루고 있는 전체와 비교하여 고찰하게 되면, 이 속성은, 독립적으로 존재할 경우, 그 속성이 속한 전체가 가지는 가치와 거의 같은 정도의 가치를 지니지 않는다는 것이 명백하다는 점은 아주 쉽게 밝혀질 것이다. 따라서 **절대적으로 그 자체로 존재하는** 일정 양의 쾌락을 동일한 양의 쾌락을 포함하고 있는 어떤 '즐거움(enjoyment)'과 그 가치를 비교한다면, 즐거움이 쾌락보다 훨씬 더 선하지만, 어떤 경우에는 훨씬 더 악할 것이라는 점은 명백해 보인다. 만약 이것이 사실이라면, 이러한 '즐거움'은 그 가치를 그 자신이 내포하는 그러한 쾌락에만 의존하고 있지 않다는 점이 분명하다. 그러니까 비록 단지 우리가 이 즐거움을 구성하는 다른 요소들을 고찰하기만 하면 즐거움이 쾌락에 의존하고 있다는 점이 쉽게 밝혀질 수 있고, 또 그러한 쾌락이 없다면 이러한 즐거움은 전혀 아무런 가치를 지니지 않는 것처럼 보인다 할지라도, 즐거움의 가치는 쾌락에만 전적으로 의존하는 것은 아니다. 반대로 쾌락이 그 자체 가치를 지닌, 유일한 구성 요소인 것이 사실이라 **할지라도**, '즐거움'이라는 전체는 그 가치를 다른 구성 요소의 존재에도 똑같이 의존하고 있다는 점은 지금 명백하다. 그리고 마찬가지로, 모든 것은 '참 자아의 실현(realizations of the true self)'이라는 사실에 그 가치를 전적으로 의존하고 있다는 말을 듣게 되면, 우리는 다음과 같은 질문을 던짐으로써 이러한 주장을 쉽게 반박할 것이다. 즉, '참 자아를 실현함'이라는 구절이 의미하는 속성은, 그 자체 홀로 존재할 수 있다고 가정할 경우, 도대체 어떤 가치를 지니게 되는가? '참 자아를 실현하는' 대상은 본래적 가치를 지니거나 지니지 않거나 둘 중 하나이다. 본래적 가치를 지닌다면, 그것은 확실히 그 가치를, 오로지 그것이 참 자아를 실현하고 있다는 사실에만 전적으로 의존하는 것이 아니라는 점이 확실하다.

## 113.

지금 우리는 이러한 절대적 분리의 방법을 사용하여 이러한 잘못을 범하지 않도록 주의를 기울인다면, 우리가 대답해야만 하는 물음은, 윤리학의 다른 논쟁들의 경우 예상되는 어려움보다는 그 어려움이 훨씬 덜해 보인다. 참으로 이러한 물음의 의미가 일단 명확하게 이해되기만 하면, 그에 대한 답은 개괄적인 측면에서 보면 너무나 명백하여 오히려 진부하게 보일 위험성마저 지닌 듯하다. 우리가 알고 있는, 혹은 우리가 상상할 수 있는 가장 가치 있는 것들이란 단연코 일정한 상태의 의식을 말하면, 이러한 의식은 대충 말해서 인간적 교제라는 쾌락 및 아름다운 대상들에 대한 즐거움이라고 말할 수 있다. 이 물음을 자기 자신에게 묻는 자는 아마 어느 누구도 예술이나 자연에서 발견되는 아름다운 것에 대한 감상 및 인간적인 애정은 그 자체로 선하다는 데 대해 아무런 의문을 품지 않을 것이다. 어떤 대상이 **순수하게 그 자신만을 위하여** 가치를 지니는가라는 물음을 엄밀하게 고찰하게 되면, 이 두 항목의 이름에 포함되는 것만큼 그렇게 큰 가치를 거의 똑같이 지니는 그 어떤 다른 것이 존재한다고 생각할 사람은 아마 전혀 없을 것이다. 나 자신도 이미 3장(50절)에서, 아름다운 것은 그 존재 자체만으로도 어떤 본래적 가치를 지닌다고 주장한 바 있다. 하지만 3장에서 논의된 입장에 따르면, 시지윅 교수의 주장이 너무 옳아서 아름다운 것은 단순한 존재만으로도, 미의 **의식**에 귀속되는 가치에 비해 무시할 수 있을 정도로 아주 작을지는 모르나, 가치를 지닌다는 점은 의심할 수 없는 사실이라고 나는 생각한다. 참으로 이 단순한 진리는 보편적으로 인정되고 있다고 말할 수 있을 것이다. 하지만 이러한 진리가 도덕 철학의 궁극적인, 근본 진리라는 점은 결코 인정된 바 없다. 누군가가 공적 의무 내지 사적 의무를 수행하는 것이 정당화될 수 있는 바는 오직 그 자체로 선한 이러한 것들을 위해서, 즉 주어진 때에 가능한 한 이러한 것들을 많이 존재하도록 하기 위해서 행해지는 경우이다. 그리고 이러한 것들은 덕의 존재 이유이기도 하다. 인간 행위의 합리적인 궁극적 목적 및 사회 발전의 유일한 기준을 형성하는 것 역시 이것들, 즉 이것들을 구성하는 요소나 부분을 이루는 어떤 특성이 아니라 이 복합적인 전체 **자체**이다. 하지만 이러한 것들은 일반적으로 간과되는 진리인 것 같다.

인간적 애정 및 미학적 즐거움은 가장 큰 선을, 그것도 우리가 상상할 수 있는 가장 큰 선을 **단연코 모두** 포함하고 있다는 사실은 진리이다. 이 진리는 내가 지금 논의를 계속하고자 하는, 이러한 것들에 대한 분석이 진행되게 되면, 더욱더 분명해지리라 나는 기대한다. 위의 두 표현에 내가 포함시키고자 의도하는 모든 것이란 꽤 복잡한 **유기체적 통일체**이다. 이러한 사실로부터 얻어지는 결과들 및 이 결과들을 구성하는 요소들에 관한 논의에서, 나는 나 자신의 입장을 확증하고 정의하는 일을 동시에 수행하기를 바란다.

### 114.

I. 나는, 인간적 애정의 경우 어떤 복잡성이 부가적으로 얽혀 있기 때문

에, 나 자신이 미학적 즐거움이라고 부르는 것을 검토함으로써 논의를 시작하고자 한다. 내가 생각하기에, 아름다운 대상에 대한 적절한 감상은 그 자체로 선한 것이라는 점은 보편적 인정을 받고 있다. 따라서 나의 질문은 다음과 같다. 이러한 감상에 포함되는 주요한 요소들은 무엇인가?

(1) 우리가 매우 가치롭다고 생각하는 미학적 감상의 사례들에는 그 대상에 있는 아름다운 것에 대한 단순한 인식은 물론이거니와 어떤 종류의 느낌 내지 감정도 포함되어 있음이 분명하다. 어떤 그림을 보고 일어나는 어떤 사람의 마음 상태에 대해 우리가 최고의 찬사를 아끼지 않는 것이 정당하기 위해서는, 단지 그 사람이 그 그림에 내재하고 있는 아름다운 속성을 보고 그 속성이 아름답다는 것을 알고 있다고 말하는 것만으로는 충분하지 않다. 그는 자신이 보고 있는, 그리고 아름답다고 알고 있는 그 그림의 아름다움을 **감상하고** 있다는 점―즉, 그는 **그 그림의 아름다움**을 보고 느끼고 있다는 점―을 우리는 보여주어야 한다. 이러한 표현이 확실히 의미하는 바는 그는 자신이 인식하는 아름다운 속성에 대해 적절한 감정을 지니고 있다는 점이다. 모든 미학적 감정이 어떤 공통된 속성을 지니고 있음은 아마도 사실일 것이다. 그러나 감정상의 차이는 지각되고 있는 미의 종류의 차이와 적절하게 관련되어 있음이 확실하다. 그리고 미의 종류가 다름에 따라 서로 다른 감정이 **적절하게** 일어난다고 말할 때 의미하는 바는 다음과 같다. 즉, 그러한 종류의 미에 대한 의식이 그러한 미에 적절한 감정과 **함께 결합하여** 형성하는 전체는, 그러한 특정 종류의 아름다운 대상을 명상할 때 적절하지 않은 다른 감정이 느껴지는 경우보다 더 선하다. 따라서 우리는 아주 다양한 서로 다른 감정을 느끼며, 이러한 감정 각각은 우리가 선하다고 판단하는 어떤 의식 상태를 구성하는 필수적인 요소

가 된다. 이 모든 감정은 큰 적극적 선을 형성하는 본질적 요소이다. 즉, 이들은 큰 본래적 가치를 지닌 유기체적 전체의 **부분**이다. 그러나 다음 사실을 유념해두는 것이 중요하다. 즉, 이러한 전체는 유기체적이며, 그렇기 때문에 감정 그 자체는 아무런 가치를 지니지 않는다는 결론이 얻어질 뿐만 아니라, 그 감정이 다른 대상을 향하게 되면, 이렇게 형성된 전체는 적극인 악이 될 개연성이 전혀 없는 것은 아니다. 사실 미학적 감상에서 우리가 감정상의 요소와 인지적 요소―이 인지적 요소는 감정과 함께 일어나는, 그래서 실제로 감정의 한 요소로 보통 생각되고 있다―를 구분하게 되면, 이러한 사실은 좀 더 분명해질 것이다. 그리고 그 자체로 존재하는 경우, 이러한 감정상의 요소가 어떤 가치를 지니는가의 물음을 고찰해보아도, 이러한 감정이 설사 가치를 조금 지닌다 해도, 우리는 어떤 큰 가치를 지닌다고는 거의 생각하지 않을 것이다. 동일한 감정이 다른 대상을 향하게 되면, 예를 들어 단연코 추한 어떤 대상을 향하게 되면, 그 전체의 의식 상태가 상당할 정도로 적극적으로 악하게 되는 그러한 경우가 종종 발생할 수 있음은 확실하다.

### 115.

(2) 마지막 단락에서 나는 두 가지 사실을 지적했다. 즉, 어떤 미학적 감상의 상태에 아주 큰 가치를 부여하는 데는 어떤 감정의 존재가 필요하다는 사실, 다른 한편으로 이 동일한 감정 자체는 가치를 거의 아니면 전혀 지니지 않는다는 사실, 이 두 가지를 나는 지적했다. 이로부터 이러한 감정들은, 자기 자신이 지닌 가치보다 훨씬 더 큰 가치를, 자신이 한 부분을 이루고 있는 전체에 부여하고 있다는 결론이 얻어진다. 아주 가치 있는 전체를 형성하기 위해 이러한 감정과 결합돼야 하는 인지적 요소에 대해서도

우리는 분명 동일하게 말할 수 있다. 하지만 지금의 이 단락은, 흔히 범하기 쉬운 오해에 빠지지 않기 위해, 인지적 요소가 의미하는 바가 무엇인지를 정의 내리는 데 한정하여 논의할 것이다. 아름다운 대상을 본다고, 아니 더 일반적으로 말해 아름다운 대상에 대한 인식 내지 의식에 대해 말할 때, 이러한 표현을 통해 의미하고자 하는 바는 그 어떤 것도 가치 있는 어떤 전체의 한 부분을 형성하지 못할 수 있다는 점이다. '대상(object)'이라는 용어 사용에는 모호함이 도사리고 있고, 아마도 이러한 모호함은 어떤 단일의 다른 원인 못지않게 철학과 심리학에서 일어나는 수많은 잘못의 원인으로 지금까지 작용해왔다. 용어상 모순이지만, 분명 참인 명제를 조금만 고찰해보아도 이러한 모호함은 쉽게 발견될 수 있을 것이다. 즉, 어떤 사람이 아름다운 그림을 본다고 말할 때, 그는 아름다운 그 어떤 것도 결코 보지 않을 수도 있다. 시각(혹은 인식)의 '대상'은 실제로 보이는 속성들을 지칭하거나, 아니면 보이는 사물이 소유하는 모든 속성을 지칭할 수 있다는 사실로 인해 이러한 모호함이 발생한다. 따라서 우리의 경우, 즉 어떤 그림이 아름답다고 말해지는 경우, 이 그림이 아름다운 속성을 지니고 있다는 의미로 우리는 받아들일 수 있다. 하지만 그가 그 그림을 보고 있다고 말하는 경우, 이는 그 그림에 내포된 수많은 속성들을 그가 보고 있음을 의미할 따름이다. 그럼에도 불구하고 그는 아름다운 그 어떤 것도 보고 있지 않다고 말하는 경우, 이는 그 그림이 지닌 아름다운 속성들을 그가 보지 못하고 있음을 의미한다고 하겠다. 그러므로 내가 아름다운 대상에 대한 인식을 미학적 감상을 가치롭게 만들어주는 본질적 요소라고 말할 때, 이는 오직 그 대상이 지닌 **아름다운 속성들에 대한** 인식만을 의미할 따름이지, 그러한 속성을 지닌 대상의 다른 속성들에 대한 인식마저 의미하는 것은 아니다. 그리고 이러한 구분 자체는 앞에서 서로 구별되는 다른 용어로 표현된 구분, 즉 '어떤 대상의 아름다움을 보는 것'과 '그 대상의 아름다운 속성들을 보는 것'의 구분과 주의 깊게 구분되어야 한다. '어떤 대상의 아름다움을 보는 것'은 보통 우리가 그 대상의 아름다운 속성들에 대해 감정을 느끼고 있음을 의미한다. 반면에 '그 대상의 아름다운 속성들을 보는' 경우, 우리는 그 어떤 감정도 이에 포함시키지 않는다. 감상을 가치 있도록 하는 데 감정과 더불어 똑같이 필요한 인지적 요소란 한 대상의 **아름다운 속성들의 일부** 또는 전체—달리 말해, 그 어떤 긍정적 아름다움을 지닌, 그 대상 속에 있는 요소들의 일부 또는 전부—에 대한 단순한 실제적 인식 내지 의식을 의미한다. 이러한 인지적 요소는 그 전체를 가치 있도록 하는 데 본질적이라는 점은 다음의 질문 제기를 통해 쉽게 밝혀질 수 있다. 즉, 베토벤의 '교향곡 5번'을 들을 때 계명이나 멜로디, 혹은 이 둘의 관계 등에 관한 그 어떤 의식도 동반하지 않은 채 단지 이에 적절한 감정만 일어날 경우, 이 적절한 감정에 우리는 어떤 가치를 부여해야 하는가? 아무리 적절한 감정이 일어난다 해도 단순히 교향곡을 **듣는 것**만으로는 충분하지 않다는 점은, 교향곡의 모든 계명을 듣고서도, 멜로디 및 계명과 멜로디의 조화로운 관계 등—이는 교향곡으로 하여금 최소한의 아름다운 요소를 갖도록 하는 데 있어서도 꼭 필요한 것이다—에 관해 그 어떤 것도 의식하지 못한 사람의 심적 상태가 어떠한지 고찰해보면, 우리는 쉽게 알 수 있을 것이다.

**116.**

(3) 방금 언급한, 마음에 실제로 일어나는 속성들이라는 의미의 '대상'과 마음에 실제로 일어나는 속성들을 소유하고 있는 대상 전체라는 의미의 '대상' 구분과 밀접하게 연관된 또 다른 구분이 하나 있는데, 이 역시

가치 있는 전체에 꼭 필요한 구성 요소를 정확하게 분석하는 데 있어서 결정적으로 중요하다. 사람들은 대체로 그 어떤 아름다움도 지니지 않는 대상에서 아름다움을 보는 것은 실제로 아름다움을 지닌 대상에서 아름다움을 보는 것보다 어떤 면에서 열등하다고 생각하는데, 이러한 생각은 옳다고 하겠다. 그러나 '그 어떤 아름다움도 지니지 않는 대상에서 아름다움을 보는 것'이라는 단일의 표현에는 서로 다른 두 가지 사실, 그것도 그 가치의 정도가 아주 상이한 두 가지 사실이 포함되어 있을 수 있다. 즉, 이는 어떤 대상에 그 대상이 실제로 지니지 않는, 진정으로 아름다운 속성들을 귀속시키는 것을 의미하거나, 아니면 그 대상이 소유하긴 하지만 실제로는 아름답지 않은 속성들에 대해, 오직 실제로 아름다운 속성들에만 적절한, 그러한 감정을 갖는 것을 의미할 수 있다. 이러한 두 가지 사실은 아주 빈번하게 일어나는 일이다. 감정의 경우 대부분 이 둘이 함께 일어난다는 점은 의심의 여지가 없다. 그러나 이 둘은 분명 서로 다르며, 이러한 구분은 가치의 정확한 평가에서 결정적으로 중요하다. 전자는 판단상의 잘못이라고, 그리고 후자는 미각상(taste)의 잘못이라고 일컬어질 수 있다. 그러나 '미각상의 잘못'은 대개 **가치에 대한** 잘못된 판단과 관련되어 있는 반면에, '판단상의 잘못'은 단순히 **사실에 대한** 잘못된 판단임을 지각하는 것이 중요하다.

내가 미각상의 잘못이라고 부른 경우, 즉 (그 대상이 소유하고 있든 그렇지 않든 상관없이) 우리가 찬사를 보내는 실제적 속성이 추한 경우는, 어떠한 경우를 막론하고, 감정에만 별도로 속할지도 모르는 그러한 가치를 제외하고는, 결코 그 어떤 가치도 지닐 수 없다. 모든 경우는 아니라 할지라도 대부분의 경우 이는 상당할 정도로 적극적인 악에 해당한다. 이러한 의미에서, 아름다움을 전혀 지니지 않는 대상에서 아름다움을 보는 것은 아름 다움이 실제로 존재하는 경우에 아름다움을 보는 것에 비해 그 가치가 열 등하다는 생각은 의심의 여지없이 맞는 말이다. 그러나 다른 경우는 그 상 황이 훨씬 더 복잡하고 어렵다. 왜냐하면 이 경우에는 중대한 적극적 선을 구성하는 데 필요하다고 내가 지금까지 주장해온 모든 것이 현존하기 때 문이다. 그러니까 이 경우에는 실제로 아름다운 속성들에 대한 적절한 감 정은 물론이거니와 이에 대한 인식도 존재한다. 그러므로 이 경우에 우리 가 중대한 어떤 적극적 선을 지니고 있다는 데 대해 의심이 있을 수 없다. 그러나 이 경우에는 그 밖의 다른 어떤 것도 현존한다. 그러니까 이런 아 름다운 속성들이 존재하고, 이들 속성은 다른 것, 즉 이런 아름다운 속성 들을 우리가 귀속시키고 있는 바로 그 대상의 다른 속성들과 모종의 관계 를 맺고 있다는 신념이 존재하는데, 문제는 이러한 신념의 대상이 거짓이 라는 점이다. 한 걸음 더 나아가, 우리는 이렇게 구성된 전체에 대해 이러 한 신념의 존재와, 이렇게 믿어지고 있는 바가 거짓이라는 사실이 전체의 가치에 어떤 차이를 가져다주는지를 물을 수 있다. 그래서 우리는 상대적 가치를 결정하는 데 아주 중요한 세 가지 서로 다른 경우를 얻게 된다. 아 름다운 속성들에 대한 인식과 적절한 감정이 함께 존재하는 경우에도, 우 리는 다음 중 어느 하나의 신념을 가질 수 있다. (1) 이러한 속성들의 존재 에 대한 신념, 이 경우 이러한 속성들이 존재하기에 믿음의 대상은 참이다. (2) 신념이 없는 단순한 인식, 이 경우 인식의 대상, 즉 아름다운 속성들의 존재가 (a) 참인 경우도 있고, (b) 거짓인 경우도 있다. (3) 아름다운 속성 들이 존재하지 않는데도 존재한다고 믿는 신념. 이러한 경우들의 중요성 은 다음과 같은 사실에서 확인할 수 있다. 즉, 두 번째는 상상의 쾌락이 무 엇인지를 분명히 밝혀주는데, 여기에는 **표상적인**(representative) 예술 작품의 감상 대부분이 포함된다. 그리고 첫 번째는 이와 대조적으로 자연의 미 및 인간적 애정에 대한 감상을 말하는 반면에, 세 번째는 이른바 방향을 잘못 잡은 애정에 주로 두드러지게 나타난다는 점에서 앞의 둘과 좋은 대조를 이룬다. 그리고 신자의 경우, 신에 대한 사랑도 이 마지막 범주에 속한다고 말할 수 있다.

## 117.

내가 지금까지 말한 세 가지 경우는 모두 어떤 공통점을 갖고 있다. 즉, 이 세 가지 경우 모두에서, 우리는 참으로 아름다운 속성들에 대한 적절한 감정과 더불어 그에 대한 인식도 함께 지니고 있다. 그러므로 나는 이 세 가지 모두는 중대한 적극적 선을 지니고 있음을 의심할 수 없다고 생각한다.(또 대체로 이러한 의문이 제기되지 않는다.) 즉, 이 세 가지는 그 자신을 위해 가질 만한 가치가 있다고 우리가 확신을 느끼는 그러한 것들이다. 그리고 다시 두 개의 하위 항목으로 분류되는 두 번째 경우의 가치는 세 가지 모두에 공통적인 요소의 가치와 정확히 똑같다고 나는 생각한다. 달리 말해 순수 상상적인 감상의 경우, 우리는 참으로 아름다운 속성들에 대해 적절한 감정을 지닐 뿐만 아니라, 인식도 함께 지닌다. 그리고 인식된 대상이 존재하는가 여부의 물음은, 그 존재에 대한 신념도 그 비존재에 대한 신념도 없는 경우에는, 그 상태 전체의 가치와 절대적으로 무관해 보인다고 나는 생각한다. 하지만 인식된 대상과 그 적절한 감정이 이 세 가지 경우 모두 동일하다 할지라도, 내가 보기에 다른 두 경우는 그 본래적 가치에서 이 두 번째 경우와 다를 뿐만 아니라 서로서로도 다르다. 추가로 그 대상의 실재에 대한 신념이 현존하고, 그리고 그 신념이 참이라면 이는 그 전체 상태를 훨씬 더 선하게 만들어준다고 나는 생각한다. 반면에 이러한 신념이 존재하지만, 그 신념이 거짓인 경우에는 그 전체 상태는 반대로 더 나빠질 것이다. 간단히 말해 우리는 자연과 말(馬)의 존재는 믿지만 이상적인 풍경 및 일각수의 존재는 믿지 않는데, 이런 일상적 의미로 신념이 존재하는 경우, 이러한 신념의 **진위 여부**는 유기체적 전체의 가치에 아주 중대한 영향을 미친다고 하겠다. 만약 실제로 이러하다면, 일상적 의미의 **지식**, 즉 한편으로는 거짓인 것에 대한 신념과 구별될 뿐만 아니라, 다른 한편으로는 참인 것에 관한 단순한 의식과는 구별되는 것으로서 **지식**은 본래적 가치에 크게 기여한다—적어도 어떤 경우에는, 이러한 신념의 존재는 전체에 대한 한 부분으로서 이러한 신념이 존재하지 않았을 때보다 그 전체를 더 가치롭게 만들어준다—는 입장을 옹호하는 논변을 우리는 전개할 수 있을 것이다.

그런데 이미 지적했듯이 논의 중인 이 세 가지 경우들 사이에는 가치의 차이가 존재한다는 우리의 판단은 의심이 있을 수 없다고 나는 생각한다. 그 속성이 똑같이 아름답다고 가정할 경우, 자연 경치를 감상하는 것은 화가가 그린 풍경화를 감상하는 것에 비해 그 정서상의 상태가 더 선하다고 우리는 실제로 생각한다. 달리 말해 우리는 최고의 표상적인 예술 작품을 그와 똑같이 아름다운 **실재하는** 대상으로 대체한다면, 이 세계가 개선될 것이라고 우리는 생각한다. 이와 마찬가지로 방향이 잘못 잡힌 애정이나 찬사를, 여기에 관련된 잘못이 단순한 미각상의 오류가 아니라 판단상의 오류인 경우라 할지라도, 우리는 어떤 면에서 보면 불운이라고 생각한다. 게다가, 하늘의 천국이 참으로 실재하지 않고 또 앞으로도 실재하지 않는다 할지라도, 적어도 진리에 대해 강한 애정을 갖고 있는 사람들은 하늘의 천국에 대한 단순히 시적인 음미조차 종교적 신자의 음미보다 더 우월하다고 생각하는 경향이 있다. 건강한 정신으로 반성적인 판단을 내리는 경우, 대부분의 사람들은 시인이 상상하는 이상적인 세계 모습이나, 자신들이 감상하고 향유하는, 현재 존재하고 앞으로도 존재하게 될 더 적은 선의 세계보다, 이 세계가 이상적이라고 확신한 나머지 미친 사람이 느끼는 지복의 세계를 더 선호하는 데 대해서는 상당한 거부감을 느낄 것이다. 그러나 이러한 판단들이 우리 앞에 놓인 문제에 관한, 본래적으로 가치 있는 판단임을 확신하자면, 그리고 이러한 판단들이 정확하다고 만족스럽게 말할 수 있으려면, 우리는 지금 다루는 물음을 다음의 다른 두 물음과 명확하게 구분할 필요가 있다. 이 다른 두 물음은 지금 논의 중인 세 가지 경우들에 관한 우리의 전체 판단과 아주 중요하게 연관되어 있다.

## 118.

우선 첫째로 (a) 우리가 믿는 경우, 우리가 믿는 바가 참인지 거짓인지의 물음은 **수단으로서의** 우리 신념 가치를 결정하는 데 일반적으로 아주 중요하게 연관되어 있음이 분명하다. 우리가 믿는 경우, 소설 속의 사건에 대한 우리의 인식에 근거해서 행동하지 않는 그러한 방식으로, 우리는 자신의 신념에 근거해서 행동하기가 쉽다. 그러므로 우리가 믿고 있는 바의 진실 여부는 실망의 고통 및 이보다 더 심각한 결과를 예방하는 차원에서 매우 중요하다. 그리고 방향이 잘못된 애정이 불운인 이유도 오직 여기에 있다고 우리는 생각할 수 있다. 즉, 이러한 애정은 우리로 하여금 어떤 결과를 기대하게끔 하는데, 그러한 애정 대상의 실제 본성은 이러한 결과를 확실하게 보장해주지 않는다. 신에 대한 사랑 역시 이와 마찬가지이다. 그러니까 신에 대한 사랑에는, 신은 어떤 행위를 하면 이 세상 내지 저 세상에서 어떤 결과를 보장해준다는 신념—자연의 과정에 비춰보건대 이

러한 결과가 일어나리라고 기대할 만한 아무런 이유가 없음에도 불구하고
―이 포함되어 있다. 이러한 신념으로 인해, 신에 대한 사랑은 신자로 하
여금 어떤 행동을 하도록 인도한다. 그런데 그러한 신이 존재하지 않는다
고 상정할 경우, 이러한 행동의 실제적 결과는, 달리 행동했다면 얻을 수
있었던 결과보다 훨씬 더 나쁠 수도 있다. 그리고 신이 존재한다는 증거가
없는 경우, 신에 대한 사랑을 격려하도록 하는 데 우리가 주저하는 유일한
이유―이것만으로도 충분하기 때문에 유일한 이유가 된다―도 오직 여기
에 있다는 생각이 든다. 그리고 이와 마찬가지로, 자연의 미가 똑같이 아
름다운 풍경화나 상상에 비해 더 우월하다고 주장되는 유일한 이유 역시
다음과 같다고 생각해도 무방할 것이다. 즉, 자연의 미 존재는 그 아름다
움을 음미하는 우리의 정서에 더 큰 영속성과 빈번성을 보장해줄 것이다.
참으로 대부분의 **지식**이 중요한 주된 이유는, 달리 말해 우리가 믿는 대상
들 대부분이 참이라는 사실이 중요한 이유는, 이러한 지식이 이 세상에서
외래적인 이점을 지니기 때문이라는 점이다. 즉, 이러한 지식은 **수단으로서**
그 가치가 엄청나다.

그리고 둘째로 (b) 우리가 명상하는 대상의 존재가 그 자체로 아주 중대
한 적극적 선인 경우, 오직 이 이유만으로도, 우리 감정의 대상이 실제로
존재한다는 말로 묘사되고 있는 사물들의 상태는 그러한 대상이 존재하지
않는 상태보다 본래적으로 더 우월할 것이다. 우월성에 대한 이러한 이유
는, 인간적 애정의 경우, 즉 우리가 찬사를 보내는 대상이 존경할 만한 사
람의 정신적 속성인 경우에는 의심의 여지없이 매우 중요한 의미를 지닌
다. 왜냐하면 그런 존경할 만한 사람이 둘 존재하는 것이 단지 하나만 존
재하는 경우보다 굉장히 더 선하기 때문이다. 또 아름다운 대상의 존재에

대해, 그 어떤 감상이 일어나는지 상관없이, 비록 작은 본래적 가치라도 우리가 부여할 수 있다면, 앞에서 말한 이러한 이유는 생명이 없는 자연에 대한 찬사를 예술 작품에 표상되고 있는 바에 대한 찬사와 차별화해줄 것이다. 그러나 이러한 이유는 그 진실성이 믿어지는 경우와 그것이 참인지 거짓인지 밝혀지지 않고 다만 인식만 되는 경우 사이에 존재하는 가치의 차이를 설명해주지는 못할 것이라는 점을 우리는 주목해야 한다. 달리 말해 이러한 이유가 적용되는 한, 두 번째 부류의 경우(상상적 감상의 경우)에 속하는 하위 두 항목들 사이의 차이는 첫 번째 경우와 두 번째 경우의 둘째 항목 사이의 차이만큼 클 것이다. 아름다운 대상이 단지 우연히 존재하는 경우에도 이에 대한 단순한 **인식**이 그 대상이 존재하지 않는 경우의 동일한 인식에 비해 우월하다는 점은 이러한 이유로 인해, 아름다운 대상에 대한 지식이 그에 대한 단순한 상상에 비해 우월한 정도만큼 그 크기가 똑같을 것이다.

## 119.

우리가 논의하는 세 가지 경우들의 가치를 차별화시켜주는 이러한 두 가지 이유는, 내가 지금 캐묻고자 하는 그 타당성의 이유와 주의 깊게 구분되어야 한다고 나는 말하고 싶다. 그러니까 이 후자, 즉 그 타당성에 관해 정확한 대답을 얻고자 한다면 우리는 이 두 이유를 구분해야 한다. 내가 제기하는 질문은 다음과 같이 정식화할 수 있다. 즉, 존재한다고 믿어지고 있을 뿐만 아니라 실제로 존재하는 어떤 아름다운 대상에 대한 정서상의 감상이 이뤄지고 있다는 사실이 한 부분을 형성하고 있는 **전체**는 그 가치의 일부를 그 대상이 **실재한다는** 사실로부터 얻고 있는가? 그러니까 나는 지금 **하나의 전체로서**(as a whole) 이러한 전체의 가치가 이 전체와 다른 전체의 가치에 비해, (그 참 거짓과 상관없이) 단지 그러한 신념이 없기 때문에 아니면 이러한 신념은 현존하지만 단지 거짓이기 때문에, 더 크지 않은지를 묻고 있다. 하지만 이 전체가 다른 전체에 비해 수단으로서 더 우월하지 않은지(사실은 확실히 더 우월하다.), 혹은 이 전체가 더 가치 있는 부분을, 즉 관련 대상의 존재를 포함하고 있지 않은지 등의 물음은 내가 지금 여기서 묻고자 하는 물음이 아니다. 나의 물음은 오직 다음과 같다. 즉, 이러한 대상의 존재는, 이 전체가 가치 있는 부분을 포함하고 있다는 사실로 인해 덤으로 얻게 되는 가치와는 전혀 다른, 새로운 가치를 이 전체에 더해주지 않는가?

그런데 우리가 이러한 방식으로 물음을 던지게 되면, 나는 이 물음에 대해 우리가 긍정적으로 답해야 한다고 생각하지 않을 수 없다. 분리의 방법을 통해 우리는 이를 명쾌하게 해명할 수 있다. 그러니까 이 문제를 해결하고자 하면, 우리는 먼저 이 물음을 명쾌하게 설명한 다음 깊이 심사숙고하여 판단을 내리는 태도를 반드시 취해야 할 것이다. 이 세상에서 일어나는 착각만큼 완전하고 영구적인 착각은 결코 존재할 수 없다고 가정함으로써 우리는 수단으로서의 가치를 고찰할 때 일어나는 편견에서 벗어날 수 있다. 경치를 보고서 상상할 수 없을 정도로 아름답다고, 그리고 또 다른 사람과의 교제를 상상할 수 없을 정도로 감탄스럽게 여기면서 계속하여 영원히 즐거워하는 어떤 한 개인의 경우를 우리는 상상해볼 수 있다. 그가 인식하는 대상의 전체는 전혀 실재하지 않음에도 불구하고 말이다. 오직 이러한 사람으로만 구성된 세계 존재는, 그가 존재한다고 믿는 대상이 그의 믿음대로 실제로 존재하는 그러한 세계 존재보다 그 가치가 **크게** 떨어진다고 우리는 단호하게 선언해야 한다고 나는 생각한다. 그리고 이러한 세계 존재가 더 열등한 이유는 관련 대상의 존재에 놓여 있는 선이 부족하기 때문만이 아니라, 단순히 그의 신념이 거짓일 것이기 때문이기도 하다. 이러한 세계 존재가 **단지 이러한 이유만으로** 더 열등할 것이라는 주장은, 나에게 너무나 확실해 보이는, 다음의 사실을 인정하기만 하면 그 결론으로 얻어지는 바이다. 즉, 관련된 아름다운 대상들에 대한 믿음 없이 단지 상상만 하는 사람의 경우는, 한 걸음 더 나아가 이러한 대상들의 존재를 믿기까지 하는 사람의 경우보다, **그러한 대상들이 실제로 존재한다 할지라도**, 여전히 더 열등할 것이다. 왜냐하면 이러한 경우 그러한 대상들의 존재 속에서만 찾아볼 수 있는 부가적인 선은 하나도 빠짐없이 모두 현존하지만, 여전히 이러한 경우는 그러한 대상들의 존재가 믿어지는 경우에 비해 그 가치가 크게 차이가 나 보이기 때문이다. 그러나 아마도 나의 결론은 다음 몇몇 사항을 심사숙고하게 되면 다른 사람들을 더 확실하게 설득시키기에 충분할 정도로 명백해지리라고 나는 생각한다. (1) 아름다운 무생물 대상의 존재에 대해 우리가 허용할 수 있는 아주 작은 가치가 (신념을 동반하는) 그러한 대상에 대한 감상(이 경우 이러한 대상은 실제로 존재한다.)과 순수 상상적인 감상(이 경우 이러한 대상은 존재하지 않는다.) 사이의 차이만큼 그 양이 거의 똑같을 것이라고는 나는 생각하지 않는다. 이러한 불평등은 그 대상이 존경받을 만한 사람인 경우 그 입증이 훨씬 더 어렵다. 왜냐하면 이런 사람의 존재에 대해서 우리가 허용하는 가치가 아주 크기 때문이다. 그러나 두 대상이 모두 가치 있고 또 둘 다 존재하는 경우에 성립하는 호혜적인 애정이, 두 대상이 모두 가치가 있긴 하지만 한 대상이 존재하지 않는 경우에 성립하는 호혜적이지 못한 애정에 비해 더 우월한 이유는, 전자의 경우 선한 대상이 하나가 아니라 둘이라는 사실 때문만이 아니라, 그 각각은 다른 대상이 존재한다고 믿고 있는 그러한 대상이라는 사실 때문이기도 하다고 주장하는 것은, 역설적이지는 않다고 나는 생각한다. (2) 참인 신념이 가치에 매우 중요하게 기여할 수 있다는 사실은 다음의 경우에 아주 명백하게 밝혀질 수 있어 보인다. 어떤 가치 있는 애정의 대상이 실제로 존재하고 또 그렇게 믿어지고 있는데 다음과 같은 새로운 사실이 밝혀졌다고 가정해보자. 즉, 애정을 받고 있는 속성이 정확히 똑같지만, 실제로 존재하는 것과는 동일한 것이 아니라는, 사실에서의 잘못이 이 상황에 새롭게 밝혀졌다고 해보자. 이러한 경우는 쉽게 상상할 수 있는 상황이다. 그리고 두 사람이 모두 여기에 **존재하지만** 이런 경우는, 애정을 받고 있는 그러면서도 존재한다고 믿어지는 바로 그 사람이 실제로는 존재하는 그런 사람이 아닌 경우만큼 그렇게 만족스럽지 못하다고 우리는 선포하지 않을 수 없다고 나는 생각한다.


**120.**

이러한 논의가 모두 사실이라면, 우리는 이 세 번째 항목에서, 우리가 논의한 앞서의 두 결과에 다음과 같은 세 번째 결과를 덧붙이는 셈이 된다. 즉, 어떤 대상의 실재에 대한 참인 신념은 많은 경우 가치 있는 전체의 가치를 크게 증가시킨다. (1)항목과 (2)항목에서, 미적 감정과 애정의 감정은 적절한 대상에 대한 인식 없이는 가치를 거의 못 가지거나 아니면 전혀 가지지 못한다고, 그리고 이러한 대상에 대한 인식 역시 적절한 감정 없이는 가치를 거의 못 가지거나 아니면 전혀 가지지 못하기에, 이 둘, 즉 감정과 인식이 결합된 전체의 가치는 각 부분의 가치 총합을 크게 능가한다고 주장되었다. 이와 마찬가지로 이 항목에 따르면, 이러한 전체에 대상의 실재에 대한 참인 신념이 더해지면, 이렇게 형성된 새로운 전체의 가치는, 원래의 전체 가치에 참인 신념 그 자체가 개별적으로 지닌 가치가 더해짐으로써 얻어진 가치 총합을 크게 능가한다. 이 새로운 경우는 오직, 참인 신념 그 자체는 다른 두 구성 요소가 개별적으로 고려되는 경우 각각 가지는 가치만큼이나 그 가치가 미미하다 할지라도, 이들 세 요소는 함께 고려할 경우 그 가치가 아주 큰 전체를 형성한다는 점에서 앞의 경우와 다르다. 하지만 다른 두 요소 중 어느 하나에 참인 신념이 더해져서 형성되는 두 전체에는 이러한 사실이 성립되지 않는다.

이 항목에서 얻어진 이러한 결과의 중요성은 주로 다음 두 결론에서 밝혀질 수 있는 것처럼 보인다. (1) 이러한 결과는, 어떤 진리에 대한 단순한 지식에 일상적으로 부여된 것으로 보이는, 그리고 플라톤과 아리스토텔레스에 의해 어떤 종류의 지식에 명시적으로 부여되고 있는, 엄청난 본래적 가치를 상당할 정도로 정당화시켜주는 구실을 한다. 참으로 완전한 지식은 이상향의 후보자로 완전한 사랑과 훌륭한 경쟁을 이뤄오고 있다. 이 항목의 결과가 참이라면, 지식은 그 자체로는 가치를 거의, 아니면 전혀 지니지 않는다 할지라도, 최고선을 이루는 데 절대적으로 본질적인 구성 요소가 되며, 나아가 최고선의 가치를 함양하는 데 크게 기여하게 될 것이다. 그리고 우리가 지금까지 일차적으로 고찰해온 지식, 즉 인식되고 있는 아름다운 대상의 실재에 대한 지식이 이러한 기능을 잘 수행하리라 짐작된다. 뿐만 아니라 이러한 대상이 실제로 존재하는 대상과 수적으로 동일하다는 지식 및 그러한 대상의 존재가 참으로 선하다는 지식 역시 이러한 기능을 잘 수행할 수 있다. 참으로 아름다운 대상을 이루는 구성 요소들의 본성과 직접 관련되어 있는 모든 지식은, 그 각각의 지식이 그 자체로는 가치를 전혀 지니지 않는다 할지라도, 그 대상을 감상하는 가치를 크게 증가시켜줄 수 있어 보인다. 그리고 (2) 이 항목으로부터 얻어지는 두 번째 중요한 결론은, 참인 신념의 현존은, 감정이나 그 대상의 아름다움에 비해 그 가치가 크게 열등함에도 불구하고, 이들과 더불어 감정과 아름다움은 더 우월하지만 참인 신념이 결핍된 혹은 거짓 신념이 현존하는 전체와, 그 가치가 동등하거나 더 우월한 전체를 구성할 수 있다는 점이다. 이러한 방식으로 우리는, 단순한 상상의 가공물에 지나지 않는 아주 우월한 대상의 감상과 비교하여 더 열등한 실재 대상의 감상에다, 이와 동등하거나 더 큰 가치를 부여하는 것을 정당화할 수 있다. 따라서 자연 및 실재 인물에 대한 단순한 감상은 예술적 상상력의 작품—이러한 작품의 아름다움이 훨씬 큼에도 불구하고—에 대한 거의 똑같은 단순한 감상과 동등한 가치를 유지할 수 있다. 이와 유사하게, 신이 그 어떤 인간 존재보다 더 완벽한 대상이라는 점이 인정된다 할지라도, 신의 사랑은 신이 존재하지 않는다면 인간의 사랑보다 더 열등할 수 있다.

**121.**

(4) 첫 번째 부류의 이러한 선—**아름다운** 대상에 본질적으로 의거하고 있는 선들—에 관한 논의를 완성하자면, 서로 다른 모든 형태의 아름다움을 분류한 다음, 그 가치를 비교 평가하는 작업이 필수적으로 요구된다. 그리고 이러한 작업은 미학이라는 학문에 귀속되는 것이 적절하다. 하지만 나는 이러한 작업에 대해서는 그 어떤 것도 시도하려고 하지는 않겠다. 다만 나는 다양한 종류의 모든 형태의 아름다운 대상은, 단지 참으로 아름답기만 하면, 내가 지금까지 논의해오고 있는 선의 본질적 구성 요소에 포함시키고자 하는 의도를 갖고 있음을 이해해주었으면 한다. **만약** 이렇게 이해하게 **되면**, 무엇이 긍정적으로 아름다운가, 무엇이 긍정적으로 추한가 등에 관한 의견의 합일 및 아름다움의 정도에 큰 차이가 있다는 데 대한

의견의 합일만으로도 선과 악을 판단하는 데 우리는 큰 실수를 범할 필요가 없다는 희망을 갖기에 충분하다는 것을 나는 보여줄 수 있다고 생각한다. 상당수의 많은 사람들이 아름답다고 생각하는 모든 것에는 아마도 **그 어떤** 아름다운 속성이 존재한다. 그리고 아름다움에 대한 의견 차이가 종종 발생하는데, 많은 경우 이는 추한 속성을 참으로 아름답다고 가정하는 적극적인 잘못 때문이 아니라, 주로 판단을 내리는 서로 다른 사람들이 동일한 대상의 다른 속성에 배타적인 관심을 기울이기 때문이다. 어떤 사람이 아름답다고 생각하는 어느 한 대상을 다른 사람이 그렇지 않다고 부정할 경우, 그 실상은 그 대상이 아름다운 속성을 결여하거나, 아니면 그 비판가의 배타적인 관심을 불러일으킨 어떤 추한 속성에 의해 변형된 경우가 **보통이다.**

하지만 나는 이 장의 결과와 밀접하게 연관된 두 가지 일반 원칙을 설명하고 싶다. 왜냐하면 어떤 것이 진정으로 아름다운가의 물음을 탐구하는 데는 이 두 원칙에 대한 온전한 이해가 매우 중요해 보이기 때문이다. 이들 가운데 첫 번째 원칙은 (1) 어떤 대상이 참으로 아름답다는 말은 무엇을 의미하는가, 즉 미의 정의 물음이다. 자연주의 오류는 선에 대해서만큼이나 종종 미에 대해서도 일상적으로 발생한다. 다시 말해 이런 자연주의 오류는 윤리학에 대해서만큼이나 미학에 대해서도 많은 잘못을 끌어들였다. 미란 우리의 감정에 어떤 영향을 불러일으키는 것으로 **정의될** 수 있다고 훨씬 더 일상적으로 가정되어왔다. 이러한 정의로부터 다음과 같은 결론이 아주 흔하게 도출되어왔다. 그러니까 미학상의 판단은 단지 **주관적**이라는 결론—즉, 정확히 동일한 것이 환경에 따라 아름다울 수도 있고 **동시에** 아름답지 않을 수도 있다는 결론—이 얻어진다. 이 장의 결론은 미에 대한 정의를 제공할 것인데, 이러한 정의는 이러한 잘못에 이르게 한 어려움이 무엇인지를 부분적으로 설명해줄 뿐만 아니라, 그 어려움을 완전히 제거해줄 것이다. 아마도 미는, 감탄스럽게 음미하는 것이 그 자체로 선이 되는 것으로 **정의되어야**만 할 것 같다. 즉, 어떤 대상을 아름답다고 주장하는 것은 그에 대한 인식이 우리가 논의하는 본래적으로 가치 있는 전체들 가운데 하나를 구성하는 본질적인 구성 요소라고 주장하는 것이다. 그래서 그 대상이 **참으로** 아름다운가 그렇지 않은가의 물음은 논의 중인 문제의 그 전체가 참으로 선인가 그렇지 않은가라는 **객관적인** 물음에 달려 있게 되는 반면에, 특정의 사람에게 특별한 감정을 불러일으키느냐 여부의 물음과는 상관없게 된다. 이러한 정의는 이중적인 장점을 지닌다. 즉, 이 정의는 선과 미 사이의 명확한 관계를 설명해줄 뿐만 아니라, 그에 못지않게 이 둘의 명백한 차이도 잘 설명해준다. 얼핏 보기에 '선한', 그리고 '아름다운'이라는 두 가치 술어는 **서로 다른** 객관적인 속성임에도 불구하고 서로서로가 너무 밀접하게 연관되어 있어서 아름다운 것은 무엇이나 또한 선이 되고 마는, 이상한 일치 현상이 발생하는 것 같다. 그러나 우리의 정의가 올바르다면, 이러한 이상함은 사라질 것이다. 왜냐하면 우리의 정의는 가치의 **분석 불가능한** 속성을 오직 한 가지, 즉 '선'에만 부여하고, '미'는 비록 동일하지는 않지만 선에 의거해서 정의되고 있기 때문이다. 따라서 미는 선과 다르면서 동시에 필연적으로 선과 연관되어 있게 된다. 간단히 말해 이러한 견해에 따르면, 어떤 대상에 대해 아름답다고 말하는 것은 참으로 그 대상 자체가 선하다고 말하는 것이 아니라 선한 어떤 것을 이루는 필수적인 구성 요소가 된다고 말하는 것이다. 따라서 어떤 대상이 참으로 아름답다는 것을 입증하는 일은 그 대상이 한 부분으로 특별한 관계를 맺고 있는 어떤 전체가 참으로 선하다는 것을 입증하는 일이다.

일상적으로 아름답다고 여겨지는 대상들 가운데 **물질적** 대상, 즉 외적 감각의 대상이 현저한 우세를 보이는 현상을 우리는 이러한 방식으로 설명해야 한다. 왜냐하면 이러한 대상들은, 지금까지 말한 바와 같이 그 자체로는 본래적 가치를 거의 혹은 전혀 지니지 않는다 할지라도, 본래적 가치를 지닌 전체의 가상 거대한 집단을 이루는 본질적 구성 요소이기 때문이다. 이러한 전체들 자체는 아름다울 수 있고, 또 실제로 아름답다. 하지만 그 상대적 희소성으로 인해 우리는 이러한 전체를 그 자체로 음미의 대상으로 간주하는데, 이 희소성만으로도 미가 외적 대상들과 결합되어 있다는 것을 설명하기에 충분해 보인다.

그리고 둘째로 (2) 아름다운 대상들은 대부분의 경우 그 자체로, 큰 복합체의 전체라는 의미에서 유기체적 통일체라는 점을 우리는 주목해야 한다. 그래서 이러한 전체의 한 부분에 대한 음미는 그 자체로 가치를 전혀 지니지 않지만, 전체에 대한 음미가 이러한 부분에 대한 음미를 포함하지 않는 한, 전체 역시 그 가치를 잃어버릴 것이다. 이로부터 미에 관한 단일의 기준은 존재할 수 없다는 결론이 얻어진다. 따라서 이 대상이 아름다운 이유는 **오로지** 이러한 특징이 존재하기 때문이라고 말하거나 이러한 특징이 현존하는 경우에는 언제나 그 대상은 아름답다고 말하는 것은 결코 참이 아닐 것이다. 이러한 특징을 지니지 **않는 한** 그 대상은 결코 아름다워지지 않을 것이라는 의미로, 어떤 대상들이 이러한 특징을 지니기 때문에 아름답다고 말한다면, 이것은 참일 수 있지만 그 이상은 곤란하다. 어떤 특징들은 모든 아름다운 대상에 보편적으로 현존하며, 그리고 이러한 이유로 다소 중요한 미의 조건이 된다는 점을 우리는 아마도 쉽게 알아차릴 수 있다. 그러나 어느 하나의 아름다운 대상을 다른 모든 대상과 차별화해주는 바로 그 속성들은, 그 대상이 참으로 아름답다면, 그 대상을 아름답게 만드는 데 있어서, 많은 다른 대상과 공유하고 있는 속성들만큼이나 똑같이, **본질적**이라는 점에 주의를 기울이는 것이 중요하다. 즉, 이러한 대상이 이런 특별한 속성이 없으면 그 자신이 지닌 미를 지니지 않게 되는 것은, 그런 일반적 속성이 없을 때 미를 지니지 않게 되는 것과 같은 이치이다. 다시 말해 특수한 속성이 미를 부여하지 못하듯이, 일반적 속성도 **그 자체만으로는** 미를 전혀 부여하지 못할 것이다.

**122.**

II. 우리가 알고 있는 최대의 선들을 두 부류로, 즉 한편으로는 미학적 즐거움으로, 그리고 다른 한편으로는 인간적 관계의 쾌락 내지 인간적 애정으로 분류하는 것을 시작으로 나는 혼합되지 않는 위대한 선들을 이렇게 개괄적으로 살펴보았다는 점을 기억해주었으면 한다. 이 후자는 전자와 달리 또 다른 복잡성을 지니기 때문에 그 고찰을 나는 지금까지 미루어왔다. 이 부가적인 복잡성이 어디에 놓여 있는지의 물음은 이제 곧 명백하게 밝혀질 것이다. 그리고 참인 신념이 가치에 어떤 기여를 하는지를 논의하면서 나는 이미 이러한 복잡성을 고찰하지 않을 수 없었다. 인간적 애정의 경우 이 대상은 비록 본래적 가치를 거의, 아니면 전혀 지니지 않지만, 그 자체로 아름다울 **뿐만 아니라**, 또한 적어도 부분적으로 큰 본래적 가치를 지닌다는 사실로 인해 이런 복잡성이 발생한다. 가장 가치 있는 미학적 즐거움에 꼭 필요하다고 여겨지는 모든 구성 요소, 즉 참인 아름다운 속성에 대한 적절한 감정, 인식, 그리고 참인 신념 등은 인간적 애정의 경우에도 똑같이 필수적이다. 그러나 인간적 애정의 경우에는 이 외에도, 그 대상은 참으로 아름다울 뿐만 아니라 상당할 정도로 진정 선하다는 사실이 별도로 고려되어야 한다.

　인간적 애정의 대상에, 그러한 애정이 느껴지고 있는 사람의 **정신적** 속성 몇몇이 포함되는 한에서만 이러한 복잡성이 발생한다는 점은 명백하다. 그리고 이러한 애정의 가치가 아주 큰 경우에는 언제나, 그러한 정신적 속성에 대한 감상이 그 가치의 큰 부분을 차지함에 틀림없으며, 또 이러한 부분의 현존은 이러한 부분이 없는 경우에 비해 그 전체를 훨씬 더 가치롭게 만든다는 점은 인정될 수 있다고 나는 생각한다. 그러나 이러한 감상 자체가, 해당 정신적 속성에 대한 적절한 **유형적**(corporeal) 표현의 감상과 결합된 전체만큼 큰 가치를 지니는지는 아주 의문스러워 보인다. 가치 있는 애정의 모든 실제적인 경우, 성품의 신체적 표현―그것이 표정이나 말이든 혹은 행동이든―은 이러한 애정이 느껴지는 대상의 한 부분을 분명 형성하며, 또 이러한 신체적 표현이 포함된다는 사실은 그 전체 상태의 가치를 향상시켜주는 것처럼 보인다는 점 역시 확실하다. 참으로, **그 어떤** 유형적인 외적 표현을 동반하지 않는, **오직** 정신적 속성만의 인식이 도대체 어떠한지를 상상하는 것은 매우 어려운 일이다. 그리고 이러한 추상화에 성공하는 경우에는, 고려 중인 그 전체는 확실히 더 적은 가치를 지니게 될 것이라는 점 또한 분명하다. 그러므로 나는 감탄할 만한 정신적 속성에 대한 찬사가 중요한 주된 이유는 그 자체로 소유하고 있는 본래적 가치가 아주 크기 때문이 아니라, 오히려 이러한 찬사가 없는 경우에 비해 있는 경우에 이러한 찬사가 부분을 이루는 전체의 가치를 훨씬 더 우월하게 만들어주기 때문이라고 결론 내리고자 한다. 정신적 속성에 대한 감상 자체가 단순한 유형적인 아름다움에 대한 감상이 지니는 만큼 큰 가치를 지니는가의 물음은, 달리 말해 큰 본래적 가치를 지닌 것에 대한 감상이 단순히 아름다운 것에 대한 감상만큼 가치로운가의 물음은 훨씬 더 의심스러워 보인다.

그러나 한 걸음 더 나아가 찬탄할 만한 정신적 속성 자체의 본성을 고찰하게 되면, 이러한 속성에 대한 적절한 감상은 순수 물질적인 미와 전혀 다른 방식으로 관련되어 있음이 드러날 것이다. 우리가 앞서 내린 결론이 정확하다면, 찬탄할 만한 정신적 속성들은 아름다운 대상들에 관한 정서적 음미에 아주 크게 놓여 있다고 하겠다. 따라서 전자에 대한 감상은 본질적으로 이러한 음미에 대한 음미에 놓여 있게 될 것이다. 사람들에 대한 가장 가치 있는 감상은, 다른 사람들에 대한 그들의 감상을 감상하는 데 놓여 있는 감상이라는 점은 참이다. 그러나 이 경우에서조차도, 물질적인 아름다움에 대한 지적이 다음 두 가지 면에서 관련되어 있는 것 같다. 즉, 후자의 경우 감상되고 있는 바는 단순히 아름다운 것에 대한 감상인 것처럼 보인다는 사실 및 한 인간의 가장 가치 있는 감상은 그의 유형적인 표현에 대한 감상을 포함하는 것 같다는 사실, 이 **두 가지** 측면에서 물질적인 아름다움에 대한 지적이 관련되어 있다고 하겠다. 그러므로 어떤 사람의 다른 사람에 대한 태도에 대한 감상이, 하나의 예로서, 사랑에 대한 사랑이 우리가 알고 있는 선 가운데 가장 가치 있는 선임을, 그리고 미에 대한 단순한 사랑에 비해 훨씬 더 가치 있는 선임을 인정한다 할지라도, 우리는 단지 전자의 감상이, 그 직접적 관여의 정도는 다양하다 해도 아무튼, 후자를 포함하는 것으로 이해되는 경우에만 이를 인정할 따름이다.

그것에 대한 인식이 인간관계 가치에 본질적으로 요구되는 정신적 속성이란 도대체 무엇인가의 물음과 관련하여, 우선 첫째로 이러한 속성들이,

선에 관한 우리의 첫 번째 부류에 속하는, 아주 다양한 모든 미학적 감상을 포함하고 있다는 점은 분명하다. 그러므로 이런 정신적 속성들은 서로 다른 몇몇 종류의 미에 적절하게 매우 다양한, 서로 다른 감정들을 포함하게 된다. 그러나 이 이외에도 지금 우리는 인간에 대해 적절한, 그러나 단순한 물리적인 미에 적절한 감정과는 다른 모든 부류의 감정을 이러한 정식적 속성에 포함시켜야 한다. 또한 우리는 다음 사항을 마음에 명심해야 한다. 즉, 이러한 감정들이 그 자체로는 가치를 거의 지니지 않듯이, 그리고 이러한 감정이 놓여 있는 마음 상태는, 이 감정에 동반하는 인식이 적절한가, 적절하지 않은가에 따라 그 가치를 크게 향상시킬 수도 있고, 반대로 그 가치 전체를 모두 상실하게 할 수도 있고 심지어 상당할 정도로 적극적 악으로 전락시킬 수도 있듯이, 이러한 감정들에 대한 감상은—비록 그 자체로 얼마의 가치를 지니긴 하지만—그 대상에 대한 감정의 적절함을 지각하고 있느냐 없느냐에 따라서 훨씬 더 큰 가치를 지닌 전체의 한 부분을 형성할 수도 있고, 혹은 전혀 가치를 지니지 않는 전체의 한 부분을 형성할 수도 있다. 그러므로 인간관계에서 무엇이 가치 있는가에 관한 연구는 너무나도 복잡함이 분명하다. 즉, 가치를 거의 지니지 않는, 전혀 지니지 않는, 심지어 적극적 악인 그러한 인간관계마저 가능하다. 그러나 무엇이 아름다운가의 물음의 경우에서처럼, 여기서도 무엇이 적극적 선인가에 대해, 심지어 적극적 선들 사이에 **상당한 정도의** 가치 차이가 있다는 점에 대해서도, 반성적인 판단은 대체로 정확하게 해결해줄 것이라는 사실을 의심할 만한 이유가 전혀 없는 것 같다. 특히, 그에 대한 음미가 가장 큰 가치에 본질적인, 그리고 그 자체가 그러한 음미에 의해 적절하게 촉발된 감정이란 대개 애정이라는 이름으로 가장 높은 상을 받는 그러한 감정인 것처럼 보인다는 점에 대해 우리는 주의를 기울여야 한다.

## 123.

이제 비로소 그 구성 요소에, 그 자체로 선이나 악과 무관한 많은 것들을 포함하긴 하지만, 적극적인 악이나 추한 그 어떤 것도 포함하지 않는, 중대한 적극적 선들의 본성에 관한 나의 탐구를 나는 완성하게 되었다. 여기서 나는 이로부터 얻어지는 최고선—즉, 우리가 생각할 수 있는 가장 완벽한 대상들의 상태—의 본성에 관한 어떤 결론을 지적하고자 한다. 쾌락이 유일한 선이라는 점을 부인하고, 완벽하게 선한 것은 복합적인 그 무엇이라고 주장한다는 점에서, 여기서 옹호되는 입장과 가장 근접한 입장을 취하는 관념론 철학자들은 대체로 순수 정신적인 존재 상태를 이상적인 것이라 생각해왔다. 물질은 적극적 악은 아니지만 본질적으로 불완전하다고 생각한 나머지, 이들은 완전한 상태에 이르자면 모든 물질적 속성이 완전히 사라지는 게 필수적이라는 결론을 내렸다. 그런데 내가 지금까지 말해온 바에 따르면, 이러한 견해는 중대한 모든 선은 **정신적인** 것이라고 주장하는 경우에만, 그리고 순수 물질적인 존재는 **그 자체**로 가치를 거의 혹은 전혀 지니지 않는 경우에만 옳다고 말할 수 있을 것이다. 물질적인 것에 대한 정신적인 것의 이러한 우월성은 어떤 의미에서 충분히 변론되었다. 그러나 이러한 우월성으로부터 대상의 완전한 상태는 모든 물질적인 속성이 완전히 제거된 상태이어야 한다는 결론은 얻어지지 않는다. 반대로 우리의 결론이 정확하다면, 이런 물질적 속성들이 포함된 상태가 포함되지 않은, 상상 가능한 어떤 상태보다 훨씬 더 선함에 틀림없는 그러한 경우가 가능할 것이다. 이러하다는 점을 보여주기 위해, 꼭 필요하다고 여겨지는 주요한 것은 예술 작품 및 자연에 존재하는 미에 대한 감상이 선하다고 선언할 때, 선하다고 우리가 선언하는 바는 **정확히 무엇인가**의 물음이다. 이러한 감상이 참으로 선하다는 사실을 관념론 철학자들도 대부분 부인하지 않는다. 그러나 우리가 이를 인정하게 되면, "모든 것은 바로 현재 있는 그대로이고 그 밖의 다른 것이 아니다."라는 버틀러의 준칙(Butler's maxim)을 우리는 기억해야만 할 것이다. 나는 이러한 감상이 유기체적 통일체, 즉 복잡한 전체임을 보여주고자 노력해왔으며, 또 이는 너무나 분명하기 때문에 논박할 수 없다고 나는 생각한다. 그리고 의심할 수 없는 가장 확실한 사례의 경우, **물질적 속성들에 대한 인식** 역시 이러한 전체에 포함되는 한 부분이며, 특히 소위 **제2성질**(secondary qualities)이라고 불리는 다양한 것들에 대한 인식도 이러한 전체의 한 부분을 구성함이 분명하다. 그러므로 우리가 선하다고 알고 있는 바가 다른 것이 아니라 바로 이러한 전체라면, 물질적 속성들은 그 자체로는 전혀 가치를 지니지 않는다 할지라도 여전히 결코 가치가 전혀 없다고 말할 수 없는 전체를 형성하는 본질적인 구성 요소가 된다는 것을 우리는 알게 될 것이다. 우리가 가치 있는 것으로 알고 있는 바는 어떤 다른 것이 아니라 바로 이러한 것들에 대한 감상이다. 그리고 전체에서 이러한 물질적 속성들을 제거해버리면, 우리에게 남는 것은 우리가 가치 있다고 여기는 그러한 것이 아니라 그 밖의 다른 무엇이 되고 말 것이다. 이러한 속성들의 존재에 대한 참인 신념은 그것이 한 부분으로 포함되고 있는 전체의 가치를 고양시켜준다는 나의 주장이 논박된다 할지라도, 이러한 결론이 타당하다는 점을 우리는 주목해야 한다. 따라서 참으로 우리는 물질적 세계의 **존재**는 완전함에 전혀 중요하지 않다고 주장할 자격을 얻게 된다. 그러나 우리가 선하다고 알고 있는 바는 (순수 상상적이긴 하지만) **물질적 속성들**에 대한 인식이었다는 사실은 여전히 남아 있게 될 것이다. 그러므로 자기모순의 고통—즉, 대상들은 지금 존재하는 그러한 존재가 아니라 그 밖의 다른 무엇이라는 모순되는 주장을 하는 고통—을 무릅쓰고서라도, 물질적 속성들이 완전히 사라진 세계는 우리가 아주 중대한 선이라고 매우 확실하게 알고 있는 많은 것들(비록 모든 것은 아니지만)이 결여된 세계라는 점은 인정되어야 한다. 그럼에도 이러한 세계는 이러한 선들을 보유하고 있는 세계보다 훨씬 더 선한 세계일 것이라는 점을 나는 이미 (111절 (1)에서) 인정한 바 있다. 그러나 이러한 세계가 더 선한 세계일 것이라는 점을 보여주기 위해서는, 이러한 선들의 보유는 비록 그 자체로는 선이지만, 이것들이 속하는 어떤 전체의 가치를 평균 이상으로 훼손하고 있다는 사실을 보여주는 것이 필요 불가결할 것이다. 하지만 이를 보여주는 일은 확실히 아직까지 시도된 바가 없다. 이 작업이 완성될 때까지는, 우리는 물질적 속성들은 이상향을 구성하는 본질적 요소라고 주장할 자격을 여전히 유지하게 된다. 우리에게 전혀 알려지지 않은 어떤 것이 이들을 보유하거나 우리가 알고 있는 다른 어떤 것을 보유한 그 어떤 세계보다도 더 선할 수 있다 할지라도, 이 어떠한 것이 아무튼 이들이 포함된 대상 상태보다 더 선하다고 가정할 아무런 이유도 존재하지 않을 것이다. 물질을 부정하고 배제하는 것은 우리가 알고 있는 최선을 부정하고 배제하는 것이나 다름없다. 어떤 대상이 그 속성들 일부를 상실하면서도 여전히 그 본래 가치를 지닐 수 있다는 것은 전혀 참이 아니다. 이렇게 바뀐 대상은 그 속성들이 잃어버린 가치보다 더 많은 가치를 갖거나, 아니면 그만큼의 가치를 가질 수 있다고 말하는 것은 참일 수 있지만, 이 이상을 말하는 것은 결코 참일 수 없다. 내가 주장하는 바는 우리가 선하다고 알고 있는, 그리고 그 어떤 물질적 속성도 지니지 않는 것은 그 자체만으로도 그에다 물질적 속성의 감상을 더함으로써 형성되는 전체에 비해 더 우월하다고 주장할 수 있을 만큼 그렇게 큰 가치를 결코 지니지 못한다는 점이다. **순수** 정신적인 선이 단일의 대상 가운데는 **최선**일 수 있다는 점에 대해서는 물론, 인간적 애정의 본성에 관한 논의에서 밝혀졌듯이, 이를 의심할 만한 이유를 갖고 있지만, 여기서 나는 이를 논박할 의도는 거의 없다. 아마 그 자체로는 더 열등하지만 확실히 큰 적극적 선에 해당하는 물질적 속성에 대한 감상을 순수 정신적인 선에 더할 경우, 그 전체의 가치 측면에서 이에 상응하는 그 어떤 감소도 전체적인 균형을 잡아줄 수 없다면, 우리는 더 큰 가치 총량을 얻게 될 것이다. 이를 의심할 이유는 전혀 없다고 나는 주장한다.

## 124.

본래적 가치를 결정하는 물음과 관련된 주요한 원칙들에 관한 논의를 완결 짓기 위해서는, 꼭 취급되어야 할 중요한 주제가 아직 둘이나 남아 있어 보인다. 그중 하나의 주제는 중대한 본래적 악의 본성 물음인데, 여기에는 내가 **혼합된** 악(mixed evils)이라고 부르는 것의 물음, 즉 악임에도 불구하고 긍정적으로 선한 혹은 아름다운 어떤 것을 본질적 요소로 내포하는, 악한 전체의 물음이 포함되어 있다. 다른 두 번째 주제는 이와 유사하게 내가 **혼합된** 선(mixed goods)이라고 부르는 것의 물음, 즉 **전체로서는** 분명 본래적 선임이 분명하지만, 그럼에도 적극적 악 내지 추한 어떤 것을 본질적 구성 요소로서 포함하는 혼합된 선의 물음과 관련되어 있다. '아름다운', '추한' 등의 용어를, 아름다운 것의 사례 및 추한 것의 사례로서 우리에게 가장 자연스럽게 일어나는 그러한 종류의 대상들과 필연적으로 연관시키지 않고, 다만 미에 관해 나 자신이 제안한 정의에 따라서 시종일관 사용하는 것으로 이해하게 되면, 이러한 논의가 훨씬 더 용이해질 것이다. 따라서 나는 '아름다운'이라는 단어를 그에 대해 경탄의 마음으로 음미하는 것이 그 자체로 선한 그러한 대상을, 이에 반해 '추한'이라는 단어를 그에 대해 경탄의 마음으로 음미하는 것이 그 자체로 악한 그러한 대상을 각각 의미하는 것으로 사용하고자 한다.

I. 그러므로 중대한 적극적 악에 대해 나는 다음 사실이 명백하다고 생각한다. 즉, **절대적으로 그 자체만으로 존재한다면**, 그 존재를 중대한 악으로 판단해야만 하는 대상이 **무엇인지를 정확하게** 밝혀내기 위해 마땅히 취해야 할 모든 조치를 취한다면, 우리는 이들 대부분이 최대의 적극적 선인 대상들과 정확히 똑같은 본성을 지닌 유기체적 통일체임을 알게 될 것이다. 달리 말해 이들은 어떤 감정을 동반하는, 어떤 대상에 대한 인식이다. 인식이나 감정이 **그 자체만으로는** 중대한 선이 될 수 없는 것과 마찬가지로, (한 가지 예외를 제외하고는) 인식이나 감정은 **그 자체만으로는** 중대한 악이 될 수도 없다. 그리고 인식과 감정, 이 둘로 형성된 전체는, 어떤 다른 요소가 더해지지 않을 때에도 의심의 여지없이 중대한 선이 될 수 있는 것처럼, 이렇게 형성된 전체는 **그 자체만으로도** 얼마든지 중대한 악이 될 수 있어 보인다. 하지만 선의 가치를 크게 증진시켜줄 수 있는 것으로 논의된 제3의 요소, 즉 **참인 신념**에 관해서, 악의 종류에 따라 이러한 참인 신념은 다른 관계를 맺고 있는 것 같다. 어떤 경우에는, 적극적 악에 참인 신념이 더해지게 되면, 그 악이 훨씬 더 심해지기도 하지만, 또 다른 경우에는 어떤 차이가 있는지가 그리 명백하지 않기도 하다.

최대의 적극적 악은 아래와 같이 세 부류로 구분될 수 있다.

**125.**
(1) 첫 번째 부류는, 그 자체로 악하거나 추한 대상을 즐거워하거나 혹은 찬사를 아끼지 않으면서 음미하는 것을 항상 포함하는 악을 말한다.

달리 말해 이러한 악들은 가장 큰 혼합된 선을 이루는 본질적 구성 요소인 감정과 정확히 동일한 감정을 포함하고 있다는 사실을 그 특징으로 한다. 그러나 이러한 악들은 적절하지 못한 대상에 이러한 감정이 향하고 있다는 사실로 인해 혼합된 선과 차별화된다. 이러한 감정이 그 자체로 사소한 선이거나 아니면 사소하게 아름다운 대상인 경우에, 이러한 악들은 내가 말한 '혼합된' 악의 사례가 될 것이다. 그러나 내가 이미 말했듯이, 그 대상과 완전히 분리된 어떤 감정이 가치나 미를 지닐 수 있는지는 아주 의심스러워 보인다. 확실히 이런 감정은 가치나 미, 어느 편도 많이 지니지 않는다. 하지만 종종 아주 넓은 의미로 최대의 선 내지 유일한 선이라고 이야기되는 바로 그 동일한 감정이 최악의 전체 자체를 본질적으로 구성하는 요소가 될 수 있다는 사실을 유념하는 것은 중요한 일이다. 이들 감정에 동반하는 인식의 본성에 따를 경우, 이러한 감정들은 최대 선 내지 최대 악, 둘 중 어느 하나의 조건이 될 수도 있음을 역시 우리는 유념해야 한다.

이러한 부류의 악이 어떤 본성을 지니는지 보여주기 위해, 나는 잔인함과 호색이라는 두 가지 악을 예로 들고자 한다. 내가 생각하기에, 그 마음이 오로지 가장 나쁜 형태의 이러한 정념으로 가득 차 있는 사람의 상태를 상상하는 것만으로도 우리는 이 둘이 중대한 본래적 악이라고 쉽게 확신할 수 있을 것이다. 그런 다음, 이런 정념에 적합한 대상 외의 어떤 다른 대상 내지 이러한 대상을 향해 일어나는 어떤 감정에 대한 최소한의 의식조차 존재할 것이라고 전혀 기대할 수 없는, **오로지** 이런 정념만으로 가득 찬 사람들로 구성된 우주에 대해 우리가 어떤 판단을 내리는지를 한 번쯤 심사숙고하게 되면, 우리는 이러한 우주의 존재는 이러한 악이 전혀 없는 세계의 존재보다 훨씬 더 악할 것이라는 결론을 내리지 않을 수 없다.

그러나 사실이 이러하다면, 이 두 사악한 상태는 일상적으로 인정되듯이 수단으로서의 악일 뿐만 아니라 그 자체로도 악이라는 결론이 얻어진다. 그리고 내가 생각하기에, 이들 두 악은 그 요소들 가운데 아주 복잡한 요소, 즉 내가 말하는 악한 것 내지 추한 것에 대한 사랑이라는 복잡한 요소를 그 본성으로 지니고 있음 역시 이에 못지않게 분명하다. 정욕의 쾌락에 관해서는, 이를 정의하는 데 그 존재가 꼭 필요한 인식의 요소가 무엇인지를 분석하는 일은 다소 어려운 문제이다. 그러나 이러한 인식은 그에 대한 즐거움이 그 자체로 확실히 악인 그러한 신체 상태에 대한 유기체적 감각 및 유기체적 지각이라는 두 가지 인식을 포함하는 것 같다. 따라서 이러한 인식들이 관련되는 경우, 호색은 추한 것을 찬양하면서 즐기는 것을 그 본질로 내포하고 있을 것이다. 그러나 가장 나쁜 형태의 호색의 경우에 가장 공통적으로 존재하는 구성 요소 중 하나는 다른 사람들에게 나타나는 동일한 마음 상태를 즐거워한다는 것이다. 그러므로 이러한 경우, 호색 역시 악한 것에 대한 사랑을 내포하게 된다. 잔인함에 관해서는, 다른 사람의 고통을 즐거워하는 것이 잔인함에 본질적이라는 것을 우리는 쉽게 알 수 있다. 앞으로 알게 되겠지만, 우리가 고통을 고찰할 때, 이는 확실히 악에 대한 사랑이다. 그리고 잔인함이 또한 신체적 고통 표현에서 기쁨을 얻는 것을 포함하는 한, 잔인함은 또한 추한 것에 대한 사랑마저 내포하게 된다. 두 경우 모두에서, 그러한 상태의 악함은 그 대상의 악 내지 추함이 증가함에 따라 더 심화될 뿐만 아니라, 한 걸음 더 나아가 느끼는 즐거움이 증가함에 따라서도 더 심화된다는 사실을 우리는 명심해야 한다.

이에 대해 잔인함의 경우, 즉 가정상 잔인함에 대한 생각이 수단으로서 그 어떤 영향도 미치지 않는 완전히 고립된 경우에도 우리가 잔인함을 비난할 때, 우리의 비난은 실제로, 잔인함을 관조하면서 기쁨을 느끼는 대상, 즉 다른 사람의 고통을 향하고 있다는 반론이 제기될 수 있다. 우선 내가 생각하기에, 조금만 반성적으로 생각한다면 어느 누구도 피할 수 없는 판단, 즉 고려 중인 고통의 양이 동일하다 할지라도, 다른 사람의 고통에서 느끼는 기쁨이 크면 클수록, 그 상태는 더욱더 악해진다는 판단을 이러한 반론은 온전하게 설명하지 못한다는 사실의 지적만으로도 이러한 반대는 상당히 반박될 수 있다. 그리고 또한 내가 생각하기에, 선에 관한 유사한 가능성, 즉 **실재하는** 사람에 대해 느끼는 가치 있는 애정에 우리가 더 큰 가치를 부여하는 이유는, 그 사람의 존재에서 발견되는 부가적인 선을 고려하기 때문이라는 가능성을 논의할 때 우리가 주장할 수 없는 한 가지 사실을 주목함으로써, 우리는 이러한 반대를 논박할 수 있다. 그러니까 내가 생각하기에 잔인함의 경우, 관조되고 있는 고통이 실제로 존재하든, 아니면 순수 상상의 대상이든 상관없이, 그 본래적인 가증스러움은 똑같이 크다고 우리는 주장할 수 있다. 적어도 나는 이러한 경우, 물론 **참인 신념**의 존재는 고려 중인 전체의 가치에 **수단으로서** 큰 차이를 가져다준다는 점은 의심의 여지가 없는 사실이지만, 이러한 신념의 존재가 그 전체의 본래적 가치에 어떤 차이를 가져다주는지에 대해서는 분별할 수 없다. 이러한 부류에 속하는 다른 악에 대해서도 역시 마찬가지이다. 즉, 나는 그 대상의 **존재**에 대한 신념이 참인 경우, 그 대상의 적극적 단점(demerits)의 정도에 어떤 차이가 발생하는지 나는 알 수 없다. 다른 한편으로, 다른 부류의 신념의 존재는 상당한 차이를 가져다주는 것 같다. 악하거나 추하다는 것을 알고서 악한 것이나 추한 것을 즐거워하는 경우, 이러한 대상들의 상태는, 이러한 대상의 가치에 대해 전혀 아무런 판단을 내리지 않을 때보다 상당할 정도로 더 나쁜 것처럼 보인다. 당연히 이상하게 들리겠지만, 우리가 가치에 대해 잘못된 판단을 내리는 경우에도 동일한 현상이 적용되는 것 같다. 그러니까 아름답다거나 선하다고 믿은 나머지 실제로는 추하거나 악한 것을 찬양하는 경우, 이러한 잘못된 신념 역시 우리 상태의 본래적 악함을 더 증가시키는 것 같다. 물론 이 두 경우 관련된 해당 판단은 단지 내가 말하는 미각상의 판단에 불과하다는 점을 우리는 충분히 이해해야 한다. 달리 말해 속성들은 대상에 바르게 혹은 잘못 귀속될 수도 있는데, 이러한 판단은 대상 그 자체의 가치가 아니라 실제로 인식되고 있는 속성들의 가치와 관련되어 있다.

마지막으로 중대한 순수한 선들과 공유하는 감정적 요소들, 즉 즐거움과 찬사를 제외한 이러한 부류의 악들은 항상 어떤 특정의 감정을 포함하는 것 같다. 하지만 그 어떤 선을 구성하는 데에도 이러한 감정이 동일한 방식으로 관여하지는 않는다. 이러한 특정 감정의 현존은 그 자체로 악하거나 추한지는 명백하지 않지만, 확실히 전체의 악을 더 크게 만들어주는 것 같다.

### 126.
(2) 두 번째 부류의 중대한 악들은 분명 혼합된 악이다. 그러나 어떤 면에서 이 악들은 방금 논의할 부류, 즉 첫 번째 부류와 **정반대로** 여겨지기 때문에, 나는 이를 첫 번째 부류 다음인 지금 논의하고자 한다. 선하거나 아름다운 것의 인식에 적절한, 그러나 잘못된 대상을 향하고 있는, 감정을 포함하는 것이 첫 번째 부류의 악에 본질적이듯이, 이 두 번째 부류의 악에 대해서도, 적절하지 못한 감정을 동반하는, 선하거나 아름다운 것에 대한 인식을 포함하는 것이 본질적이다. 간단히 말해 첫 번째 부류의 악은

악하거나 추한 것에 대한 사랑의 경우로 묘사될 수 있듯이, 이 두 번째 부류의 악은 선하거나 아름다운 것에 대한 증오의 경우로 묘사될 수 있다.

이들 악에 대해 다음 몇 가지 점을 우리는 주목해야 한다. 첫째, 증오, 시기, 경멸 등의 악덕들(이들 악덕이 그 자체로 악인 경우)이 바로 이 두 번째의 사례인 것 같다. 그리고 이러한 악덕들은 종종, 예를 들어 선한 사람의 고통에 기쁨을 느끼는 경우와 같은 첫 번째 부류의 악을 동반한다. 이러한 악을 동반하는 경우, 이렇게 형성된 그 전체는 분명 어느 하나만 홀로 존재하는 경우에 비해 분명 더 나쁘다.

그리고 둘째로, 두 번째 부류의 경우, 지금 증오를 받고 있는 선한 대상 혹은 아름다운 대상의 존재에 대한 참인 신념은, 이러한 신념이 현존하는 그 전체의 악을 더 증가시키는 것 같다. 우리의 첫 번째 부류에서처럼, 고려 중인 대상의 **가치**에 대한 참인 신념의 현존은 악을 증가시킨다는 점 역시 의심의 여지가 없다. 그러나 첫 번째 부류의 경우와는 정반대로 가치에 대한 **잘못된** 판단은 악을 감소시키는 것 같다.

**127.**
중대한 적극적 악의 세 번째 부류는 고통의 경우인 것 같다.

고통에 관해, 첫째, 쾌락의 경우와 마찬가지로, 고통은 고통 그 자체가 아니라, 단지 우리의 가치 판단이 향하고 있는 고통에 대한 의식임을 우리는 주목해야 한다. 3장에서 쾌락은 그것이 아무리 강렬하다 할지라도 아무도 느끼지 않는다면 전혀 선이 되지 못할 것이라고 주장되었듯이, 고통도 아무리 강렬하다 할지라도 이에 대한 의식이 전혀 없다면 전혀 악이 아닐 것이다.

　그러므로 고통이란 단지 중대한 악이라고 주장될 수 있는 강력한 고통에 대한 의식이다. 그러나 나는 이러한 고통이 **그 자체**로 중대한 악일 수 있다는 생각을 결코 떨쳐버릴 수 없다. 따라서 고통의 경우는 쾌락의 경우와 다르다. 왜냐하면 아무리 강렬하다 하더라도 쾌락에 대한 단순한 의식은, 비록 약간의 본래적 가치를 지닌다 할지라도 **그 자체로는 중대한** 선인 것 같지는 않기 때문이다. 간단히 말해 고통(그러니까 이 단어를 우리가 고통에 대한 의식으로 이해한다면)은 쾌락이 선인 경우보다 훨씬 더 나쁜 악인 것 같다. 그러나 사실이 이러하다면 고통은, 모든 **다른** 중대한 악 및 **모든** 중대한 선, 둘 다에 적용되는 것처럼 보이는 규칙에 대한 예외로 인정되어야 한다. 즉, 다른 악이나 선들은 모두, 대상에 대한 인식 및 그 대상을 향한 감정 둘 다가 본질적인 유기체적 통일체인데, 고통은 그렇지 않은 것 같다. 고통의 경우, 그리고 오직 고통의 경우에만, 단순한 인식 그 자체만으로도 중대한 악이 될 수 있다는 것은 참인 것처럼 보인다. 따로 떼어놓고 보면 그 어떤 장점이나 단점도 지니지 않는, 그러한 인식과 대상을 모두 내포하고 있다는 점에서 보면, 고통은 참으로 유기체적 통일체이다. 그러나 고통은 다음 두 사실의 측면에서 다른 중대한 악이나 중대한 선에 비해 유기체적 통일체로서의 복잡성은 떨어진다. 그러니까 우선 고통은 인식 **외에는** 대상을 향한 감정을 내포하지 않으며, 한 걸음 더 나아가 모든 경우는 아니지만 대부분의 경우 다른 대상은 그 자체로 상당히 복잡한 반면에, 고통의 대상은 절대적으로 단순해 보인다.

고통과 본래적 악의 관계 및 쾌락과 본래적 선의 관계 사이에는 유비관계가 성립되지 않는다는 점은 두 번째 측면과 관련해서도 명백하게 밝혀질 수 있다. 강력한 고통에 대한 의식은 그 자체로 중대한 악인 반면에, 강력한 쾌락에 대한 의식은 그 자체로는 중대한 선이 아니다. 뿐만 아니라 게다가, 고통이나 쾌락이 다른 중대한 악 혹은 중대한 선과 각각 별개로 결합할 때, 전체의 가치에 어떤 기여를 하는가에 관해서는 이와 정반대의 차이가 발생하는 것 같다. 달리 말해 (비록 그 강도에 비례하지는 않지만) 쾌락의 현존은, 우리가 논의해온 중대한 어떤 순수한 선과 결합하게 되면, 그 전체의 가치를 함양시켜주는 것 같다. 심지어 중대한 가치를 지닌 것은, 오직 어떤 쾌락을 내포하는 전체일 뿐이라는 주장도 가능하다. 아무튼 쾌락의 현존은 선한 전체의 가치를 그 자신의 본래적 가치 이상으로 크게 증대시켜준다는 점은 확실하다. 이와 반대로 고통의 느낌이 우리가 고려하고 있는 어떤 악한 마음 상태와 결합할 경우, 이러한 현존이 전체의 가치에 가져다주는 차이는, 전체적으로 더 악한 것이라기보다는 더 선한 것에 불과한 것 같다. 즉, 그 어떤 경우에도 고통의 느낌이 더해주는 유일한 부가적인 악은 그 고통이 그 자체로 본래적으로 구성하고 있는 악이 전부일 따름이다. 따라서 고통은 **그 자체로** 중대한 악이지만, 어떤 다른 악한 대상과 결합할 경우, 전체의 악에 대해 그 자신이 갖고 있는 본래적 악 외의 다른 부가적인 악도 더해주지 않는다. 하지만 이와 반대로 쾌락은 **그 자체로는** 중대한 선이 아니지만, 다른 선한 것과 결합할 경우, 그 전체의 선에 쾌락 자신의 본래적 가치와는 전혀 다른 선을 아주 많이 더해준다.

**128.**

그러나 마지막으로 쾌락과 고통은 다음과 같은 점에서는 아주 유사하다는 점이 인정되어야 한다. 즉, 쾌락의 현존이 항상 대상의 상태를 **전체적으로** 더 선하게 만들어준다거나, 고통의 현존이 항상 더 나쁘게 만들어준다고 우리는 가정해서는 안 된다. 이는 쾌락과 고통 둘 다에 관해 간과되기 쉬운 진리이다. 쾌락이 유일한 선이고 고통은 유일한 악이라는 상식적 이론이 총체적으로 가치에 대한 잘못된 판단을 내리도록 하는 결과를 낳은 이유 역시 지금의 이 주장이 진리이기 때문이다. 어떤 상태의 쾌락은 그 상태의 본래적 가치에 비례하지 않을 뿐만 아니라, 심지어 어떤 경우에는 그 상태의 악함을 적극적으로 증가시켜줄 수도 있다. 우리는 어떤 악한에 대한 성공적인 증오가 상태를 덜 악하게, 그리고 덜 혐오스럽게 만들어준다고 생각하지 않는다. 왜냐하면 그 악한은 그렇게 증오받는 데서 극적인 기쁨을 누리기 때문이다. 그리고 쾌락에 대한 비지성적인 편견을 버리게 되면, 논리적으로 봐도 왜 그렇게 생각해야 하는지, 그 필요성도 거의 없어진다. 사실, 우리의 처음 두 부류 중 어느 하나의 악한 상태에 쾌락이 더해지는 경우에는 언제나, 이렇게 형성된 전체는 쾌락이 현존하지 않는 경우에 비해 **항상** 더 나쁘게 되는 것 같다. 그리고 이러한 주장은 고통에 대해서도 똑같이 적용된다. 고통이 우리의 처음 두 경우의 어느 한 악한 상태에 더해진다면, 이렇게 형성된 전체는 어떠한 고통도 현존하지 않는 경우에 비해 **전체로서 항상** 더 선하게 된다. 여기서 고통이 아주 강렬하다면, 이것이 중대한 악이기 때문에, 그 상태는 **전체적으로** 더 선해질 수는 없을지 모른다. 보복적인 처벌 이론은 이러한 방식으로 정당화될 수 있다. 그러니까 그 마음 상태가 나쁜 자에게 고통을 가하는 것은, 그 고통이 그렇게 강렬하지 않은 경우에도, 그 악한 마음 상태가 처벌받지 않는 경우에 비해 **전체적으로** 더 선한 상황을 만들어낼 수 있다. 이러한 상황이 그 어떤 **적극적** 선을 형성할 수 있는가의 물음은 또 다른 물음이다.

**129.**

II. 또 다른 이러한 물음은 두 번째 주제, 즉 '혼합된' 선이라는 주제에 속하는 것이 타당한데, 지금까지 논의가 유보된 이 주제를 나는 앞으로 논의하고자 한다. 앞에서 '혼합된' 선은 비록 **전체로서는** 적극적 선이지만 그럼에도 불구하고 본래적으로 악하거나 추한 그 어떤 것을 본질적인 요소로 내포하고 있는 것으로 정의되었다. 그리고 확실히 이러한 선이 존재하는 것 같다. 그러나 이에 관한 올바른 논의를 위해, 여기서 새로운 또 하나의 구분, 즉 어떤 대상이 '**전체로서**(as a whole)' 지니는 가치와 그 대상이 '**전체적으로**(on the whole)' 지니는 가치로 표명되는 구분을 고찰해볼 필요가 있다.

'혼합된' 선이 전체로서 긍정적으로 선한 것으로 정의되는 경우, 이 표현은 상당히 모호하다. 이는 **전체적으로** 적극적 선을 의미하기도 한다. 그러나 우리는 여기서 어떤 대상이 **전체적으로** 지니는 가치는, 그 부분들 각각에 속하는 본래적 가치들과 **결합하게 되면**, 그 대상이 **전체로서** 가지는 가치와 똑같다고 말할 수 있음에 우리는 주목해야 한다. 사실 '어떤 대상이 전체로서 지니는 가치'는 서로 구별되는 두 가지를 의미할 수 있다. 즉, 이는 (1) 오로지 둘 이상의 대상 **결합으로부터** 발생하는 가치를 뜻하거나, 아니면 (2), (1)에 결합된 부분 각각에 속하는 어떤 본래적 가치가 더해져서 형성된 총합 가치를 뜻할 수도 있다. 아마도 앞에서 언급한 보복적 처벌의 경우를 고찰함으로써 우리는 이러한 구분의 중요성을 가장 쉽게 이해할 수 있을 것이다. 두 악이 결합된 존재가 이 두 악이 각각 따로따로 존재하는 경우보다 더 적은 악을 구성할 수 있다는 게 사실이라면, 그 이유는 오직, 이 두 악의 총합과 두 악 각각의 단점 사이의 **차이**보다 더 큰,

적극적 선이 이 둘의 결합으로부터 얻어지기 때문일 것임이 분명하다. 그런데 이 적극적 선은 (1)의 의미로 **전체로서의** 전체의 가치일 것이다. 그러나 이러한 가치가 두 악의 총합이 악인 정도만큼 그렇게 크지 않다면, 그 전체 상태의 가치는 적극적 악이 될 것임이 분명하다. 그리고 이 가치는 (2)의 의미로, 전체로서의 전체의 가치라 하겠다. 보복적 처벌과 같은 특수한 경우에 우리가 어떠한 입장을 취하든 간에, 우리는 여기서 **서로 구별되는 두 대상**을 얻게 된다. 그리고 이 둘 중 하나에 관해, 모든 유기체적 통일체의 경우에 제기된 독립된 별도의 물음을 우리는 던질 수 있다. 이 둘 중 첫째는 **전체 대상**(the whole thing)의 가치와 부분 각각의 가치 총합 사이의 차이로 표현될 수 있다. (114절과 115절에서 논의한 첫 번째 부류의 선에서처럼) 부분들이 가치를 거의 혹은 전혀 지니지 않는 경우, 이 차이는 전체 대상의 가치와 거의 혹은 절대적으로 똑같을 것이라는 점은 분명하다. 그러므로 이 구분은 오직 부분들 중 하나 이상이, 긍정적이든 부정적이든 간에 중대한 본래적 가치를 지닌 전체의 경우에만 중요하게 된다. 이러한 경우들 중 첫 번째 사례, 즉 그 부분들 중 한 부분이 중대한 **긍정적** 가치를 지닌 전체는 중대한 혼합적 선에 관한 우리의 두 번째와 세 번째 부류에서 예시된 바 있다.(120, 122절) 이와 마찬가지로, 최고선은 **많은** 부분이 중대한 **긍정적** 가치를 지닌 전체에 해당한다. 또한 이런 경우들은 미학적 판단들의 아주 중요한 대상으로서 아주 빈번하게 일어난다는 점을 우리는 주목해야 한다. 왜냐하면 '고전적' 스타일과 '로맨틱한' 스타일의 본질적 차이는, 전자는 (1)의 의미의 전체로서 전체를 위해 가능한 최대의 가치를 얻는 것을 목표로 하는 반면에, 후자는 어떤 부분—이 부분 자체가 하나의 유기체적 통일체이다—을 위해 가능한 한 최대의 가치를 얻기 위해 이를 희생시킨다는 사실에 놓여 있기 때문이다. 이로부터, **전체적으로** 혹은 (2)의 의미로 '전체로서' 똑같이 선한 결과가 어느 방법을 택해도 얻어질 수 있기 때문에, 우리는 두 스타일 중 어느 스타일이 필연적으로 더 우월하다고 선언할 수 없다는 결론이 얻어진다. 그러나 미학적인 기질이 아주 특별한 사람들은, 얻어지는 선한 결과가 똑같다면, 로맨틱한 방법보다는 고전적인 방법에 의해 그러한 결과를 얻는 것을 더 선호하는 특징을 갖고 있다고 말할 수 있다.

### 130.
그러나 지금 우리가 고찰해야만 하는 바는 하나 이상의 부분들이 중대한 부정적인 가치를 지닌 전체의 사례들, 즉 중대한 적극적 악이다. 무엇보다 우리는 응보적 처벌의 경우—이는 오로지 두 개의 중대한 적극적 악, 즉 사악함과 고통으로 구성된 전체라고 말할 수 있다—처럼 **가장 강한** 경우들을 우선적으로 살펴보고자 한다. 그러면 이러한 전체는 **전체적으로** 적극적 선이 될 수 있는가?

(1) 내 생각에는, 이러한 전체가 **전체적으로** 적극적 선이라고 생각할 그 어떤 이유도 없는 것 같다. 그럼에도 불구하고 두 부분을 각각 개별적으로 고찰하는 경우에 비해 이러한 전체가 더 적은 악일 수 있다는 사실로부터, 이러한 전체는 실천적 물음을 올바르게 결정하는 데 아주 중요한 함의를 지닌다는 결론이 얻어진다. 그 **결과**나 어떤 악이 수단으로서 지니는 가치를 전혀 고려하지 않을 경우, 이미 하나의 악이 존재한다고 가정하면, 또 다른 악을 생성하도록 하는 것은 아주 중요한 의의를 지닌다는 결론이 얻어진다. 왜냐하면 이러한 두 번째 악의 단순한 존재만으로도, 원래의 악이 그 자체로 존재하도록 내버려 둔 경우에 비해 더 적은 악을 지닌 전체

가 형성될 수 있기 때문이다. 이와 마찬가지로 내가 지금 고찰하고자 하는 모든 전체에 대해서도 우리는 다음 사실을 기억해야 한다. 즉, 전체가 전체적으로 선이 아니라 할지라도, 악이 실제로 존재하는 이 세상에서처럼, 어떤 악이 이미 존재하는 경우에는, 이러한 전체의 다른 부분의 존재는 **그 자신을 위해서** 바람직한 대상이 될 것이다. 달리 말해 이러한 부분의 존재는 미래 선을 위한 수단으로서뿐만 아니라, 무엇이 가능한 최선의 상태—모든 옳은 행위는 이에 대한 수단이 됨에 틀림없다—인지를 평가할 때 고려해야만 하는 **목적** 중 하나로서 바람직한 대상이라고 하겠다.

## 131.

(2) 그러나 사실의 문제로서, 긍정적으로 악하고 추한 그 어떤 것을 포함하는, 그럼에도 불구하고 전체적으로 중대한 적극적 선인 전체가 존재한다고 나는 생각하지 않을 수 없다. 참으로 본래적으로 선한 어떤 것을 내포하는 덕의 사례들이 주로 이러한 부류에 속한다고 여겨진다. 물론 유덕한 성향에는 가끔, 첫 번째로 논의했던 순수한 선, 달리 말해 선하거나 아름다운 것에 관한 실재적 사랑이 다소간 포함되어 있다는 사실을 우리는 부인할 필요가 없다. 그러나 전형적이고 특징적인 유덕한 성향들은, 그것들이 단순한 수단 이상인 한 오히려 혼합된 선의 사례로 여겨진다. 우리는 이러한 사례로서, 앞의 5장에서(107절) 구분한 세 부류의 덕들 가운데 두 번째 부류에 속한 것으로 여겨지는 (a) 용기(Courage)와 동정심(Compassion) 및 세 부류 중 세 번째 부류를 정의할 때 준거점 구실을 하고 있는 (b) 특별한 '도덕적' 감정을 여기서 다루고자 한다.(108절)

용기와 동정심은, 본래적으로 바람직한 마음 상태를 내포하는 한, 악하거나 추한 어떤 것에 대한 인식을 본질적으로 포함하는 것 같다. 용기의 경우, 인식의 대상은 다음 세 경우 중 어느 하나의 악이라고 말할 수 있다. 반면에 동정심의 경우, 그 적절한 대상은 고통이다. 따라서 이 두 덕은 모두 (1) 부류의 악을 구성하는 본질적인 요소와 정확히 똑같은 요소를 포함하고 있음에 틀림없다. 하지만 이 둘의 경우 이러한 대상을 향하는 감정이 (2) 부류의 악에 본질적인 감정과 동일한 종류의 감정이라는 사실로 인해, 이 둘은 첫 번째 부류와 구분된다. 간단히 말해 (2) 부류의 악들은 선하거나 아름다운 것에 대한 증오를, 그리고 (1) 부류의 악들은 악하거나 추한 것들에 대한 사랑을 내포하듯이, 이 두 덕들은 악하거나 추한 것에 대한 **증오**를 내포한다. 의심의 여지없이, 이들 두 덕은 또한 다른 요소들도 포함하여, 이 다른 요소들 각각은 그에 고유한 특정의 감정을 내포한다. 그러나 이 두 덕의 가치는 이들 다른 요소에만 전적으로 달려 있는 것이 아니라는 점을 확신하기 위해서 우리는 다음 사항을 고찰해야 한다. 즉, 본래적으로 선하거나 아름다운 대상에 대해 아무런 감정을 표명하지 않는 인내의 태도나 반항적으로 멸시하는 태도에 대해서, 혹은 그 마음이 찬사를 받아 마땅한 행복에 대해 유감의 감정으로 가득 차 있는 사람들에 대해서 우리가 어떻게 생각하고 있는지를 우리는 고찰해야 한다. 그러나 마땅하지 않은 다른 사람의 고통에 대한 유감, 자기 자신에 대한 인내, 자기 자신이나 다른 사람에게서 발견되는 나쁜 성향에 대한 반항적인 증오 등은 의심의 여지없이 그 자체로 찬사를 받아야 할 것이다. 그리고 사실이 이러하다면, 악에 대한 아무런 인식이 없는 경우 우리는 분명 찬양을 받을 수 있는 것들을 잃어버리게 될 것이다.

이와 마찬가지로 특별한 도덕적 감정들은 상당한 본래적 가치를 지닌 모든 경우에서, 첫 번째 및 두 번째 부류의 악에 대한 증오를 내포하고 있는 것 같다. 이 감정이 어떤 행위에 대해 옳다 혹은 그르다는 관념에 의해 촉발된 감정이라는 점은 사실이다. 그러므로 이러한 감정을 불러일으킨 관념의 대상은 일반적으로 본래적인 악은 아니다. 그러나 내가 알기로는, 양심적인 사람이 실재하는 혹은 상상적인 옳은 행위와 결부되어 있다고 여기는 감정은 그 본질적 요소로서 그러한 사람이 그른 행위와 결부되어 있다고 여기는 감정과 동일한 감정을 내포하고 있다. 이러한 감정을 특별히 **도덕적인** 감정이게끔 만드는 데는 참으로 이러한 요소가 꼭 필요한 것 같다. 그리고 내가 생각하기에, 그른 행위에 관한 관념에 의해 촉발된 특별한 도덕적 감정은 일상적으로 그른 행위에 의해 발생하는 그러한 종류의 본래적 악들—이러한 악들이 고려 중인 구체적인 해당 행위에 의해 야기되었든 그렇지 않든 상관없이—에 대한 다소 모호한 인식을 본질적으로 내포하는 것으로 보인다. 사실 나는 옳음과 그름의 관념에 의해 촉발된 도덕적 감정—이 감정이 강렬한 경우—이, 본래적으로 악한 어떤 것에 대한 인식이 그에 대한 증오의 감정과 결합하여 형성한 총체적 상태와 그 주요 특징에서 어떻게 다른지 구분할 수 없다. 의무로 가장 흔하게 인정되는 행위들의 본성을 조금이라고 성찰하게 되면, 이러한 마음 상태가 옳음에 대한 관념과 밀접하게 연관되어 있는 마음 상태라는 사실에 대해 우리는 그렇게 놀랄 필요가 없을 것이다. 왜냐하면 우리가 일상적으로 의무라고 생각하는 행위들은 대부분 **소극적**(negative)이다. 즉, 우리가 의무라고 느끼는 것은 그렇게 하고 싶은 강한 자연적 충동이 일어나는 행위를 **하지 않는 것**을 말한다. 그리고 하지 않는 것이 의무에 해당하는 이런 그릇된 행위들은 대개 다른 사람에게 고통을 안겨다주는 나쁜 결과를 아주 직접적으로 낳는 그러한 행위들이다. 또 다른 한편으로 많은 두드러진 전형적인 사례의 경우, 우리로 하여금 이러한 행위들을 하도록 유혹하는 경향성은 그 자체로 본래적인 악이다. 그래서 색욕이나 잔인이 충동질하는 경우에서처럼, 이런 경향성은 악하거나 추한 어떤 것에서 즐거움을 누리리라는 기대감을 내포하고 있다. 그러므로 옳은 행위는 어떤 악한 충동을 억제하는 것을 포함하는 경우가 아주 흔하다는 사실은 덕이란 이성을 통해 정념을 통제하는 데 성립한다는 입장의 개연성을 설명하는 데 큰 도움이 된다. 따라서 옳음에 대한 관념으로 강한 도덕적 감정이 촉발되는 경우, 이러한 도덕적 감정은 언제나, 의무의 사례로서 우리에게 아주 흔하게 일어나는 행위들에 의하여 일상적으로 억제되거나 하지 못하도록 하는, 그러한 종류의 악에 대한 막연한 인식을 동반한다. 게다가 이러한 경우 도덕적 감정은 이런 나쁜 속성을 향한다. 그러므로 우리는 다음과 같은 결론을 내릴 수 있다. 즉, 특정의 도덕적 감정이 가지는 그 본래적 가치의 거의 모든 것은 악에 대한 증오를 동반하는 악에 대한 인식을 포함하고 있다는 사실 탓으로 얻어진 것이다. 그러므로 단순한 옳음은, 그것이 어떤 행위에 올바르게 귀속되든지 아니면 잘못 귀속되든지 상관없이, 그 자체만으로는 어떤 커다란 선이 될 정서적 감상의 대상을 형성할 수는 없는 것 같다.

## 132.

만약 사실이 이러하다면, 덕의 전형적인 많은 사례의 경우, 그 존재가 중대한 악이 되는 어떤 것에 대한 인식을 포함하는, 그러면서도 그 자체로는 중대한 선이라 할 수 있는 전체가 존재할 수 있는 경우를 우리는 갖게 될 것이다. 중대한 선은 그 가치를 악하거나 추한 어떤 것을 내포하고 있다는 사실에 절대적으로 의존하고 있다. 그렇다고 중대한 선이 그 가치를 그 자체에 포함된 이러한 요소에만 **전적으로** 의존하는 것은 아니다. 덕의 경우 이러한 악한 대상은 일반적으로 실제로 존재한다. 그러나 악한 대상이 실제로 존재한다고 해서, 이렇게 구성된 대상의 전체 상태가 **전체적으로** 더 선하다고 생각할 이유는 전혀 없어 보인다. 의심의 여지가 없어 보이는 바는 다만 다음과 같다. 즉, 어떤 대상에 대한 정서적 감상은, 그 존재가 중대한 악이 되거나 아니면 추할 수도 있지만, 가치 있는 전체를 위해서는 본질적으로 필요하다. 우리는 비극의 감상에서 의심의 여지없는, 이와 유사한 또 다른 사례를 만나게 된다. 그러나 비극의 경우 리어(Lear) 왕의 수난과 이어고(Iago)의 악덕은 순전히 상상일 수 있다. 그리고 이런 수난이나 악덕이 참으로 실재한다면, 이렇게 존재하는 악은, 이러한 수난이나 악덕에 대한 적절한 감정으로 형성된 선의 가치를 손상시키기는 하지만, 그렇다고 그러한 손실을 상쇄하기에 충분할 만큼 큰 선에다 그 어떤 긍정적 가치를 더해주지는 않을 것이라는 점은 확실해 보인다. 참으로 이런 혼합된 선의 대상에 대한 참인 신념의 존재는 그 신념이 결합하고 있는 전체에 어떤 가치를 더해주는 것 같다. 실재하는 고뇌에 대한 의식적인 동정심은 단순히 상상적인 고뇌에 대한 동정심보다 **전체적으로** 더 선할 것이다. 실재하는 고뇌에 내포된 악이 대상의 전체 상태를 **전체적으로** 나쁘게 만들어준다 할지라도, 이는 아마도 사실인 것 같다. 이러한 대상의 실재 존재에 대한 **거짓** 신념은, 우리의 마음 상태가 우리가 일상적으로 순수 허구로 여기는 그런 마음 상태인 경우에 비해, 혼합된 선을 더 나쁘게 만들어준다는 점 역시 확실해 보인다. 따라서 우리는 다음과 같은 결론을 내릴 수 있다. 즉, 전체적으로 적극적 선이라 할 수 있는, 유일한 혼합된 선이란, 그 대상이 존재한다면 중대한 악이 되거나 추한 어떤 것에서 발견되는 선을 말한다.

## 133.

그러므로 악하거나 추한 대상을 향하는 적절한 마음의 태도로 구성된 이러한 혼합 선들—이런 혼합 선들의 경우, 아무튼 그 요소들 가운데 본래적 가치를 지닌 덕들이 더 큰 부분을 차지하고 있다—에 관해서는, 아래의 세 가지 결론을 우리는 중점적으로 강조할 필요가 있다고 하겠다.

(1) 그 대상이 **실제로 존재할** 뿐만 아니라 그 자체로 악한 것인 경우, 이 대상의 총합 상태는 여전히 **전체적으로** 적극적 **선**에 해당한다고 생각할 이유는 전혀 없어 보인다. 물론 실제로 존재하는 악에 대한 적절한 마음의 태도는, 순수 상상적인 동일한 악을 향하고 있는 동일한 태도와 절대적으로 똑같은 요소를 포함한다. 그리고 이 두 경우에 공통적인 이러한 요소는 전체적으로 중대한 적극적 선이 될 수 있다. 그러나 그 악이 **실재하는** 경우, 이런 실재하는 악의 양이 가치의 총합을 부정적인 양으로 감소시켜 줄 만큼 항상 충분하다고 의심할 아무런 이유가 없어 보인다. 따라서 우리는 다음과 같은 역설을 주장할 이유가 없다. 즉, 이상 세계가 악덕과 수난에 대한 적절한 감정을 갖는 데서 얻어지는 선들을 포함해야 하기 때문에, 이상 세계는 이러한 악덕과 수난이 반드시 존재해야만 하는 그런 세계이어야 한다는 역설적 주장을 할 이유가 없다. 우리가 동정심을 갖기 위해서는 수난이 존재해야 하고, 또 우리가 미움의 감정을 갖기 위해서는 사악함이 존재해야 한다는 것은 적극적 선이 아니다. 아무튼 어떤 실재적 악이 이상향에 포함되어야 한다고 생각할 이유는 전혀 없다. 이로부터, 신정론에서 공통적으로 사용되고 있는 논증들 가운데 그 어떤 것도 실제로 타당할 수 없다는 결론이 얻어진다. 즉, 이런 논증들은 이 세계가 포함하는 많은 악들 가운데 가장 사소한 악들이 실제로 존재한다는 사실을 정당화하는 데

결코 성공할 수 없다. 이러한 논증들에 대해 말할 수 있는 바는 단지, 이러한 논증들이 유기체적 통일체의 원리에 호소할 때, 그 호소력은 **원칙상** 타당할 뿐이라는 점이다. 악의 존재가 중대한 선의 존재를 위해 수단으로서뿐만 아니라 분석적으로 꼭 필요한 그러한 경우는 가능할 수 있다. 하지만 아무튼, 모든 경우에 이것이 사실이라고 생각할 이유는 전혀 없다.

그러나 (2) 순수 상상적인, 악하거나 추한 대상에 대한 인식이 이상향에 본질적이라고 생각할 이유는 전혀 없다. 이 경우 입증의 부담은 다른 편에 놓여 있다고 하겠다. 비극의 감상이 중대한 적극적 선이라는 점을 우리는 의심할 수 없다. 동정심, 용기, 자제 등의 덕목들이 이러한 선을 내포하고 있다는 점 역시 이와 똑같이 확실해 보인다. 이 모든 것에는, 존재한다면 악이 될 대상에 대한 인식이 분석적으로 필요 불가결하다. 따라서 우리는 여기서 그 존재가 자신이 포함되는 전체에다 가치를 더해주는 그러한 대상이 있음을 확신하게 된다. 즉, 이러한 대상들이 없어지면, 그러한 전체는, 이러한 대상들의 부재로 잃어버리게 되는 가치에 비해 그 가치를 이로 인해 **전체적으로** 더 많이 가지게 되리라고 확신할 가능성은 전혀 없다. 이러한 대상들을 포함하지 않는 그 어떤 전체가 포함하는 그 어떤 전체만큼 **전체적으로** 똑같이 선할 것이라고 생각할 이유가 우리에게는 전혀 없다. 이상향에 이들을 포함해야 한다는 입장을 옹호하는 논거는 물질적 속성들을 포함해야 한다는 입장을 옹호하는 논거만큼 강하다.(앞의 123절 참조) 이러한 선들을 포함하는 것에 반대하는 논변들은 단지 하나의 가능성에 불과하지 온전하게 주장될 수 없다.

마지막으로 (3), 위에서 언급했듯이, 이러한 혼합된 덕목들은 그 자체로 혹은 수단으로서 가치를 지닐 뿐만 아니라, 중대한 실천적 가치를 지닌다는 점을 강조해두는 것 역시 중요하다. 이 세상에서 그러한 것처럼, 악이 실제로 존재하는 경우, 이러한 악들이 알려져 있을 뿐만 아니라 적절하게 감상되고 있다는 사실은 순수 상상적인 악들에 대한 동일한 감상에 비해 **전체로서** 더 큰 가치를 지닌 상태를 구성한다. 이러한 상태는 결코 **전체적으로** 적극적 선이 아니라고 지금까지 주장되어왔다. 그러나 그 전체 가치를 부정적인 양에 이를 정도로 감소시키는 악이 이미 피할 수 없을 정도로 존재하는 경우, **전체로서** 이러한 상태에 속하는 본래적 가치를 얻는다는 것은, 그러한 악이 그 자체로만 존재하는 경우에 비해, (상상적인 악을 감상하는 것과 똑같은 선한 요소나 그 선한 존재가 산출해줄 수 있는 숨은 결과들은 별도로 한다 해도) 분명 더 선한 상태를 결과할 것이다. 지금의 이러한 상황은 응보적 처벌의 경우와 동일하다. 악이 이미 존재하는 경우, 마치 어떤 악은 처벌받는 것이 선으로 보이듯이, 그 악의 특성에 따라 유감이나 증오의 마음을 갖는 것이나 참아내는 것이 선으로 보이기도 한다. 물론 실천적인 모든 경우에서와 마찬가지로, 종종 이러한 선의 획득이 다른 선 및 더 큰 선의 획득과 양립 불가능한 그러한 상황이 발생하기도 한다. 그러나 가능한 최대의 순 본래적 가치—이러한 가치를 산출하는 것이 항상 우리의 의무이다—를 계산할 때 반드시 고려해야만 하는 실재적인 본래적 가치를 우리는 여기서 갖게 된다는 점을 강조해두는 것이 중요하다.

**134.**

나는 지금 본래적 가치에 관해 꼭 필요하다고 여겨지는 몇 가지 주목 사항에 관한 논의를 끝마쳤다. 이러한 윤리학의 근본 물음에 바르게 답하기 위해서는, 앞 장의 실천 윤리학에 할당된 것만큼이나 광범위하고 어려운 탐구 영역이 아직 남아 있음은 분명한 사실이다. 어떠한 결과들을 우리가 산출할 수 있는가에 관해 할 말이 많듯이, 어떤 결과가 본래적으로 선인가 및 어느 정도 선한가의 물음에 관해서도 논의할 부분은 많다. 이 두 물음은 똑같이 끈기 있는 탐구를 필요로 하며, 또 이에는 반드시 보상이 따를 것이다. 내가 이 6장에서 행한 많은 판단들이 부당하리만큼 자의적일 것이라는 점은 의심의 여지가 없는 일이다. 즉, 본래적 가치를 귀속시키는 일부의 작업은, 나에게는 분명 참으로 보이지만 철학자들에게 당연히 요구되는 형평성이나 체계성을 갖추고 있지는 않다. 그러나 이러한 점이 반론으로 제기된다면, 나는 이러한 반론을 존중하지만 이는 아무것도 아니라고 지적할 것이다. 아무튼 어느 주제에 관한 진리가 우리가 추구하고자 하는 그러한 형평성을 갖추고 있다거나, 혹은 (일상적인 모호한 표현을 사용하여 말한다면) 특정 형태의 '통일성'을 갖추고 있다고 가정할 자격이 우리에게는 전혀 없다. 진리를 희생하면서 이러한 '통일성'이나 '체계성'을 추구하는 일은, 아무리 철학자들이 보편적으로 이러한 작업을 수행해왔다 하더라도, 철학 본연의 임무가 아니라고 나는 생각한다. 우주에 관한 모든 진리는 서로서로 다양한 방식으로 밀접하게 연관되어 있다—이것이 바로 '통일성'이라는 개념이 의미하는 바일 수 있다—는 점은 오직, 우리가 그러한 여러 관계를 주의 깊게 구분하고, 한 걸음 더 나아가 그러한 진리가 무엇인지 깨닫는 경우에만 합당하게 주장될 수 있다. 특히, 탐구가 내가 따르고자 애쓰면서 그 실례를 보여주는 방법에 따라 수행되는 경우를 제외하고는, 윤리학적 진리가 특정의 방식으로 '통일되어' 있다고 주장할 자격을 우리는 결코 가질 수 없다. 예를 들어 고통이 쾌락이 선인 것과 똑같은 정도의 중요성을 지닌 악이라면, 윤리학 연구는 훨씬 더 단순하고 그 결과는 훨씬 더 '체계적일' 것이라는 점은 의문의 여지가 없다. 그러나 우주는 윤리학적 진리가 이러한 종류의 형평성을 보여주어야 할 그러한 세계이어야 한다고 가정할 이유는 우리에게 도무지 없다. 쾌락과 고통은 그렇게 상응하는 것이 아니라는 나의 결론에 반대하는 논증은, 나로 하여금 이러한 결론을 내리도록 만드는 사례들을 면밀하게 검토하지 않음으로 말미암아 논의할 가치를 전혀 지닐 수 없다. 그럼에도 불구하고 윤리학의 근본 물음에 대해 정확한 답을 주는 것으로서가 아니라, 오히려 이러한 물음에 답하는데 반드시 사용되어야만 하는 방법 및 반드시 준수되어야만 하는 원칙들을 예증하여 보여주는 것으로서 이 6장의 결과들이 받아들여진다면 나는 만족하고자 한다. 본래적으로 선한 대상들 혹은 악한 대상들은 많을 뿐만 아니라 그 종류도 여러 가지이고, 이러한 대상들 대부분은 내가 여기서 규정한 그런 특수하고도 한정된 의미에서 '유기체적 통일체'이다. 그리고 이러한 대상들의 본래적 가치 및 그 가치의 양을 결정하는 우리의 유일한 수단은 우리가 물음을 던지는 그 대상이 정확히 무엇인지를 식별한 다음, 그대상이 정도에 있어서는 다양한 차이가 있겠지만, '선'이라는 속성을 지니는지 지니지 않는지를 주의 깊게 고찰하는 일이다. 이러한 것들이 내가 여기서 참이라고 주장하는 결론들이다. 이와 마찬가지로 앞의 5장에서, "우리가 무엇을 해야만 하는가?"의 물음에 관해서도 나는 어떤 특정의 대답이 참임을 입증하려고 애쓰지 않고, 오히려 이 물음이 의미하는 바가 무엇이며, 이 물음을 답하는 데 어떤 어려움이 있는지를 정확하게 보여주고자 노력했다. 내가 주장해온 본성을 정확하게 지니고 있는 이 두 질문이 윤리학이 답해야만 하는 바로 그 질문이라는 주장이 앞의 1장에서 5장의 주된 결과라고 우리는 말할 수 있다. 즉, 윤리 철학자들은 자신들이 다루는 물음이 무엇인지를, 즉 자신들이 대상들에 귀속된다고 주장하는 속성들이 무엇인지를 정확하게 인식하고 있었던 것은 아니지만, 이것들이 윤리 철학자들이 항상 주된 관심을 갖고 답하고자 노력해온 그러한 질문들이다. 덕이나 의무가 무엇을 의미하는지 구분하지 못한 채 어떤 것들이 덕인가 혹은 의무인가라고 묻는 관행; 수단으로서 혹은 목적으로서 그래야 하는지, 즉 그 자체를 위해서 혹은 그 결과들을 위해서 그래야 하는지를 구별하지 않고 지금 여기에 어떤 것이 존재해야만 하는가라고 묻는 일; 기준을 발견하고자 한다면 우리는 먼저 어떤 것이 옳은지 혹은 그른지를 알아야만 한다는 깨달음 없이, 옳음과 그름을 구분해주는 하나의 단일 **기준**을 탐구하는 일; '유기체적 통일체'의 원리를 무시하는 일—윤리학에서는 잘못의 이러한 근원들이 지금까지 거의 보편적으로 존재해왔다. 이러한 모든 잘못을 범하지 않으면서 윤리학적 판단의 모든 일상적인 대상에 두 질문—즉, "그것이 본래적 가치를 지니는가?" 및 "그것은 가능한 최선의 결과에 대한 수단인가?"—을, 그리고 오직 이 두 질문만을 적용하고자 의식적으로 노력하는 이러한 시도는 내가 알기로 전적으로 새로운 것이다. 도덕 철학자들에게 이미 습관으로 굳어진 결과들과 비교할 때, 이러한 시도의 결과들은 확실히 충분히 놀랄 만한 일이다. 그러나 상식에 비춰보건대 이러한 결과들은 그렇게 이상하지 않다고 나는 감히 기대하고 또 그렇게 믿고자 한다. 어떤 '목적들'이 다소간 더 포괄적인가, 혹은 다소간 서로서로에 대해 더 일관적인가 등에 관한 물음들—이러한 물음은, 비록 이러한 물음들이 의미하는 바가 정확히 무엇인지 밝혀진다고 해도, 어떤 윤리학적 결론이 참임을 입증하는 데는 전혀 상관이 없는 그러한 물음들이다—을 해결하고자 우리는 일상적으로 많은 노력을 기울인다. 관심을 돌려 이러한 노력을 위의 두 명확한 문제들을 각각 분리해서 탐구하는 데 쏟아주기를 나는 참으로 바라는 바이다.

## 135.

이 6장의 주된 목적은, 중대한 본래적 선 혹은 중대한 본래적 악을 지녔다고 우리가 예상하고 있는 대상들의 부류를 대략적이나마 규정하는 데 있다. 특히 이러한 대상들은 아주 다양하며, 한 가지 예외를 제외하고는, 이들 대상은 그 자체로는 가치를 거의 혹은 전혀 지니지 않는 부분들로 구성된 꽤 복합적인 전체라는 점을 나는 지적하고자 했다. 이들은 모두, 대개 그 자체로 꽤 복합적인 어떤 대상에 대한 의식을 내포할 뿐만 아니라, 또한 거의 모든 경우 그 대상에 대한 감정적 태도도 포함하고 있다. 그러나 그래서 이들은 어떤 특징을 공통적으로 지니기는 하지만, 이들을 서로 구분시켜주는 다양한 속성들은 이들의 가치에 똑같이 본질적이다. 이 모든 것의 일반적 특성이 그 자체로는 중대한 선이거나 중대한 악이 아니듯이, 이들 각각이 지닌 특정한 특성도 그 자체로는 중대한 선이거나 중대한 악이 아니다. 각각의 경우 이들의 가치나 비가치는 이 두 속성의 소유에 기인한다고 하겠다. 나의 논의는 크게 세 영역으로 나뉘지는데, 이들 영역은 (1) 혼합되지 않은 선, (2) 악, 그리고 (3) 혼합 선을 각각 다룬다. (1) 혼합되지 않은 선, 즉 순수 선은 모두 아름다운 대상이나 선한 사람에 대한 사랑에 놓여 있다고 말할 수 있다. 그러나 이러한 종류의 다른 선들의 수는 아름다운 대상의 수만큼이나 많으며, 이러한 선들은 각각의 대상에 적합한 다른 감정에 의해 서로서로 구별된다. 사랑받는 대상이나 사람이 비록 상상적이라 할지라도 이러한 선들은 의심의 여지없이 선이다. 그러나 그 대상이나 사람이 실재하고 또 그렇게 믿어지는 경우, 이 두 사실이 하나로 합해지고, 한 걸음 더 나아가 해당 속성들에 대한 단순한 사랑과 결합하게 되면, 단순한 사랑보다 훨씬 더 선한 전체를 구성하게 된다. 이때 이러한 전체는 그 대상이 선한 사람인 경우 그 대상의 존재에 속하는 가치와는 완전히 별개인 부가적 가치를 지닌다. 마지막으로 정신적 속성들에 대한 사랑은 그 자체로는 정신적 속성 및 물질적 속성이 결합한 것에 대한 사랑만큼 그렇게 크지는 않아 보이며, 또 어쨌든 수많은 최선의 대상들은 물질적 속성들이거나 물질적 속성들을 내포하고 있다는 점 역시 지적해두고자 한다.(113-123) (2) 중대한 악들은 (a) 악하거나 추한 것을 사랑하는 데, 또는 (b) 선하거나 아름다운 것을 증오하는 데, 혹은 (c) 고통의 의식에 놓여 있다고 하겠다. 따라서 고통에 대한 의식은, 만약 이것이 중대한 악이라면, 모든 중대한 선과 중대한 악은 그 대상을 향한 인식과 감정 둘 다를 내포한다는 규칙에 대한 유일한 예외이다.(124-128) (3) 혼합 선은 악하거나 추한 어떤 요소를 포함하고 있는 선을 말한다. 이러한 선들은 (a)와 (b) 부류의 추하거나 악한 것을 증오하는 데 놓여 있거나, 아니면 고통을 동정하는 데 놓여 있다고 말할 수 있다. 그러나 실제로 존재하는 악을 이러한 선들이 포함하는 경우, 그 비가치는 자신들이 지니고 있는 긍정적 가치를 상쇄시키기에 충분하리만큼 항상 큰 것 같다.(129-133)

# G. E. 무어, 분석 윤리학의 효시
## —"선은 정의될 수 없다"

### 들어가는 말: "물음 자체의 의미를 묻다"

무어는 1873년에 태어나 1958년 85세의 일기로 생애를 마감하기까지
『윤리학 원리』를 비롯하여 철학 및 윤리학에 관한 몇몇 저술 및 논문을 남
겼다. 그는 명성 있는 다른 철학자들과 달리 그렇게 많은 명저나 논문을
저술하지는 않았다. 그의 학문 여정은 1942년 자신이 직접 쓴 「자서전(An
Autobiography)」에 자세하게 기록되어 있다.[1] 그는 1898년 「윤리학의 형이
상학적 정초(The Metaphysical Basis of Ethics)」로 케임브리지 대학에서 박사
학위(Dissertation)를 받았으며,[2] 1903년 비교적 젊은 나이인 30세에 트리

1) G. E. Moore, "An Autobiography," in P. A. Schilpp, ed., *The Philosophy of G. E. Moore*(Evanston and Chicago, Northwestern University. 1942), pp. 3-39.

니티 대학(Trinity College) 연구원으로 활동하면서 『윤리학 원리』를 출간했다. 특히 그는 1920년에서 1947년 사이에 영국 최고의 철학 잡지 《마인드(*Mind*)》를 편집했으며, 1925년부터 1939년까지 케임브리지 대학 철학과 주임 교수를 역임했다. 그 이후에도 그는 옥스퍼드 대학에서 강의하고, 미국 스미스 대학(Smith College)에서 연구 교수로 강의와 연구를 병행해 나갔다.

철학에 미친 그의 영향은 크게 세 갈래로 생각할 수 있다. 물론 그 첫째는 철학적 용어의 의미 물음을 제기하여 분석 철학의 태동을 가져왔다는 점이다. 둘째는 존재론에서 그는 신실재론(neo-realism)을 주장했으며, 셋째는 윤리 이론에서는 벤담(J. Bentham)이나 밀(J. S. Mill)의 쾌락적 공리주의와 구분되는 '이상적 공리주의' 혹은 '선적 공리주의(agathistic utilitarianism)'를 전개했다. 이러한 그의 철학 사상 및 윤리학 이론은 이 글의 마지막에 수록된 '무어의 저서와 논문'에서 확인할 수 있듯이, 『윤리학 원리(*Principia Ethica*)』(1903)를 비롯하여, 『철학적 연구(*Philosophical Studies*)』(1922), 『윤리학(*Ethics*)』(1912) 등의 저서와 「자유론(Freedom)」(*Mind*, 1898), 「판단의 본성(The Nature of Judgment)」(*Mind*, 1899), 「관념론 논박(The Refutation of Idealism)」, 「칸트의 관념론(Kant's Idealism)」 등의 논문에 잘 나타나 있다.

그의 주저로 평가받는 『윤리학 원리』는 한마디로 철학사에서 분석 윤리학의 효시로 널리 알려져 있다. 도대체 『윤리학 원리』가 어떤 내용을 담고

--------

2) 그의 학위 논문은 T. Baldwin & C. Preti, ed., *G. E. Moore, Early Philosophical Writings* (Cambridge: Cambridge University Press, 2011), pp. 115-242에 수록되어 있다.

있기에, 분석 윤리학의 효시로 평가받고 있는가? 이 책의 목적을 밝히는 서문의 첫 문장에서 우리는 그 일차적 답을 찾을 수 있다.

"철학의 다른 모든 분야에서와 마찬가지로 윤리학에 있어서도, 윤리학사를 가득 메우고 있는 어려움과 불일치는 주로 아주 단순한 원인에 기인한다고 나는 생각한다. 즉, 그 원인은 당신이 대답하고 싶어 하는 물음이 어떠한 것인지를 먼저 정확하게 규명하지 않은 채로 그 물음에 답하고자 시도하기 때문이다."(Moore, i)

논리학의 오류론을 원용하면, 이제까지의 윤리학적 탐구는 한마디로 '허수아비 공격의 오류'를 범하고 있다는 것이 무어의 지적이다. 다시 말해 정말로 물어야 할 물음이 무엇인지를 묻지 않고, 엉뚱한 물음을 던지고 그 물음에 답하고자 시도했기에 지금까지의 윤리학적 탐구는 그 방향이 잘못되었다고 말할 수밖에 없다.

그러면 정말로 물어야 할 윤리학 고유의 본질적 물음은 무엇인가? 이에 대해 무어는 윤리학적 물음을 크게 두 종류로 구분한다. 하나는 "어떤 종류의 대상이 그 자체를 위해 존재해야만 하는가?"이고, 다른 하나는 "우리는 어떤 종류의 행동을 수행해야만 하는가?"이다. 전자는 다른 무엇 때문이 아니라 그 자체 때문에 존재하는 대상이 무엇인가의 물음으로, 우리는 이를 본래적 가치 내지 본래적 선에 관한 물음이라고 말할 수 있다. 반면에 후자는 무엇을 해야만 하는가의 물음으로 윤리적으로 옳은 행위가 무엇인가, 혹은 도덕적 의무가 무엇인가의 물음으로, 우리는 이를 옳은 행위에 관한 물음이라고 부를 수 있다. 오늘날 행위 윤리학으로 알려진 후자의 탐구를 무어는 실천 윤리학(Practical Ethics)이라 부른다. 이 두 물음은 구분되어야 할 뿐만 아니라 전자의 물음이 후자의 물음보다 논리적으로 선행해야 한다는 게 무어의 지적이다. 한 걸음 더 나아가 대부분의 철학자들은 이 두 물음에 직접 대답하려고만 애썼지, 이 두 물음 각각이 묻는 바가 정확히 무엇인지, 즉 물음의 참된 의미를 규명하고자 애쓰지 않았다. 두 물음을 구분하지 못한 혼동과 각 물음의 의미에 관한 무관심으로 인해, 철학자들의 학문적 탐구는 잘못된 길로 접어들었다고 무어는 비판한다. 즉, 무어의 철학적 위대함은 이 두 물음에 대한 자신의 입장을 개진한 데 있지 않고, 이 두 물음을 처음으로 명료하게 구분하여 제시했다는 점과 이 두 물음의 의미가 무엇인지를 철학적으로 해명하고자 노력했다는 사실에 있다. 그러니까 무어는 단순히 물음에 답을 제시하려 하지 않고 이 두 물음 자체를 철학적으로 분석한 '분석 철학자'인 셈이다. 실제로 그는 이렇게 주장한다. "개인적으로 충고하거나 훈계하는 일은 윤리 철학자의 일이 아니다."(Moore, 3) "윤리학의 일차적 목적은 실천(practice)이 아니라 지식(knowledge)이다."(Moore, 20) 이러한 주장은 그의 분석 윤리학의 모습을 잘 보여준다.

무어는 물음의 의미를 분석했을 뿐만 아니라, 추론의 정당화에도 관심을 가졌다. 그는 윤리학의 두 물음의 특성을 언급하면서, 전자의 물음에 대해서는 그 어떤 증거도 제시할 수 없는 반면에, 후자의 물음에 대해서는 증거 제시가 가능하다고 주장한다. 즉, 헨리 시지윅(Henry Sidgwick) 교수의 용어를 빌려 무어는 전자의 물음에 대해서는 직관을, 그러나 후자의 물음에 대해서는 직관이 아닌 증거를 주장한다. 이런 의미에서 무어는 직관주의자이다. 하지만 그는 일상적 의미와 달리, 후자의 물음에 대해서는 증거 내지 추론이 가능하다고 본다. 실제로 그는 후자의 물음에 대한 증거를 두 종류로 구분했다. 하나는 해당 행위의 결과와 관련된 인과적 진리이고, 다른 하나는 윤리학의 제일 원리와 관련된 윤리학적 진리이다. 따라서 첫 번째 종류의 물음에 대해 증거를 제시하려고 하거나, 두 번째 종류의 물음에 대해 이 두 증거 모두를 제시하지 않는 추론은 정당화될 수가 없다고 하겠다. 이처럼 그는 윤리학적 추론의 근본 원칙이 무엇인지를 발견하려고 애쓴 분석 윤리학자이다. 실제로 그는 이 책의 근본 목적을 이렇게 밝힌다.

> 나는 '과학적임을 자임할 수 있는 미래 윤리학을 위한 서론'에 대해 글을 쓰고자 노력해왔다. 달리 말해 윤리학적 추론의 근본 원칙이 무엇인지를 발견하고자 노력해왔다. 이러한 원칙을 활용하여 얻을 수 있는 어떤 결론에 대해서가 아니라 이러한 원칙 자체를 확립하는 일이 이 책의 주된 목적이라고 나는 생각한다.(Moore, ix)

## 제1장 윤리학의 주제와 대상

그러면 『윤리학 원리』에서 그는 구체적으로 어떤 분석 윤리학적 작업을 수행했는가? 앞서 지적했듯이, 그는 윤리학적 탐구의 주제가 무엇인지를 규명하는 작업을 먼저 수행했다. 그러면 윤리학의 주제는 무엇인가? 오늘날 윤리 판단은 행위 판단과 덕성 판단은 구분되지만, 무어는 이 두 판단을 구분하지 않고 모든 윤리 판단은 행위의 물음과 연관되어 있다고 본다. 즉, 윤리학의 주된 관심은 인간 행위, 그것도 선한 인간 행위이다. 그러면 무엇이 선한 행위인가? 이 물음의 탐구가 윤리학의 주제임이 분명하지만,

무어는 단순한 윤리학의 과제가 아니라 윤리학의 근본 과제 내지 제일 과제를 문제 삼는다. 즉, '선한 행위(good conduct)'는 '선한'과 '행위'가 결합된 복합 개념인데, 우리는 두 개념 가운데 후자, 즉 행위가 무엇인지에 대해서는 어느 정도 이미 알기에, 윤리학은 '선(good)'을 일차적 탐구 대상으로 삼아야 한다. 그래서 그는 우리의 제일 물음은 "무엇이 선인가?"이며, 이에 관한 논의에 대해 윤리학이라는 이름을 붙이고 있다.(Moore, 3) 우선 우리는 여기서 수단적 선과 목적적 선을 구분해야 한다. "이러한 상황에서 나는 무엇을 해야 하는가?"의 물음에 답하자면, 우리는 무엇이 그 자체로 선한가에 관한 판단 및 그 인과적 관계에 관한 판단, 둘 다를 물어야 한다. 전자가 목적적 선 혹은 본래적 선에 관한 판단이라면, 후자는 수단적 선 혹은 외래적 선에 관한 판단이다. 이 둘 가운데 후자는 여러 인과적 변수가 작용하기 때문에 보편적 판단을 내리기 어렵지만, 전자는 그렇지 않을 뿐만 아니라 전자의 판단이 후자의 판단에 비해 논리적으로 우선한다. 그러니까 선한 행위 혹은 옳은 행위에 관한 판단에는 목적적 선에 관한 판단이 전제되어 있음에도 불구하고, 많은 철학자들이 이를 구분하지 못하고 혼동하는 잘못을 범하고 있다. 즉, 윤리학의 일차적 탐구 주제는 수단적 선이 아니라 목적적 선임을 우리는 분명히 해야 한다.

"무엇이 선인가?"의 물음을 무어는 다시 둘로 구분한다. 즉, "어떤 것 혹은 어떤 것들이 선한가?"의 물음과 "선은 어떻게 정의되어야만 하는가?"의 물음은 구분되어야 한다. 이 둘 중 후자가 윤리학 고유의 물음이라고 그는 주장한다. 즉, 선의 의미 내지 정의 물음이 윤리학의 제일의 근본 물음이다. 그러면 선이란 무엇인가? 그 의미 내지 정의에 관해 그는 이렇게 단언한다.

"선은 어떻게 정의되어야 하는가?"라고 누군가가 나에게 묻는다면, 나는 "선이란 정의될 수 없다."라고 말할 수밖에 없고, 이것이 바로 내가 선의 정의에 대해 말하고자 하는 바의 전부이다.(Moore, 6)

노랑처럼 선은 단순하고 분석 불가능한 개념이기에 오직 직관에 의해서만 인지될 따름이지 그 어떤 다른 무엇으로도 정의될 수 없다. 여기서 우리는 다시 한 번 선한 것들과 선 자체를 구분해야 한다. 즉, 무어는 단지 "선이란 정의 불가능하다."고 주장하지, 선한 것들을 정의할 수 없다고 주장하지는 않는다. 무어에 따르면 '선'은 형용사이고, '선한 것들'은 '선'이라는 형용사가 적용되는 대상이다. 그렇기 때문에 선한 것은 그것에 적용된 형용사 '선'과 구분됨이 분명하다. 그럼에도 철학자들은 선한 것들에서 선 자체를 정의하고자 애썼다. 그러니까 선한 모든 것에 공통된 속성이 무엇인지를 규명하는 일이 윤리학의 목적 중 하나임이 분명한데, 철학자들은 여기에 머물지 않고 이러한 공통된 속성을 선과 동일시하는 잘못을 범하고 말았다. 이를 그는 '자연주의 오류(naturalistic fallacy)'라고 부른다. 예를 들어 모든 선한 것은 쾌락을 가져다준다는 사실에 근거하여, "선은 쾌락이다."라고 동일시하는데, 이러한 추론이 전형적인 자연주의 오류이다.

'자연주의 오류'라는 개념은 『윤리학 원리』에서 69회나 사용될 정도로 무어의 윤리학을 이해하는 열쇠 구실을 하기에 이를 좀 더 자세하게 살펴보자. "2장 자연주의 윤리설"을 시작하며 무어는 1장을 정리하면서 윤리학의 과제를 다시 세 종류로 세분한다. 그러니까 무어는 1장에서 윤리학의 물음을 아래와 같이 두 종류로 이미 분류한 바 있다.

(1) 어떤 종류의 대상이 그 자체를 위해 존재해야만 하는가?

(2) 우리는 어떤 종류의 행동을 수행해야만 하는가?


2장에서 무어는 (1)의 물음을 둘로 구분하고, (2)의 물음을 약간 변형 했다.(Moore, 37)


(1-1) 윤리학이 다루어야 하는 고유한 속성의 본성이 무엇인가?

(1-2) 이러한 속성은 어떤 대상에, 그리고 어느 정도 귀속될 수 있는가?

(2) 어떤 수단을 통하여 우리는 이 세계에 존재하는 것을 가능한 한 선하게 만들 수 있는가?


이 세 물음을 풀어쓰면서 무어는 (1-1)을 선의 의미 물음으로, (1-2)를 "무엇이 그 자체로 선한가?", 즉 본래적 선의 물음으로, 그리고 (2)를 수단적 선의 물음으로 규정했다.[3] 이 세 물음 가운데 자연주의 오류는 (1-1)과 (1-2)를 혼동하는 데서 발생한다고 그는 강조한다. 이는 앞서 말한 선 자체와 선한 것들을 구분하지 못하는 오류이다. 실제로 (1-2) 물음에 대해 무어는 본래적 선 혹은 목적적 선을 지닌 대상은 여럿이 가능하다고 주장한다. 이로 인해 그는 '이상적 공리주의자'로 불린다. 예를 들어 지성도 선이고 쾌락도 선이다. 그러나 이의 역에 해당하는 "선은 지성이다.", "선은 쾌락이다." 등의 주장은 자연주의 오류를 범하고 있다.


∴

3) 이 세 물음의 관점에서 『윤리학 원리』 내용을 정리하면, 1장은 윤리학의 주제 물음을, 2장에서 4장은 (1-1) 물음을, 5장은 (2)의 물음을, 그리고 6장은 (1-2) 물음을 각각 다루고 있다고 하겠다.

## 제2장 자연주의 윤리설

그렇다고 선을 자연적 대상 내지 속성을 정의하려는 시도만이 자연주의 오류에 해당한다고 생각하는 것은 잘못이다. 『윤리학 원리』에서 그는 선을 무엇과 동일시하느냐에 따라 윤리설을 둘로, 즉 자연주의 윤리설과 형이상학적 윤리설로 나눈다. 그러니까 여기서 '무엇'은 선이 정의되는 준거점 역할을 하는데, 이 '무엇'은 경험할 수 있는 자연적 대상일 수도 있고, 혹은 초감각적인 세계에 존재하는 대상일 수도 있다. 무어는 전자를 자연주의 윤리설로, 후자를 형이상학적 윤리설로 부르는데, 이 두 윤리 이론 모두가 자연주의 오류를 범하고 있다는 게 무어의 일관된 주장이다. 이에 대해 일부 철학자들은 자연주의 윤리설뿐만 아니라 형이상학적 윤리설에 대해서도 '자연주의 오류'라고 이름 붙이는 것은 부적절하다고 비판하지만, 무어 자신은 이 점을 의식한 듯 이렇게 말한다. "내가 염려하는 바는 오류 그 자체이지, 그 오류가 어떤 이름으로 불리는가에 대해서는 크게 개의치 않는다."(Moore, 14) 한 걸음 더 나아가 무어는 그 형태는 다르지만 그 종류가 본질적으로 동일하기 때문에 논의의 편의를 위해 하나의 이름으로 부른다는 점을 명백히 밝힌다.(Moore, 39)

자연주의 윤리설은 유일한 선은 대상의 어떤 한 속성에 놓여 있으며, 그러한 속성이 시간상에 존재한다고 주장한다. 또한 자연주의 윤리설은 이러한 속성에 의거해서 '선' 자체가 정의될 수 있다고 가정한다. 무어는 이러한 자연주의 윤리설을 일반적인 형태와 가장 대표적인 형태인 쾌락주의, 둘로 나누어 2장과 3장에서 각각 비판적으로 논의한다. 자연주의 윤리설 일반에 관한 무어의 비판은 크게 세 가지 관점에서 이루어진다. 첫째는 자연적 대상과 자연적 속성의 구분에 관한 물음이요, 둘째는 "자연적으로 살라!"는 윤리적 가르침에서 '자연적'이라는 용어가 의미하는 바가 무엇이냐의 물음이요, 마지막 셋째는 자연적인 것이 과연 선인가의 물음이다. 둘째와 셋째 물음에 대해 '자연적'이라는 용어의 의미가 분명하지 않으며, 또 "자연이 선이다."라는 명제는 자명한 진리가 아니라고 그는 반박한다. 이를 위해 그는 허버트 스펜서(Herbert Spencer)의 '진화론적 윤리설'을 끌어들여 조목조목 비판했다. 그 결론은 진화가 곧 선을 의미하지는 않는다는 것이다. 자연주의 오류와 직접적 연관이 있는 물음은 첫 번째 물음이다. 즉, 그는 자연적 대상과 자연적 속성을 구분하면서 선은 자연적 속성이 아니라고 주장한다.(Moore, 41) 이 구분에 따라 자연주의 오류를 설명하면 다음과 같다.

(1) 자연적 대상 X는 a, b, c, … n 등의 속성을 지닌다.
(2) 자연적 대상의 속성이기에 a, b, c, … n 등도 자연적 속성이다.
(3) a, b, c, … n 등의 속성 가운데 하나가 선이라는 속성이다.
(4) 선이라는 속성은 a, b, c, … n 등의 속성 가운데 어느 것 하나와 동일하다.

무어는 이 논변에는 두 가지 오류가 있다고 지적한다. 즉, (2)와 (4)가 잘못이라는 게 그의 지적이다. 그러니까 전체에 해당하는 술어가 그대로 그 부분에 적용될 수 없는데도 (2)는 이러한 잘못, 즉 분할의 오류를 범하고 있다고 하겠다. 어떤 대상이 자연적 대상이라고 해서 그 대상에 속하는 속성도 모두 자연적 대상인 것은 아니다. 즉, 선한 것들은 자연적 대상이기에 선이 자연적 대상의 속성임은 분명하지만, '선' 그 자체는 얼마든지 비자연적일 수 있다. 그리고 선은 다른 자연적 속성과 마찬가지로 자연적 대상의 한 속성인데, 이를 다른 속성과 동일시하는 것은 명백한 오류이다. 이 오류가 바로 자연주의 오류이다. 이는 사과가 단맛, 붉음, 원형 등의 속성을 지닌다고 해서, 단맛을 붉음과 동일시할 수 없는 것과 마찬가지이다.

## 제3장 쾌락주의

무어는 2장에서 자연주의 윤리설 일반을 비판적으로 고찰한 다음, 3장에서는 그 대표라고 할 수 있는 쾌락주의에 초점을 맞춘다. 무어가 쾌락주의를 별도의 장에서 다룬 것은 벤담과 밀 등 당시 영국에서 위력을 발휘하던 공리주의를 논박하기 위함이다. 그러면 쾌락주의는 어떠한가? 여기서도 무어는 쾌락주의가 의미하는 바가 무엇인가의 물음과 쾌락주의를 옹호하는 논거가 무엇인가의 물음을 구분한다. 무어의 전략은 쾌락주의 이론이 의미하는 바가 무엇인지를 정확하게 해명함으로써, 쾌락주의를 옹호하는 논거가 잘못되었음을 보여주고자 한다.(Moore, 63) 그러면 그는 쾌락주의를 어떻게 규정하는가? 그는 "쾌락만이 그 자체 목적으로 유일한 선이다."라는 입론으로 정의한다.(Moore, 62) 그러니까 "쾌락을 추구하라!"와 같은 행위 안내 지침이 아닌, 무엇이 선인가에 관한 가치론으로서의 쾌락주의를 무어는 탐구 대상으로 삼는다. 이러한 쾌락주의는 수단적 선으로 지식이나 건강 등을 추구하는 것을 배제하지 않는다. 하지만 여러 목적적 선들 가운데 하나가 쾌락이라고 주장한다면, 이는 쾌락주의라고 말할 수 없다. 그러면 쾌락만이 유일한 선이라는 입론을 어떻게 정당화하는가? 무어는 쾌락주의를 정당화하는 대표적인 학자로 공리주의자 밀을 든다. 실제로 밀은 『공리주의』에서 이렇게 말한다. "행복은 바람직하며, 목적으로서 바람직한 유일한 것이다. 다른 모든 것은 오직 이 목적에 대한 수단으로

서만 바람직하다." 물론 여기서 행복은 쾌락을 지칭하기에, 밀은 쾌락주의
자임이 분명하다. 궁극적 목적의 물음은 직접적 증명의 대상이 되지 않는
다고 밝히면서도, 밀은 그 증명을 시도했다. 밀의 논변은 다음과 같이 정
리할 수 있다.[4]

(1) 어떤 사물이 바람직하다(desirable)는 것을 밝히기 위하여 제시할 수 있는
   유일한 증거는 사람들이 실제로 그것을 바란다(desire)는 사실뿐이다.
(2) 사람들이 바라고 있는 것은 각자의 쾌락 또는 고통의 면제이다.
(3) 그러므로 각자의 쾌락 또는 행복은 각자에게 바람직한 것, 즉 각자의 선
   이다.

이 논변이 보여주듯이, 밀은 선을 바람직함과 동일시하고, 그리고 바람
직함을 바란다는 사실을 통해 정당화하고자 했다. 그러나 여기에는 두 가
지 오류가 발생한다. 하나는 바람직하다는 것은 단순히 사람들이 바라는
것을 의미하지 않고 마땅히 바라야만 하는 것을 뜻하는데, 전제 (1)은 이
둘을 구분하지 않는 오류를 범하고 있다. 흄(D. Hume)의 용어를 빌려 말
하면 존재와 당위, 그리고 사실과 가치는 구분되어야 한다. 다른 하나는
이와 연관된 오류로 선을 바라는 것과 동일시하는 오류이다. 이것이 바로
무어가 말하는 자연주의 오류이다. 즉, 밀의 쾌락주의 정당화 논변은 자연
주의 오류에 그 토대를 두고 있다는 게 무어의 지적이다. 설사 한 걸음 더
양보하여 선이 바라는 것을 의미한다는 입론이 입증되었다 해도, 쾌락주의
가 성립하자면 사람들이 목적으로 바라는 바가 오직 쾌락밖에 없다는 사실

..
4) 김태길, 『윤리학』(서울: 박영사, 2002), p. 104.

408

이 증명되어야 하는데, 실제는 그렇지 못하다. 즉, 심리학적 쾌락주의로부터 윤리학적 쾌락주의가 추론되지 않을 뿐만 아니라, 심리학적 쾌락주의 자체도 참이 아니다. 실제로 밀 자신도 쾌락 이외의 다른 것도 목적으로 욕구되고 있음을 인정한다.

여기서 무어는 욕구의 원인과 욕구의 대상 구분을 통해 쾌락과 욕구의 관계를 재조명한다. 쾌락과 욕구 사이에 보편적 관계가 존재하는 것은 쾌락만이 욕구의 대상이기 때문이 아니라, 쾌락이 욕구의 원인으로 작용하기 때문이다.(Moore, 69) 이 구분을 받아들이면, 우리는 쾌락을 목적으로 욕구하는 게 아닌 것이 되어 쾌락주의는 유지되기 어렵다. 이를 더 극명하게 보여주기 위해 무어는 '쾌락적인 사유(a pleasant thought)'와 '쾌락에 대한 사유(the thought of a pleasure)'를 구분한다. 한 예로서 내가 포도주를 욕구한다고 해보자. 이때 나로 하여금 포도주를 욕구하게 하는 동기 내지 원인은 정확히 무엇인가? 포도주에 대한 관념으로 인해 생기는 쾌락이라고 나는 말할 수 있다. 이 쾌락에 대한 사유가 내 욕구의 동기가 된다. 하지만 모든 욕구에 이러한 쾌락에 대한 사유가 일어나는 것은 아니다. 즉, 때로는 쾌락적 사유만으로도 욕구가 발생한다. 이때 욕구의 동기는 쾌락이 아니라 대상 그 자체에 대한 사유이다. 따라서 쾌락적 사유의 경우, 쾌락은 욕구의 대상이 아닐 뿐만 아니라 욕구의 동기도 아니게 되어 쾌락주의는 결코 옹호될 수 없다.

자연주의 오류를 범하지 않고 쾌락주의를 정당화할 수 있는 논변을 우리는 찾을 길이 없다. 그렇다고 쾌락주의 자체가 논박된 것은 아니다. 쾌락주의 입론을 직관으로 받아들이는 길이 남아 있기 때문이다. 실제로 무어는 자연주의 오류를 범하지 않은 쾌락주의자로 헨리 시지윅을 들고, 그의 입장을 '직관주의적 쾌락주의(Intuitionistic Hedonism)'라 부른다.(Moore, 76) 그러니까 벤담의 양적 공리주의와 달리 밀은 쾌락의 질적 높낮이를 인정하는 질적 공리주의를 주장했다. 질적 차이의 기준을 밀은 쾌락의 양이 아닌 경험자의 선호라고 주장했다. 이러한 선호 인정은 쾌락주의 본질로부터 일탈이라는 시지윅의 비판을 받아들여 무어는 이렇게 주장한다. (Moore, 81)

> 우리는 "쾌락만이 목적으로 유일한 선이다."라는 쾌락주의 원칙과 "어느 한 쾌락이 다른 쾌락에 비해 질적으로 더 좋다."라는 입장을 아무런 모순 없이 일관되게 주장할 수는 없다.

이로써 쾌락만이 유일한 목적이요 선이라는 쾌락주의 입론을 받아들이는 길은 직관밖에 없게 되는데, 이것이 바로 직관주의적 쾌락주의이다. 그러면 직관주의적 쾌락주의는 참인가? 이에 대해 무어는 쾌락과 쾌락 의식(consciousness of pleasure)의 구분을 통해 쾌락주의를 논박한다.(Moore, 87) 그러니까 쾌락만이 궁극적 목적이라고 주장할 수 있으려면, 쾌락과 그에 대한 의식을 구분한 다음, 쾌락 의식이 없는 쾌락 자체를 목적으로 우리가 바라야 한다. 하지만 일상적인 상식에 따를 경우, 쾌락은 의식과 독립해서는 아무런 가치를 지니지 않는다. 이렇게 되면 쾌락은 이제 더 이상 유일한 목적이 아니게 된다. 왜냐하면 쾌락 의식을 우리가 목적으로 추구하기 때문이다. 그러면 이러한 비판을 받아들여 쾌락 자체가 아니라 쾌락 의식이 유일한 목적적 선이라고 쾌락주의 입장을 수정하게 되면 어떻게 되는가? 이에 대해 무어는 쾌락만이 유일한 선이라는 입론을 논박하기 위해 사용한 '분리의 방법(method of isolation)', 즉 쾌락이 완전히 독립적으로 존재하는 경우 쾌락 자체에 대해 우리가 어떤 가치를 부여하는가를 묻는 방법을 그대로 적용하여, 쾌락 의식 자체만을 고려할 때 우리는 이보다 더 큰 가치를 부여하는 의식이 얼마든지 있기에, 이렇게 수정된 쾌락주의도 참이 아니라고 주장한다.

그럼에도 쾌락주의는 여전히 우리에게 매력적이다. 선의 속성을 지닌다고 여겨지는 대상들은 쾌락을 산출하는 정도에 비례하여 일상인들의 지지를 받고 있기 때문이다. 다시 말해 선한 것들에는 언제나 쾌락이 수반되어 있다. 이로부터 쾌락이 유일한 선이라는 결론을 추론하고 싶어 한다. 그러니까 쾌락은 대부분의 선한 것들의 필수적인 구성 요소이고, 그리고 선한 것들을 구성하는 다른 구성 요소들은 대개 아무런 가치를 지니지 않기에, 우리는 아주 자연스럽게 선한 것들의 모든 가치가 쾌락에 귀속된다는 결론에 이르게 된다. 이에 대해 무어는 시지윅이 사용한 '분리의 방법'을 원용하여, 이러한 추론이 잘못되었음을 지적한다. 부분과 전체의 유기체적 관계에 뿌리를 둔 그의 논변은 다음과 같다.

(1) 선한 것 A가 100의 가치를 지녔다고 하자.
(2) A는 a, b, c, d, 그리고 쾌락이라는 부분으로 구성되어 있다.
(3) a, b, c, 그리고 d는 아무런 가치를 지니지 않는다.
(4) 따라서 쾌락이 100의 가치를 지닌다.

부분의 결합이 곧 전체라는 입장을 받아들이면 이러한 논변은 타당할지 모르나, 유기체적 통일체의 원리를 받아들일 경우에는 그렇지 않다.

왜냐하면 전체의 가치는, 전체를 구성하는 쾌락을 포함한 다섯 가지 부분들 관계에 의해서 100이라는 가치가 '플러스 알파'로 만들어질 수 있기 때문이다. 그래서 무어는 "전체에 속한 가치는 오직 그 전체에게만 귀속될 수 있다."고 주장한다.(Moore, 93) 이러한 논변을 받아들일 경우, 설사 쾌락 자체가 아니라 쾌락 의식이 선한 모든 것에 수반된다 해도, 쾌락 의식이 유일한 선이라는 결론은 얻어지지 않는다.

## 제4장 형이상학적 윤리설

우리는 이미 선의 준거점 역할을 하는 대상의 특성이 무엇이냐에 따라 윤리 이론이 자연주의 윤리설과 형이상학적 윤리설로 구분됨을 밝혔다. 즉, 형이상학적 윤리설은 경험으로 파악될 수 없는 초감각적 실재를 선을 정의하는 준거점으로 활용하고 있다. 달리 말하면 윤리학적 명제의 진위는 형이상학적 진리로부터 논리적으로 도출된다고, 즉 윤리학은 형이상학에 그 토대를 두어야 한다는 입론을 우리는 형이상학적 윤리설이라고 부른다.

이러한 형이상학적 윤리설은 무엇이 문제인가? 무어는 실천의 관점이 아니라, 지식의 관점에서 이를 비판한다. 그러니까 무어는 먼저 형이상학적 윤리설과 실천 윤리학의 관계를 비판적으로 논의한다. 한 예로서, 천국과 지옥에 관한 기독교 교리가 무엇을 해야만 하는가의 물음에 큰 도움을 주듯이, 형이상학적 윤리설이 일상 삶의 실천 윤리학과 밀접하게 연관되어 있다고 생각하지만, 실제는 그렇지 않다고 무어는 반박한다. 그 이유는 두 가지이다. 우선 형이상학적 윤리설이 주장하는 영원한 실재를 변화시킬 혹은 영향을 줄 힘을 우리 인간이 지니지 않기에 당위 명령이 될 수 없다. 즉, 칸트가 주장한 "당위는 가능을 함축해야 한다.('Ought' implies 'Can' Principle.)"는 원칙은 윤리 이론이 따라야 할 '메타 논리'인데, 형이상학적 윤리설은 이 메타 논리와 어긋난다. 할 수 없는 것을 하라고 명령할 수 없기 때문이다. 다른 하나는 영원한 실재만이 유일한 선이기에, 이 세상의 시간 속에서는 결코 선이 존재할 수 없다. 이처럼 무어는 형이상학적 윤리설과 실천 윤리학의 논리적 관계를 부정하고 이렇게 말한다.

> 하지만 지금까지 말한 실천 윤리학과의 이러한 관계는 "윤리학은 형이상학에 그 토대를 두어야 한다."라고 주장할 때 우리가 일상적으로 의미하는 바는 아니다.(Moore, 118)

그러면 형이상학적 윤리설의 근본 특징은 어디에 있는가? 형이상학자들은 참으로 실재하는 것에 관한 탐구가 무엇이 선인지를 말해준다고 주장한다. 그러니까 이들은 "무엇이 마땅히 존재해야만 하는가?", 즉 "무엇이 그 자체로 선인가?"와 같은 윤리학의 근본 물음에 답하는 데 형이상학이 필요 불가결한 토대가 된다고 단언한다. 즉, 무어는 다음과 같이 말한다.

> 내가 말했듯이, 이들은 이러한 윤리적 명제들이 형이상학적인 그 어떤 명제로부터 귀결된다고 여긴다. 즉, 이들은 "무엇이 실재하는가?"라는 물음은 "무엇이 선인가?"라는 물음에 그 어떤 논리적인 함의를 지닌다고 생각한다. 내가 2장에서 '형이상학적 윤리설'을 자연주의 오류에 그 토대를 두고 있다고 비판한 이유도 바로 이러한 사실에 놓여 있다. "실재는 이러한 본성을 지녔다."고 주장하는 그 어떤 명제로부터 "이것이 그 자체로 선이다."라고 주장하

는 명제를 추론하거나 그에 대한 확증을 얻을 수 있다고 주장하는 것은 모두 자연주의 오류를 범하고 만다.(Moore, 113-114)

실재에 관한 형이상학적 탐구는 "무엇이 그 자체로 선한가?"의 물음과 그 어떤 논리적 연관성이 없다는 것이 무어의 지적이다. "왜냐하면 실재하는 것에 관한 진리는 당위 문제나 선의 정의에 관한 문제와 어떤 논리적 관계도 갖지 않기 때문이다."[5] 그러면 형이상학자들이 자연주의 오류를 범한 이유는 어디에 있는가? 무어는 몇 가지 혼동 때문이라고 지적한다.

첫째는 언어의 모호함에서 오는 혼동이다. "이것이 선이다."라는 명제는 "존재하는 이 대상이 선이다."를, 혹은 "(존재하든 존재하지 않든) 이러한 종류의 대상의 존재가 선일 것이다."를 의미할 수 있다. 그런데 전자의 의미에 따르면, 그 대상이 존재하지 않으면 선이 될 수 없다. 이는 무엇을 말하는가? 어떤 대상이 선이라고 주장하려면, 먼저 그 대상의 존재를 입증해야 한다. 대상의 존재를 입증하고자 하는 학문이 무엇인가? 형이상학이다. 그래서 형이상학자들은 선이란 대상의 존재에 의존할 수밖에 없다고 생각한 나머지, 윤리학은 형이상학에 그 토대를 둔다고, 나아가 실재에 관한 진리에서 선의 정의를 연역해낼 수 있다고 주장하게 되었다. 하지만 "이것이 선이다."라는 명제는 후자를 의미한다.

둘째는 진리 인식의 원인과 참인 이유를 구별하지 못하는 혼동이다. 그러니까 실재에 관한 형이상학적 탐구는 진리 인식의 원인 구실은 하지만,

5) 장동익, 『G. E. 무어의 윤리학』(서울: 씨아이알, 2014), p. 182.

그 진리가 참임을 정당화하는 이유 구실은 하지 못한다. 하지만 형이상학자들은 이 둘을 구분하지 못했다. 즉, 형이상학자들은 그 어떤 실재가 특정한 성질을 소유했기 때문에 그 실재는 틀림없이 선하다고 주장한다. 여기서 특정한 성질의 소유는 선을 인식하는 원인 구실을 할 따름이지, 결코 이 성질이 곧 선이라는 것을 입증하지는 않는다. 그럼에도 불구하고 형이상학자들은 이 특정한 성질이 곧 선이라고 결론을 내림으로써 자연주의 오류를 범하고 말았다.

셋째는 윤리학적 명제를 경험적 대상에 관한 명제와 동일시하는 혼동이다. "이 사과는 붉다."라는 명제에서 알 수 있듯이, 경험적 대상에 관한 명제는 주어와 술어의 존재를 전제하면서, 두 대상 사이에 어떤 관계가 존재한다고 주장한다. 이런 논리에 따르면, "이것이 선하다."라는 명제에서도 우리는 주어와 술어가 존재하고, 이 둘 사이에 그 어떤 관계가 존재한다고 주장할 수 있다. 그러나 선은 그 범주가 전혀 다르다. 자연적 대상과 선의 범주가 다르다는 사실을 무어는 이렇게 주장한다.

우리가 대상에 귀속시키는 대부분의 속성들은 그 대상의 한 부분이지만, 사실 선은 우리가 선하다고 여기는 대상의 **한 부분**이 아니다. 그러나 철학자들은 우리가 선을 손으로 취하여 이리저리로 옮길 수 없는 이유는, 선이 우리가 이리저리로 옮길 수 있는 대상들과는 **그 종류가** 다르기 때문이 아니라, 단지 선이 실제로 함께 존재하는 그러한 대상과 **필연적으로** 언제나 함께 존재하기 때문이라고 생각하고 있다.(Moore, 124)

형이상학자들은 "모든 진리는 그 대상이 존재한다."라고 전제함으로써

"이것이 선이다."라는 명제가 참이고자 하면 그 대상이 존재해야 한다고 생각했다. 그런데 '선'은 존재하지 않을 뿐만 아니라 또 존재할 수도 없는 속성이기 때문에, 선은 초월적으로 존재하거나 다른 대상 내지 속성과 필연적으로 함께 존재해야 한다고 이들은 생각했다. 이를 무어는 논리적 입론(logical doctrine, Moore, 140)이라고 부른다. 하지만 선은 결코 대상의 한 부분이 아니어서, 선을 대상에서 분리해낼 수 없는 근본 이유는 선은 다른 속성과 근본적으로 그 종류가 다르기 때문이다. 따라서 윤리학적 명제가 다른 일상적인 명제와 동일한 논리 구조를 갖고 있다는 이러한 논리적 입론은 잘못일 수밖에 없다.

"윤리학은 형이상학에 그 토대를 두고 있다."라는 형이상학적 윤리설은 또한 인식론적 입론(epistemological doctrine, Moore, 140)에서도 잘못을 범하고 있다고 무어는 비판한다. 즉, 형이상학자들은 의지와 선 사이에는 특별한 관계가 있다고 본다. 실제로 의지와 선 사이에는 인과적 관계 내지 수반 관계가 존재한다. 그렇다고 의지가 의욕하는 것이 곧 선이라는 결론은 얻어지지 않는다는 게 무어의 지적이다. 이런 인식론적 입론의 대표적인 예는 칸트의 선의지 이론이다. 칸트는 선의지는 무조건적으로 선하기 때문에, 이 선의지가 의욕하는 대상도 윤리적으로 옳다고 주장한다. 이에 대해 무어는 두 가지 사실을 지적한다. 하나는 의지와 감정은 인식과 다르다는 점이요, 다른 하나는 인식에서 인식 대상과 인식 작용에 구분되듯이, 선에서도 의욕의 대상과 의욕 작용은 구분되어야 한다는 점이다. 또 진리 자체와 진리의 기준이 구분되듯이, 선 자체와 선의 기준도 구분되어야 한다. 그러니까 의욕하고 있음은 선의 기준이 될 수는 있을지 모르지만, 그렇다고 해도 선 자체가 될 수는 없다. 즉, 의욕한다고 해서 그것이 곧 선인 것은 아니다. 인과적 관계 및 수반 관계가 존재한다고 해도, "이것은 선이다."라는 명제는 "이것이 의욕되고 있다."는 명제와 동일시할 수 없다.

자연주의 오류를 범했다는 점에서는 자연주의 윤리설이나 형이상학적 윤리설은 똑같지만, 오류의 성격에 관해서는 서로 차이가 있음을 우리는 알 수 있다. 즉, 자연주의 윤리설에 대해서 무어는 선을 자연적 속성으로 정의 내리는, 혹은 자연적 속성과 동일시하는 잘못을 범했다고 지적하는 반면에, 형이상학적 윤리설에 대해서는 형이상학적 진리로부터 윤리적 명제를 연역해내는 잘못을 범했다고 지적한다. 그러니까 자연주의 오류를 밝히기 위해 우리는 무어가 "열린 물음 논증(open question argument)"[6]을 사용했다고 말하는데, 사실 무어 자신은 단지 'open question'이라는 표현만 사용했지 'open question argument'라는 표현을 사용한 적이 없다. 이는 케르너(G. C. Kerner)의 창작품이다.[7] 선을 자연적 속성으로 정의하는 것이 오류인 이유는 이런 유형의 모든 정의는 열린 물음을 낳기 때문이라는 게 '열린 물음 논증'이다. 이를 다시 폴 테일러(Paul Taylor)의 용어를 빌려 구분하면, 자연주의 윤리설은 정의주의적 오류(definist fallacy)를 범한 반면에, 형이상학적 윤리설은 연역적 오류(deductive fallacy)를 범했다고 하겠다. 이 후자의 오류는 흄의 '존재-당위 갭(the is-ought gap)'과 그 뿌리를 같이한다고 말할 수 있다. 물론 흄에게서 존재는 자연이었으나, 형이상학적

··
6) 'open question argument'를 김영진은 '의문 가능성에 입각한 논의'라고 번역하지만, 역자는 원어 의미를 그대로 살려 '열린 물음 논증'으로 번역하고자 한다. 폴 테일러 지음, 김영진 역, 『윤리학의 기본원리』(서울: 서광사, 1985), p. 244.

7) G. C. Kerner, *The Revolution in Ethical Theory*(New York: Oxford University Press, 1966), p. 16.

윤리설에서 존재는 자연이 아니라 초감각적 실재를 뜻한다.

## 제5장 행위에 관한 윤리학

그렇다고 실천 윤리학의 물음에 관해 무어가 아예 무관심했다고 말할 수는 없다. 그는 5장에서 "무엇을 해야만 하는가?"의 물음, 즉 실천 윤리학 물음을 주제적으로 다룬다. "무엇을 해야만 하는가?"의 물음은 단순히 선의 의미 분석이나 본래적 선이 무엇인가의 물음만으로 해결될 수 없고, 어떤 종류의 결과를 야기하는가의 물음과 밀접하게 연관되어 있다고 그는 주장한다. 즉, 이 물음은 무엇이 수단으로서 선한가의 물음으로 귀결된다.(Moore, 180) 달리 말해 실천 윤리학은 "무엇이 그 자체로 선한 것의 원인 내지 필요조건인가?"를 묻는다. 이런 면에서 무어는 결과주의자요 공리주의자이다. 그것도 "그 자체가 본래 선한 것의 종류는 굉장히 여러 가지이다."[8]라는 주장에서 알 수 있듯이, 선의 다양성을 인정하는 이상적 공리주의자이다.

> 1) 어떤 행동이 옳은지 그른지에 관한 질문은 항상 그 전체적인 결과에 달려 있으며, 2) 만약 B라는 한 집합의 전체적인 결과 대신에 A라는 한 집합의 결과를 택하는 것이 옳다고 한다면, 분명하게 B에 가까운 한 집합의 결과 대신에 분명하게 A에 가까운 한 집합의 결과를 택하는 것도 항상 옳은 것이다.[9]

∴

8) G. E. Moore, *Ethics*(New York : Oxford University Press, 1911), p. 153.
9) Ibid, p. 106.

실제로 그는 '옳은'을 '선한 결과의 원인'을 의미한다고 하면서, 옳음이 유용함과 동일하다고 주장한다.(Moore, 147) 의무가 무엇인가에 관해서도 무어는 공리주의적으로 설명한다. "그러므로 의무적인 행위는 단지, 그러한 행위가 수행되면 가능한 그 어떤 다른 대안적인 행위가 수행되었을 때보다 이 세상이 전체적으로 더 선하게 될 것이라는 의미에서만 특별하다고 말할 수 있다."(Moore, 147) 행위 자체의 본래적 가치뿐만 아니라, 그 결과의 본래적 가치도 동일하게 취급되어야 하기 때문이다. 심지어 그는 때로는 목적이 수단을 정당화한다고까지 주장한다. 그러니까 그는 윤리학의 제일 물음인 선의 의미 물음에 대해서는 직관주의자이지만, 무엇을 해야만 하는가의 실천 윤리학의 물음에 관해서는 철저한 공리주의자이다.

하지만 그는 먼 미래의 결과는 물론이거니와 가까운 미래에 대해서도 그 결과의 예측 및 개연성을 이유로 들어, 이러한 윤리학의 과제는 매우 어렵다고 실토한다. 그래서 그는 최선의 대안이 아니라, 제한된 미래 시간 안에서 가능한 몇몇 소수의 대안들 가운데 어느 대안이 최선인지를 밝히는 것을 실천 윤리학의 과제로 보고 있다. 이 물음에서도 '보편적(universal)' 지식은 불가능하고, 다만 '일반적(general)' 지식만 가능할 따름이다.(Moore, 154) "윤리 법칙은 기껏해야 일반화에 불과하다."(Moore, 155) 이러한 맥락에서 그는 우리가 따르고 있는 도덕 규칙도 특정 상황, 특정 시대에 대해서만 한정된 유용성을 지니지 보편적 유용성을 갖는 것은 아니라고 본다.

무엇을 해야만 하는가의 물음에 대해서도 무어는 구체적인 도덕 법칙, 옳고 그름의 기준, 도덕적 의무, 도덕적 덕목 등을 해명하는 작업을 수행하지 않고 철저히 분석 윤리학적 관점에서 접근하고 있다. 즉, 의미론적 접근을 통해, 이러한 모든 것은 그 자체로 선한 것이 아니라 수단으로서 선하기에 결과에 근거해서 평가되어야 한다고 그는 주장한다. 특히 의무와 편리함의 관계 및 의무와 덕의 관계에 관한 그의 분석이 아주 흥미롭다.

> 의무와 편리한 행위 사이의 진정한 차이는, 행할 경우 전자가 어떤 의미에서 더 유용하거나 더 의무적이거나 혹은 더 선하다는 사실에 있는 것이 아니라, 전자는 그것을 행하지 않고자 하는 유혹이 강한 행위이기 때문에 칭찬하고 제재를 강요하기가 더 유용한 행위라는 데 있다.(Moore, 170)

덕과 의무의 관계에 대해서도 그는 결과주의 접근법을 취한다. 많은 사람들이 본래적 가치의 후보로 쾌락과 덕을 든다. 즉, 덕은 본래적 가치를 지닌 유력한 대안 중 하나이다. 이를 의식하고 무어는 덕에 대한 개념적 분석을 통해 덕은 본래적 가치를 지니지 않는다는 점을 피력하는 데 상당한 지면을 할애했다.

> 덕은 일반적으로 그 자체로 가치를 지니지는 않는다. 덕이 그 자체로 가치를 지닌다 해도, 덕은 결코 유일한 선이거나 선 가운데서 최선인 것은 아니다. 따라서 '덕'은, 일상적인 함의와 달리, 윤리학 고유의 속성인 것은 아니다.
> (Moore, 182)

## 제6장 도덕적 이상론

아직까지 논의되지 않은 물음이 하나 있다. 그것은 바로 1장에서 밝힌 (1-2), 즉 "이러한 속성은 어떤 대상에, 그리고 어느 정도 귀속될 수 있는가?"

의 물음이다. 이는 달리 말해 어떤 것이 그 자체로 선한가의 물음인데, 6장의 "도덕적 이상론"은 그 목록을 대략적으로나마 규정하는 데 그 목적을 둔다. 사실 무어는 이 물음을 이미 여러 곳에서 다루었다. 특히 쾌락주의에서 쾌락만이 유일한 선이라는 입장을 그는 반박했다. 그래서 그는 6장에서 본래적으로 선한 것에는 쾌락 외에도 여럿이 있으며, 그 종류도 다양하다고 주장한다.

그의 논의는 크게 세 영역으로 나누어진다. 첫째는 혼합되지 않은 순수선이요, 둘째는 악의 물음이요, 셋째는 혼합 선의 물음이다. 순수 선의 대표적인 예로 무어는 '미학적 즐거움(aesthetic enjoyments)'과 '인간적 애정(personal affection)'을 든다. 즉, "인간적 애정 및 미학적 즐거움은 가장 큰 선을, 그것도 우리가 상상할 수 있는 가장 큰 선을 단연코 모두 포함하고 있다는 사실은 진리이다."(Moore, 189) 유기체적 통일체의 원리에 따라, 미학적 즐거움과 인간적 애정을 분석하면서, 이러한 선들에는 몇몇의 본질적인 구성 요소들이 있다고 그는 본다. 즉, 그는 "어떤 대상의 아름다움을 보는 것과 그 대상의 아름다운 속성들을 보는 것을 구분해야 한다."(Moore, 191)고 하면서, 선한 대상들은 아름다운 속성에 대한 인식, 그에 대한 적절한 감정, 그리고 참인 신념, 이 세 구성 요소가 유기체적 통일체를 이룸으로써 이러한 것들이 큰 가치를 지닌다고 본다. 인간적 애정의 경우, 여기에다 그 대상이 참으로 아름다울 뿐 아니라 진정 선하다는 사실도 포함되기에, 미학적 즐거움의 경우보다 그 논의가 더 복잡하다. 특히 인간적 애정에는 미학적 즐거움과 달리 정신적 속성이 포함되어 있어 정말로 논의가 복잡하다고 그는 역설한다.

두 번째의 악에 관해, 그는 (1) 악하거나 추한 것을 사랑하거나 찬미 혹은 즐거워하는 데 놓여 있는 악, (2) 선하거나 아름다운 것을 미워하거나 경멸하는 데 놓여 있는 악, 그리고 (3) 강렬한 고통에 대한 의식, 셋으로 나누고 있다. 그리고 마지막의 혼합된 선을 고찰하기에 앞서, 그는 먼저 (1) 전체의 **전체로서의**(as a whole) 가치와 (2) 전체의 **전체적인**(on the whole) 혹은 총합(total) 가치를 구분해야 한다. 그러니까 그는 유기체적 통일체의 원리를 받아들여, 전체로서의 가치는 부분들의 가치 총합 이상이라고 주장한다. 이런 구분을 받아들이면 둘 이상 악의 단순한 결합이 전체로서는 선이 될 수 있고, 또 악하거나 추한 어떤 대상에 대한 인식을 포함하는 전체 역시 전체적으로는 적극적 선이 될 수 있다. 이는 그 반대의 경우에도 그대로 적용된다.

순수 선, 순수 악, 그리고 혼합된 선, 이 세 종류의 본래적 가치에 관한 논의를 통해 그는 이렇게 결론을 맺는다.

특히 이러한 대상들은 아주 다양하며, 한 가지 예외를 제외하고는, 이들 대상은 그 자체로는 가치를 거의 혹은 전혀 지니지 않는 부분들로 구성된 꽤 복합적인 전체라는 점을 나는 지적하고자 했다. 이들은 모두, 대개 그 자체로 꽤 복합적인 어떤 대상에 대한 의식을 내포할 뿐만 아니라, 또한 거의 모든 경우 그 대상에 대한 감정적 태도도 포함하고 있다.(Moore, 224)

그렇다고 최고선이 순수 정신적 존재 상태로만 구성된다는 입장을 받아들여서는 안 된다. 물질적 속성들도 그 자체로 본래적 가치를 지닐 수 있기 때문이다. 실제로 자연이나 예술 작품이 이에 속한다. 물질적 속성들은

이상향을 구성하는 본질적 구성 요소이다.(Moore, 207)

## 맺는 말: 철학하는 방법

『윤리학 원리』는 하나의 고전으로 윤리학을 공부하는 연구자에게 두 가지 중요한 시사점을 준다. 우선 이 책은 윤리학 공부를 어떻게 시작해야 하는지를 말해준다. 그것은 바로 탐구 주제의 명료화이다. "문제 속에 답이 있다."는 말이 있듯이, 연구자는 자신이 탐구하는 주제가, 문제가 무엇인지를 명료화하는 작업을 선행해야 한다. 무어는 바로 이러한 의식을 갖고『윤리학 원리』라는 책에서 윤리학의 탐구 주제가 무엇이며, 그리고 탐구 대상의 외연을 명료하게 해명하는 작업을 먼저 수행하고 있다. 이와 연관된 다른 하나의 시사점은 분석적 태도이다. 분석은 두 가지 의미를 지닌다. 하나는 '나누고 쪼갠다'는 의미이고, 다른 하나는 '깊이 파고든다'는 의미이다. 무어는 이 책에서 많은 문제를 다루지는 않았다. 흔히 철학은 일반 학문이 다루지 않는 숨은 전제를 찾아 다룬다고 하듯이, 정말로『윤리학 원리』는 다른 학문이 아니라, 철학이, 아니 더 정확하게 말하면 윤리학이 그동안 다루지 않은 숨은 전제를 찾아 분석적으로 다루고 있다. 물론 "무엇을 해야 하는가?"라는 실천적 물음을 마지막 두 장에서 다루지만, 그것도 선의 의미 물음과 연관해서 다룰 뿐이고, 전체적으로 그는 오직 한 가지, 즉 선의 의미 물음만을 다룬다. 하지만 그는 이 물음을 분석적으로 나누고 쪼개면서 깊이 있게 파고든다. 불행하게도 그 이전 윤리학자들은 "무엇이 선인가?"의 물음에만 매달렸지 선 자체의 정의 물음은 도외시했는지 모른다. 아니, 그 이전 윤리학자들은 이 물음을 아예 인지하지도 못했다. 무어의『윤리학 원리』는 바로 이러한 '철학하는 방법'을 우리에게 가

르쳐준다. "선은 정의할 수 없다."는 이 책의 결론적 주장보다는 이 결론에
이르기까지의 논증이 이 책의 핵심이다.

# 옮긴이 후기

"열 길 물 속은 알아도 한 길 사람 속은 모른다."라는 속담이 말해주듯, 우리는 사람 속을 모른다. 사람 속만 모르는 게 아니다. 철학적 내공을 쏟아부은 글 내지 문장의 속뜻을 아는 것 역시 쉽지 않다. 문장 속에 담긴 철학자의 사상을 읽어내는 어려움이 번역자로 하여금 고민에 고민을 거듭하게 만든다. 한 걸음 더 나아가 문장 자체가 난해한 경우, 이러한 곤란함은 더 심화된다.

무어의 『윤리학 원리(*Principia Ethica*)』를 번역하는 데 있어 역자는 이 두 가지 어려움으로 속앓이를 꽤 많이 하였다. 더군다나 무어의 저술 가운데 완역된 책이 단 한 권도 없다는 사실이 이 책의 번역을 더 어렵게 만들었다. 그럼에도 포기하지 않고 이렇게 번역을 완성하여 책으로 출간한 데 대해 역자는 나 자신에게 마음으로 박수를 보낸다. 하지만 이 박수는 오래가지 못할 것 같다. 왜냐하면 이미 고백했듯이, 영어가 난해하였을 뿐만 아니라, 그 난해한 영어를 우리말로 옮기는 것 역시 역자의 역량 부족으로 쉽지 않아 온전한 번역이라 자신할 수 없기 때문이다.

번역에 크고 작은 오류가 있었고, 또 문장도 매끄럽지 못하였는데, 한국연구재단 심사자들이 여러 번 수고를 아끼지 않아 그래도 상당 부분 고쳐질 수 있었다. 뿐만 아니라 출판하는 과정에서도 아카넷의 이하심 부장님과 몇몇 선생님들의 교열과 교정을 통해 또 한 번 '문장 세탁'이 이뤄졌다. 역자로 하여금 완역 후 여러 번 정독할 수 있도록 '열정'과 '열심'을 아끼지 않음으로써 '열매'를 거두게 하신 이들 모두에게 진심으로 고개 숙여 감사할 따름이다. 이 책을 완독함으로 무어의 철학적 치밀함과 '탐구 주제의 명료화'의 중요성에 대한 역자 자신의 깨달음과, 그리고 분석 윤리학의 효시로 알려진 무어의 책을 우리말로 번역한다는 영광과 자부심이 역자로 하여금 이 책을 출간하도록 만든 밑거름이 되었다. 이 큰 용기가 무어의 윤리학 연구에 큰 보탬이 되기를 바란다. 한 걸음 더 나아가 무어 자신이 지적했듯이, 독자들이 윤리학이라는 학문의 탐구 주제와 방법론을 체득하여 윤리학 연구의 새 지평을 여는 데 이 졸역이 작게나마 도움이 된다면, 그것만으로 역자로서 큰 보람이 될 것이다. 그럼에도 여전히 남아 있을지 모르는 '미완의 번역'에 대한 채찍질은 '사랑의 매'가 될 것이다.

2018년 8월 5일 전주 건지산 연구실에서
옮긴이 김상득

## 부록
# 무어의 저서 및 논문

1897, "In what sense, if any, do past and future time exist?," *Mind*, n.s. 6, 235–240.

1898, "Freedom," *Mind*, n.s. 7, 179–204.

1899, "The Nature of Judgment," *Mind*, n.s. 8, 176–193.

1900, "Necessity," *Mind*, n.s. 9, 289–304.

1901a, "Identity," *Proceedings of the Aristotelian Society*, n.s. 1, 103–127.

1901b, "The Value of Religion," *International Journal of Ethics*. vol. 12, 81–98.

1903a, *Principia Ethica*, Cambridge University Press.

1903b, "The Refutation of Idealism," *Mind*, n.s. 12, 433–453.

1904, "Kant's Idealism," *Proceedings of the Aristotelian Society*, n.s. 4, 127–140.

1912, *Ethics*, London: Williams and Norgate.

1922, *Philosophical Studies*, London: George, Allen and Unwin.

1939, "Proof of an External World," *Proceedings of the British Academy*, 25, 273–300.

1942, "An Autobiography," in P. A. Schilpp, ed., *The Philosophy of G. E. Moore* (Evanston and Chicago, Northwestern University), 3-39

※ 무어의 저서 및 논문에 관한 더 자세한 내용은 P. A. Schilpp, ed., *The Philosophy of G. E. Moore*(Evanston and Chicago, Northwestern University, 1942), pp. 681-689를 참조하라.

# 찾아보기

지은이

:: 조지 에드워드 무어 George Edward Moore, 1873-1958

무어는 1873년에 태어나 1958년 85세의 일기로 생애를 마감하기까지 철학 및 윤리학에 관한 몇몇 저술 및 논문을 남겼다. 그는 명성 있는 여느 철학자들과 달리 그렇게 많은 명저나 논문을 저술하지는 않았다. 그의 학문 여정은 1942년 그 자신이 직접 쓴 『자서전(An Autobiography)』에 자세하게 기록되어 있다. 1898년 「윤리학의 형이상학적 정초(The Metaphysical Basis of Ethics)」로 케임브리지 대학에서 박사학위(Dissertation)를 받았으며, 1903년 비교적 젊은 나이인 30세에 트리니티 대학(Trinity College) 연구원으로 활동하면서 『윤리학 원리(Principia Ehica)』를 출간하였다. 특히 1920년에서 1947년 사이에 영국 최고의 철학 잡지 《마인드(Mind)》를 편집하였으며, 1925년부터 1939년까지 케임브리지 대학 철학과 주임 교수를 역임했다. 그 이후에도 옥스퍼드 대학에서 강의하고, 미국 스미스 대학(Smith College)에서 연구 교수로 강의와 연구를 병행해 나가면서, 『윤리학 원리』 외에도 『철학적 연구(Philosophical studies)』(1922), 『윤리학(Ethics)』(1912) 등의 저서와 「자유론(Freedom)」(Mind, 1898), 「판단의 본성(The Nature of Judgment)」(Mind, 1899), 「관념론 논박(The Refutation of Idealism)」, 「칸트의 관념론(Kant's Idealism)」 등의 논문을 남겼다.

옮긴이

:: 김상득

서울대학교 철학과를 졸업하고 동대학원에서 윤리학을 전공하여 「응용윤리학 방법론 연구」로 철학박사 학위를 받았다. 그 후 장로회신학대학교에서 신학을 공부하고 연세대학교 의과대학 예방의학교실에서 생명윤리학을 주제로 박사후과정(Post-Doc)을 이수하고, 미국 조지타운 대학교 케네디윤리학연구소 객원 연구원을 역임하였다. 서울대, 연세대, 서울교대 등에서 강의하였고, 연세대학교 의과대학 의료법윤리학과 연구강사를 역임하였으며, 현재 전북대학교 철학과 교수이다.
주요 저서로 『알기쉬운 윤리학』(철학과현실사, 2013), 『유전자윤리학』(철학과현실사, 2009), 『생명의료윤리학』(철학과현실사, 2000) 등이 있으며, 역서로는 『생명윤리학』(살림, 2004), 『환경윤리와 환경정책』(법영사, 1995), 『생의윤리학이란 무엇인가』(서광사, 1988) 등이 있다. 주요 논문으로는 「소수집단 우대조치에 관한 윤리학적 연구」, 「기회균등의 원칙과 정의로운 유전자 분배」, 「생물특허의 윤리적 정당화」, 「도덕적 딜레마와 도덕 실재론」, 「존재/당위 구분과 도덕 실재론」, 「페미니즘 입장에서 본 임신중절」, 「부활을 통해 본 몸, 영혼, 그리고 죽음」, 「서양철학의 눈으로 본 응용윤리학」, 「사이버공간의 존재론적 특성과 정보윤리학의 철학적 토대」, 「J. S. Mill에 있어서 자유 원칙과 공리주의 원리의 양립가능성 문제」, 「의료행위에 있어서 온정적 간섭주의의 정당화 물음」, 「생명과학 및 의학의 연구윤리와 생명윤리 교육」 등이 있다.

한국연구재단총서 학술명저번역 서양편 **612**

# 윤리학 원리

1판 1쇄 펴냄 | 2018년 8월 20일
1판 3쇄 펴냄 | 2022년 6월 6일

지은이 | G. E. 무어
옮긴이 | 김상득
펴낸이 | 김정호
펴낸곳 | 아카넷

출판등록 2000년 1월 24일(제406-2000-000012호)
10881 경기도 파주시 회동길 445-3
전화 | 031-955-9510(편집)·031-955-9514(주문)
팩시밀리 | 031-955-9519
책임편집 | 이하심
www.acanet.co.kr

Printed in Paju, Korea.

ISBN 978-89-5733-595-6  94190
ISBN 978-89-5733-214-6  (세트)

이 도서의 국립중앙도서관 출판시도서목록(CIP)은
서지정보유통지원시스템 홈페이지(http://seoji.nl.go.kr)와
국가자료공공목록시스템(http://www.nl.go.kr/kolisnet)에서 이용하실 수 있습니다.
(CIP 제어번호: CIP2018018639)